装备需求论

刘川禾　刘　毅　著

内 容 简 介

本书主要研究论述了装备需求论的基础概念、装备需求原理、装备需求活动模式、装备需求生成、装备需求获取、装备需求描述、装备需求分析、装备需求综合、装备需求评价、装备需求决策和装备需求管理。

本书适合装备(含民用)需求的各级领导、管理人员、装备需求研究人员、装备需求工作人员、装备学导师和研究生学习使用,也可供从事软件需求和有关需求研究的人员和师生参考。

图书在版编目(CIP)数据

装备需求论/刘川禾, 刘毅著. —哈尔滨 : 哈尔滨工程大学出版社, 2020.9

ISBN 978 -7 -5661 -2787 -7

①装… Ⅱ. ①刘… Ⅲ. ①武器装备 - 军需生产 - 研究 Ⅳ. ①E075

中国版本图书馆 CIP 数据核字(2020)第 179655 号

选题策划 史大伟 薛 力
责任编辑 薛 力 李 暖
封面设计 李海波

出版发行 哈尔滨工程大学出版社
社　　址 哈尔滨市南岗区南通大街 145 号
邮政编码 150001
发行电话 0451 - 82519328
传　　真 0451 - 82519699
经　　销 新华书店
印　　刷 北京中石油彩色印刷有限责任公司
开　　本 787 mm × 1 092 mm 1/16
印　　张 24.25
字　　数 475 千字
版　　次 2020 年 9 月第 1 版
印　　次 2020 年 9 月第 1 次印刷
定　　价 98.00 元
http://www.hrbeupress.com
E-mail:heupress@hrbeu.edu.cn

《装备需求论》编委会

参加著作者 刘川禾 刘 毅 凌 霄

赵 师 徐亚军 陈志东

李 彬 周海飞 吴清亮

前　言

是什么，能制造令人心花怒放、笑逐颜开的喜剧，也可产生令人心如刀割、捶胸顿足的悲哀，还会酿成令人心惊胆战、不寒而栗的恐怖？是什么，虽与每人如影随形，但很难被察觉？是什么，总是诸事幕后推手，却很少被发现……这位“真神”，就是需求！

为了揭开需求的面纱，揭示装备需求的本质，为了探索装备需求原理、装备需求活动模式及其应用，我和我的研究生们奋斗了十余个春秋！十余年的呕心沥血，磨得一剑——《装备需求论》。

本书是一部原创理论著作，从需求和装备需求的概念，到装备需求原理、装备需求活动模式、一阶装备需求管理和二阶装备需求管理理论等，都是创新的结晶。在撰写本书的过程中，我们力求内容科学、实用、系统、有序，图文并茂且通俗易懂。

著者力求达到的效果是：装备需求研究人员读了此书，可以本书的最新理论为基础，进行深入研究，更上一层楼。装备需求工作人员读了此书，可以加深自己对需求、装备需求的本质、原理等理论和方法的认识，从而转变理念、提高工作效率，使自己的工作得到改进。装备需求的领导和管理者读了此书，可以改进其领导、管理理念及方法，让自己的管理工作焕然一新。

本书由刘川禾系统策划并指导，列出全部纲目，并对全书进行审阅。第一章至第四章由刘川禾撰写；第五章由刘毅撰写；第六章由赵师撰写，第七章由李彬撰写，经赵师修改整理而成；第八章由赵师、周海飞撰写；第九章由凌霄撰写；第十章由刘毅撰写；第十一章前三节由徐亚军撰写，第四节由陈志东撰写，经徐亚军修改整理而成；第十二章由刘川禾、吴清亮撰写。刘毅对全书进行统稿，并为本书的修改等做了大量工作。

哈尔滨工程大学出版社的薛力同志为本书的出版耗费了大量时间和心血，在此表示衷心感谢！

由于著者的水平、时间和资料有限，书中错误和疏漏之处在所难免，敬请各位读者和同仁批评指正！

刘川禾

2020 年 5 月于蚌埠

目　　录

第一章　绪　　论

当前,在需求研究和应用领域盛行的两大主流是军方的“装备需求论证”和地方的“软件需求工程”。这两大主流分别在自己的行业内为推动自身行业的进步和发展做出了巨大贡献,并且仍在继续贡献着。

军方的“装备需求论证”从概念上讲,本应是对已有的装备需求进行分析、评价和论证,但实际上是由军方一方的装备需求论证人员根据已有的经验、数据和知识,分析得出装备需求,再进行反复讨论、评价和修改,最后经审批颁行。其是站在论证人员的立场上关门研究、开发和管理装备需求。

地方的“软件需求工程”是将系统工程的思想运用于软件需求的开发和管理,注重的是方法、模型、技术和工具。其是站在研制开发方的立场上研究、开发和管理软件需求。

两大流派共同的局限性是都没有抓住需求的本质,没有挖掘需求的原理和模式。为了补上这一短板,我们十余年磨一剑——《装备需求论》诞生了。

什么叫装备需求论呢?

装备需求论是研究装备需求本质、原理、活动模式及其应用的理论。

装备需求论的研究对象是装备需求和装备需求活动。

它的研究内容是:基础概念、装备需求原理、装备需求活动模式、装备需求生成、装备需求获取、装备需求描述、装备需求分析、装备需求综合、装备需求评价、装备需求决策和装备需求管理。

装备需求论的研究方法主要有:理论联系实际、观察、比较、归纳、演绎、建模与仿真等。

如前所述,装备需求论是研究装备需求本质、原理、活动模式及其应用的理论。既然是理论,那么,它就必然具有指导军事和民用装备需求活动实践的作用。

当前,因为存在着对装备需求本质、特点、原理和模式等认识的误区,所以装备需求活动实践仍存在着许多盲目、返工、损失和低效等不良现象,装备需求论可以在相当大的程度上改善这种状况。

正因为装备需求论能够指导并改善军事和民用装备需求活动实践,所以它可以促进军事和民用装备发展。

因为装备需求论具有很大程度的自主创新,特别是在需求和装备需求的本质、装备需求原理、装备需求活动模式、装备需求管理等理论研究上的创新，所以它能为进一步深化军事和民用装备需求理论的研究奠定新的基础。换言之，它可以促进军事和民用装备需求理论的研究。

装备需求论的概念、原理、模式、思想和方法，能在很大程度上为软件需求活动实践提供借鉴，使软件需求活动实践更加科学和高效。

装备需求论的创新成果，为软件需求的理论研究提供了最新的参考。

装备需求论对需求概念的研究，具有一般性和普遍性。而需求的概念又是一般性需求理论的基石。所以，装备需求论为一般性的需求理论研究奠定了一块基石。

本章主要从宏观总体上介绍了装备需求论的研究对象、研究内容和研究方法。

本章多次提到需求和装备需求，可什么叫需求，什么又叫装备需求呢？

第二章　基础概念

装备需求论的基础概念是需求和装备需求。它们揭示反映了需求和装备需求的内涵和外延，是装备需求论的基石。

第一节　需　　求

一个人饿了，在石山秃岭中苦苦寻觅而找不到食物，知道或见到有人能提供食物时，就会产生对食物的需求；一个人渴了，在茫茫沙漠中挣扎而不见一滴水源，知道或见到有人能提供饮用水时，就会产生对水的需求；一个人想穿某款式的衣服，自己却不能制作，知道或见到市场中有人能提供该款式衣服时，就会产生对该款式衣服的需求！然而，什么是需求呢？

一、需求的定义

（一）以往对需求的定义

需求的定义已经有很多种说法，现择其要者进行研究。

1. 词典对需求的解释

我国明朝时，沈德符在《野获编补遗·户部·江南白粮》中就用到了需求："监守者不得越例需求。"清朝陈田在《明诗纪事丙签·张弼》中也用了需求："成化间，妖人王臣……买办搜索宝玩，需求珍异，民不堪命。"沈德符和陈田所说"需求"的含义是索取或求索。

邹韬奋在《经历》中说过："高等物理学对于算学的需求也是特别紧张的。"叶圣陶在《倪焕之》中写道："热心热心，抵不过实际生活的需求！"邹韬奋和叶圣陶所说的"需求"本义是需要或要求。

根据上述情况，《汉语大词典》将需求解释为"①索取，求索。②需要，要求。"《现代汉语词典》则将需求解释为"由需要而产生的要求"。

因为《汉语大词典》的解释①，即需求的"索取"或"求索"之义当前已经废弃不用，所以两部词典对需求的解释就剩下“需要”“要求”和“由需要而产生的要求”。这样的解释或定义是否准确呢？

再来看看什么是需要？什么是要求？

《汉语大词典》对需要的解释是：“①应该要有或必须要有。”“②对事物的欲望或要求。”而《现代汉语词典》对需要的解释同样是：“①应该有或必须有。”“②对事物的欲望或要求”。显然，两种解释基本相同。我们暂且取其第②种解释，即需要是对事物的欲望或要求。

《汉语大词典》对要求的解释是：“①提出具体事项或愿望，希望做到或实现。”“②所提出的具体愿望或条件。”而《现代汉语词典》对要求的解释是：“①提出具体愿望或条件，希望得到满足或实现。”“②所提出的具体愿望或条件”。两种解释也基本相同。我们暂取其第②种解释，即要求是所提出的具体愿望或条件。

由此可见，两部词典的解释对需要和要求的定义近似。我们先来分析用需要定义需求是否合适。

把需求作为需要的意思来应用，在有些情况下是可以的。但在很多情况下需求不能作为需要的意思来用。例如，某个时候，一个人饿了，想要吃某种食物，该食物就是其当时的需要。如果该食物对于这个人是唾手可得的，那么，该食物就只是这个人的需要，而不是这个人的需求。如果该食物不是这个人自身所拥有的，而必须由别人，也确实有人愿意且能提供该食物，那么，该食物就是这个人当时的需求。此时，就不能再用“需要”这个词了！或者，该食物就在这个人身边，但因这个人身体有疾病，不能自理，无法进食，这时如果身边有人愿意且能对其提供帮助，此时的食物就是这个人当时的需求。可见，需求的外延只是需要外延的一个子集，或者说，需要包含需求。这一点在后面叙述经济学需求的定义中可以得到验证。

综上所述，若将需求定义为需要，则必将需求的外延错误地扩大成了需要的外延，把本来不是需求的事物定为需求。因此，不应把需求定义为需要。但如果把需求定义为要求，或由需要而产生的要求是否可以定义为需求呢？

由上述两部词典的解释可知，需要和要求的含义基本相同。在实际应用中，要求还总是隐含强制之义（即必须满足或实现），这与需求本义相悖。如果用要求定义需求，就在一定程度上把需求定义成了强求。所以，用要求定义需求也不合适。

2. 经济学需求的定义

“个人需求是一个表列，它表示一个人在某一特定时间内，在各种可能的价格下，愿意并且能够购买的某种商品的相应数量。个人需求需具备两个条件：第一，个人具有购买意愿；第二，个人具有支付能力。没有支付能力的购买意愿只是欲望而非需求。”

“市场需求定义如下：市场需求是一个表列，它表示在某一特定市场和某一特定时期内，所有购买者在各种可能的价格下将购买的某种商品的总数量。”

“一种商品的需求来源于消费者。消费者对一种商品的需求，是指在一个特定的时期内消费者在各种可能的价格下愿意而且能够购买的该商品的数量。”

“需求是指消费者（或购买者）在一定时间内，在不同价格水平下，愿意并且能够购买的商品（包括劳务）的数量。”

“需求的产生需要具备两个条件：

第一，消费者愿意购买；

第二，消费者有能力购买。

显然，需求与需要是不同的。需要是人们的一种主观愿望、欲望和要求，是无限制的；需求则是一种具有支付能力的欲望和要求，是有条件限制的，是被支付能力约束了的需要。”

“一种商品的个人需求量是个人在特定价格下将选择购买的总量。”

“一种商品的市场需求量是市场中的所有买方在特定价格下所决定购买的总量。”

“一种商品的需求是指在一定时期内，在各种可能的价格水平上，消费者愿意而且能够购买的该商品的数量。人们的需求源于对某种商品占有的欲望和动机。‘欲望’是人们对某种物或非物的对象既有缺乏的感觉，又有满足的要求，因此，欲望是人类一切经济活动的原动力。‘动机’是为实现人的欲望而存在于个体内部，推动其采取行动的内在驱动力。需求的产生要求个体既要有购买的欲望，又要有购买的动机，还必须以人们的购买能力作为前提。当消费者的购买欲望真实地转变为可靠的购买意图，并具体实施购买行为时，才能称之为‘需求’。”

由以上经济学中的定义不难看出，在经济学中，需求的定义不仅考虑了需求的主体、时间和价格条件，而且揭示了需求与需要的区别，既要有购买的欲望（需要），又要有支付（或购买）能力。即需求是具有支付能力的需要。但经济学需求定义的落脚点是商品的数量。也就是说，经济学只研究商品的数量需求，而不是研究商品质量的需求。因为一个产品一旦成为商品，就意味着它已经进入市场，其质量就已经确定，即对该产品质量的需求已经得到实现。而一般或广义的需求则不然，它不但要揭示数量特征，而且还应揭示质量特征。

揭示需求质量特征的定义，在软件工程中可以见到。

3. 软件需求

“在一般意义上，需求体现了为解决现实世界中的某个问题而必须具有的性质。特别地，软件需求指代了为解决特定的问题，软件必须表现出的性质。”

“需求就是通过计算机编程在问题域中施加的效果。”

“需求就是定义系统需要做什么而不是怎么做。”

“产品为用户所做的事以及产品在这种上下文背景中必须满足的约束就是产品的需求。”

“软件系统（或计算机系统）的需求是什么呢？我们说，是关于新的计算机系统和它将处于其中的问题领域之间的交互行为的需求式陈述，这些交互行为要使得对软件加强型系统的需求得到满足。因此，对新的软件系统（或计算机系统）的需求是问题领域和计算机系统之间的共享现象。”

IEEE 软件工程标准词汇表（1997 版）定义需求如下：

（1）用户解决问题或达到目标所需的条件或能力。

（2）系统或系统部件要满足合同、标准、规范或其他正式规定文档所需具有的条件或能力。

（3）一种反映上面（1）或（2）所描述的条件或能力的文档说明。

Merlin Dorfman 和 Richard H. Thayer 定义：

（1）用户解决某一问题或达到某一目标所需的软件功能。

（2）系统或系统构件为了满足合同、规约、标准或其他正式实行的文档而必须满足或具备的软件功能。

“用户为了达到某个目标而解决某个问题时所必需的一种软件能力。”“系统或系统组件为满足某个合约、标准、规格说明或其他正式文档所必须达到或拥有的软件能力。”

“在系统开发的早期阶段，需求被定义成是一个关于应该实现什么的规格说明。它们是关于系统行为或系统特性和属性的描述，也可以是对系统开发过程的约束。”

“一些人认为需求应该是关于系统应该做什么而不是怎么做的陈述。这是一个诱人的想法，但是在实践过程中这样的陈述就过于简单化了。”

“总之，需求应是问题信息和系统行为、特性、设计及制造约束的描述的集合。”

“需求就是计算机应用系统必须为其用户所做的事情，是系统必须提供的具体功能、特性、质量或原则，以体现出系统的存在价值。”

“Abbot 在他的著作 *An Integrated Approach to Software Development* 中，将需求

定义为:‘为了实现系统的目标,用户需要且必须提供的符合或满足的任何功能、限制或其他属性’。”

“我对需求的理解是:产品为向涉众提供价值而必须具备的特性。”

Kotonya 和 Sommerville 将需求定义为“系统服务或约束的陈述”。

“需求告诉我们系统必须具备的特性,以及为实现这些特性软件必须达到什么。这表现了需求的一个重要方面:需求具有双重性质。软件特性代表用户需求,软件的功能代表软件需求。在用户需求和软件需求之间存在巨大鸿沟……”

“无论如何,关于‘需求’的定义是有用的,这里给出一种定义如下:客户希望在问题域内产生的效果。”

“需求是系统中的一种必要属性,它也是标识系统的能力、特点或质量因素以使现行系统具有价值并使用户能够使用描述。”

上述各软件需求的定义虽然表述有所不同,但它们都揭示了软件需求的质量特征,如“性质”“功能”“特性”“效果”和“做什么”等。有的软件需求定义还提到了“问题”和“问题域”的概念,这些都对研究产品需求和一般(广义)需求做出了里程碑的贡献!然而,直接用它们定义一般(广义)需求是不行的。因为这样就忽略了两个重要的东西:①欲望;②可能。此外,经济学需求的数量特征也会被遗忘掉。

那么,一般(广义)需求的本质特征是什么呢?需求的定义应该怎样表述呢?

(二)本书对需求定义的研究

研究需求的定义,主要是研究需求的本质。而需求的本质是由需求内部的主要矛盾决定的。所以,要研究需求的定义,就必须研究需求内部的各项矛盾,从中分析并找出存在于一切需求之中,且贯穿于需求始终的主要矛盾。而要分析找出存在于需求内部的主要矛盾,就必须首先研究构成需求的基本要素。因此,本书的研究思路是先分析研究需求的基本要素,然后分析研究需求各要素之间的关系,并在各种关系中找出主要矛盾,最后给出需求的定义。

1.需求的基本要素

所谓需求的基本要素,是指存在于需求内部,不可或缺且与需求同生死、共存亡的要素。笔者认为需求的基本要素有需求主体、需求对象、需求供体和需求条件。

(1)需求主体

所谓需求主体,就是需求的产生和归属者。因本书只研究人的需求,所以需求主体既可以是一个人,也可以是一个集体,还可以是一个群体。它回答的是需求由谁产生,需求是谁的需求。这里只研究社会中的需求,不研究人类以外动物的需求。

显然,如果没有需求主体,需求就不可能产生,更不可能有所归属,所以就根本不会有相应的需求。换句话说,没有需求主体的需求是根本不存在的。只要有需求,就有相应的需求主体。因此,需求主体是需求的一个基本要素。

例如,一个婴儿饿了,要吃奶,但仅靠自己不能吃到奶,必须由妈妈或其他人为其提供奶水和必要的帮助。显然,这个婴儿就是需求的主体。

(2)需求对象

需求对象就是需求的客体。需求对象可以是人,也可以是事,还可以是物、能量和信息等,甚至可以是由人、事、物等组成的系统,有时也可以是主体本身或主体的一部分。需求对象回答的就是主体需求的是什么。

必须强调指出,需求对象具有质量和数量两种特征。需求对象的质量用性态来表征。什么是性态呢?

需求对象的性态定义为该对象具有且可表征其质量的一组有序属性。定义中的属性是指对象“本身所固有的性质及与其他事物之间的关系。”例如,对象事物的本质、用途、功能、能力、功效、行为、指标等。如果需求对象性态的一组属性为空,则表示该需求对象实际不存在。

每一需求对象的质量具有两个性态。一个是现实(主体产生需求时)性态;另一个是(主体)期望性态。

需求对象的现实性态是对象现在(主体产生需求时)实际具有且可表征其质量的一组有序属性。需求对象的现实性态是现实、唯一和确定不变的。如果需求对象的现实性态的一组有序属性为空,则表示该需求对象在主体产生需求时实际不存在。

需求对象的期望性态是主体期望对象在将来应该具有且可表征其质量的一组有序属性。需求对象的期望性态是以信息形式存在于主体的大脑之内或记录在文献之中。如果需求对象期望性态的一组有序属性为空,则表示主体期望该需求对象在将来需求实现时实际不存在。

如果需求对象的期望性态与现实性态完全相同或者重合,则该种需求对象的质量需求为空,即没有质量需求。

每一种需求对象的数量也有两个。一个是现实(主体产生需求时)数量;另一个是主体期望数量。虽然这两个数量同时存在,但现实数量是需求产生时对象的实际数量,而期望数量是以信息形式存在于主体的大脑之内或记录在文献之中。当这两个数量相等时,该种需求对象的数量需求为0,即没有数量需求。

如果没有需求对象,即需求对象的质量和数量同时为空,则需求就不存在了。只要有需求，就伴有需求对象的存在。可见，需求对象是需求的一个基本要素。

(3)需求供体

需求供体是需求的实现者，即为主体提供保质(将主体关注对象的期望性态变为将来新的现实性态，从而取代对象现在的现实性态)保量需求对象。需求供体可以是一个人，也可以是一个团队，还可以是一个群体，甚至可以是若干团队或若干群体的联合或集合。它回答的是需求由谁来实现或提供。

很明显，对于任意一个需求，如果它没有需求供体，则该需求就不可能实现。因此，不可能实现的需求不是需求，而是需要。所以，需求供体也是需求的基本要素之一。

(4)需求条件

需求条件是除主体、供体和对象以外，需求赖以产生、存在、实现和达成的要素。一般来说，需求条件主要有主体环境、供体环境、时间等。

①主体环境

主体环境是指主体以外与主体需求产生有关的各种事物(人、事、物、信息等)的集合。

主体环境是不断变化的。正是这种变化才导致了主体需求的产生。有时，需求供体也会成为主体环境的一部分。

显然，没有主体环境，需求就不可能产生。所以，主体环境是需求的基本要素之一。

②供体环境

供体环境是指供体以外与主体需求实现有关的各种事物(人、事、物、信息等)的集合。

供体环境也是不断变化的。如果没有供体环境，即使有主体、供体和对象，供体也不具备实现主体需求的条件，所以，“需求”就不再是需求，而是需要了。因此，供体环境也是需求的基本要素之一。

③时间

这里的时间是指需求存在(从产生到消亡)的时间间隔。

时间是影响需求存在的自变量，在任何一个需求对应的时间间隔以外，该需求都是不存在的。所以，时间也是需求的基本要素之一。

2. 需求各基本要素的关系

为分析研究需求各基本要素之间的关系，笔者构建了需求的基本结构模型(图2-1)。

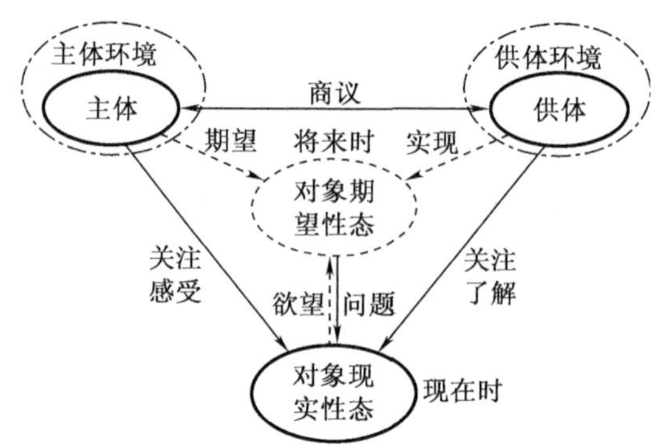

图 2-1　需求的基本结构模型

由图 2-1 可以看出，需求的基本结构是一个四面体，其顶点（主体及其环境、供体及其环境、对象现实性态和对象期望性态）表示需求的基本要素，连接各顶点之间的棱边表示各基本要素之间的关系。图中由主体、供体和对象现实性态决定的平面为现实（现在时）平面，由主体、对象现实性态和对象期望性态决定的平面为主体问题需要产生（或形成）平面，由供体、对象现实性态和对象期望性态决定的平面为需要实现（或问题解决）平面，由主体、供体和对象期望性态决定的平面是交流商议平面。

图 2-1 表明，需求的基本要素之间有三种关系：主体与对象之间的关系、供体与对象之间的关系和主体与供体之间的关系。

（1）主体与对象之间的关系

主体与对象之间的关系，是主体对对象现实性态的关注、感受和对对象期望性态的期望关系，也就是关注与被关注、感受与被感受、期望与被期望的关系。在这类关系中，对象的期望性态实质上是产生、形成并以信息的形式存在于主体大脑之中。

在主体与对象之间的关系中，有两个概念非常重要：一个是主体的问题；另一个是主体的需要。

①主体的问题

主体的问题定义：一种对象的现实性态和数量与主体大脑中对该对象的期望性态和数量之差（或偏离），称为主体的问题。

由定义可以看出，主体的问题包含主体的质量问题和主体的数量问题。

主体的质量问题定义：对象现实性态与主体大脑中的对象期望性态的差或偏离，是主体的质量问题。

主体的数量问题定义：在对象达到主体期望性态条件下，对象的现实数量与主体期望的对象数量之差,是主体的数量问题。

将对象的期望性态变为将来新的现实性态而取代对象现在的现实性态,称为解决质量问题。

在对象达到主体期望性态的条件下,将对象的期望数量变为将来新的现实数量而取代对象现在的现实数量,称为解决数量问题。

将主体对某种对象的期望性态和数量变为将来新的现实性态和数量而取代对象现在的现实性态和数量,称为解决主体的问题,简称解决问题。

②主体的需要

主体的需要定义:在一定时间范围内和一定的条件下解决问题(将对象的期望性态和数量变为将来新的现实性态和数量,而取代对象现在的现实性态和数量)的主体欲望,称为主体的需要。简单地说,主体解决问题的欲望是主体的需要。

理解需要的定义,应特别注意如下三点。

a. 需要是主体的欲望

这里之所以用“欲望”而不是“愿望”来定义需要,是因为“欲望”是中性词,可好可坏;而“愿望”是褒义词,只能是好的。这就表明,需要可以是好的,也可以是坏的,还可以是不好不坏的。

b. 需要源于问题

需要是主体解决问题的欲望。没有问题就没有需要。需要源于问题,需要伴随着问题的产生而产生,其强度随着问题强弱而变化。

c. 需要是已形成动机的欲望

因为需要是解决问题的欲望,其产生后问题的期望性态和数量与现实性态和数量就已经形成,所以欲望的目的已经形成。随着目的的形成,动机也就形成了。

由主体的需要定义可以看出,主体的需要包括主体的质量需要和主体的数量需要。

主体的质量需要定义:在一定时间范围内和一定的条件下解决质量问题(将对象的期望性态变为将来新的现实性态,而取代对象现在的现实性态)的主体欲望,称为主体的质量需要。简单地说,主体解决质量问题的欲望是主体的质量需要。

主体的数量需要定义:在一定时间范围内和对象达到主体期望性态等条件下解决数量问题(将对象的期望数量变为将来新的现实数量,而取代对象现在的现实数量)的主体欲望,称为主体的数量需要。简单地说,主体解决数量问题的欲望是主体的数量需要。

在主体与对象之间的关系中存在着一个根本矛盾，就是对象现实性态和数量与对象期望性态和数量的差或偏离。这一矛盾有正反两面：正面是问题，反面是需要。

(2)供体与对象之间的关系

供体与对象之间的关系，是供体将对象的期望性态变为将来新的现实性态而取代对象现在的现实性态的关系，简而言之，就是变换取代与被变换取代的关系。当然，也可以说是供体实现主体需要或解决主体问题的关系。

在供体与对象之间的关系中，最突出的矛盾就是将对象的期望性态变为将来新的现实性态，而取代对象现在的现实性态的必要性和可行性之间的矛盾，也可以说是需要与可能之间的矛盾，或者说解决问题的必要性与可行性之间的矛盾。

(3)主体与供体之间的关系

主体与供体之间的关系是交流商议关系。这里的交流商议的内容主要有需要(欲望)的确切表达或描述、需要整理和过滤、需要可实现的条件(供体环境、时间、费用或价格等)等。

商议形成共识并达成协议后的主体需要就成为主体需求。

3. 需求内在的主要矛盾

由前述分析可知，在需求内部共存在三大关系，也即三大矛盾：一是供体愿意且可能实现但尚未实现的主体解决问题的欲望或需要与主体问题之间的矛盾(存在于主体与对象的关系之中)；二是主体与供体之间的矛盾(关系)；三是供体与对象之间的矛盾(关系)。

在图2－1中，上述主体解决问题的欲望或需要与主体问题是一对大小相等、方向相反的共线矢量。由此可见，它们构成了既互相对立又互相依存的矛盾。这一矛盾存在，需求就存在；这一矛盾不存在，需求就不存在，即这一矛盾存在于任何一个需求之中，并贯穿于任何需求的始终。如果上述主体解决问题的欲望或需要与主体问题的矛盾不存在，主体与供体的关系就不会存在，因而主体与供体的矛盾也就不会存在，在此基础上形成的供体与对象之间的关系或矛盾也就不会存在。正是由于上述主体解决问题的欲望或需要与主体问题的矛盾的存在和变化，才决定和支配了主体与供体、供体与对象之间矛盾的存在和变化。因此，供体愿意且可能实现但尚未实现的主体解决问题的欲望或需要与主体问题之间的矛盾是需求内在的主要矛盾，也是基本矛盾。它决定着需求的本质。

4. 需求定义的表述

需求定义：主体的需求是在一定时间和条件下，虽然主体自身不能实现，但可通过商议，供体愿意并可能实现但尚未实现的将对象的期望性态和数量变为将来新的现实性态和数量，而取代对象现在的现实性态和数量的主体欲望或需要。

主体的需求定义也可表述如下。

需求定义：主体的需求是在一定时间和条件下，虽然主体自身不能实现，但可通过商议，供体愿意并可能实现但尚未实现的解决问题的主体欲望或需要。

由需求定义可以看出，需求包含质量需求和数量需求。

质量需求定义：主体的质量需求是在一定时间和条件下，虽然主体自身不能实现，但可通过商议，供体愿意并可能实现但尚未实现的将对象的期望性态变为将来新的现实性态，而取代对象现在的现实性态的主体欲望或需要。

质量需求的定义也可表述如下。

质量需求定义：主体的质量需求是在一定时间和条件下，虽然主体自身不能实现，但可通过商议，供体愿意并可能实现但尚未实现的解决质量问题的主体欲望或需要。

数量需求定义：主体的数量需求是在一定时间和对象达到主体期望性态等条件下，即使主体自身不能实现，但可通过商议，供体愿意并可能实现但尚未实现的将对象的期望数量变为将来新的现实数量，而取代对象现在的现实数量的主体欲望或需要。

数量需求的定义也可表述如下。

数量需求定义：主体的数量需求是在一定时间和对象达到主体期望性态等条件下，即使主体自身不能实现，但可通过商议，供体愿意并可能实现但尚未实现的解决数量问题的主体欲望或需要。

如果将需求定义中的主体置换为顾客，对象置换为某种商品，顾客对该种商品的期望性态恰好等于该种商品的现实性态，条件是价格条件，则需求定义就变成了经济学中的商品需求定义。

若将需求定义中的主体置换为客户或用户，对象置换为某种软件系统，客户或用户对该种软件系统的期望数量恰好是1，而该种软件系统的现实数量为0，则需求定义就变成了软件工程中的软件需求定义。

由此可见，本需求定义是最一般化的普适性定义。它揭示了古今中外任何一个需求的本质属性。凡是需求必然具备该定义揭示的本质属性。凡具有该定义揭示的本质属性的事物必然是需求。

要准确理解需求的定义，必须注意如下几点。

(1)需求的根源

因为需求包含于需要，而需要源于问题，所以需求的根源是问题。没有问题，就没有需要，也就没有需求。

(2)需求的核心

需求的核心是解决问题,而不是问题本身。即需求的核心是将对象的期望性态和数量变为将来新的现实性态和数量而取代对象现在的现实性态和数量,而不是对象的现实性态和数量与期望性态和数量之差。

(3)需求与需要的关系

需求包含于需要,但不等于需要。需要是主体解决问题的欲望,而需求是主体自身不能实现,但可通过商议,使供体愿意并可能实现但目前尚未实现的主体欲望或需要。

(4)需求的时间和条件

如前所述,时间属于条件范畴。但为了突出时间在需求中的作用,将其单列出来,与其他条件并列。在这里,条件除了包含主体环境和供体环境基本条件以外,还包含主体与供体商议而派生的必要条件(如价格、费用等)。这一派生条件是主体与供体相互联系或作用的结果,不属于基本要素,所以未在基本要素中列出。

(5)需求的主体

需求是主体的需求,即主体的欲望。它产生、形成并以信息的形式存在于主体的大脑之中。如果不与主体沟通,就无法准确了解主体的需求。

(6)需求的实现

需求的实现者是供体,而不是主体。主体自身能实现的欲望,只是需要,而不是需求。主体自身不能实现,供体愿意并可能实现但尚未实现(欲望或需要一旦被实现,就不再是欲望或需要了)的欲望才是需求。当主体的需要自身不能实现时,才求供体实现,这与需求的字面意思恰好吻合。

(7)需求的商议

需求与要求不同。要求隐含着强制性,而需求必须经主体与供体商议才能达成。仅由主体单方提出未经商议的各项条款只能是需要,不能是质量需求。在需求的商议过程中,主体与供体是平等的。

需求的定义所揭示的是需求的内涵,即反映需求区别于其他事物的本质属性。但还未表达需求的全部属性。要了解需求的全部属性,还必须对需求的特性进行分析研究。

(8)需求活动

所谓活动,是主体对包括主体及其同类在内的客体事物的影响、作用、响应或处理,属于主体与包括主体及其同类在内的客体事物的关系范畴。

上述活动定义中的“主体”是指活动的实施者,客体是活动的对象,与本书前述主体不是同一个概念。

如果需求活动就是需求主体、需求供体或者主体与供体同时对需求对象的影响、作用、响应或处理。那么,需求获取、需求分析、需求验证、需求确认、需求变更等都属于需求活动。

显然,需求活动的主体不仅仅是需求主体,而且可以是需求的供体,有时还是需求的主体与供体同时作为需求活动的主体。

二、需求的特性

(一)问题性或差异性

需求的问题性或差异性是指任意一个需求都必然反映一个问题,即反映对象的现实性态和数量与主体对该对象的期望性态和数量之差。在一般情况下,问题既包含质量问题,又包含数量问题。

如上所述,问题是需求的根源,没有问题就没有需求。所以,问题性或差异性是需求的根本属性,没有问题性或差异性的需求是根本不存在的。

因此,需求的问题性或差异性与各环节的需求活动都相关,对需求的产生、生成、获取、描述、分析、综合、评价、跟踪和决策等都会产生重大的影响。

(二)欲望性

需求的欲望性是指任意一个需求都是一个在一定时间和条件下主体自身不能实现,且供体愿意并可能实现但目前尚未实现的解决问题的主体欲望。由需求的欲望性可派生出需求的如下特性。

1. 需要性

由前述已知,在一定时间范围内和一定的条件下解决问题的主体欲望,称为主体的需要。因此,需求具有需要性,需求是特殊的需要。

这一特性表明:需求在需要之中。要开发需求,必须先开发需要,然后在需要中探寻需求。在需要之外,永远找不到需求。

2. 主观性与客观性

因为任何欲望都是以信息形式形成并存储于人的大脑之中,所以需求必然具有一定的主观性,即欲望是主体的主观欲望。

需求的欲望性在派生出需求的主观性的同时,还可派生出需求的客观性。因为,需求的欲望是解决问题的主体欲望,而问题是由需求对象的现实性态和数量与需求主体对需求对象的期望性态和期望数量所决定的。其中,不仅需求对象的现实性态和数量是客观的,而且需求主体对需求对象的期望性态和数量也受到时间、环境等客观条件制约。因此,需求必然具有一定的客观性。

需求的主观性与客观性并存。

3. 确知性与未确知性

所谓确知性是主体正确、准确和明确认识问题、解决问题的比例或程度。而未确知性是主体未正确、未准确和未明确认识问题、解决问题及其相关知识的比例或程度。

在简单需求中,一个问题的两个性态和数量清晰透明,容易感知,解决问题的知识也简单易知,所以只具有确知性,不会有未确知性。如果用[0,1]区间的一个数来度量的话,那么简单需求的确知性为1,而未确知性为0。

在复杂需求中,如果主体对一个问题的两个性态和数量、解决问题等知识掌握的比例和程度达不到所需的全部,那么复杂需求的确知性和未确知性并存。如果也用[0,1]区间的一个数来度量的话,那么复杂需求的确知性和未确知性大于0而小于1,且二者之和为1。一般来说,从复杂需求产生到复杂需求决策(确定),随着需求活动的进展,确知性由小到大变化,而未确知性则由大到小变化。

4. 模糊性与精确性

需求的模糊性是主体解决问题欲望的含糊(亦此亦彼)程度。而需求的精确性是主体解决问题欲望的分明(清晰)程度。

需求的模糊性与精确性主要来源于解决问题欲望中需求主体对需求对象的期望性态和数量的含糊或分明程度。其主要表现在描述语言上,如舒服、高、低、多、少、强、弱、好、坏、肥、瘦等,都具有模糊不清的特征。

需求的模糊性与精确性可用模糊数学中有关的参数度量。

需求的模糊性与精确性并存。从需求产生到需求决策的这个过程中,需求的模糊性与精确性是变化的。一般情况下,随着需求活动的进展,需求的模糊性降低时,需求的精确性反而增大。

(三)可行性与不可行性

需求的可行性是指需求在一定时间和条件下具有可由供体实现的特性。不具备可行性的主体欲望只是需要,不是需求。凡是需求,必然可行;不可行,则不是需求。

需求的不可行性是指需求在一定时间和条件下具有不能由主体自身实现的特性。所以,主体自身能实现的欲望在实现之前是需要,不是需求。

需求的可行性可用于需求分析。凡是在一定时间和条件下能由主体自身实现的需要,一律标记为“非需求”。凡是在一定时间和条件下不能由主体自身实现的需要,标记为“待可行性分析”。

需求的可行性在概念上容易辨识和度量,但在需求分析过程中,必须要对

“待可行性分析”的主体需要进行分析，而“待可行性分析”需要的可行性就不仅是可行或不可行两种情况，而是可映射为[0,1]区间内的任意实数。即在0～1中，可行性有完全不可行、完全可行和可行性三种情况。需求的可行性分析就是要将“待可行性分析”需要中在一定时间和条件下如果可由供体完全可实现的，则纳入需求之列。而将其余不可行或不完全可行的需要标记为“不可行”。

（四）信息流通性

需求的信息流通性是指主体解决问题的需要变为需求，总是依赖于主体与供体之间的信息流通。即任何需求的达成，总是通过主体与供体之间的信息流通来实现的。

如果主体与供体之间没有信息流通，那么主体解决问题的欲望就只能被束缚在需要上，永远不会成为需求。

主体与供体之间的信息流通方式多种多样，从信息流向看，有的是单向信息流通，有的是双向信息流通；从信息流通次数看，有的是一次，有的是多次；从信息流通是否有中转来看，有的是直接信息流通，有的是间接信息流通；从信息流通双方的作用形式看，有的是默契，有的是商议，有的是交流沟通，有的是洽谈或谈判。

需求的信息流通性告诫我们，主体千万莫把自己的需要误认为是需求，以老大自居，不与供体沟通，把自己提出的需要打造成霸王条款；供体更不要把自己的猜想当作主体的需求，不与主体沟通，闭门造车，强加于主体。

（五）指向性

需求的指向性是主体与供体需求活动方向的聚焦性。需求的指向性包含对象指向性和时间指向性。对象指向性是主体与供体需求活动的方向总是聚焦在需求对象上；而时间指向性是主体与供体需求活动的方向总是指向将来（一段时间）。

（六）条件制约性

需求的条件制约性是指任何需求总要受到一定条件（时间、主体问题环境、供体实现环境、费用、价格等）的约束或限制。

需求的条件制约性告诫我们，尽管需求在时间轴上总是指向将来，但我们不能不考虑现实和将来一段时间内的各种条件限制，而对需求异想天开。主体莫把幻想、梦想和妄想当需求，否则极容易“上当受骗”。供体更要面对实际，“量力而行”，不然就会“骑虎难下”。

(七)动态性

需求的动态性是指需求可在一定条件下变动。需求的动态性包括需求的渐变性和需求的突变性。

需求的渐变性是指需求可在一定条件下逐渐发生变动。如随着主体与供体的反复交流沟通,需求的确知性和精确性会越来越高,新条款也逐渐增多等。

需求的突变性是指需求可在一定条件下突然跃变。一般有四种情况可导致需求发生突变:一是主体的问题环境突变,导致问题突变而引发需求突变;二是当主体出现两个及两个以上问题时,一个当前问题被另一个更急迫问题压制或更替,从而导致需求突变;三是供体实现需求的水平、能力和环境发生突变,推动主体需求突变;四是存在两个以上供体的激烈竞争或斗争时,也可导致主体需求突变。

(八)可控性

需求的可控性是指需求在一定时间和条件下可进行调节的程度。因为在一定时间和条件下,需求中对象的现实性态和数量是确定不变的,而主体对对象的期望性态和数量是可调节变化的,所以需求具有可控性。

必须强调指出,需求的可控性依赖于一定时间和条件。其中条件除了包括问题环境、实现环境以外,还包括费用、价格等。需求可控性的效果除了与时间和条件有关外,还与心理调节方法和艺术有关。

依据需求的可控性,可进行需求控制的研究。

三、需求的分类

(一)按需求主体所含人员数量划分

需求按需求主体所含人员数量可划分为个人需求和多人需求。

1. 个人需求

个人需求是主体为一个人的需求。如张××需求、李××需求等都是个人需求。

2. 多人需求

多人需求是主体为两个人及两个人以上的需求。多人需求又可按其关系划分为集体需求和群体需求。

(1)集体需求

集体需求是主体为多人、有组织的整体的需求。如××公司需求、××军队需求、××大学需求、××家庭需求等都属于集体需求。

(2)群体需求

群体需求是主体在本质上有共同点的多个个体组成的整体的需求。如大学生需求、老年人需求、教师需求、农民需求、儿童需求等都属于群体需求。

(二)按需求对象划分

需求按对象性质可划分为人员需求、物质需求、事件需求、信息需求和能量需求。物质需求、信息需求和能量需求可组合成装备需求。

需求按对象的数量、质量特征可划分为数量需求和质量需求。

(三)个人需求按对象位置划分

个人需求按对象位置可划分为内在需求和外在需求。

个人内在需求是需求对象在主体内部的需求,可细分为生理需求和心理需求。

个人外在需求是需求对象在主体外部的需求,可细分为人员需求、物质需求、事件需求、信息需求、能量需求和关系需求。而关系需求又可细分为信息联系需求和直接作用需求。

(四)个人需求按问题源活动划分

个人需求按问题源活动可划分为工作需求、生活需求和学习需求。

工作需求是个人在工作中遇到问题而产生的需求。

生活需求是个人在生活中遇到问题而产生的需求。

学习需求是个人在学习中遇到问题而产生的需求。

(五)非个人需求按问题源活动划分

非个人需求按问题源活动可划分为军事需求和民事需求。

1. 军事需求

军事需求是在一切与战争、国防、军队直接相关的活动中遇到问题而产生的需求。

军事需求按其问题源活动可细分为作战需求、训练需求、保障需求等。

2. 民事需求

民事需求是在非军事活动中遇到问题而产生的需求。

当然,还可按其他准则对需求进行划分,从而得到不同的结果,因本书主要研究装备需求,故不赘述。

第二节 装 备 需 求

本书所述装备是“武器装备”的简称，是用于作战和保障作战及其他军事行动的武器、武器系统、电子信息系统和技术设备、器材的统称，主要指武装力量编制内的舰艇、飞机、导弹、雷达、坦克、火炮、车辆和工程机械等，分为战斗装备、电子信息装备和保障装备。

本书中的装备在一般情况下指某型装备。

一、装备需求定义研究

关于装备需求定义的研究已有很多文献。本书研究装备需求的定义，仿照需求定义研究的思路，在需求定义表述的基础上进行研究。

（一）装备需求的基本要素

1. 装备需求的主体

装备需求的主体是军队，称之为军方或使用方。

2. 装备需求的对象

装备需求的对象是装备。装备需求对象有质量和数量两种特征。

装备需求对象的质量用装备性态来衡量。

装备性态定义为该装备具有且可表征其质量的一组不含结构和状态的有序属性。例如，装备的性质、用途、能力、功效、性能、指标，等等。

为什么装备性态不含装备的结构和状态呢？因为结构是由研制方根据装备性态来实现的；而状态又是一个装备结构一定时间内随时间而变化，并能够完全表征装备系统在时间域内行为的一个最小变量组。一个实际装备可以有多个状态，但只能有一个性态，不能有多个性态。也就是说，一个装备性态对应一个装备的结构。性态不同，装备的结构也就不同。

每一需求装备的质量可具有两个性态。一个是现实（军方或使用方产生需求时）性态；另一个是（军方或使用方）期望性态。

需求装备的现实性态是装备现在（军方或使用方产生需求时）实际具有且可表征其质量的一组不含结构和状态的有序属性。

需求装备的现实性态是现实、唯一和确定不变的。若需求装备的现实性态的一组不含结构和状态的有序属性为空，则表示该需求装备在军方或使用方产生需求时实际不存在。

需求装备的期望性态是军方或使用方期望装备在将来应该具有且可表征其质量的一组不含结构和状态的非空有序属性。需求装备的期望性态是以信息形式存在于军方或使用方的大脑之中或记录在文献之中。

若需求装备的期望性态与现实性态完全相同或者重合,则该种需求装备的质量需求为空,即没有质量需求。

每一种需求装备的数量也有两个。一个是现实(军方或使用方产生需求时)数量;另一个是(军方或使用方)期望数量。这两个数量同时存在,但现实数量是需求产生时装备的实际数量,而期望数量是以信息形式存在于主体的大脑之中或记录在文献之中。当这两个数量相等时,该种需求装备的数量需求为0,即没有数量需求。

3. 装备需求的供体

装备需求的供体是装备需求的实现者,即为军方或使用方提供保质保量(将某型装备的期望性态和数量变为将来新的现实性态和数量,从而取代该种装备现在的现实性态和数量)装备需求对象者,也就是从事装备研究、开发和制造的集团、公司或多家团队合作性群体,也称为研制方。

4. 装备需求条件

装备需求条件是除军方或使用方、研制方和装备需求对象以外,装备需求赖以产生、存在、实现和达成的要素。一般来说,装备需求条件主要有军方或使用方问题环境(作战及其环境、训练及其环境、保障及其环境等)、研制方环境(材料、设备、技术、管理等环境)、时间、进度、价格、费用等。

(二)装备问题与解决装备问题

装备问题是指某型装备现实性态和数量与军方或使用方对该装备期望性态和数量的差或偏离,称为军方或使用方的装备问题。

显然,装备问题包含装备质量问题和装备数量问题。

装备质量问题是指某型装备现实性态与军方或使用方对该装备期望性态的差或偏离,称为军方或使用方的装备质量问题。

装备数量问题是指某型装备现实数量与军方或使用方对该装备期望数量的差或偏离,称为军方或使用方的装备数量问题。

将某装备的期望性态和数量变为将来新的现实性态和数量,从而取代装备现在的现实性态和数量,称为解决装备问题。

将某装备的期望性态变为将来新的现实性态,从而取代装备现在的现实性态,称为解决装备质量问题。

在某型装备达到军方或使用方期望性态条件下,将该种装备的期望数量变为将来新的现实数量,从而取代装备现在的现实数量,称为解决装备数量问题。

(三)装备需要

装备需要是指在一定时间和条件下将某型装备的期望性态和数量变为将来新的现实性态和数量,从而取代装备现在的现实性态和数量的军方或使用方欲望,称为军方或使用方对该装备的需要,简称装备需要。简单地说,军方或使用方解决装备问题的欲望是军方或使用方的装备需要。

装备需要包含装备质量需要和装备数量需要。

装备质量需要是指在一定时间和条件下将某型装备的期望性态变为将来新的现实性态,从而取代装备现在的现实性态的军方或使用方欲望,称为军方或使用方对该装备的质量需要,简称装备质量需要。简单地说,军方或使用方解决装备质量问题的欲望是军方或使用方的装备质量需要。

装备数量需要是指在一定时间和某型装备达到军方或使用方期望性态等条件下将某型装备的期望数量变为将来新的现实数量,从而取代装备现在的现实数量的军方或使用方欲望,称为军方或使用方对该装备的数量需要,简称装备数量需要。简单地说,军方或使用方解决装备数量问题的欲望是军方或使用方的装备数量需要。

(四)装备需求的主要矛盾

在装备需求基本要素的关系中共有三大矛盾:一是研制方愿意且可能实现但尚未实现的军方或使用方解决装备问题的欲望或需要与军方或使用方装备问题之间的矛盾;二是军方或使用方与研制方的矛盾;三是研制方与装备需求对象之间的矛盾。显然,研制方愿意且可能实现但尚未实现的军方或使用方解决装备问题的欲望或需要与军方或使用方装备问题之间的矛盾是装备需求内在的主要矛盾,也是基本矛盾。它决定着装备需求的本质。

(五)装备需求定义的表述

装备需求定义:装备需求是在一定时间和条件下,军方或使用方虽然自身不能实现,但可通过商议,研制方愿意并可能实现但尚未实现的把军方或使用方对某型装备的期望性态和数量变为将来新的现实性态和数量,从而取代装备现在的现实性态和数量的军方或使用方欲望或需要。

装备需求定义也可表述如下:

装备需求是在一定时间和条件下,军方或使用方虽然自身不能实现,但可通过商议,研制方愿意并可能实现但尚未实现的解决装备问题的军方或使用方欲望或需要。

由定义可见,装备需求包含装备质量需求和装备数量需求。

装备质量需求定义:装备质量需求是在一定时间和条件下,军方或使用方自身不能实现,但可通过商议,研制方愿意并可能实现但尚未实现的把军方或使用方对某型装备的期望性态变为将来新的现实性态而取代装备现在的现实性态的军方或使用方欲望或需要。

装备质量需求定义也可表述如下:

装备质量需求是在一定时间和条件下,军方或使用方虽然自身不能实现,但可通过商议,研制方愿意并可能实现但尚未实现的解决装备质量问题的军方或使用方欲望或需要。

装备数量需求是在一定时间和某型装备达到军方或使用方期望性态等条件下,军方或使用方虽然自身不能实现,但可通过商议,研制方愿意并可能实现但尚未实现的把期望数量变为将来新的现实数量,从而取代装备现在的现实数量的军方或使用方欲望或需要。

装备数量需求定义也可表述如下:

装备数量需求是在一定时间和某型装备达到军方或使用方期望性态等条件下,军方或使用方虽然自身不能实现,但可通过商议,研制方愿意并可能实现但尚未实现的解决装备数量问题的军方或使用方欲望或需要。

要准确理解装备需求的定义,必须注意如下几点。

1. 装备需求的根源

装备需求的根源是装备问题。没有装备问题,就没有装备需求。

2. 装备需求的核心

装备需求的核心是解决装备问题,而不是装备问题本身。即装备需求的核心是将装备的期望性态和数量变为将来新的现实性态和数量,从而取代装备现在的现实性态和数量,而不是装备的现实性态和数量与期望性态和数量之差。

3. 装备需求与装备需要的关系

装备需求包含于装备需要,但不等于装备需要。装备需要是军方或使用方解决装备问题的欲望,而装备需求是军方或使用方虽然自身不能实现,但可通过商议,研制方愿意并可能实现但尚未实现的军方或使用方欲望或需要。

4. 装备需求的时间和条件

装备需求的产生、存在、实现和达成总是依赖于一定的时间和条件。详见前述装备需求条件。

5. 装备需求的主体

装备需求的主体是军方或使用方。装备需求是军方或使用方的需求，即军方或使用方的欲望。它产生、形成并以信息的形式存在于军方或使用方的大脑之中或记录在文献之中。如果不与军方或使用方交流沟通，就无法准确了解军方或使用方的需求。

6. 装备需求的实现

装备需求的实现者是研制方，而不是军方或使用方。因此，军方或使用方自身能实现的欲望，只是装备需要，而不是装备需求。军方或使用方自身不能实现，研制方愿意并可能实现但尚未实现的解决装备问题的军方或使用方的欲望才是装备需求。

7. 装备需求的商议

装备需求必须经军方或使用方与研制方商议，才能达成。仅由军方或使用方单方提出未经商议的各项条款只能是装备需要，而不是装备需求。在装备需求的商议过程中，军方或使用方与研制方是平等的。

8. 装备需求活动

装备需求活动就是军方或使用方、研制方，又或者是二者同时对装备需求对象的影响、作用、响应或处理。

如装备需求生成、装备需求获取、装备需求描述、装备需求分析、装备需求综合、装备需求评价和装备需求决策等，都属于装备需求活动。

必须强调，装备需求活动的主体不仅可以是军方或使用方，而且可以是研制方，有时还必须是军方或使用方与研制方同时作为装备需求活动的主体。由此可见，认为装备需求必须由军方或使用方单方提出的观点是错误的；同样，认为装备需求必须由研制方单方提出的观点也是错误的。

二、装备需求的特性

因装备需求包含需求，所以装备需求必然具备前述需求所有的特性。此外，装备需求还具有下列特性。

（一）紧迫性

装备需求的紧迫性是指装备需求实现时间期限的急迫程度。

因为装备需求的主体是军方或使用方，装备问题的环境是与作战、训练或保障等军事活动有关的环境，事关国家安全、民族尊严和领土主权，所以装备需求都具有一定的紧迫性。

(二)一致性和离散性

装备需求的一致性是指军方或使用方不同人员针对同类型装备提出的同类装备需求的相近程度或比例。

而装备需求的离散性是指军方或使用方不同人员针对同类型装备提出的同类装备需求的离散(不相近)程度或比例。

因装备需求的主体是军方或使用方,导致军方或使用方参与需求活动人员的种类和数量较多,如装备操作人员、装备管理人员、部队指挥人员等。因为他们的环境、工作、经历、知识等问题环境不完全相同,所以提出的装备需求会有差别,而且对同类型装备的同类需求的看法也不尽一致。因此,装备需求都具有一定的一致性和离散性。

(三)保密性

因装备需求的主体是军方或使用方,装备需求是新装备的基础,属于军事机密。所以,装备需求具有保密性。

(四)层次性

装备需求是所需实际装备的信息,而所需实际装备都是较复杂的系统。因为较复杂系统都具有层次性,所以这种层次性必然反映在装备需求信息之中,导致装备需求也具有层次性。

(五)系统性

如上所述,装备需求是所需实际装备的信息,而所需实际装备都是较复杂的系统。所以,所需实际装备的系统性决定了装备需求必然具有系统性。即一个型号装备需求必然是一个系统。

(六)可分性

所谓装备需求的可分性是指非基本装备需求总是可以分解的。

由前述已知,装备需求具有层次性。因此,当某层装备需求不是基本装备需求(最底层不可再分解)时,该层的装备需求总是可以在一定条件下分解为若干个下层装备需求。

(七)综合性

装备需求的综合性是指任何一种类型装备需求系统都可由满足一定条件的

基本需求综合成。由此可见,装备需求的综合是装备需求分解的逆过程。

(八)可评性

装备需求的可评性是指同一型号装备需求的不同方案可依据一定的评价尺度或准则进行评价比较。

(九)可验性

装备需求的可验性是指装备需求和其对应的所需实际装备之间可以互相检验。

(十)有效性或效益性

装备需求的有效性或效益性是装备需求中的可实现需要(装备期望性态和数量与装备现实性态和数量之差)与实现该需要的投入之比。

(十一)相关性与独立性

装备需求的相关性是指同一型号装备需求中各需求项之间相关的程度。

装备需求的独立性是指同一型号装备需求中各需求项之间不相关的程度。

(十二)矛盾性

装备需求的矛盾性是指同一型号装备需求中相关需求项之间互相对立的程度。如果用区间[0,1]的一个数来度量装备需求的矛盾性,0 则表示两项需求没有矛盾或无对立性,而 1 则表示两项需求完全对立,不能同时存在,在[0,1]内的数则表示两项需求虽然对立,但可同时存在,冲突可用一定的方法和手段化解。例如,若设某型装备需求项 1 是功率大,其需求项 2 是质量小,则这两个需求项就具有矛盾性。因为在一定条件下,增大功率势必使质量也增大,减小质量又会阻碍功率增大,但其并不是完全对立的,而是可同时存在的,因为冲突可在一定条件下运用适当的方法和手段化解。

三、装备需求的分类

(一)按装备需求内涵的数、质量特征划分

装备需求按装备需求内涵的数、质量特征可划分为装备质量需求和装备数量需求。

装备质量需求按装备需求对象期望性态层次可划分为装备使命需求、装备

功能需求、装备非功能需求、装备能力需求、装备非能力需求、装备性能需求和装备指标需求。

装备质量需求层次如图 2－2 所示。

装备使命需求{装备功能需求——装备能力需求——装备性能需求——装备指标需求
装备非功能需求——装备非能力需求——装备性能需求——装备指标需求

图 2－2　装备质量需求层次

装备质量需求按研制方实现情况又可划分为真装备质量需求和伪装备质量需求。

真装备质量需求是在一定时间和条件下，军方或使用方自身不能实现，但可通过商议，研制方愿意并可能实现但尚未实现的解决装备质量问题的军方或使用方欲望或需要。

伪装备质量需求是研制方不可能实现或者已经实现的解决装备质量问题的军方或使用方欲望或需要。

按装备现实性态是否为空划分，则装备质量需求可分为装备研发需求和装备改进需求。

若装备现实性态的一组不含结构和状态的有序属性为空，则表明该需求装备现实不存在，必须完全研发。即该装备需求是装备研发需求。

若装备现实性态的一组不含结构和状态的有序属性非空，则表明该需求装备现实已经存在，只需改进。即该装备需求是装备改进需求。如不特别申明，本书只研究装备研发需求。

（二）按装备需求问题源活动性质划分

装备需求按装备需求问题源活动性质可划分为作战装备需求、训练装备需求和保障装备需求。

作战装备需求按装备问题环境层次可划分为战略装备需求、战役装备需求和战术装备需求。

（三）按装备需求主体的不同划分

装备需求按装备需求主体的不同可划分为陆军装备需求、海军装备需求、空军装备需求等。陆军装备需求按主体不同可细分为装甲兵装备需求、炮兵装备需求、工程兵装备需求、防化兵装备需求等。

（四）按装备需求对象结构层次划分

装备需求按装备需求对象结构层次可划分为装备系统需求、装备子（分）系统需求、装备部件需求和装备体系需求等。

本章研究了需求和装备需求的定义、特性和分类。以此为基础，后面进一步研究装备需求原理。

第三章　装备需求原理

原理是具有普遍意义的最基本的规律。科学的原理,由实践确定其正确性,可作为其他规律的基础。装备需求原理是在装备需求活动中具有普遍意义的最基本的规律。因此,要研究装备需求理论,就不能不研究装备需求原理。

第一节　装备需求与装备需要关系原理

一、装备需求与装备需要关系原理表述

原理 3-1　装备需求包含于装备需要,或装备需要包含装备需求。

如果用 R_e 表示装备需求,用 N_e 表示装备需要,则原理 3-1 可以用下式表达:

$$R_e \subset N_e \tag{3-1}$$

或者

$$N_e \supset R_e \tag{3-2}$$

原理 3-2　装备需求是军方或使用方自身不能实现(或满足)的装备需要。

原理 3-3　装备需求是研制方愿意并可能实现但尚未实现的装备需要。

二、装备需求与装备需要关系原理的说明

前述装备需求的定义是:“装备需求是在一定时间和条件下,军方或使用方自身不能实现,但可通过商议,研制方愿意并可能实现但尚未实现的解决装备问题的军方或使用方欲望或需要。”由此可得出装备需求与装备需要关系原理。

三、装备需求与装备需要关系原理的应用

(一)开发装备需求应先挖掘装备需要

由原理 3-1 可知,装备需求包含于装备需要。所以,要开发装备需求,必须先挖掘装备需要。否则,在装备需要之外,永远找不到装备需求。这一原理为开

发装备需求指明了方向和途径。

（二）筛分装备需求与装备需要

依据原理 3 -2 和原理 3 -3，将挖掘到的装备需要进行筛分，筛去军方或使用方自身能够实现的装备需要，留下军方或使用方自身不能实现的装备需要；筛去研制方不愿意或不能实现，又或者已经实现的装备需要，留下研制方愿意且能够实现但尚未实现的装备需要。最后，得到的就是装备需求。

第二节　装备需要产生和变化原理

一、装备需要产生和变化原理的表述

原理 3 -4　装备需要根源于装备问题。任一装备需要都源自装备问题。没有装备问题，就没有装备需要。

原理 3 -5　装备需要跟随于装备问题。

原理 3 -5 有三层含义，即随生、随变和随灭。

第一层含义是装备需要随生于装备问题。即装备需要跟随产生于装备问题，也就是说装备需要产生在装备问题之后，当装备问题的强度达到军方或使用方解决该装备问题欲望产生的阈值（临界值）时，装备需要才产生。这个滞后的时间有长有短，有的短到几乎可以忽略不计，有的却可能很长。当装备问题强度一直达不到解决该装备问题欲望产生的阈值时，装备需要则不会产生。这表明，即使有了装备问题，也不一定产生相应的装备需要。

第二层含义是装备需要随变于装备问题。即当装备需要产生后，在主体能承受的限度之内，装备需要的强度随着装备问题强度的变化而变化。装备问题强度增高，则装备需要的强度也随之增高；反之，装备问题的强度降低，则装备需要的强度也随之降低。

第三层含义是装备需要随灭于装备问题。即在装备需要产生之后，当装备问题的强度降低到 0 时（装备问题消失或者被解决），装备需要的强度也随之而降到 0（即装备需要消失）。正所谓需要被满足了，就不再是需要。

原理 3 -6　装备问题产生于问题活动。

什么是问题活动呢？

问题活动是军方或使用方(主体)在与其环境相互作用过程中,所从事(或进行)的能产生装备问题的发现、分析和解决问题的活动。

例如,军方在作战过程中发现损失惨重而不能完成任务(源问题,不是装备问题),对这个问题进行缜密分析后,得知问题的关键是敌军使用了一种新型智能作战机器人,要解决这个问题,不但要解决兵力部署不妥和战法不当这两个问题,而且还期望有对抗和捕获这种新型智能作战机器人的新装备,但目前军方还没有这种装备。装备问题就这样在问题活动中产生了。

第一个问题(即源问题)从何而来呢?

源问题产生于军方或使用方(主体)与其环境的相互作用,也就是初始问题活动。如作战、训练、演习、保障、情报搜集、分析和处理等活动。

原理 3-7　多个问题活动循环生成问题系统。

从问题发现(产生)→问题分析→问题解决→(新)问题发现(产生)称为一个问题活动循环。

一个装备问题的产生有时可能不止一个问题活动循环。两个或两个以上的问题活动循环被称为多个问题活动循环。而由多个问题活动循环产生的一系列问题(包括装备问题)及其相互关系被称为问题系统。

问题系统可用问题系统有向图(以下简称问题图)描述或表达。

定义　问题图 D_p 为一个有序偶对

$$D_p = (P, R) \tag{3-3}$$

其中,P 为非空顶点集合,每一个顶点表示一个问题;R 是有序积 $P \times P$ 的一个子集,其元素为有向边。

问题图即用一个顶点表示一个问题,用一条有向边表示两个相关问题的解决关系。据此可画出问题图的几何图形。上边例子的问题图如图 3-1 所示。

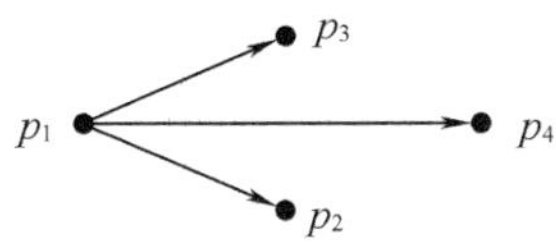

p_1—作战损失惨重而不能完成任务;p_2—兵力部署不妥;

p_3—战法不当;p_4—无对抗和捕获新型智能作战机器人的新装备。

图 3-1　问题图示意

如果一个问题图连通且没有任何回路,则该问题图称为问题树。图 3-1 所示就是一棵问题树。

如果一个问题系统是一棵问题树,则从该问题图中源问题到一个装备问题具有唯一的一条通路。

二、装备需要产生和变化原理的说明

(一)原理 3 -4 说明

由前述装备问题和装备需要的定义可知,装备需要是军方或使用方解决装备问题的欲望。因而没有装备问题,就不可能产生解决装备问题的欲望,也就根本没有装备需要。因此,装备需要源自装备问题,或者说装备问题是装备需要的根源。

(二)原理 3 -5 说明

1. 装备需要随生于装备问题的说明

因为装备需要是主体(军方或使用方)解决装备问题的欲望,所以当装备问题产生后,主体对该装备问题有一个感受滞后期和一个感受期。因此,装备需要必然产生在装备问题之后。但因不同的主体对问题的敏感程度和所专注的事物各不相同,所以滞后的时间有长有短,各不相同。但每个主体在感受到装备问题之后,都有一个解决该装备问题欲望产生的阈值(临界值),如果装备问题的强度达到了解决该装备问题欲望产生的阈值(临界值),装备需要就会产生,否则,装备需要就不会产生。由此可知,装备需要随生于装备问题。

2. 装备需要随变于装备问题的说明

因为装备需要是主体(军方或使用方)解决装备问题的欲望,所以当装备需要产生后,在主体能承受的限度之内,若装备问题的强度升高,则主体解决装备问题的欲望就会变强;反之,若装备问题的强度降低,则主体解决装备问题的欲望就会变弱。由此可见,装备需要的强度随着装备问题强度的变化而变化。

3. 装备需要随灭于装备问题的说明

由装备需要随变于装备问题的说明可知,装备需要的强度随着装备问题强度的变化而变化。所以,当装备问题的强度降到 0 时(即问题灭失或者被解决),装备需要的强度,即主体解决装备问题的欲望也随变到 0,随之而灭。

(三)原理 3 -6 说明

原理 3 -4 的实质是装备需要源自装备问题,表明了要挖掘装备需要应先挖掘装备问题的规律;原理 3 -5 的实质是装备需要跟随(随生、随变和随灭)于装备问题,表明了要跟踪和控制装备需要,应跟踪和控制装备问题。然而,装备问题是怎样产生的呢？这正是原理 3－6 要回答的问题。

根据前述问题活动的定义:问题活动是军方或使用方(主体)在与其环境相互作用过程中,所从事(或进行)的能产生装备问题的发现、分析和解决问题的活动。可知,如果主体与其环境不进行相互作用,即完全封闭起来,或者不进行发现、分析和解决问题的任何活动,那么主体就不可能发现或产生任何问题,包括装备问题。因此,没有问题活动,就没有装备问题。其逆否命题正是要有装备问题,必须进行问题活动。所以说,装备问题产生于问题活动。

然而,装备问题不是在随便或杂乱无章的问题活动中产生的,而是存在于有序的问题系统之中的。

(四)原理 3－7 说明

由问题活动循环的定义可知,一个问题活动循环的结果只有两种可能,要么不产生新问题,要么至少产生一个新问题。而根据前述问题活动定义可知,每个问题活动必须是能产生装备问题的发现、分析和解决问题的活动,即不产生问题成为不可能。所以,一个问题活动循环至少产生一个问题。而多个问题活动循环则必然产生多个问题,且所产生的这些问题,是联系在一起的,具有单向依赖关系。所以,问题系统由多个问题活动循环生成。

三、装备需要产生和变化原理的应用

根据本节的四个原理及其关系,可将其应用于开发挖掘、跟踪和调节控制装备需要。

(一)开发挖掘装备需要

(1)与环境相互作用,进行问题活动;
(2)进行多个问题活动循环,生成问题系统;
(3)画出问题图,明确源问题和装备问题及它们之间的通路;
(4)将所得装备问题变换为相应的装备需要。

在与环境相互作用时,要特别注意提高对问题的敏感性。敏感性强的人,一遇到问题就能立即捕捉或发现。

进行每个问题活动时都要注意形成问题循环,以便新问题的产生和发现。否则,开发装备需要容易半途而废。

(二)跟踪装备需要

(1)及时灵敏感受装备问题及其变化;

(2)准确描述记录装备问题及其变化;
(3)及时准确地将装备问题变化变换为装备需要变化。

(三)调节控制装备需要

(1)实时、准确、灵敏地感受装备问题中对象的期望性态和数量;
(2)如实准确地分析影响对象期望性态和数量的因素;
(3)科学判断装备期望性态和数量及其影响因素可能变化域;
(4)以军方或使用方利益最优为目标,在可行域内调节控制装备期望性态和数量的影响因素与对象期望性态和数量,从而通过调节控制装备问题来调节控制装备需要。

第三节　装备需求达成原理

一、装备需求达成原理的表述

在军方或使用方已经形成装备需要的条件下,装备需求达成于军方或使用方与研制方的存在相成、接洽、协商与确定。这就是装备需求达成原理。

装备需求达成原理可以分述为如下四个原理。

(一)存在相成原理

存在相成是指实际上有并且互相成全。

存在相成原理为装备需求达成的必要条件是指至少存在一家研制方,与存在的军方或使用方相成。即存在的研制方获取利润的需要,军方或使用方愿意且能够实现;而存在的军方或使用方的装备需要,存在的研制方愿意且能够实现;并且双方都以实现对方需要作为实现自身需要的前提或条件。

显然,如果军方或使用方不存在,则装备需要就根本不会存在,就更谈不上装备需求达成;如果研制方不存在,即一家研制方都没有,则装备需要根本不能实现,装备需求达成更是无从谈起。

然而,仅有军方或使用方与研制方的存在还不够。如果双方仅存在,但是不相成,则每一方的需要都不能实现,因而装备需求也就不能达成。所以,军方或使用方与研制方存在且相成是装备需求达成的必要条件。

（二）接洽原理

接洽是指洽谈双方关心的装备需求事宜，军方或使用方与研制方双方互相联系和交流沟通。接洽包括直接接洽和间接接洽，最理想的是直接接洽。

接洽原理就是在军方或使用方已经形成装备需要的条件下，要想使装备需求达成，军方或使用方与研制方必须接洽。或者表述为接洽是军方或使用方与研制方达成装备需求的必要条件。

若军方或使用方与研制方不接洽（既不直接接洽，也不间接接洽），则研制方根本不了解军方或使用方有什么样的实际装备需要，同样，军方或使用方对研制方的情况一无所知。因而，装备需求根本不能达成。

（三）协商原理

协商是指为就装备需求事宜达成一致意见或共识，军方或使用方与研制方双方共同商讨。协商也包括直接协商和间接协商，最理想的是直接协商。

协商原理就是在军方或使用方在已经形成装备需要的条件下，要使装备需求达成，军方或使用方与研制方必须协商。即协商是军方或使用方与研制方达成装备需求的必要条件。

若军方或使用方与研制方不协商（既不直接协商，也不间接协商），则军方或使用方就不知道自身的装备需要哪些可行，哪些不可行；也不知道哪家研制方在多长时间和什么条件下愿意且能够实现之；自身装备需要的调节控制也缺乏可行性的约束。同样，研制方也就不了解军方或使用方有什么样的实际装备需要。装备需要和研制可能不能融合，不能达成一致意见或共识。所以，装备需求也就不可能达成。

协商一般都分若干个阶段进行，每个阶段要进行多轮，每轮要进行多次。有的内容或事宜可能还要反复进行协商。

在协商过程中，装备需求的获取生成、装备需求的表达描述、装备需求的分析、装备需求的综合、装备需求的评价和装备需求的调控是必不可少的装备需求活动。这些活动详见后述。

（四）确定原理

这里所说的“确定”是指军方或使用方与研制方在恰当的时机就装备需求及相关事宜协商达成的一致意见，以文件（协议、约定或合同等）形式明确地固定下来。

需确定的内容有装备的使命、用途或功用、性能、指标、使用环境（条件）、交付时间、成交费用和进度，等等。

确定原理就是在军方或使用方在已经形成装备需要的条件下，要想使装备需求达成，军方或使用方与研制方必须及时确定装备需求。

显然，协商得再好，议而不决，还是形不成装备需求。

确定装备需求对应的装备需求活动是装备需求决策。因为在协商过程中，可能形成若干个备选装备需求方案，究竟确定哪个方案为装备需求？怎样确定装备需求？详见本书第十一章。

二、装备需求达成原理的说明

在军方或使用方已经形成装备需要，且研制方获取利润需要的前提下，军方或使用方与研制方的存在相成、接洽、协商与确定是达成装备需求的必然途径。这是被各国装备研发历史已经证明的规律。在存在相成的前提下，即使双方不主动接洽、协商与确定，也要被迫接洽、协商与确定。以往的装备研发，没有认识到装备需求达成原理，往往误把装备需要当成装备需求，结果将装备需要移交给研制方后，还是要进行接洽、协商与确定，甚至反复修改，费时更长。

三、装备需求达成原理的应用

(1)装备需求获取生成；

(2)装备需求表达描述；

(3)装备需求分析；

(4)装备需求综合；

(5)装备需求评价；

(6)装备需求决策。

上述装备需求活动都是装备需求达成原理的具体应用。详见本书有关章节内容。

第四节　装备需求约束原理

一、装备需求约束原理的表述

装备需求约束原理就是装备需求受约束于装备需求时间、装备需求经费和装备需求环境，可以分述为如下三个原理。

（一）装备需求时间约束原理

所谓装备需求时间，是指从装备需求达成到装备需求实现的时间间隔。

装备需求时间约束原理就是装备需求受约束于装备需求时间。

一般情况下，在其他条件一定时，装备需求时间越短，也就是表示越急迫，装备需求的质量指标就越差；反之，装备需求时间越长，则装备需求的质量指标就越好。当装备需求时间小于最小临界值时，装备需求就不能实现。

（二）装备需求经费约束原理

装备需求经费是指军方或使用方为产生和实现装备需求愿意并且可能支付的资金。

装备需求经费约束原理就是装备需求受经费约束。

一般情况下，在其他条件一定时，装备需求经费越多，则装备需求的质量指标越好；反之，装备需求经费越少，则装备需求的质量指标越差。当装备需求经费少到极限值时，装备需求不能达成。

（三）装备需求环境约束原理

装备需求环境包括问题环境和研制环境。

所谓问题环境是指产生装备问题的军方或使用方的环境，如作战环境、训练环境、保障环境等。产生装备问题比较突出、尖锐或重要，使装备问题差异较大或相应装备需求质量指标较好的问题环境称为强问题环境；而产生装备问题不够突出、不够尖锐或不重要，使装备问题差异较小或相应装备需求质量指标较差的问题环境称为弱问题环境。

研制环境是与实现装备需求有关的研制方环境。如装备研制的人才、设备、设施、器材、材料、物资、工艺、技术、信息资料和管理等。

装备需求环境约束原理就是装备需求受约束于装备需求环境，或者说装备需求受约束于问题环境与研制环境。

在一般情况下，当其他条件一定时，问题环境越强，则装备需求的质量指标越好；反之，问题环境越弱，则装备需求的质量指标越差。当其他条件一定时，研制环境越先进，则可实现的装备需求质量指标越好；反之，研制环境越落后，则可实现的装备需求质量指标越差。

二、装备需求约束原理的说明

装备需求时间、经费和环境既是装备需求赖以产生、存在、达成和实现的条件,也是装备需求的约束条件。

装备需求时间约束原理揭示的是装备需求时间对装备需求的约束关系。

装备需求时间就是实现时间,也就是所需求的装备交付时间。因此,装备需求时间越短,实现的时间就越短,即装备需求的时间可行域越小,在一般情况下,当其他条件一定时,研制方所能实现的装备需求的质量指标就越差。反之,装备需求时间越长,实现的时间就越长,即装备需求的时间可行域越大,在一般情况下,当其他条件一定时,研制方所能实现的装备需求的质量指标就越好。当装备需求时间小于最小值时,装备需求就不能实现了。

装备需求经费约束原理所揭示的是装备需求经费对装备需求的约束关系。

装备需求经费集中体现了军方或使用方的支付能力,一般情况下,在其他条件一定时,装备需求经费越多,则研制方就可以采用更先进的设计方案,选用更好的材料、工艺和技术等,所以装备需求的质量指标越好;反之,装备需求经费越少,研制方则不得不采用较差的设计方案,选用较差的材料、工艺和技术等,所以装备需求的质量指标越差。当装备需求经费少到某个极限值时,研制方不能接受,则装备需求就不能达成了。

装备需求环境约束原理是人们所了解的,也是被多年来国内外装备研发历史所证明的,本书不再赘述。

三、装备需求约束原理的应用

装备需求约束原理主要应用于装备需求分析、装备需求综合、装备需求评价和装备需求决策。

(一)用于装备需求分析

装备需求约束原理在装备需求分析中主要用于分析装备需要或装备需求的约束性能。详见本书第八章。

(二)用于装备需求综合

装备需求约束原理在装备需求综合中主要用于各装备需求方案在约束条件下的优化。详见本书第九章。

(三)用于装备需求评价

装备需求约束原理在装备需求评价中主要用于评定或评估各装备需求方案在约束条件下的价值或排序。详见本书第十章。

(四)用于装备需求决策

装备需求约束原理在装备需求决策中主要用于各装备需求方案在约束条件下的排序和择优。详见本书第十章。

以上所述的四种装备需求活动在应用装备需求约束原理时,对时间、经费和环境三类约束都应如实计算、综合考虑和优化权衡,不能忽略这三种约束的相关性。

第五节 装备需求质量原理

一、装备需求质量原理的表述与说明

装备需求质量原理可分为装备需求质原理和装备需求量原理。

(一)装备需求质原理

1. 装备质量问题原理

设在某类装备的性态空间 \$ 中,如果其任一性态的基本属性都可量化为 n 个数量指标(即 \$ 的维数为 n),当时间为 t_0时,某定型装备 Z 的现实性态为 $A_0=[a_{01}, a_{02}, \cdots, a_{0n}]$,军方或使用方对 Z 的期望性态为 $A_e=[a_{e1}, a_{e2}, \cdots, a_{en}]$,则在 t_0时军方或使用方对 Z 的装备质量问题 P_z为

$$\begin{aligned}P_z&=A_0-A_e\\&=[a_{01}, a_{02}, \cdots, a_{0n}]-[a_{e1}, a_{e2}, \cdots, a_{en}]\\&=[a_{01}-a_{e1}, a_{02}-a_{e2}, \cdots, a_{0n}-a_{en}]\end{aligned}\tag{3-4}$$

显而易见,满足装备质量问题原理条件的装备质量问题 P_z 可由本书第二章第二节的装备质量问题的定义直接得出。

2. 装备质量需要原理

设在某类装备的性态空间 \$ 中,如果其任一性态的基本属性都可量化为 n 个数量指标(即 \$ 的维数为 n),当时间为 t_0时,某定型装备 Z 的现实性态为 $A_0=[a_{01}, a_{02}, \cdots, a_{0n}]$,军方或使用方对 Z 的期望性态为 $A_e=[a_{e1}, a_{e2}, \cdots, a_{en}]$,

对 Z 的装备质量问题为 $P_z = A_0 - A_e$，则在 t_0时，军方或使用方对 Z 的装备质量需要 N_z为

$$\begin{aligned} N_z &= -P_z \\ &= A_e - A_0 \\ &= [a_{e1}, a_{e2}, \cdots, a_{en}] - [a_{01}, a_{02}, \cdots, a_{0n}] \\ &= [a_{e1} - a_{01}, a_{e2} - a_{02}, \cdots, a_{en} - a_{0n}] \end{aligned} \tag{3-5}$$

由本书第二章第二节可知，装备质量需要的定义是：在一定时间和条件下将某型装备的期望性态变为将来新的现实性态从而取代装备现在的现实性态的军方或使用方欲望。简单地说，军方或使用方解决装备质量问题的欲望是军方或使用方的装备质量需要。设军方或使用方对该装备质量需要的期望实现时间是 Δt，那么，军方或使用方期望当时间到达 $t + \Delta t$ 时，装备质量问题得以解决，即 $t + \Delta t$ 时的装备质量问题性态($P_z + N_z$)的各量为 0，所以有 $N_z = -P_z = A_e - A_0$。

3. 装备质量需求原理

设在某类装备的性态空间 \$ 中，如果其任一性态的基本属性都可量化为 n 个数量指标（即 \$ 的维数为 n），当时间为 t_0时，某定型装备 Z 的现实性态为 $A_0 = [a_{01}, a_{02}, \cdots, a_{0n}]$，军方或使用方与研制方遵循装备需求达成原理，使军方或使用方对 Z 的期望性态 $A_e = [a_{e1}, a_{e2}, \cdots, a_{en}]$ 在可行时间和条件域内可以实现，即 $N_z = A_e - A_0$可由研制方实现，则在 t_0时，研制方愿意且能够实现的军方或使用方对 Z 的装备质量需求 R_z为

$$\begin{aligned} R_z &= N_z \\ &= A_e - A_0 \\ &= [a_{e1}, a_{e2}, \cdots, a_{en}] - [a_{01}, a_{02}, \cdots, a_{0n}] \\ &= [a_{e1} - a_{01}, a_{e2} - a_{02}, \cdots, a_{en} - a_{0n}] \end{aligned} \tag{3-6}$$

将式(3－4)和式(3－5)与本书第二章第二节的装备质量需求定义相结合，即可推得式(3－6)。

如果某类装备的性态空间 \$ 是线性向量空间，则上述三个原理表达式则变为下面的向量式。

$$\begin{aligned} \boldsymbol{P}_z &= \boldsymbol{A}_0 - \boldsymbol{A}_e \\ &= [a_{01}, a_{02}, \cdots, a_{0n}]^{\mathrm{T}} - [a_{e1}, a_{e2}, \cdots, a_{en}]^{\mathrm{T}} \\ &= [a_{01} - a_{e1}, a_{02} - a_{e2}, \cdots, a_{0n} - a_{en}]^{\mathrm{T}} \end{aligned} \tag{3-7}$$

$$\begin{aligned} \boldsymbol{N}_z &= -\boldsymbol{P}_z \\ &= \boldsymbol{A}_e - \boldsymbol{A}_0 \\ &= [a_{e1}, a_{e2}, \cdots, a_{en}]^{\mathrm{T}} - [a_{01}, a_{02}, \cdots, a_{0n}]^{\mathrm{T}} \\ &= [a_{e1} - a_{01}, a_{e2} - a_{02}, \cdots, a_{en} - a_{0n}]^{\mathrm{T}} \end{aligned} \tag{3-8}$$

$$\begin{aligned}\boldsymbol{R}_z &= \boldsymbol{N}_z \\ &= \boldsymbol{A}_e - \boldsymbol{A}_0 \\ &= [a_{e1}, a_{e2}, \cdots, a_{en}]^T - [a_{01}, a_{02}, \cdots, a_{0n}]^T \\ &= [a_{e1} - a_{01}, a_{e2} - a_{02}, \cdots, a_{en} - a_{0n}]^T \end{aligned} \tag{3-9}$$

(二)装备需求量原理

1. 装备数量问题原理

时间设为 t_0 时,某定型装备 Z 的现实数量为 b_0,军方或使用方对 Z 的期望数量为 b_e,则在 t_0 时军方或使用方对 Z 的装备数量问题 p_z 为

$$p_z = b_0 - b_e \tag{3-10}$$

由前述装备数量问题定义可知,某型装备现实数量与军方或使用方对该装备期望数量的差或偏离,称为军方或使用方的装备数量问题,所以有 $p_z = b_o - b_e$。

2. 装备数量需要原理

时间设为 t_0 时,某定型装备 Z 的现实数量为 b_0,军方或使用方对装备 Z 的期望数量为 b_e,则在 t_0 时军方或使用方对 Z 的装备数量需要 n_z 为

$$n_z = -p_z = b_e - b_0 \tag{3-11}$$

由装备数量需要定义可知,在一定时间和某型装备达到军方或使用方期望性态等条件下将某型装备的期望数量变为将来新的现实数量从而取代装备现在的现实数量的军方或使用方欲望,称为军方或使用方对该装备的数量需要。简言之,军方或使用方解决装备数量问题的欲望是军方或使用方的装备数量需要。假设军方或使用方对该装备数量需要的期望实现时间是 Δt,那么,当时间到达 $t+\Delta t$ 时,装备数量问题得以解决,即 $t+\Delta t$ 时的装备数量问题为 0,即 $p_z + n_z = 0$,所以有 $n_z = -p_z = b_e - b_0$。

3. 装备数量需求原理

时间设为 t_0 时,某定型装备 Z 的现实数量为 b_0,军方或使用方对装备 Z 的期望数量为 b_e,如果在一定价格条件下,研制方能够满足供给 $n_z = b_e - b_0$,且军方或使用方具有相应支付能力,则在 t_0 时军方或使用方对 Z 的装备数量需求 r_z 为

$$r_z = n_z = b_e - b_0 \tag{3-12}$$

由装备数量需求定义可知,装备数量需求是在一定时间和某型装备达到军方或使用方期望性态等条件下,军方或使用方自身不能实现,但可通过商议,研制方愿意并可能实现但尚未实现的解决装备数量问题的军方或使用方欲望或需要。将装备数量需求定义与式(3-10)和式(3-11)结合,可得到式(3-12)。

二、装备需求质量原理的应用

装备需求质量原理可应用于下面各项装备需求活动的建模、仿真与计算:

(1)装备需求生成的建模、仿真与计算;

(2)装备需求获取的建模、仿真与计算;

(3)装备需求描述的建模、仿真与计算;

(4)装备需求分析的建模、仿真与计算;

(5)装备需求综合的建模、仿真与计算;

(6)装备需求评价的建模、仿真与计算;

(7)装备需求决策的建模、仿真与计算。

第六节　装备需求变化原理

从装备需求产生到装备需求最后决策(确定)期间,由于军方或使用方及其环境变化、研制方及其环境变化、双方的交流、沟通和讨论的进展,以及有关突发因素影响等各种原因,导致装备问题、装备需要和装备需求的期望性态或数量变化,从而使装备需求变化。装备需求变化原理所揭示的就是装备需求变化的规律。

一、装备需求变化原理的表述与说明

(一)装备质量需求变化原理

设在某类装备的性态空间 \$ 中,如果任一性态的基本属性都可量化为 n 个数量指标(即 \$ 的维数为 n),当时间为 t_1 时,某定型装备 Z 的现实性态为 $A_0 = [a_{01}, a_{02}, \cdots, a_{0n}]$,军方或使用方对 Z 的装备质量需求为 $R_z^1 = A_e^1 - A_0 = [a_{e1}^1 - a_{01}, a_{e2}^1 - a_{02}, \cdots, a_{en}^1 - a_{0n}]$,当时间为 t_2时,军方或使用方对 Z 的装备质量需求在时间、费用、技术和进度的可行域内变为 $R_z^2 = A_e^2 - A_0 = [a_{e1}^2 - a_{01}, a_{e2}^2 - a_{02}, \cdots, a_{en}^2 - a_{0n}]$,则在时间间隔 $\Delta t = t_2 - t_1$内,军方或使用方对 Z 的装备质量需求变化量 ΔR_z为

$$\begin{aligned}\Delta R_z &= R_z^2 - R_z^1 \\ &= A_e^2 - A_e^1 \\ &= [a_{e1}^2 - a_{e1}^1, a_{e2}^2 - a_{e2}^1, \cdots, a_{en}^2 - a_{en}^1]\end{aligned} \tag{3-13}$$

或者,如果已知 R_z^1和 ΔR_z,则当时间为 t_2时的 R_z^2为

$$R_z^2 = R_z^1 + \Delta R_z$$

$$=A_{\mathrm{e}}^{2}-A_{0}$$

$$=[a_{\mathrm{e}1}^{2}-a_{01},\ a_{\mathrm{e}2}^{2}-a_{02},\ \cdots,\ a_{\mathrm{e}n}^{2}-a_{0n}] \quad (3-14)$$

如果某类装备的性态空间 \$ 是线性向量空间，则式(3-13)和式(3-14)变为

$$\begin{aligned}\Delta\boldsymbol{R}_{z}&=\boldsymbol{R}_{z}^{2}-\boldsymbol{R}_{z}^{1}\\&=\boldsymbol{A}_{\mathrm{e}}^{2}-\boldsymbol{A}_{\mathrm{e}}^{1}\\&=[a_{\mathrm{e}1}^{2}-a_{\mathrm{e}1}^{1},\ a_{\mathrm{e}2}^{2}-a_{\mathrm{e}2}^{1},\ \cdots,\ a_{\mathrm{e}n}^{2}-a_{\mathrm{e}n}^{1}]^{\mathrm{T}}\end{aligned} \quad (3-15)$$

$$\begin{aligned}\boldsymbol{R}_{z}^{2}&=\boldsymbol{R}_{z}^{1}+\Delta\boldsymbol{R}_{z}\\&=\boldsymbol{A}_{\mathrm{e}}^{2}-\boldsymbol{A}_{0}\\&=[a_{\mathrm{e}1}^{2}-a_{01},\ a_{\mathrm{e}2}^{2}-a_{02},\ \cdots,\ a_{\mathrm{e}n}^{2}-a_{0n}]^{\mathrm{T}}\end{aligned} \quad (3-16)$$

由装备质量需求的定义和装备质量需求原理可知，装备质量需求决定于装备现实性态和装备期望性态，与路径无关。又因装备 Z 的现实性态 A_0 是不变的，所以，在可行域内，t_2 时的装备质量需求 R_z^2 与 t_1 时的装备质量需求 R_z^1 相减，即为装备需求变化量 ΔR_z，从而得到本原理。

（二）装备数量需求变化原理

时间设为 t_1 时，某定型装备 Z 的现实数量为 b_0，军方或使用方对装备 Z 的数量需求为 $r_z^1=b_{\mathrm{e}}^1-b_0$，当时间为 t_2 时，军方或使用方对装备 Z 的数量需求在可行域内变为 $r_z^2=b_{\mathrm{e}}^2-b_0$，则在时间间隔 $\Delta t=t_2-t_1$ 内，军方或使用方对 Z 的装备数量需求变化量 Δr_z 为

$$\Delta r_{z}=r_{z}^{2}-r_{z}^{1}=b_{\mathrm{e}}^{2}-b_{\mathrm{e}}^{1} \quad (3-17)$$

或者

$$r_{z}^{2}=r_{z}^{1}+\Delta r_{z}=b_{\mathrm{e}}^{2}-b_{0} \quad (3-18)$$

因某定型装备 Z 的现实数量 b_0 是不变的，所以，t_2 时的装备数量需求与 t_1 时的装备数量需求的差即为装备数量需求变化量 Δr_z，从而得到本原理。

二、装备需求变化原理的应用

装备需求变化原理可应用于如下装备需求活动：

(1)装备需求综合；

(2)装备需求优化；

(3)装备需求变更控制。

本章研究了装备需求与装备需要关系原理、装备需要产生和变化原理、装备需求达成原理、装备需求约束原理、装备需求质量原理和装备需求变化原理。这些原理不仅为装备需求生成、获取、描述、分析、综合、评价和决策等活动指明方向并铺设了轨道，而且也为研究和探索装备需求活动模式奠定了基础。

第四章　装备需求活动模式

每一个单元都是活动的系统称为活动系统。任何一个正常的活动系统，都必有其相应的活动模式。如果活动系统没有模式，就像软件没有流程、零部件生产没有工序、人没有筋骨一样，活动就无法进行。若模式有误或混乱，则活动就会出错或紊乱。同理，若没有装备需求活动模式，则装备需求活动无法进行，一旦该模式有误或混乱，则装备需求活动就会出错或紊乱。所以，装备需求活动模式的研究势在必行。

本章先研究装备需求活动模式概念，再研究装备需求原动模式图。

第一节　装备需求活动模式概念

一、模式

关于模式的定义，已有很多文献给出了表述。可谓仁者见仁，智者见智，众说纷纭，莫衷一是。

有的专著中给出的模式定义是："模式(Mode)是根据系统的同态性原理对系统运动、变化与发展过程的概括和抽象，是对系统客观活动规律的表述。模式的特征是一组操纵程序或活动程序。"

还有的专著认为："模式是根据系统的同态性原理对系统运动、变化与过程的概括和抽象，是对论证过程的客观规律的表述，是论证人员进行论证所必须遵从的最一般的活动规律。模式的特征是一组操纵程序或活动程序。"

2013 年，刘川禾与刘毅在《自适应任职教学论》中对模式的本质进行了认真细致的研究。参考该专著的研究成果，本书给出下面的模式定义。

模式定义：模式是活动系统的组成单元及这些单元之间的次序关系。

该定义表明，模式所表达的是活动系统有哪些活动，以及这些活动之间的次序关系，也就是活动系统的结构。

例如，看电视的模式为先判断机顶盒开关是否接通，若未接通，则接通机顶盒开关；若机顶盒已接通，再接通电视机电源开关，然后选台。判断是否想观看此节目，若想观看此节目就继续观看；若不想观看此节目，再判断是否想观看其他节目；若想观看其他节目，则重新选台；若不想观看其他节目，则关闭电视机电源开关。判断停看时间长短，若短，则结束；若长，则关闭机顶盒开关，结束。

此定义用数学语言表述为：设任一活动系统 S 的组成单元集为 $\Omega=\{\omega_1,\omega_2,\cdots,\omega_n\}$，$\omega_i(i=1,2,\cdots,n)$ 为第 i 项活动，Φ 为有序积 $\Omega\times\Omega$ 的一个子集，即各项活动的关系集，则 S 的模式 M 为

$$M=(\Omega,\Phi) \tag{4-1}$$

由图论可知，式(4－1)恰好是有向图的定义式。因此，模式用有向图描述，不仅直观形象，而且还能反映模式的本质。

上述看电视模式可用有向图表示，如图 4－1 所示。

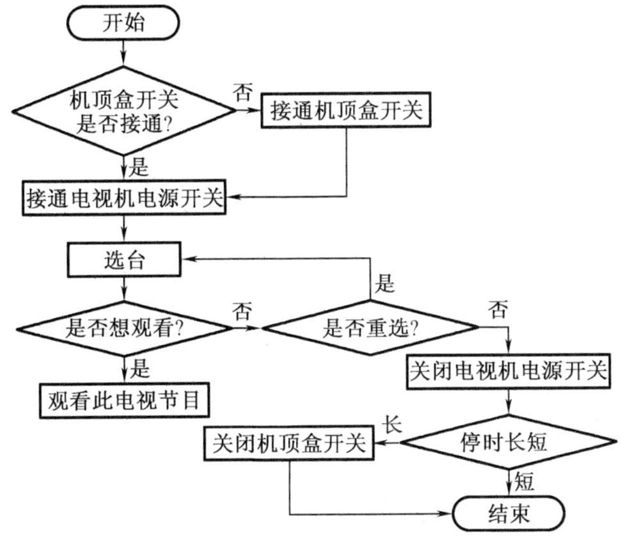

图 4－1 看电视模式有向图

二、需求活动模式

需求活动模式是组成需求活动系统的各需求活动及这些需求活动之间的次序关系，即需求活动的流程，也可称为需求活动系统的次序结构。

需求活动模式表达的是一个需求活动系统有哪些需求活动，以及这些需求活动的次序。

需求活动模式用数学语言表述为：设在任一需求活动系统 S_r 中，需求活动集为 $\Omega_r=\{\omega_{r1},\omega_{r2},\cdots,\omega_{rn}\}$，$\omega_{ri}(i=1,2,\cdots,n)$ 为第 i 项需求活动，Φ_r 为有序积

$\Omega_r \times \Omega_r$的一个子集,即各需求活动的次序关系集,则 S_r的需求活动模式 M_r为

$$M_r = (\Omega_r, \Phi_r) \tag{4-2}$$

式(4-2)实质上就是需求活动的流程图。

三、装备需求活动模式

装备需求活动模式是组成装备需求活动系统的各装备需求活动及这些装备需求活动之间的次序关系,即装备需求活动的流程,也可称为装备需求活动系统的次序结构。

装备需求活动模式表达的是一个装备需求活动系统有哪些装备需求活动,以及这些装备需求活动的次序。

装备需求活动模式用数学语言表述:设在任一装备需求活动系统 S_R中,装备需求活动集为 $\Omega_R = \{\omega_{R1}, \omega_{R2}, \cdots, \omega_{Rn}\}$,$\omega_{Ri}$($i=1,2,\cdots,n$)为第 i 项装备需求活动,Φ_R为有序积 $\Omega_R \times \Omega_R$的一个子集,即各装备需求活动的次序关系集,则 S_R的装备需求活动模式 M_R为

$$M_R = (\Omega_R, \Phi_R) \tag{4-3}$$

装备需求活动模式的定义有如下四个要点。

首先,装备需求活动模式是装备需求活动系统的次序结构。其包含相关的两个部分:一是各项装备需求活动;二是各装备需求活动的次序关系。用图表示,就是装备需求活动的流程图,也可叫有向图。这是装备需求活动模式的本质。

其次,既然装备需求活动模式是装备需求活动系统的次序结构,那么,它必然是人(军方或使用方与研制方的需求研究人员或工作人员)为构建、改进或优化的。因此,它必然在一定范围和程度内体现人的意志和意图。这就表明:装备需求活动模式尽管不是规律,但是可以人为构建、改进或优化,体现了在一定范围和程度内人的主观能动性。

再次,装备需求活动模式必须遵循装备需求原理,否则,必然受到规律的惩罚。这是装备需求活动模式的客观性。

最后,装备需求活动模式不是装备需求活动方法。装备需求活动方法是怎样进行装备需求活动的信息,而装备需求活动模式是各装备需求活动的次序关系,即装备需求活动流程。因此,装备需求活动模式定位于装备需求原理与装备需求活动方法之间,对装备需求活动效果的影响比装备需求活动方法更加重大。

第二节　装备需求原动模式图

关于装备需求活动模式图的研究,《武器装备论证导论》中表明,最初的雏形是在论证环境中以“分析”为核心的“需求分析”四个步骤。《武器装备发展系统理论与方法》一书中,以“论证”为核心,在提出模式概念的基础上,研究得出了论证的一般模式图和武器装备论证的基本模式图,提出了发展型号需求论证的两个步骤:一是作战需求分析;二是装备需求分析。《陆军武器装备需求论证理论与方法》研究得出了装备需求论证的基本模式图和基于能力的装备需求论证模式图。《装备需求工程导论》研究得出了以装备需求工程为核心的装备需求工程整体的运行模式图和装备需求开发的需求工程模式图。

本书研究构建新的装备需求活动模式是:以装备需求原理为核心依据的装备需求活动模式——装备需求原动模式。

一、装备需求活动

(一)装备需求生成

装备需求生成是由军方或使用方主导进行,研制方参与协作的使装备需求产生并达成的活动。这表明军方或使用方与研制方都是装备需求生成活动的主体,但主导是军方或使用方,研制方起协作辅助作用。

依据前述装备需求本质和装备需求原理,装备需求生成活动包含四项子活动:①装备问题活动;②装备问题生成;③装备需要生成;④装备需求形成。

(二)装备需求获取

装备需求获取是由研制方主导进行,军方或使用方参与协作互动从而获得装备需求的活动。在装备需求获取活动中,研制方与军方或使用方都是活动的主体,主导则是研制方,军方或使用方起协作互动作用。

依据前述装备需求定义、特性和装备需求原理,装备需求获取活动包含三项子活动:①装备问题挖掘;②装备需要挖掘;③装备需求挖掘。

（三）装备需求描述

装备需求描述是军方或使用方与研制方联合进行的装备需求描写叙述活动。

装备需求描述包含三项子活动：①装备问题描述；②装备需要描述；③装备需求关系描述。

（四）装备需求分析

装备需求分析是军方或使用方与研制方联合进行的对已生成或获取的装备需求进行分析的装备需求活动。

装备需求分析活动包含三项子活动：①装备需求分解；②装备需求特性分析；③装备需求关系分析。

（五）装备需求综合

由《现代汉语词典》可知，综合是“把分析过的对象或现象的各个部分、各属性联合成一个统一的整体（跟‘分析’相对）”。

装备需求综合是军方或使用方与研制方联合进行，遵循一定原则，将经过装备需求分析后的装备需求变换为若干个备选装备需求方案的装备需求活动。

装备需求综合活动包含四项子活动：①装备需求过滤；②装备需求聚类；③装备需求冲突处理；④装备需求备选方案构建。

（六）装备需求评价

《现代汉语词典》对评价的解释是：“评定价值高低”。

装备需求评价是军方或使用方与研制方联合评定，由装备需求综合所得到的各备选装备需求方案价值的装备需求活动。

（七）装备需求决策

《辞海》给出的决策定义是：决策是“指人们在改造世界过程中，寻求并决定某种最优化目标和行动方案。”

在本书中，决策是指决策者及辅助人员为实现预定目标，在一定的约束条件下，依据一定的准则，对备选方案进行排序选优的活动。

装备需求决策是军方或使用方在研制方辅助下，为实现预定目标，在一定的约束条件下,依据一定的准则,对备选的装备需求方案进行排序选优的装备需求活动。

装备需求决策活动包含四项子活动:①决策目标建立;②决策约束条件分析;③决策准则确定;④备选装备需求方案排序选优。

上述的装备需求生成、装备需求获取、装备需求描述、装备需求分析、装备需求综合、装备需求评价和装备需求决策七项装备需求活动,统称为装备需求开发活动。

(八)装备需求管理

以往对装备需求管理的概念研究,主要是借鉴和继承了《需求工程》和软件需求管理的研究成果。为了节省篇幅,这里只引用《装备需求工程导论》中的著述:"需求管理是对已经正式颁行的各层次装备需求方案进行管理、维护、再利用等一系列工作活动的统称。需求开发和需求管理共同构成了装备需求方案的完整生命周期,装备需求方案在正式颁行之前从酝酿到成形的阶段对应于需求开发阶段,颁行之后的存续与使用阶段对应于需求管理阶段。需求管理对于完善装备需求工程体制、充分发挥需求开发过程与成果的价值、大幅提高需求开发工作的效率与成功率等方面都具有无可替代的作用。当前,典型的需求管理工作包括需求变更、需求跟踪、需求重用、需求继承四项。"

笔者依据装备需求的本质和原理,从装备需求活动的本质和特征入手来研究装备需求管理的定义。

由前述已知,装备需求活动是军方或使用方、研制方或者军方或使用方与研制方同时对装备需求对象的影响、作用、响应或处理。

如果装备需求活动是军方或使用方、研制方与研制方同时对装备需求对象直接影响、作用、响应或处理,则称为一阶装备需求活动。

如果装备需求活动是军方或使用方、研制方与研制方同时对一阶装备需求活动直接影响、作用、响应或处理,则称为二阶装备需求活动。

因为装备需求管理属于装备需求活动,所以装备需求管理也有一阶装备需求管理和二阶装备需求管理。

一阶装备需求管理是军方或使用方与研制方联合对装备需求信息进行存储、检索、变更控制和循环跟踪的一阶装备需求活动。

二阶装备需求管理是军方或使用方与研制方联合对一阶装备需求活动所进行的计划、组织、指挥、协调和控制的二阶装备需求活动。

装备需求管理是军方或使用方与研制方联合对装备需求信息进行存储、检索、变更控制和循环跟踪的一阶装备需求活动和对一阶装备需求活动所进行的计划、组织、指挥、协调和控制的二阶装备需求活动。

装备需求管理活动包含四项一阶子活动:①装备需求存储;②装备需求检索;③装备需求循环跟踪;④装备需求变更控制。

装备需求管理活动还包含五项二阶子活动:①装备需求活动计划;②装备需求活动组织;③装备需求活动指挥;④装备需求活动协调;⑤装备需求活动控制。

至此,可以看出,本书对装备需求管理的研究与以往的研究有所不同:一是以往的需求管理只包含一阶需求管理,无二阶装备需求管理。一阶需求管理的子活动包括需求变更、需求跟踪、需求重用、需求继承四项。本书则认为,装备需求重用和装备需求继承属于装备需求管理以外的一阶装备需求活动,不是装备需求管理活动。而装备需求存储和装备需求检索属于装备需求信息管理,所以本书一阶装备需求管理活动的子活动包含了装备需求存储和装备需求检索。二是以往的需求管理和需求开发是有一个明显的界线的,就是需求管理是从需求方案正式颁行才开始。而本书的装备需求管理是全程活动,贯穿到了从装备问题孕育,到装备需求实现的全过程。对装备需求循环跟踪而言,可跟踪到新装备问题诞生。

二、装备需求原动模式图

装备需求原动模式图是以装备需求原理为核心依据构建的。它既刻画出了以装备需求原理为核心依据的装备需求原动模式有哪些装备需求活动,同时也描绘出了各装备需求活动的次序关系。

如图 4 - 2 所示,装备需求管理的子活动分为两层:外层为二阶装备需求管理;内层为一阶装备需求管理。因幅面有限,所以除了“装备需求管理”以外,其他各装备需求活动都采用了简称,即所有的装备需求、装备问题和装备需要都省略了“装备”二字。同时,各装备需求活动的子活动也采用了简称。

图 4 - 2 中的菱形框为装备需求活动阶段性评审,各箭线表示装备需求活动之间的次序关系。

本章研究了模式、需求活动模式和装备需求活动模式的概念,构建了以装备需求原理为核心依据的装备需求原动模式,并给出了装备需求原动模式图。然而,各装备需求活动应当怎样进行呢?

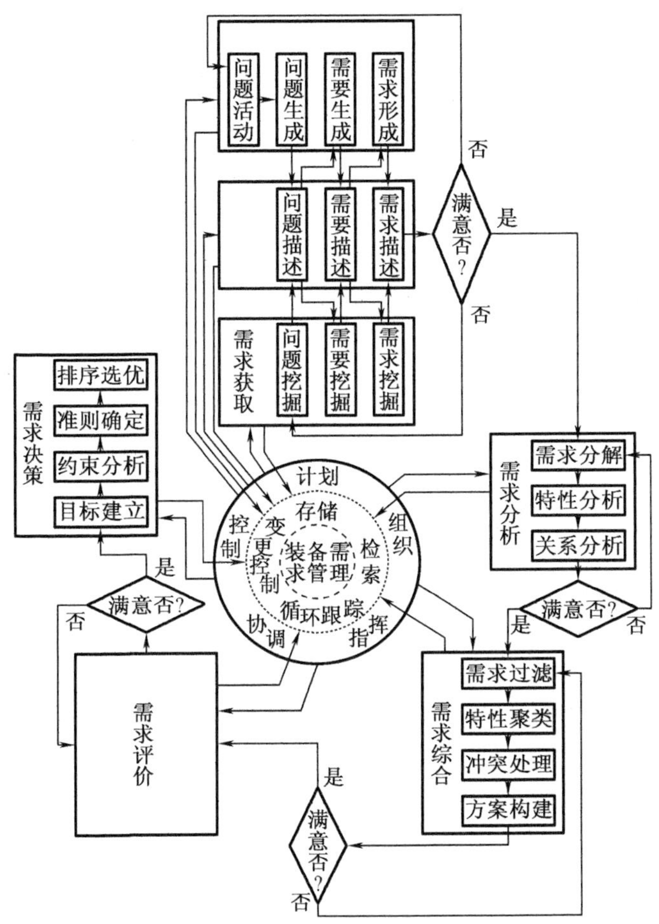

图 4－2　装备需求原动模式图

第五章　装备需求生成

装备需求生成是一项极其重要的装备需求活动,其影响贯穿着装备的研制、使用、管理和保障等各阶段。一旦装备需求生成出现过大的偏差,就有可能造成严重的后果。因此,必须找到科学合理的装备需求生成方法。

第一节　装备需求生成研究动态

一、国外研究动态

近年来,由于作战对象和任务发生了重大变化,加上高技术武器装备特别是信息化武器装备不断涌现,传统的确定武器装备作战需求的方法遇到了严峻挑战。为了更好地解决武器装备作战需求确定中出现的新问题,世界各国都进行了积极的探索,在武器装备作战需求的确定方法和技术上取得了一定进步,主要方法有以下几种:

(1)净评估方法。美国国防部首先提出了基于净评估的确定装备军事需求方法。净评估方法在确定应重点发展的武器装备种类方面有着较大的应用,但在确定武器装备的具体需求时,其应用具有一定的限制。

(2)STT 方法。美国人兰德于提出了 STT 方法。STT(Strategy to Task)方法需要明确国家战略和军事战略、明确作战概念和作战原则,针对性较强,在单一型号装备的作战需求分析上有一定的应用性。

(3)VFT 方法。VFT(Value - Focused Thinking)方法在发展战略研究领域具有很好的应用前景,但在面临具体种类的装备需求时其应用具有一定的限制。

二、国内研究现状

当前,我军装备需求通常是通过专家会议的形式,凭借与会专家的经验确定。这种方法虽然能够集思广益,但由于各专家的经历、知识和偏好的不同而存在一些不足,如较难达成共识、容易失真或出现偏差等。因此,装备发展论证部门、决策者、研制单位、使用和保障单位都迫切需要实用的、能确定装备需求的科学方法。

为了更加准确地确定装备需求，国内许多专家学者对国际上具有发展前景的武器装备需求的确定方法和技术进行了系统研究，并在此基础上提出了许多新的方法，取得了一定成果，但从总体上说，我国在这方面的研究仍处于起步阶段，确定武器装备需求所需的理论与方法需要进一步完善，各种应用技术仍有待于进一步提高。目前国内在武器装备需求确定方法上的新动向主要有以下几点：

(1)中国人民解放军炮兵学院王书敏、贾现录教授对武器装备作战需求的确定方法进行了深入研究，从宏观上给出了武器装备作战需求的主链条及各步骤的可能方法，具有很强的学术价值。但是这些方法在应用上仍存在一定的漏点，没有明确给出具体装备需求的通路。

(2)中国人民解放军装甲兵工程学院郭齐胜教授系统地对多种武器装备作战需求生成方法进行了分析，明确了各种方法的应用时机与特点，并给出了许多建设性的改进意见。纵观各种作战需求生成方法，多数是针对宏观情况，且在应用上的困难较多。

(3)中国人民解放军装甲兵工程学院常天庆博士将 QFD 法用于作战需求分析，提出了结构化需求分析方法，受到了广泛关注。QFD 法是一种把顾客需求转化为设计目标并用于生产过程各阶段的主要质量保证点的方法。该方法的整个过程规范、有效，并且给出了各项指标的相关性。但是该方法对初始数据的采集要求较高，容易出现偏差。

第二节　装备需求生成及性能指标需求生成的概念

一、装备需求生成的概念

生成是指依据客观规律对行为或事物进行模拟，并通过对模拟过程及结果的分析总结，预测并具体描述与这种行为或事物相关联的某种客观实在的过程。

在本书第四章中已经给出了装备需求生成的概念："装备需求生成是由军方或使用方主导进行，研制方参与协作的使装备需求产生并达成的活动。"

装备需求生成与装备需求论证或装备需求分析存在着明显的区别。需求论证或需求分析所针对的客体是已经通过某种方式预测出的需求，其目标是判断预测出的需求是否真实合理。在进行需求论证或需求分析前必须要完成需求预测这一过程。现有的一些需求论证或需求分析方法在概念上存在模糊之处,需求预测作为需求论证或需求分析的前提条件,将其归入需求论证或需求分析显然是不合适的。从本质上讲,需求生成完成是对需求的预测及具体描述,是从未发现需求到发现需求;而需求论证或需求分析是在需求生成的基础上,判断已发现的需求是否真实合理,是从已发现需求到需求真实性、必要性和可行性的判断。这就是需求生成与需求论证、需求分析最大的差别。

二、装备性能指标需求生成的概念

为了更好地明确装备需求的生成方法,需要对装备需求进行某种适合方法本身的加工,使之能够适应方法的运行过程。装备性能的好坏通常用装备的性能指标来衡量。因此,用装备性能指标的改变来衡量装备需求是合适的。本章在具体方法的表述中主要借助"性能指标"这一工具。

(一)装备性能指标需求的概念

在可行范围内通过提高装备的性能指标,达到增加该装备作战能力以满足作战任务需要的目的,这些性能指标在原有基础上提高的幅度,称为装备性能指标需求。

若以 $YXN=(yxn_1,yxn_2,\cdots,yxn_k)$ 表示某装备原有的 k 项性能指标,$TXN=(txn_1,txn_2,\cdots,txn_k)$ 表示该装备为完成作战任务需要具备的性能指标(这一需要必须是可行的),则该装备性能指标需求 XQ 可以表示为

$$XQ=TXN-YXN=(txn_1-yxn_1,txn_2-yxn_2,\cdots,txn_k-yxn_k) \qquad (5-1)$$

装备性能指标需求有以下两个特征:

(1)时间性。需求是一个具有时间性的概念,是针对未来某一特定时期而言的,因此装备性能指标需求也要明确具体的时期。

(2)制约性。需求是一个具有制约性的概念,需求中表达的需要是能够被满足的,因此装备性能指标需求必须是特定的时间下的政治、经济、科技水平所能满足的。

(二)装备性能指标需求生成的概念

装备性能指标需求生成,是指依据客观规律对作战活动进行模拟,并通过对模拟过程及结果的分析与总结,预测并具体描述特定时期装备性能指标需求的过程。

第三节　装备需求生成方法

一、总体思路

整个装备需求生成方法研究主要分为以下几个步骤:

Step. 1　装备体系描述;战场环境、战场态势及作战任务描述。

Step. 2　作战模拟。基于计算机仿真作战模型或数理仿真作战模型进行。

Step. 3　分析作战模拟的结果,在此基础上计算装备现有作战能力与取得胜利所需具备的作战能力之间的差距,从而进行装备作战能力需求的生成。

Step. 4　依据装备作战能力需求进行一级性能指标需求生成。

Step. 5　根据一级性能指标逐级进行各层级性能指标需求生成。

装备性能指标需求生成方法研究的整体思路如图 5 - 1 所示。

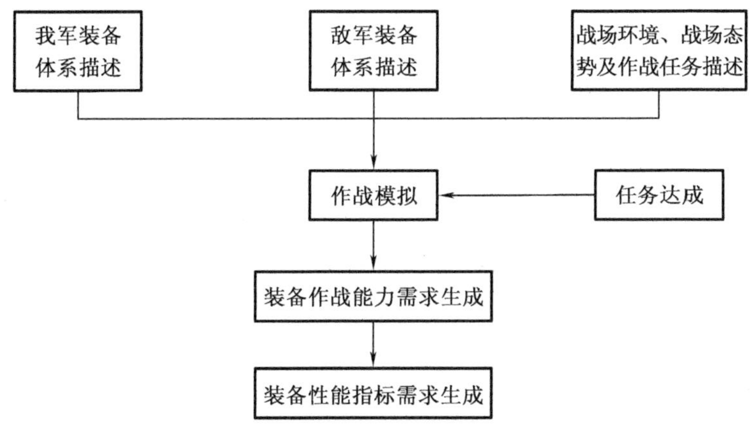

图 5 - 1　研究的整体思路

二、装备体系描述

装备体系描述包括对抗双方装备的种类、数量、作战能力指数、对方各类武器装备的平均毁伤率,以及对方各类装备的火力分配系数等。

（一）装备种类、数量描述

装备种类描述除了确定双方装备的种类之外，还必须确定各类装备的具体型号。装备数量描述主要依据双方实际的编制进行，根据具体编制确定各类武器装备的具体数量。

在作战中，特别是在信息化条件下的联合作战中，各种装备是一个互相联系、互相制约的有机整体，多种类型、多种功能的装备系统构成一个完整的装备体系。因此，在装备体系描述时，必须详细地描述装备系统的具体构成。以装甲车辆为例进行说明，首先应依照用途将所有装甲车辆体系划分为两类系统，即装甲战斗车辆与装甲保障车辆。装甲战斗车辆又可细分为突击车辆、火力支援车辆与勤务支援车辆。随着装甲车辆的发展，其种类在不断增加，新的装甲车辆的出现速度也在不断加快。装甲车辆种类划分如图 5 – 2 所示。

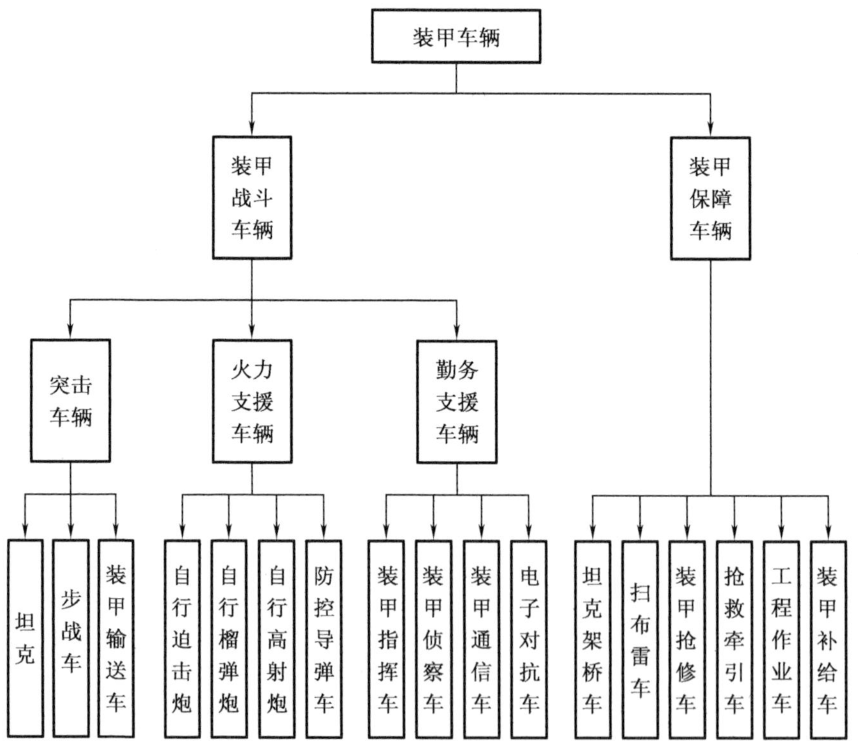

图 5 – 2　装甲车辆种类划分

在作战中，装甲保障车辆的作战能力必须通过装备的作战行动才能反映出来，因此装备的作战能力是装甲车辆体系作战能力的最直接的反映与衡量。装备中，勤务支持车辆的作战能力又通过突击车辆与火力支援车辆在战场上的火力对抗体现。本章接下来的示例中将主要以突击车辆与火力支援车辆为主。

（二）武器装备作战能力指数确定

传统的评估武器装备作战能力指数的基本经验公式如下：

$$Znl = Hl \times Jd \times Bz \tag{5-2}$$

$$Hl = Sd \times Kx \times Jz \times Hs \times Sc \tag{5-3}$$

式中　Znl——武器装备的作战能力指数；

Jd——机动因子，表示武器装备到达、游动或穿越战场的能力；

Bz——保障因子，表示武器装备在战斗中由于需补充物资造成的杀伤能力限制；

Hl——武器装备的火力性能指数；

Sd——射击速度（次/小时），是指武器每小时所能达到的实际射击次数，当武器装备用完一个基数弹药重新装填时需要花费一定时间，其产生的偏差由保障因子来修正；

Kx——可靠性（击发数/次）；

Jz——精度（击中数/击发数），是指在操作者正确瞄准的情况下，大量击发后发射物击中预定目标或目标地区的平均次数；

Hs——毁伤能力（伤亡数/击中数），是指大量击中目标区后每次击中的平均伤亡数；

Sc——射程因子（无量纲），是指武器击中目标的有效射程。

射程因子可以根据下面用历史数据确定的公式得到

$$Sc = \sqrt{1 + 有效射程(\mathrm{km})} \tag{5-4}$$

对枪炮来说，炮管内的推动力将弹药射向目标区，因此炮弹初速直接决定射程的远近。下面基于初速得到的 Sc 公式和基于枪炮有效射程得到的 Sc 公式是一致的。

$$Sc = 0.18\sqrt{0.01 \times 初速(\mathrm{m/s}) \times 口径(\mathrm{mm})} \tag{5-5}$$

在这两种公式应用的选择上，各种武器装备因其物理特性的不同而有所区别，对各武器装备的公式选择已经有了较为确定的选择标准，表 5－1 提供了部分装备的公式选择标准。

表 5-1 射程公式选择表

武器装备	公式
火炮	初速公式
迫击炮	有效射程公式
火箭	有效射程公式
导弹	有效射程公式
炸弹	初速公式

Jd 主要由武器装备的作战速度决定,计算公式如下:

$$Jd = 0.15\sqrt{\text{作战速度(km/h)}} \tag{5-6}$$

Bz 的值由下式确定:

$$Bz = \text{作战时间}/(\text{作战时间}+\text{补充时间}) \tag{5-7}$$

单从理论的毁伤能力来看,似乎战斗中的伤亡率应随着武器装备威力增长而急剧增长。但实际情况却恰恰相反,虽然武器系统威力增长了,但战场上的伤亡率却在减小。美陆军少校 William G. Stewart 提出了火力、机动性和疏散之间的关系。将疏散因子 Sy 应用到武器装备作战能力指数中,得到新的作战能力指数公式如下:

$$Znl = (Hl/Sy) \times Jd \times Bz \tag{5-8}$$

武器装备的特殊性能、应用环境会影响其作战能力指数,因此应根据武器装备的特殊性能加入特殊性能因子(多管因子等)进一步对武器装备作战能力指数进行调整。

以上给出了装备作战能力指数确定的基本方法,为了提高计算的精确性,在实际应用时,可以根据各种装备的具体特点对公式进行进一步的改进。由于装备的种类繁多,在此仅以突击车辆为例说明公式改进的基本程序。机动性能与防护性能对突击车辆作战能力指数的影响相对于其他装备更为明显,但是传统的评估武器装备作战能力指数的基本经验公式对这两种性能的体现不足。另外,同一辆突击车辆上往往装有多种不同的武器,因此,可以对传统的评估武器装备作战能力指数的基本经验公式进行改进,从而得到确定突击车辆的作战能力指数的新公式:

$$Znl = (Zhl/Sy) \times Jd \times Bz \times Yd \times Bj \times Fh \times Hk \tag{5-9}$$

式中 Zhl——突击车辆上所有单件武器火力性能指数值求和;

Yd——运动因子,表示突击车辆通过各种障碍的能力;

Bj——半径因子,表示突击车辆执行战斗任务时在不返回基地补充燃料或供给的情况下游弋于战场的活动能力；

Fh——防护因子，表示突击车辆承受打击的能力，其值与突击车辆的装甲强度与厚度有直接的关系；

Hk——火控因子，表示突击车辆发现目标、瞄准目标、测量距离、打击目标的执行速率。

运动因子主要由突击车辆自身性质决定，表5-2为运动因子值表。

表5-2　运动因子值

类型	两栖能力		
	无	通气管式	全潜式
全履带式	1.00	1.05	1.10
半履带式	0.95	1.00	1.05
轮式	0.90	0.95	1.00

Bj 的计算公式如下：

$$Bj = 0.15\sqrt{\text{作战半径(km)}} \tag{5-10}$$

简单的表达方式将此 Fh 的取值与突击车辆的质量相关联，具体见表5-3，配备改进装甲或主动反应装甲的突击车辆，相应的防护因子值应增加10%。

表5-3　防护因子值

装备质量/t	防护因子值	装备质量/t	防护因子值
60或更大	1.30	20	1.00
50	1.25	10	0.85
40	1.20	5	0.70
30	1.10	2或更小	0.50

Hk 值由分析人员依据突击车辆的火控系统特性进行判定。

（三）武器装备平均毁伤率及火力分配系数的确定

各装备相互之间的平均毁伤率可以借助蒙特卡洛方法进行仿真求出。

火力分配系数是作战双方在对抗时，某种武器装备的打击能力在对方不同种类的武器装备之间分配的比例。决定武器装备火力分配系数的因素主要有：对方各类目标的数量、威胁程度和目标重要程度。火力分配系数在双方武器装备不存在对抗关系时为零;当双方武器装备存在对抗关系,即一方的某类武器装备具备打击另一方某类武器装备的能力与意愿时,火力分配系数的值介于 0 与 1 之间。具体的火力分配系数的取得可以采用 Delphi 法或统计法确定,在此不详细表述。

三、战场环境、态势、作战任务描述

(一)战场环境描述

战场环境是影响武器装备作战能力的主要因素之一,可具体细分为地形、气象、季节、障碍物设置等。战场环境对武器装备作战能力评估的影响综合为

$$h = Tr \times Mp \times Se \times Wi \tag{5-11}$$

式中 h——战场环境对武器装备作战能力的影响因子;

Tr、Mp、Se、Wi——地形、气象、季节和障碍物设置对武器装备作战能力的影响系数。

地形主要影响武器装备的机动能力、防护能力与保障能力。武器装备的机动、隐蔽伪装与后勤保障等都不同程度受到地形的影响制约。同时,起伏地、高山、茂密森林也会影响武器装备的打击能力与获取信息的能力。天气主要影响武器装备对目标观察和搜索的能力,虽然在一定程度上降低了武器装备的打击能力,但同时也增强了武器装备的防护能力。季节的影响主要体现在其对武器装备机动力的影响上。地形、天气、气候带对装备作战能力的影响系数的经验值可以通过相关资料查找,表 5 -4、表 5 -5、表 5 -6 列举了部分装甲车辆的相关数据。

表 5 -4　地形对作战能力影响系数

地形分类	坦克、步战车、输送车	自行反坦克炮、反坦克导弹	自行榴弹炮、自行迫击炮
丘陵疏林地	0.90	0.96	0.85
城市居民地	0.70	0.80	0.90
水网稻田地	0.70	0.80	0.90
平坦沙漠地	0.90	1.0	1.00
混合平坦地形	0.90	0.90	1.00
起伏密林地	0.60	0.80	0.80
起伏荒瘠地	1.00	1.00	1.00

表5-4(续)

地形分类	坦克、步战车、输送车	自行反坦克炮、反坦克导弹	自行榴弹炮、自行迫击炮
平坦密林地	0.70	0.80	0.90
丛林沼泽地	0.20	0.60	0.80
混合或开阔沼泽地	0.30	0.80	0.90

表5-5　天气对作战能力影响系数

天气特点	坦克、步战车、输送车	自行反坦克炮、反坦克导弹	自行榴弹炮、自行迫击炮
干燥、有阳光、高温	1.00	1.00	1.00
干燥、有阳光、温和	1.00	1.00	1.00
干燥、有阳光、寒冷	0.90	0.90	0.90
干燥、阴天、高温(温和)	1.00	1.00	0.85
干燥、阴天、寒冷	0.80	0.90	0.90
潮湿、晴朗、高温	0.90	0.95	0.90
潮湿、晴朗、温和(寒冷)	0.70	1.00	0.85
潮湿、阴天、高温	0.85	0.95	0.95
潮湿、阴天、温和	0.85	0.90	0.90
潮湿、阴天、寒冷	0.85	0.90	0.85

表5-6　气候带对作战能力影响系数

月份	沙漠		温带		亚热带		热带	
	攻方突击车辆	火力支援车辆	攻方突击车辆	火力支援车辆	攻方突击车辆	火力支援车辆	攻方突击车辆	火力支援车辆
1月	1.0	1.0	0.9	1.0	0.9	1.0	0.9	1.05
2月	1.0	1.0	0.9	1.0	0.9	1.0	0.9	1.05
3月	1.0	1.0	1.05	1.0	1.0	1.0	0.9	1.05
4月	1.0	1.0	1.05	1.0	1.0	1.0	0.9	1.05
5月	1.0	1.0	1.0	1.0	1.05	1.0	0.9	1.05
6月	1.0	1.0	1.0	0.9	1.05	0.9	0.9	1.05

表 5-6(续)

月份	沙漠		温带		亚热带		热带	
	攻方突击车辆	火力支援车辆	攻方突击车辆	火力支援车辆	攻方突击车辆	火力支援车辆	攻方突击车辆	火力支援车辆
7月	1.0	1.0	0.9	0.9	1.05	0.9	0.9	1.05
8月	1.0	1.0	1.05	0.9	1.05	0.9	0.9	1.05
9月	1.0	1.0	1.0	1.0	1.05	1.0	0.9	1.05
10月	1.0	1.0	1.05	1.0	0.9	1.0	0.9	1.05
11月	1.0	1.0	1.05	1.0	0.9	1.0	0.9	1.05
12月	1.0	1.0	0.9	1.0	0.9	1.0	0.9	1.05

障碍物设置主要包括坑道、堑壕、雷场、铁丝网等人工设置,以及道路设施的人工破坏。它的影响集中体现在降低进攻方突击车辆的机动能力。依据障碍物设置的密集程度,可以将其划分为几个等级,表 5-7 反映了障碍物设置对进攻方地面装备作战能力影响系数的一种划分方法。显然,划分得越细,结果越为精确。

表 5-7 障碍物设置的密集程度对作战能力影响系数

障碍物设置的密集程度	低	较低	一般	较高	高
影响系数	0.90	0.70	0.5	0.30	0.15

(二)战场态势、作战任务描述

1. 战场态势描述

战场态势对装备作战能力有着较大的影响,其影响力主要体现在防守方防守的严密程度与进攻方发起进攻的突然性。战场态势对武器装备作战能力评估的影响综合为

$$v = vf \times vg \qquad (5-12)$$

式中 v——战场态势对武器装备作战能力的影响因子;

vf、vg——防守方防守的严密程度与进攻方发起进攻的突然性对进攻方装备作战能力的影响系数。

防守方防守的严密程度对进攻方装备作战能力的发挥呈负相关,数值化以后就是防守严密程度影响系数。同时,进攻方的进攻发起越突然,防守方可以利

用的准备时间就越少,从而对双方装备作战能力的发挥产生影响,这种影响反映到进攻方武器装备上就是发起进攻突然性影响系数。这两个影响系数同样可以查找到经验数值,见表5－8、表5－9。

表5－8　防守严密程度对作战能力影响系数

防守程度	突击车辆	火力支援车辆
周密	0.9	1.0
有备	1.0	1.0
仓促	1.05	1.05

表5－9　发起进攻突然性对作战能力影响系数

突然性	突击车辆	火力支援车辆
强	1.3	1.3
次强	1.15	1.15
中等	1.02	1.02
弱	1.0	1.0

2. 作战任务描述

作战任务描述包含两层含义:一是根据作战构想,在明确面临的主要军事威胁的前提下,提出未来一定时期的主要作用和作战任务;二是为了研究特定的作战能力需求问题,对所担负的作战任务进行典型描述。各军兵种担负的作战任务区别很大,同样,不同地区的部队担负的作战任务区分也很明显,因此,作战任务描述必须根据具体情况布置。下面仅以装甲兵为例进行说明。

装甲兵作为地面作战的主要突击力量,通常担负夺占或者扼守重要地区和目标等任务。在合同战斗中,装甲兵可以在步兵等其他兵种的协同下相对独立的遂行战斗任务。其基本任务是:

(1)以猛烈的突击歼灭敌人,夺占重要地区和目标。

(2)向敌纵深快速发展进攻,扩张战果,追歼退却之敌。

(3)以反击、反冲击歼灭突入之敌,封闭敌突破口。

(4)歼灭空降之敌或者配合空降兵战斗。

装甲兵作战任务典型描述应包括任务类型及任务要求。任务典型描述实质上表达了对装甲兵装备作战能力的一种需求和约束,任务的类型决定了能力的类型,任务的要求决定了能力的大小。对任务的类型和要求的描述是任务典型描述的核心内容。

四、作战模拟

(一)基于计算机仿真的作战模型

计算机作战仿真已成为军事理论研究的重要方法。从理论上讲,目前已经出现的分布交互式计算机作战仿真等方法能够反映包括双方战术动作在内的各种战场因素,从而可以真实再现战场上的实际情况。但是目前受技术水平的限制,当前我方现在的计算机仿真模型距实用阶段还有很长的路要走。尽管如此,计算机作战仿真仍然具有极大的应用潜力,是作战模拟的主要发展方向。

计算机作战仿真的发展目标是达到战场实际,越接近战场实际,仿真的效果就越好。但是,由于科技、经费的限制,这一目标离实现还有很长的路要走。目前应用的仿真手段还存在很大的失真。在此借助于一种简单有效的计算机仿真模型表述仿真模型的装备作战能力需求生成方法,并在模型中提供了一些可用于改进现有计算机仿真模型的方案。已应用的仿真模型在对抗的表达中多采用"类排队"的方法,主观性较大。本模型基于作战对抗的客观实际情形,提出了射权概率的概念,在作战仿真中借助蒙特卡洛方法引入射权值来确定开火次序,并按武器装备本身的性质来确定被射击的目标,同时在对抗中考虑到了双方所有参加对抗的单元。

1. 模型的假设

(1)各类武器装备相互之间可以进行直接对抗。

(2)只考虑武器装备的作战能力,不考虑对抗双方人员士气、战术动作的影响。

2. 基本思想

一次对抗可以分为数轮,每轮对抗的具体过程以图 5 - 3 为例,说明如下:对抗起始时未被毁伤的全部单元为本轮参加对抗单元,确定全部参加对抗单元的开火先后次序,而后可以开火单元按开火先后次序进行对抗。在对抗中进行射击目标的确定、是否命中目标的确定以及是否毁伤目标的确定。在每一轮对抗中,可以开火单元为本轮对抗中未开火也未被命中的单元;不可以开火单元为被命中但未被毁伤的单元(由于受炮弹爆炸影响在本轮对抗中无法再开火)或在本轮对抗中已经完成开火的单元。当无可以开火单元时视为本轮对抗结束,转入下一轮对抗,当一方全部武器装备被毁伤时视为本次对抗结束。

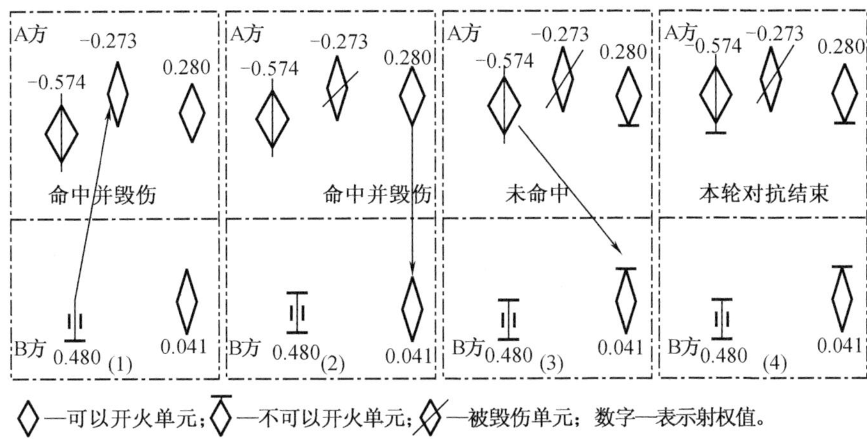

图 5-3 对抗基本思想示意图

3. 开火次序的确定

在一次对抗中，首先要确定双方参战的全部武器装备。每一个武器装备单元的先敌开火能力是由其发现目标能力的大小、开火准备时间的长短等因素决定的，根据这些因素可以将各个武器装备单元的先敌开火能力量化为一个具体的数值，称这个值为开火权值。将全部开火权值用下式进行归一化处理：

$$t_i = \frac{\varphi(i)}{\varphi(1) + \varphi(2) + \cdots + \varphi(n)} \tag{5-13}$$

式中 t_i——第 i 个武器装备单元的射权概率，$i = 1,2,\cdots,n$；

$\varphi(i)$——第 i 个武器装备单元的开火权值，$i = 1,2,\cdots,n$。

称归一化处理后所得结果为各个武器装备单元的射权概率。由射权概率确定每一个武器装备单元的射权值，具体方法如下。

如图 5-4 所示，若某一个武器装备单元的射权概率大小为 t_i，在区间 $[t_i - 1, t_i]$ 上产生一个符合平均分布规律的随机数，这个随机数即为该武器装备单元在本次对抗中的射权值。按射权值由大到小的顺序确定这次对抗中各个武器装备单元的开火次序。

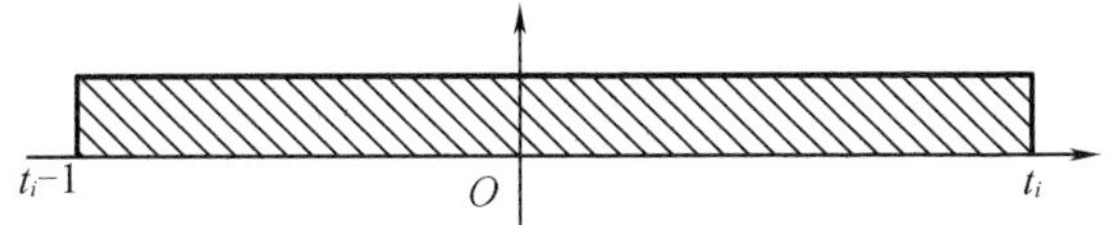

图 5-4 射权值产生区间

对方法的合理性加以说明。若武器装备单元 A 与武器装备单元 B 的射权概

率分别为 t_1 与 $t_2(t_1>t_2)$，则它们的射权值(随机数)产生区间分别为 $[t_1-1,t_1]$ 与 $[t_2-1,t_2]$，图 5-5 显示了 A 与 B 的射权值产生区间。产生 A 与 B 的射权值，比较两个射权值，假设 A 的射权值大的概率为 P_{sa}，则 P_{sa} 满足下式：

$$P_{sa}=(t_1-t_2)+(t_2-t_1+1)\times(t_1-t_2)+\frac{1}{2}(t_2-t_1+1)^2 \tag{5-14}$$

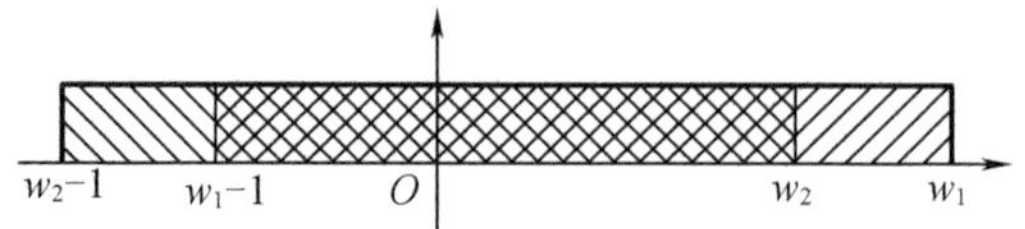

图 5-5　A 与 B 的射权值产生区间

将式(5-14)进行变换，得到式(5-15)如下：

$$P_{sa}=\frac{1}{2}[1+(2-t_1+t_2)\times(t_1-t_2)] \tag{5-15}$$

容易看出，$P_{sa}>0.5$，这就证明了射权概率借助射权值可以从统计层次上正确决定两个武器装备单元的开火次序。同样的方法也可以证明多个武器装备单元的射权概率在统计层次上决定这些武器装备单元的开火次序。

射权值是随机数，它保证了各个武器装备单元在单轮对抗模拟中的开火次序同样是随机的，这符合真实的情况。射权概率是武器装备单元先敌开火能力的反映，它在统计层次上决定武器装备单元的开火次序同样符合真实情况。

4. 射击目标的确定

在双方参加对抗的全部武器装备单元中，每一个武器装备单元被敌发现的可能性是由其形状、大小、伪装程度等因素决定的，根据这些因素可以将各个武器装备单元被发现的可能性量化为一个具体的数值，称这个值为暴露度。将全部暴露度用下式进行归一化处理：

$$k_i=\frac{\theta(i)}{\theta(1)+\theta(2)+\cdots+\theta(n)} \tag{5-16}$$

式中　k_i——第 i 个武器装备单元的暴露概率，$i=1,2,\cdots,n$；

$\theta(i)$——第 i 个武器装备单元的暴露度，$i=1,2,\cdots,n$。

称归一化处理后所得结果为各个武器装备单元的暴露概率。为各个武器装备单元在同一个[0,1]区间上为其分配一段小区间，这个小区间的长度与各个暴露概率的大小相同。在整个[0,1]区间上产生一个符合平均分布规律的随机数，随机数落于的小区间对应的那个武器装备单元即为敌方射击的目标。

若四个武器装备单元 A、B、C、D 的暴露概率分别为 ag、bg、cg、dg，随机数的值为 $\xi_m(ag<\xi_m<ag+bg)$，该小区间的分配情况如图 5-6 所示。

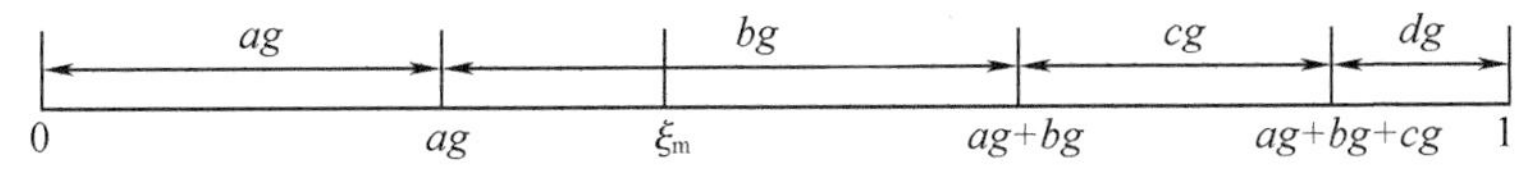

图 5-6　区间分配情况

随机数落于某小区间的概率等于这个小区间的长度(暴露概率的值),暴露概率越大,相应的小区间长度越长,成为对方射击目标的可能性也越大。这充分显示了暴露概率在统计层次上可以正确确定被打击的武器装备单元。本次随机数落于长度为 bg 的小区间内,武器装备单元 B 为射击的目标。

随机数保证了各个武器装备单元能否成为敌武器装备单元射击的目标是随机的,这符合真实的情况。暴露概率是武器装备单元被敌发现可能性的反映,统计层次上,确定被打击的武器装备单元同样符合真实的情况。

由于随机数落于某小区间的概率只与这个小区间的长度有关,因此该小区间的排列顺序可以随意,从统计层次上看对结果并无影响。

5. 是否命中目标的确定

以 A 武器装备单元射击 B 武器装备单元为例,若 A 武器装备单元对 B 武器装备单元的命中概率为 P_{AB},在[0,1]区间上产生一个符合平均分布规律的随机数 ξ_p,若 $\xi_p \leqslant P_{AB}$,则命中目标;若 $\xi_p > P_{AB}$,则未命中目标。

随机数保证了单次射击是否命中目标是随机的,这符合真实的情况。统计层次上,命中目标的规律由命中概率决定,同样符合真实的情况。

6. 是否毁伤目标的确定

以 A 武器装备单元命中 B 武器装备单元为例,若 A 武器装备单元对 B 武器单元命中条件下的毁伤概率为 q_{AB},在[0,1]区间上产生一个符合平均分布规律的随机数 ξ_u,若 $\xi_u \leqslant q_{AB}$,则毁伤目标;若 $\xi_u > q_{AB}$,则未毁伤目标。

随机数保证了单次命中能否毁伤目标是随机的,这符合真实的情况。统计层次上,命中毁伤目标的规律由毁伤概率决定,同样符合真实的情况。

7. 程序基本步骤和流程图

具体流程图如图 5-7 所示。

程序的基本步骤如下:

Step. 1　数据初始化,一次对抗开始,转入 Step. 2。

Step. 2　确定本轮参加对抗单元,计算全部单元的射权值,转入 Step. 3。

Step. 3　在全部参加对抗单元中,确定可以开火单元开火的次序,处于首位者开火射击,确定其射击目标。

Step. 4　判断是否命中目标,如命中,转入 Step. 5;如未命中,转入 Step. 6。

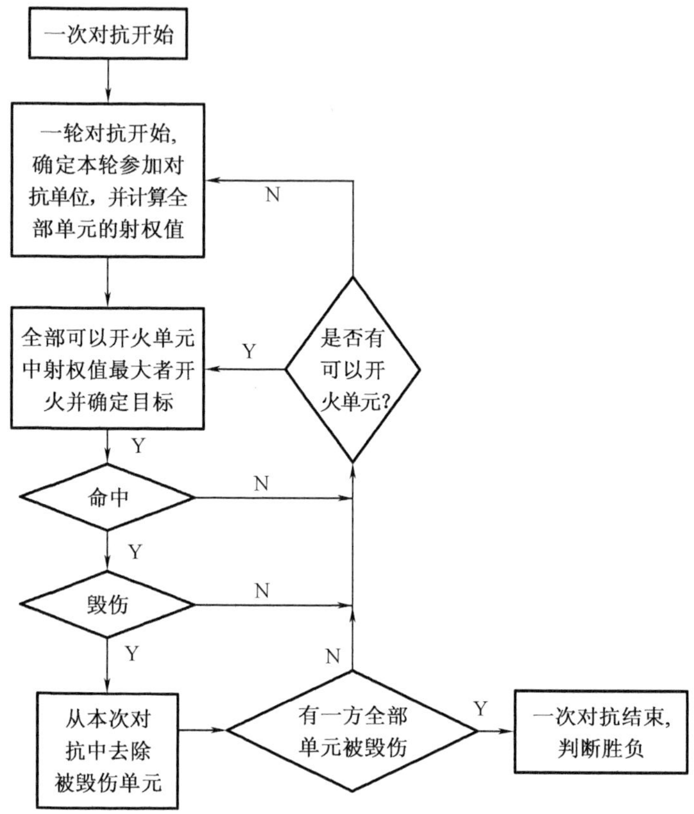

图 5－7　计算机模拟具体流程图

Step. 5　判断是否毁伤目标，如毁伤，转入 Step. 7；如未毁伤，转入 Step. 6。

Step. 6　判断是否存在可以开火单元，如有，转入 Step. 3；如没有，转入 Step. 2。

Step. 7　从参加对抗单元中将被毁伤单元去除，判断该方武器装备是否全部被毁伤，如是，转入 Step. 8；如否，转入 Step. 6。

Step. 8　本次对抗结束，判断胜负。

（二）基于兰切斯特方程的作战模型

1. 模型的假设

只考虑武器装备的作战能力，不考虑对抗双方人员士气、战术动作的影响。

2. 兰切斯特方程的改进

作战双方的交战涉及不同的武器装备。传统的描述多元武器装备交战的兰切斯特作战方程为

$$\begin{cases}\dfrac{\mathrm{d}r_i}{\mathrm{d}t} = -\sum\limits_{j=1}^{n}\eta_{ji}\beta_{ji}b_j \\ \dfrac{\mathrm{d}b_j}{\mathrm{d}t} = -\sum\limits_{i=1}^{m}\eta_{ij}\alpha_{ij}r_i\end{cases} \quad i = 1,2,\cdots,m; j = 1,2,\cdots,n \tag{5-17}$$

式中　r_i、b_j——红、蓝双方某类武器装备在 t 时刻的瞬时作战能力指数；

α_{ij}、β_{ji}——红方第 i 类武器装备对蓝方第 j 类武器装备、蓝方第 j 类武器装备对红方第 i 类武器装备的平均毁伤率；

η_{ij}、η_{ji}——红方第 i 类武器装备对蓝方第 j 类武器装备、蓝方第 j 类武器装备对红方第 i 类武器装备的火力分配系数，且 $\sum\limits_{i=1}^{m}\eta_{ij} = 1$，$\sum\limits_{j=1}^{n}\eta_{ji} = 1$。

传统的兰切斯特作战模型不能反映战场环境及态势对作战的影响，更不适用于信息化战场下的具体情况，因此需要对其进行改进。

考虑战场环境及态势对作战的影响，增加战场环境因子及战场态势因子的兰切斯特作战方程为

$$\begin{cases}\dfrac{\mathrm{d}r_i}{\mathrm{d}t} = -\sum\limits_{j=1}^{n}h_{bj}v_{bj}\eta_{ji}\beta_{ji}b_j \\ \dfrac{\mathrm{d}b_j}{\mathrm{d}t} = -\sum\limits_{i=1}^{m}h_{ri}v_{ri}\eta_{ij}\alpha_{ij}r_i\end{cases} \quad i = 1,2,\cdots,m; j = 1,2,\cdots,n \tag{5-18}$$

式中　h_{ri}、h_{bj}——红方第 i 类武器装备、蓝方第 j 类武器装备的战场环境因子；

v_{ri}、v_{bj}——红方第 i 类武器装备、蓝方第 j 类武器装备的战场态势因子。

Seth Bonder 指出，信息对抗能力的增量也可以等效为武器装备作战能力指数的增量。在信息对抗的影响下，多元武器装备交战的兰切斯特作战模型为

$$\begin{cases}\dfrac{\mathrm{d}r_i}{\mathrm{d}t} = -\dfrac{\sum\limits_{j=1}^{n}h_{bj}v_{bj}\eta_{ji}\beta_{ji}b_jr_i}{[r_{i0} - c_b(r_{i0} - r_i)]} \\ \dfrac{\mathrm{d}b_j}{\mathrm{d}t} = -\dfrac{\sum\limits_{i=1}^{m}h_{ri}v_{ri}\eta_{ij}\alpha_{ij}b_jr_i}{[b_{j0} - c_r(b_{j0} - b_j)]}\end{cases} \quad i = 1,2,\cdots,m; j = 1,2,\cdots,n \tag{5-19}$$

式中　c_r、c_b——红方武器装备与蓝方武器装备的信息对抗能力因子。

采用兰切斯特作战方程进行作战模拟虽然存在一定误差，但是它能够描述

作战过程中每一个瞬间的战场态势，清楚地反映了整个作战过程中双方各类武器装备的实时损耗，同时可以定量反映武器装备的能力需求，从而为武器装备的具体性能指标生成提供了条件。因此，将兰切斯特作战方程用于武器装备作战能力需求生成是较为合适的。

3. 胜利条件的规定

对以往的战斗进行总结可以发现，当战斗以一方获胜结束，战败一方并没有被全部消灭时，在多数情况下有一定比例的兵力是以撤出战场或放弃抵抗的方式保存下来，按下式定义 δ：

$$\delta=\frac{\text{战败一方的剩余兵力}}{\text{战败一方初始兵力}} \tag{5-20}$$

称 δ 为胜负界值。统计一定次数（以往战斗）的 δ 值，并取其平均值作为作战模拟的 δ 值。

对作战模拟的胜利条件做如下规定：若要取得作战胜利，一方整体武器装备作战能力不能先于另一方达到。

（三）两种作战模型的应用时机分析

1. 基于计算机仿真的作战模型使用时机分析

对于有多种不同武器装备参加的较小规模的作战，基于计算机仿真的作战模型借助射权概率可以很好地反映作战对抗的真实情况，能够对装备的作战情况进行相当准确的模拟，并可以找出需要提高性能指标的装备的种类并确定这些车辆的作战能力需求，因此在作战规模较小时使用该模型进行模拟是合适的。但该模型在反映己方得到的火力、勤务、保障等支援对作战对抗的影响方面较为薄弱。

2. 基于兰切斯特方程的作战模型使用时机分析

兰切斯特方程的作战模型是一种基于数学方法的模型，其实质是通过对以往作战的总结找出作战中双方兵力的损耗规律，并运用这些规律完成作战模拟。因此，使用兰切斯特方程进行作战模拟会存在一定误差。但是兰切斯特方程的作战模型能够描述作战过程中每一个瞬间的战场态势，清楚地反映了整个作战过程中双方各类武器装备的实时损耗，从而为武器装备的性能指标生成提供了便利。同时，兰切斯特方程的作战模型适用规模较大，实际操作便利，因此在较大规模的作战中使用兰切斯特方程的作战模型进行作战模拟是较为合适的。

五、装备作战能力需求生成

(一)基于计算机仿真模型的装备作战能力需求生成

基于计算机仿真模型的装备作战能力需求生成的具体过程如下:

Step. 1 程序开始,*cs* 值初始化,转入 Step. 2。

Step. 2 判断 *cs* 值是否小于等于 *cn*(*cn* > 10 000),如是,转入Step. 3;如否,转入 Step. 5。

Step. 3 数据初始化,进行一次双方武器装备的作战模拟,转入 Step. 4。

Step. 4 判断我方是否获胜,如是, *cs* + + ,转入 Step. 2;如否,确定我方高损伤装备的种类后,*cs* + + ,转入 Step. 2。

Step. 5 判断敌我双方获胜次数的比值是否小于设定值 *cn*,如是,结束并输出各类装备作战能力提高幅度;如否,将被定为高损伤装备次数最多的那类装备的作战能力则提升一个单位(值得注意的是,当某类装备的作战能力提高了之后,其对敌方武器装备的毁伤能力也随之提高,但敌方武器装备对这类装备的毁伤能力却相应降低。因此,当再次进行作战模拟时,需要使用系数 σ 对毁伤率等参数进行相应调整),转入 Step. 1。

具体流程图如图 5 -8 所示。

(二)基于兰切斯特方程模型的装备作战能力需求生成

基于兰切斯特方程模型的装备作战能力需求生成的具体过程如下:

Step. 1 程序初始化,转入 Step. 2。

Step. 2 进行作战模拟,转入 Step. 3。选用改进的兰切斯特方程模型进行作战模拟,将具体作战情况代入式(5 -18),可得到与双方武器装备种类数量之和相同数目的微分方程。各个微分方程均表示在具体对抗条件下装备作战能力的实时变化。

Step. 3 判断我方是否获胜,如是,程序结束,输出各类武器装备作战能力提高量;如否,将作战能力损失最大的那类装备的作战能力提升一个单位,转入 Step. 2。

同样,当某类武器装备的作战能力提高后需要使用系数 σ 对毁伤率等参数进行相应调整。

装备作战能力需求生成流程图如图 5 -9 所示。

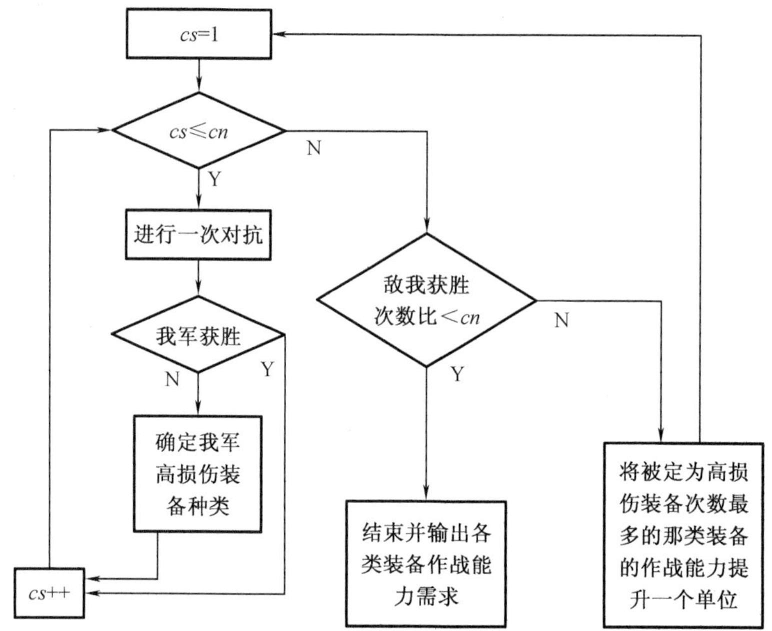

图 5－8　基于计算机仿真模型的作战能力需求生成图

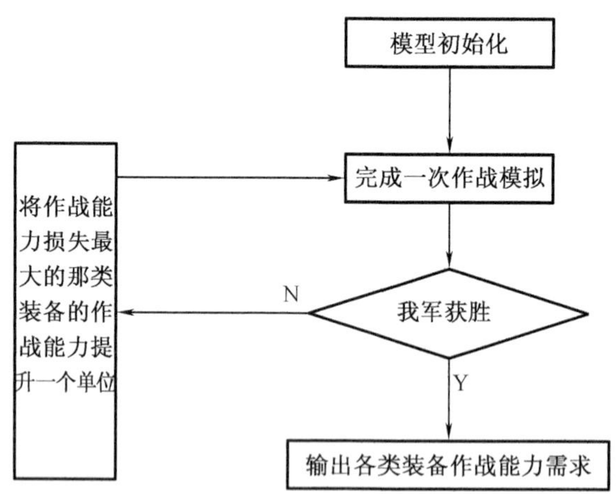

图 5－9　基于兰切斯特方程模型的作战能力需求生成图

六、装备性能指标需求生成

从式(5－17)可以看出,提高某类装备的作战能力有两种途径,一是增加装备的数量,二是提高单位装备的作战能力,即提高装备的性能指标。在现代战场上,提高武器装备的数量已经不再是增加部队作战能力的有效选择,主要有以下几个方面的原因:

(1)当武器装备数量增长到一定程度之后,数量的增长与武器装备系统作战能力的提高就不再是线性关系,增加武器装备数量对武器装备系统作战能力的影响逐渐减弱。

(2)武器装备数量的增长导致部队员额的不断增长,与当前世界各国军队的发展趋势不符。

(3)武器装备数量的增长导致战场上兵力密度加大,进而导致武器装备毁伤率的大幅度提高。

(4)武器装备数量的增长给指挥协调带来极大的困难。

因此,提高装备的作战能力应着眼于提高装备的性能指标。一个具体明确的装备性能指标体系是装备性能指标需求生成的前提与基础,因此在进行装备性能指标生成前,首先要建立装备性能指标体系。

(一)装备性能指标体系的建立

装备作战能力指标体系通常被称为装备性能指标体系。

1. 评估指标体系的建立原则

(1)科学性原则。指标体系的选择要科学合理、简单易行。

(2)系统性、完整性原则。指标体系要全面完整地反映对象的特征和规律,要选出那些基础的、关键的综合性指标,同时指标体系要尽量覆盖对象的各个组成部分,使其具有系统性、完整性。

(3)量化原则。量化原则是指标体系建立的一条重要原则,对指标体系中的各指标应尽可能量化。为此可采用直接量化和间接量化相结合的方法进行。

(4)实用性、可操作性原则。所选定的指标必须简单可行,避免过分复杂化,使运用过程简便易行、易于操作。对一些关系复杂,受各方面关系制约、内涵不够明确、影响不大的指标可以忽略。

(5)层次性原则。作为能容纳一套具体参数的指标体系,在设计每一项具体指标时,要体现整个指标体系的层次性,体现出指标体系之间的概括与解释关系,体现同一层次各个指标之间的相对独立性和依存性。

(6)动态性、可扩展性原则。设置指标时,对一些在一段时间内相对稳定的现象尽可能忽略，以保证各项指标的灵敏性。同时，指标体系也要具有可扩展性，指标体系的建立应能适应未来发展的需要。

2. 评估指标体系的建立程序

Step. 1　目标分析。分析指标体系建立的目的及所要达到的期望。目标分析是建立评估指标的前提。

Step. 2　系统分析。本步骤为指标体系建立的重点，主要包括两个环节，一是分析明确各种影响因素，二是分析整理因素之间的内部关系。

Step. 3　属性分析。对各要素的特点进行分析，建立与之相适应的指标，弄清各指标的本质属性。指标的本质属性指每个指标是定性的还是定量的，是静态的还是动态的。

Step. 4　目标结构分析。不同的目标结构，会带来不同的评估指标体系结构形式。

Step. 5　信息来源分析。指标信息的来源通常有以下几种：有关数据库、公式计算、统计分析、专家咨询和主观估计。

Step. 6　评估指标体系的构建。

Step. 7　指标体系的检验。例如可以就初步建立的指标体系反复征求意见和建议，并在实践中根据实际需要，按照上述程序不断对指标体系进行修改和完善。

按照指标体系建立的原则和程序，选取火力性能、防护性能、机动性能、信息性能、保障性能这五项指标作为装备性能指标体系的一级指标。但是五项一级性能指标下的二级性能指标则因各种装备的特点不同而有所区别，例如反坦克导弹发射车的火力性能指标下的二级性能指标中包括导弹飞行速度，但对坦克来说则无此项性能指标。较为通用的装甲战斗车辆作战能力指标体系如图 5 - 10 所示。

（二）装备一级性能指标需求生成

装备作战能力的提高直接受各项一级性能指标的影响，为了反映这种影响，需要总结装备各项一级性能指标之间的相互关系。以上述中明确的火力性能、防护性能、机动性能、信息性能、保障性能这五个最为常用的指标作为一级指标论述作战能力与一级指标之间函数关系的确定方法。

1. 装备作战能力提高比函数的确定

对装备作战能力提高比定义如下：

$$NTb = \frac{\text{提高后的作战能力} - \text{初始作战能力}}{\text{初始作战能力}} \tag{5-21}$$

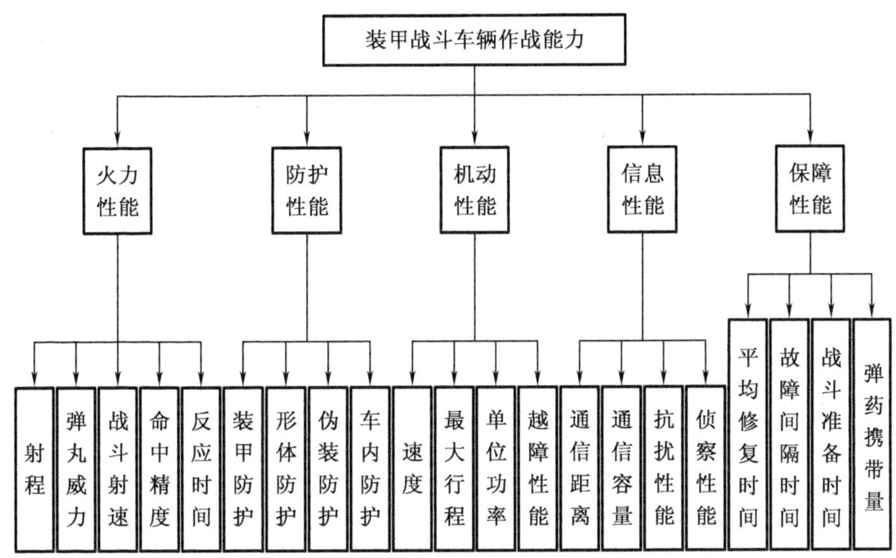

图 5-10　装甲战斗车辆作战能力指标体系

类似地,定义装备性能指标的提高比为

$$ZTb = \frac{\text{提高后的性能指标} - \text{初始性能指标}}{\text{初始性能指标}} \tag{5-22}$$

可以看出,提高比是作战能力或性能指标在原有基础上的提高幅度,这与需求的定义是一致的,因此提高比可以用来反映需求。

装备作战能力提高比与其各项一级性能指标的提高比之间有着某种数量关系。用向量 $\boldsymbol{X} = [x_1, x_2, \cdots, x_k]$ 表示某种装备 k 项一级性能指标的提高比,用 Q 表示该装备作战能力的提高比,则有

$$Q = F(\boldsymbol{X}) \tag{5-23}$$

称 $F(\boldsymbol{X})$ 为装备作战能力提高比函数,其具体形式确定了装备作战能力提高比与其各项一级性能指标的提高比之间的关系,需要得到其具体的表达式。

显然,$F(\boldsymbol{X})$ 是连续函数。装备的作战能力不能无限增加,因此随着装备各项一级性能指标的提高,边际效益不断减少。所以,$F(\boldsymbol{X})$ 也应满足边际效益递减原则。

装备的各项一级性能指标有着不同的量纲,但反映到各项一级性能的提高比上则可以保持度量的一致性,也就是说 $F(\boldsymbol{X})$ 满足度量的一致性要求。

综上,可以得出装备作战能力提高比函数 $F(\boldsymbol{X})$ 满足以下三个条件:

(1)连续性假设;

(2)边际效益递减律;

(3)度量一致性要求。

满足以上条件的函数 $F(\boldsymbol{X})$ 具有如下形式:

$$F(\boldsymbol{X}) = u \cdot x_1^{w_1} x_2^{w_2} \cdots x_k^{w_k};w_i \leqslant 1,i=1,2,\cdots,k \tag{5-24}$$

其中,u 是可取的常数。

对于式(5-24),为达成线性齐次性,须满足下面的条件:

$$\sum_{i=1}^{k} w_i = 1 \tag{5-25}$$

显然,函数中的幂指数 $w_1,w_2,\cdots,w_k$ 分别表示装备相应的一级性能指标提高比对装备作战能力提高比的影响,分别称为第 i 项一级性能指标提高比的"权"。产生幂指数 $w_1,w_2,\cdots,w_k$ 的合理方法是首先明确所有要考虑的装备一级性能指标提高比对装备作战能力提高比的影响程度,进而将各一级性能指标提高比对作战能力提高比的影响程度进行两两比较,从而得到幂指数 $w_1,w_2,\cdots,w_k$ 的值。

设某装备有 k 项一级性能指标。$k \times k$ 阶矩阵 $\boldsymbol{A}=(a_{ij})$ 是关系判断矩阵,表达各项一级性能指标提高比对装备作战能力提高比的影响程度。

理想的情况应该为

$$a_{ij} = \frac{w_i}{w_j} \tag{5-26}$$

据此,我们可以通过最小二乘法或最大特征向量法从 $\boldsymbol{A}=(a_{ij})$ 求得幂指数 $w_1,w_2,\cdots,w_k$ 的值。

可以看出,装备的作战能力与其各项一级性能指标之间有着密切的联系,这种联系通过式(5-24)反映出来,分析式(5-24),可以发现一项一级性能指标的降低可以以另一项一级性能指标的提高来弥补。令 x_1、x_2 分别表示装备火力性能与防护性能的提高比,它们对装备作战能力提高比的影响分别为 $x_1^{w_1}$ 与 $x_2^{w_2}$,则 x_1、x_2 之间满足下式:

$$x_1 = x_2^{w_2/w_1} \tag{5-27}$$

当 $x_1^{w_1}$ 与 $x_2^{w_2}$ 相等时,火力性能与防护性能的提高比对装备作战能力的影响等同。也就是说根据式(5-26)我们完成了火力性能提高比与防护性能提高比对车辆作战能力影响之间的互换。举例来说,坦克在作战中防护性能的提高可以延长其生存时间,使其可以更多地杀伤敌方,这相当于提高了火力性能,或者说可以弥补火力性能降低对作战能力的影响。据此,可以认为装备各项一级性能指标对作战能力的影响是相互关联的,这也为装备一级性能指标需求生成打下了基础。

2. 装备一级性能指标需求生成模型

由于各装备各项一级性能指标对作战能力的影响是相互关联的,因此可以使用非线性规划方法进行装备一级性能指标需求生成求解,也就是说,在满足作战能力需求的基础上使得研制经费最低,从而得到各项一级性能指标的最优解。

数学模型如下:

$$\min z = f_1(x_1) + f_2(x_2) + \cdots + f_k(x_k)$$
$$\text{s.t.} \begin{cases} F(\boldsymbol{X}) \geqslant q \\ x_i \geqslant 0 \end{cases} \quad i = 1, 2, \cdots, k \tag{5-28}$$

式中 $f_i(x)$——费用函数,表示某装备第 i 项一级性能指标的提高比与研制经费之间的关系。显然,$f_i(x)$ 递增,且增长速度不断加快,即 $f'_i(x) > 0, f''_i(x) > 0$ 。该函数可以通过多种方法得到,比如可以使用 Delphi 法分别预测出在现有基础上提高第 i 项一级性能指标至特定提高比 $d_1, d_2, \cdots, d_n$ 所对应的研制经费 $e_1, e_2, \cdots, e_n$,然后由计算机进行拟合,得出 $f_i(x)$ 的表达式。

q——装备作战能力需求(提高比)。

求解该规划模型,即可得到装备一级性能指标需求。

(三)装备各层级性能指标需求生成

装备上级性能指标的提高直接受其各项直接下级性能指标的影响,为了反映这种影响,需要更好地总结装备上级性能指标与其直接下级性能指标之间的函数关系。

1. 装备上级性能指标提高比函数的确定

若用 V 表示某类装备某项上级性能指标的提高比,用向量 $\boldsymbol{Z} = [z_1, z_2, \cdots, z_k]$ 来表示该上级性能指标下的各项下级性能指标的提高比,有

$$V = G(\boldsymbol{Z}) = u \cdot z_1^{w_1} z_2^{w_2} \cdots z_k^{w_k} \tag{5-29}$$

称 $G(\boldsymbol{Z})$ 为装备上级性能指标提高比函数,其具体形式确定了装备上级性能指标提高比与其各项下级性能指标的提高比这二者之间的数量关系。

函数中的幂指数 $w_1, w_2, \cdots, w_k$ 在这里分别表示装备相应的下级性能指标的提高比对其上一级性能指标提高比的影响,分别称为第 i 项下级性能指标提高比的"权"。用上文中的方法同样可以得到幂指数 $w_1, w_2, \cdots, w_k$ 的值。

式(5-29)反映装备的上级性能指标与其各项下级性能指标之间的密切联系,一项下级性能指标的降低可以以另一项下级性能指标的提高来弥补,各项下级性能指标对其上一级性能指标的影响同样是相互关联的。令 z_1、z_2 分别表示

装备射程与弹丸威力的提高比，它们对装备火力性能提高比的影响分别为 $z_1^{w_1}$ 与 $z_2^{w_2}$，则 z_1、z_2 之间满足下式：

$$z_1 = {z_2}^{w_2/w_1} \tag{5-30}$$

当 $z_1^{w_1}$ 与 $z_2^{w_2}$ 相等时，射程与弹丸威力的提高比对坦克火力性能提高比的影响等同。

2. 装备各层级性能指标需求生成模型

由于各项下级性能指标对其上一级性能指标的影响是相互关联的，因此下级性能指标需求生成同样可以使用非线性规划的方法进行求解。在满足上级性能指标需求的基础上使研制经费最低，就可以得到各项下级性能指标的最优解。

装备下级性能指标需求生成同样可以采用非线性规划方法，数学模型如下：

$$\min z = g_1(z_1) + g_2(z_2) + \cdots + g_k(z_k)$$

$$\text{s.t.} \begin{cases} G(Z) \geqslant v \\ z_i \geqslant 0 \end{cases} \quad i = 1, 2, \cdots, k \tag{5-31}$$

式中　$g_i(z)$——费用函数，表示装备第 i 项下级性能指标的提高比与研制经费之间的关系。显然，$g_i(z)$ 递增，且增长速度不断加快，即 $g_i'(z) > 0$，$g_i''(z) > 0$ 。该函数同样可以通过多种方法得到，比如可以使用 Delphi 法分别预测出在现有基础上提高第 i 项下级性能指标至特定比例 $o_1, o_2, \cdots, o_n$ 所对应的研制经费 $e_1, e_2, \cdots, e_n$，然后由计算机进行拟合，得出 $g_i(z)$ 的表达式。

v——装备一级性能指标需求（提高比）。

求解该规划模型，即可得到各项下级性能指标需求。

需要说明的是，装备指标体系可以有很多层级，如一级指标下有二级指标，二级指标下仍有三级指标，以此类推。无论有几层指标，都可以用本节的方法进行类推，从上往下依次求解。

第四节　装备性能指标需求生成方法应用研究

应用本章装备性能指标需求生成方法来进行机械化步兵团对装甲步兵营进攻战斗的装备性能指标需求生成，目的首先是展示生成方法的可信性与应用性，其次是为装备性能指标需求生成提供一种应用框架。

一、武器装备体系描述

(一)武器装备名称、数量描述

机械化步兵团装备名称及数量见表5－10。

表5－10　机械化步兵团装备名称及数量

装备名称	数量
××式坦克	31
××式步兵战车	93
××式装甲输送车	70
××反坦克导弹发射车	6
×× mm 自行反坦克炮	8
×× mm 自行迫击炮	24
×× mm 自行榴弹炮	24

装甲步兵营武器装备名称及数量见表5－11。

表5－11　装甲步兵营武器装备名称及数量

装备名称	数量
M6 坦克	14
V1 型步兵战车	34
L－1 水陆输送车	15
霜式反坦克导弹	6
83 mm 迫击炮车	3
109 mm 迫击炮车	3

(二)武器装备作战能力指数确定

式(5－2)计算火力支援车辆的作战能力指数。式(5－9)计算突击车辆的作战能力指数。为了更好地反映未来一定时期内装备的真实情况,可以加入变化

系数 θ 对武器装备作战能力指数进行调整，此处取 $\theta = 1.4$。

机械化步兵团装备作战能力指数见表 5 – 12。

表 5 – 12　机械化步兵团装备作战能力指数

装备名称	作战能力指数
××式坦克	11 780
××式步兵战车	19 530
××式装甲输送车	4 900
××反坦克导弹发射车	1 410
×× mm 自行反坦克炮	1 640
×× mm 自行迫击炮	1 680
×× mm 自行榴弹炮	2 040

装甲步兵营武器装备作战能力指数见表 5 – 13。

表 5 – 13　装甲步兵营武器装备作战能力指数

装备名称	作战能力指数
M6 坦克	7 448
V1 型步兵战车	10 234
L – 1 水陆输送车	1 470
霜式反坦克导弹	2 016
83 mm 迫击炮车	273
109 mm 迫击炮车	315

（三）装备平均毁伤率及火力分配系数的确定

由仿真试验法求出各装备相互之间的平均毁伤率（可以使用上文中的对抗模型以一定数量的两种武器装备进行仿真对抗，并统计平均毁伤率），并在求解中充分考虑战场实际状况，比如防守方武器装备有掩体防护同时不易发现等。采用 Delphi 法确定对抗双方各武器装备的火力分配系数。

双方各武器装备相互之间的平均毁伤率见表 5 – 14、表 5 – 15，双方各武器装备的火力分配系数见表 5 – 16、表 5 – 17。

表 5-14 对抗双方主要武器装备的平均毁伤率 1(距离 2 200 m/min)

装步营	M6 坦克	V1 型 步兵战车	L-1 水陆输送车	霜式 反坦克导弹	83 mm 迫击炮车	109 mm 迫击炮车
××式 坦克	0.203	0.199	0.072	0.303	0.008	0.012
××式 步兵战车	0.255	0.219	0.027	0.341	0.021	0.028
××式 装甲输送车	0.291	0.241	0.104	0.367	0.064	0.072
××反坦克 导弹发射车	0.267	0.220	0.053	0.364	0.061	0.067
×× mm 自行 反坦克炮	0.251	0.212	0.041	0.352	0.059	0.064
×× mm 自行 迫击炮	0.299	0.257	0.095	0.393	0.069	0.071
×× mm 自行 榴弹炮	0.283	0.251	0.067	0.387	0.073	0.064

表 5-15 对抗双方主要武器装备的平均毁伤率 2(距离 2 200 m/min)

机步团	M6 坦克	V1 型 步兵战车	L-1 水陆输送车	霜式 反坦克导弹	83 mm 迫击炮车	109 mm 迫击炮车
××式 坦克	0.127	0.182	0.213	0.197	0.341	0.313
××式 步兵战车	0.098	0.113	0.182	0.170	0.221	0.203
××式 装甲输送车	0.008	0.013	0.051	0.031	0.053	0.048
××反坦克 导弹发射车	0.091	0.137	0.185	0.193	0.229	0.218
×× mm 自行 反坦克炮	0.106	0.149	0.174	0.183	0.215	0.208
×× mm 自行 迫击炮	0.008	0.010	0.024	0.031	0.037	0.031
×× mm 自行 榴弹炮	0.012	0.017	0.025	0.041	0.046	0.043

表 5－16　对抗双方各武器装备的火力分配系数 1

装步营	M6 坦克	V1 型步兵战车	L－1 水陆输送车	霜式反坦克导弹	83 mm 迫击炮车	109 mm 迫击炮车
××式坦克	0.203	0.199	0.072	0.303	0.008	0.012
××式步兵战车	0.255	0.219	0.027	0.341	0.021	0.028
××式装甲输送车	0.291	0.241	0.104	0.367	0.064	0.072
××反坦克导弹发射车	0.267	0.220	0.053	0.364	0.061	0.067
××mm 自行反坦克炮	0.251	0.212	0.041	0.352	0.059	0.064
××mm 自行迫击炮	0.299	0.257	0.095	0.393	0.069	0.071
××mm 自行榴弹炮	0.283	0.251	0.067	0.387	0.073	0.064

表 5－17　对抗双方各武器装备的火力分配系数 2

机步团	M6 坦克	V1 型步兵战车	L－1 水陆输送车	霜式反坦克导弹	83 mm 迫击炮车	109 mm 迫击炮车
××式坦克	0.127	0.182	0.213	0.197	0.341	0.313
××式步兵战车	0.098	0.113	0.182	0.170	0.221	0.203
××式装甲输送车	0.008	0.013	0.051	0.031	0.053	0.048
××反坦克导弹发射车	0.091	0.137	0.185	0.193	0.229	0.218
×× mm 自行反坦克炮	0.106	0.149	0.174	0.183	0.215	0.208
×× mm 自行迫击炮	0.008	0.010	0.024	0.031	0.037	0.031
×× mm 自行榴弹炮	0.012	0.017	0.025	0.041	0.046	0.043

二、战场环境、战场态势因子的确定

（一）战场环境因子的确定

战场环境设置如下：温带的 7 月，干燥有阳光，气温很高，地形为有疏林的丘陵地，障碍物设置密集程度一般。

根据式（5 - 10）确定双方战场环境因子，分别见表 5 - 18 和表 5 - 19。

表 5 - 18　机械化步兵团装备环境因子值

坦克、步战车、输送车	自行反坦克炮、无后坐力炮、反坦克导弹发射车	自行榴弹炮、迫击炮车
0.41	0.43	0.76

表 5 - 19　装甲步兵营武器装备环境因子值

坦克、步战车、输送车	反坦克导弹发射车	迫击炮车
0.81	0.96	0.76

（二）战场态势因子的确定

战场态势设置如下：我方机械化步兵团发起进攻突然性为中等，装甲步兵营防守的严密程度为有备防守。

双方战场态势因子见表 5 - 20。

表 5 - 20　战场态势因子值

机械化步兵团	装甲步兵营
1.02	1

三、作战模拟及装备作战能力需求生成

由于作战规模较大，因此使用基于兰切斯特方程的作战模型进行作战模拟。依据作战能力需求生成图的思路，使用 Mathematics 软件编程进行能力需求

求解。假定机械化步兵团在信息权争夺上稍处于劣势，取 $c_r=0.45$，取 $c_b=0.55$，取 $\delta=\frac{1}{3}$，程序的初始化根据上述具体作战情况进行，并依线性律确定 σ，以 σ 调整机械化步兵团装备对装甲步兵营装备的毁伤率。

程序运行结果显示如下：

坦克:40　　步战车:0　　输送车:0

反坦克导弹:270　　反坦克炮:150　　迫击炮:360

榴弹炮:0

各种装备作战能力需求得到满足前后在作战过程中的作战能力实时变化情况如图 5－11 所示。

每幅图的左边部分反映以初始作战能力进行作战的装备在作战过程中作战能力的实时变化，作战持续时间 47 min40 s，装甲步兵营获胜；右边部分反映以满足需求后的作战能力进行作战的各种装备在作战过程中作战能力的实时变化，作战持续时间为 50 min20 s，机械化步兵团获胜。分析图 5－11 可以看出，在满足各种装备作战能力需求后作战双方进行的对抗中，在 47 min40 s 中，机械化步兵团装备作战能力基本上均保持在 1/3 以上，即使在对抗结束的 50 min20 s，自行反坦克炮、反坦克导弹发射车、自行迫击炮这三种武器装备的损失也要明显减少。

反坦克导弹发射车、自行反坦克炮、自行迫击炮这三种装备以提高比表示的作战能力需求最大，下文将对反坦克导弹发射车一级性能指标需求生成进行求解，其他武器装备的一级性能指标需求生成方法与反坦克导弹发射车基本相同。

四、反坦克导弹发射车性能指标需求生成

（一）反坦克导弹发射车性能指标体系的建立

反坦克导弹发射车性能指标体系如图 5－12 所示。

（二）反坦克导弹发射车一级性能指标需求生成

1. 反坦克导弹发射车作战能力提高比函数的确定

以反坦克导弹发射车的五项一级性能指标确定反坦克导弹发射车作战能力提高比函数。

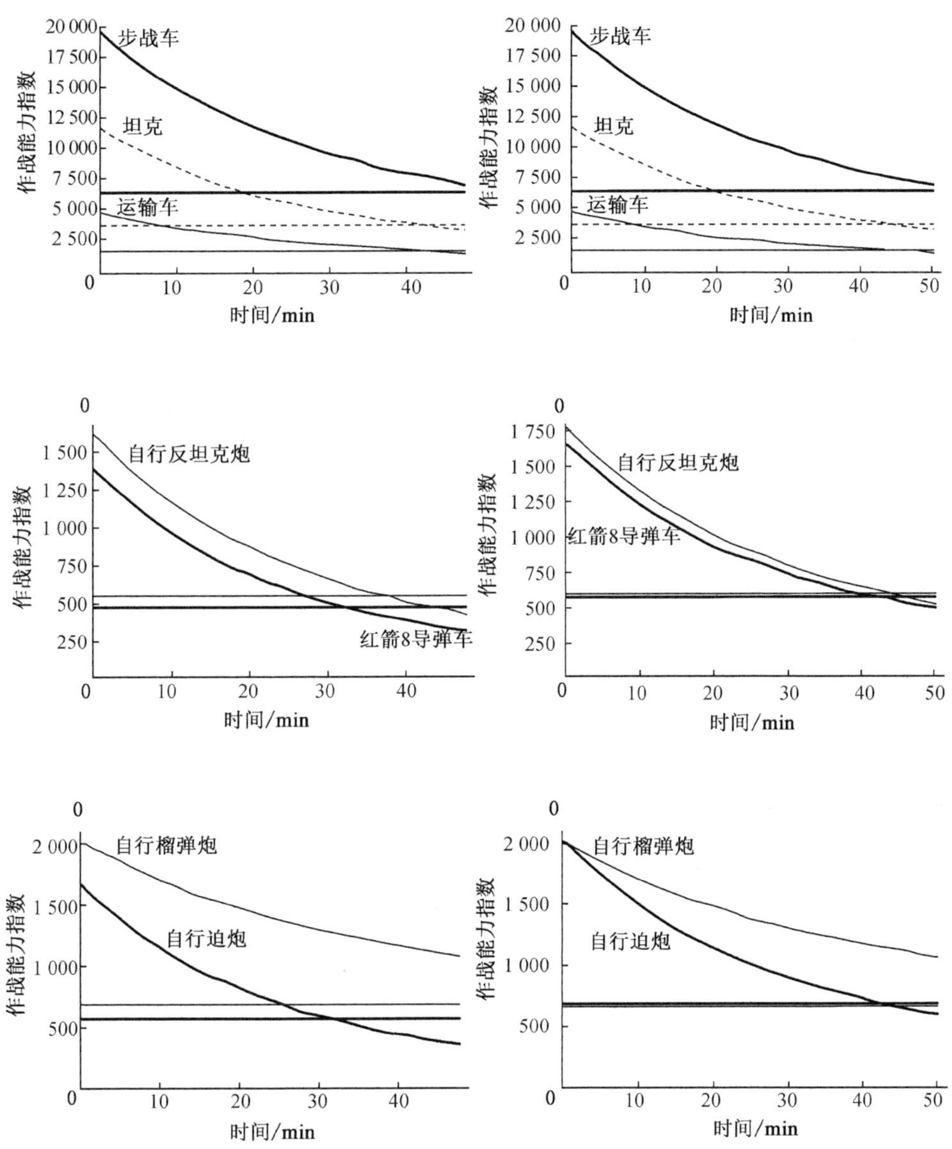

图 5 - 11　作战能力实时变化图

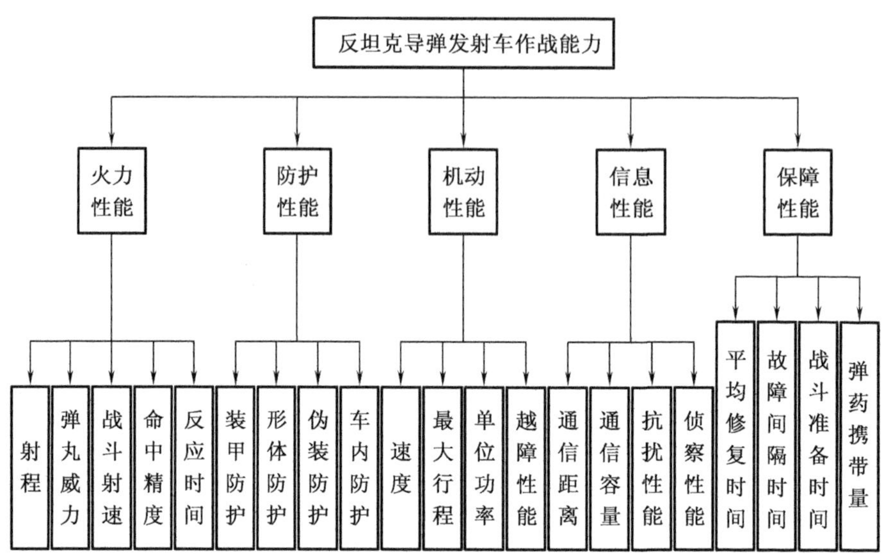

图 5－12　反坦克导弹发射车性能指标体系

函数的形式如下：

$$F(\boldsymbol{X}) = u \cdot x_1^{w_1} x_2^{w_2} \cdots x_5^{w_5} \tag{5-32}$$

式中，$\boldsymbol{X} = [x_1, x_2, \cdots, x_5]$ = [火力性能提高比，防护性能提高比，机动性能提高比，保障性能提高比，信息性能提高比]。

建立判断矩阵如下：

$$\boldsymbol{U} = \begin{bmatrix} 1 & 5/4 & 2 & 3 & 5/4 \\ 4/5 & 1 & 4/3 & 3/2 & 1 \\ 1/2 & 3/4 & 1 & 2 & 2/3 \\ 1/3 & 2/3 & 1/2 & 1 & 1/2 \\ 1 & 1 & 3/2 & 2 & 1 \end{bmatrix}$$

根据以上判断矩阵使用 Mathematics 程序求解幂指数。结果输出如下：

{{w_1　0.299 025, w_2　0.203 381, w_3　0.177 712, w_4　0.106 627, w_5　0.213 254}}

将已求解出的幂指数代入提高比函数，取 $u=1$（假设若各项一级性能指标都增长了 ε，则作战能力同步增长 ε），得到反坦克导弹发射车作战能力提高比函数的具体形式如下：

$$F(\boldsymbol{X}) = x_1^{0.299\,025} x_2^{0.203\,381} x_3^{0.177\,712} x_4^{0.106\,627} x_5^{0.213\,254}$$

2. 反坦克导弹发射车一级性能指标需求生成

认为反坦克导弹发射车的各项一级性能指标提高相同的提高比所花费的经费由多到少依次为：防护性能、信息性能、保障性能、机动性能、火力性能，它们对应的 $f_i(x)$ 分别为 $f_2(x)=x^{2.4}$、$f_5(x)=x^{2.3}$、$f_4(x)=x^{2.2}$、$f_3(x)=x^{2.1}$、$f_1(x)=x^2$。用 Lingo 软件求解，以提高比表示的反坦克导弹发射车各项一级性能指标需求分别为

火力性能提高比：30.330 16%；

防护性能提高比：13.556 72%；

机动性能提高比：19.660 95%；

保障性能提高比：13.328 47%；

信息性能提高比：15.789 41%。

（三）反坦克导弹发射车二级性能指标需求生成

从结果可以看出，反坦克导弹发射车火力性能需求最大，以火力性能为例进行反坦克导弹发射车二级性能指标需求生成，防护性能、机动性能、保障性能、信息性能的二级性能指标需求生成方法与火力性能相同。

1. 反坦克导弹发射车火力性能提高比函数的确定

对反坦克导弹发射车火力性能来说，射程、弹丸威力、导弹速度、战斗射速、命中精度是影响其作战能力的主要指标。以这五项指标建立反坦克导弹发射车火力性能指数方程。

函数的形式如下：

$$G(\boldsymbol{Z}) = u \cdot z_1^{w_1} z_2^{w_2} \cdots z_5^{w_5} \tag{5-33}$$

式中，$\boldsymbol{Z}=[z_1,z_2,\cdots,z_5]$ =［射程提高比，弹丸威力提高比，导弹速度提高比，命中精度提高比，战斗射速提高比］。

建立判断矩阵如下：

$$\boldsymbol{U}=\begin{bmatrix} 1 & 1 & 3 & 3/2 & 2/3 \\ 1 & 1 & 2 & 1 & 1/2 \\ 1/3 & 1/2 & 1 & 3/5 & 1/6 \\ 2/3 & 1 & 5/3 & 1 & 1/3 \\ 3/2 & 2 & 6 & 3 & 1 \end{bmatrix}$$

根据以上判断矩阵使用 Mathematics 程序求解幂指数，结果输出如下：

{{w_1　0.216 354，w_2　0.163 543，w_3　0.074 957 4，w_4　0.136 286，w_5　0.408 859}}

将已求解出的幂指数代入提高比函数，取 $u=1$（假设若各项二级性能指标都

增长了 ε，则一级性能指标同步增长 ε），得到反坦克导弹发射车火力性能提高比函数的具体形式如下：

$$G(Z)=z_1^{0.216\,354}z_2^{0.163\,543}z_3^{0.074\,957\,4}z_4^{0.136\,286}z_5^{0.408\,859}$$

2. 反坦克导弹发射车二级性能指标需求生成

在这五项二级指标中，命中精度的提高比是有限制的，即提高后的命中精度不能大于100%，因此将命中精度提高某一固定提高比所花费的经费比提高其他几项二级性能指标至相同的提高比所花费的经费要高很多。认为在反坦克导弹发射车打击性能中，各项二级性能指标提高相同的提高比所花费经费由多到少依次为命中精度、战斗射速、导弹速度、弹丸威力、射程，它们对应的 $g_i(z)$ 分别为 $g_4(x)=x^{3.0}$、$g_5(z)=z^{2.3}$、$g_3(x)=x^{2.2}$、$g_2(x)=x^{2.1}$、$g_1(x)=x^2$。以提高比表示的反坦克导弹火力性能的各项二级性能指标需求分别为

射程提高比：47.190 27%；

弹丸威力提高比：33.587 85%；

导弹速度提高比：19.661 61%；

命中精度提高比：9.779 124%；

战斗射速提高比：35.425 11%。

××反坦克导弹的射程为3 000 m，穿甲厚度800 mm，导弹飞行速度120 m/s，命中精度85%，发射速度为2～3发/分。反坦克导弹发射车火力性能各项二级性能指标实际需求为

射程：1 410 m；

弹丸威力：264 mm；

导弹速度：22.8 m/s；

命中精度：8%；

战斗射速：1～2发/分。

提高后的反坦克导弹发射车火力性能各项二级性能指标为

射程：4 410 m；

弹丸威力：1 064 mm；

导弹速度：142.8 m/s；

命中精度：93%；

战斗射速：3～4发/分。

第六章　装备需求获取

第一节　装备需求获取研究动态

一、基于观点的方法

基于观点的方法是在20世纪70年代末发展起来的,并在80年代初得到改进,它的前提是任何系统都能用一些“观点”来看待。它的优点是通过将问题分区并使用自由讨论这样的方法找出来的,然后广泛收集每个观点的数据。但这种方法在检查观点的一致性、自由讨论带来的观点科学性和完整性方面略显不足。

二、基于原型的方法

基于原型的方法在现代需求获取中是最常用的方法,它提供了用户需求反馈机制,是解决方案的一个“快速而粗糙”的模型。它能够获取到用户那里用其他方式难以获取的需求的一种非常有效的方式。但这种方法主要用于软件系统的构建,在针对武器装备需求的获取及相关机制方面有研究的空间。

三、基于本体的需求获取方法

基于本体的需求获取方法由中国科学院数学与系统科学院研究员金芝提出。这种方法以企业信息系统为研究背景,试图以企业本体和领域本体作为需求获取过程的基本线索,引导领域用户全面描述现实系统,并通过重用领域模型,构造应用软件的需求模型。该方法的特点是,通过深化领域知识使需求获取过程更系统、更有效。同样,这种方法主要用于软件系统的构建,在针对武器装备需求的获取及相关机制上仍有研究的空间。

第二节　装备需求获取的概念

需求获取(Requirement Elicitation)是一个确定和理解不同用户的需要与限制的信息收集过程。

武器装备需求(Equipment Requirement Elicitation)获取是:积极与用户交流,捕捉、分析和修订用户对武器装备的需求,并提炼出符合问题解决领域的需求。

需求获取与信息的收集有关,需求获取的过程也是与用户积极交流的过程。需求获取的过程中要通过对现有系统的观察和对任务的分析,捕捉、分析和修订用户对目标系统的需求,并提炼出符合问题解决领域的用户需求。

需求获取是武器装备论证前期最困难、最关键、最易出错也是最需要交流的方面。由于需求的不确定性和需求的不一致性,在需求获取的过程中可能会发现对武器系统的定义存在误差——不是太大就是太小。如果范围太大,那么将要收集比真正需求更多的需求,以传递足够的信息,此时获取过程将会拖延;如果范围太小,那么使用人员将会提出很重要的但又在当前装备系统范围之外的需求。当前的范围太小,以致不能提供一个令人满意的系统。需求获取是在问题及最终解决方案之间架设桥梁的第一步。如果没有需求,所谓的需求描述、需求分析、需求综合、需求决策都无从谈起。一旦理解了需求,需求分析者、装备研制方和用户就能探索出描述这些需求的多种解决方案,否则,对需求的任何变更,设计上都必须大量返工,造成时间、资源的浪费。

第三节　装备需求获取方法

一、需求获取面临的主要问题

(一)需求难以表达和描述

1. 用户对“需求”概念的认识模糊

需求本身具有模糊性,大多数的需求事先都难以说清,更谈不上完整的定义。对大多数用户而言,“需求”只是一个模糊的概念,对需求的认识并不是很清晰而且不统一，每个人对需求有不同的理解方式，并且都认为自己的理解是正确的，这就导致需求陈述的模棱两可，难以清晰地表达和描述出来。

2. 用户对“显性需求”与“隐性需求”认识模糊

需求从用户认识的清晰程度可划分为显性需求和隐性需求。显性需求是指用户能够用语言、文字等形式清晰地表达出来并为他人所理解的需求；隐性需求是指本身具有模糊性，存在用户头脑中，但是难于表达和描述出来的需求。隐性需求是用户长期实践过程中逐步积累的经验性知识，与应用领域相关联，但难于表达、描述、获取与传播。在需求描述与表达方面，用户一般用自然语言描述自己的需求，主观性和随意性较强，因此需求信息的统一性和共享性较差。另外，用户一般很少考虑整个武器装备系列在发展与演化过程中蕴含的丰富需求，导致需求缺少客观性和连续性。

3. 用户对“功能需求”和“非功能需求”认识模糊

功能需求主要说明了武器装备与环境之间的相互作用的本质，功能需求主要反映了用户想做什么、完成什么，而不考虑如何去完成。由于用户自身的局限性决定了他们只能表述部分需求，并不能完整地表达自己想做什么。有些需求是在具体的环境和场景下产生的，有些需求甚至是用户根本就没有认识到的需求。

非功能质量需求较难准确定义，主要描述了用户对目标系统的舒适性、可靠性等方面的非行为需求，并且它们经常造成开发设计装备与用户目标装备之间的差异。

非功能需求具有：①主观性，即对非功能需求的判定往往根据人的主观感受来决定，这必将导致不同的人对非功能需求有着不同的观点和看法；②相对性，对非功能需求的满足往往是相对的，存在一种方法能满足某种非功能需求，但并不意味着这种方法是最好的，也就是说，非功能需求的满足具有一种程度的概念；③相关性，非功能需求之间存在相互作用，在满足一种非功能需求的同时，可能会对其他非功能需求的满足产生积极或消极的影响；④全局性，非功能需求往往是对武器装备特征的约束，对设计起着重要指导作用，对目标装备的全局有着重要影响。由于非功能需求的如上特性，用户对非功能需求存在模糊性认识在所难免，很容易导致用户不知道该如何提出自己的需求，或是头脑中有需求却表达不出来，即使表达出来也很难让研制人员理解。

（二）需求不断变化

需求不可能是一成不变的，它随着用户知识、经验、认识程度，以及用户任务等变化而发生变化。武器装备需求的不断变化体现在两个方面：一是原有的需求不完善,新的需求要补充进来;二是原有的需求不准确或错误,需要更改或更正。武器装备需求的不断变化给需求获取带来了很大困难。新的需求可能会添加到原有的需求中去,但也有可能是对原有部分需求的否定,从而有可能导致整个需求规划的受挫和失败。所以需求应尽量具有继承性和开放性,新的需求一旦出现,能够被迅速吸收和整合。

(三)装备质量需求细致程度

武器装备需求到底获取到什么程度,才可以算结束?仁者见仁,智者见智,并没有定论。需求获取越细致,需求确定的周期就越长,可能产生的变化就越多,对设计的限制就越严格,对需求的共性提取要求也就越高。如果需求获取过于概括,则不会存在上述问题,但过于概括的需求又很难描述清楚,不便于用户之间的共享和被设计部门所理解,从而很难进行下一阶段的工作。所以需求获取的细致程度是需求获取的一个难点,是一个需要认真考虑的问题。

二、武器装备需求交互获取方法

针对以上提到的需求获取过程中面临的问题和难点,本书提出一种武器装备需求交互获取的方法。需求交互获取是指通过与用户积极交流,捕捉、分析和修订用户对武器装备的需求,并提炼出符合问题解决领域的需求。基本过程是建立武器装备功能树模型、感性需求语义知识库和装备及作战对象装备数据库、通过场景建模刺激用户产生需求。

(一)建立武器装备功能树

武器装备功能树的建立目的是在需求交互获取的过程中,能够将装备的功能以树状图的形式展现在用户面前。一是有助于用户的认识由粗到精、由模糊到清楚、由抽象到具体不断深化;二是有助于提高用户表述需求的针对性和全面性;三是避免获取大量冗余信息。

此处提出了一种分层递阶方法建立功能树模型。人在考虑复杂问题时,通常不是考虑全部问题的细节,而是先把问题分解或者简化,忽略其中的细节,然后从较抽象的层次开始,一层一层地深入其中的细节。这种从粗到细,从全局到局部解决问题的办法统称为分层递阶方法。

功能是分层次的,总功能包括若干个子功能,子功能又会包括下一级的子功能。建立功能树模型的关键是将总功能进行自上而下的分解,直到分解到较为具体的底层功能为止。分层递阶方法用于功能分解是很适用的。进行功能分解,首先是确定某型装备具备的总体功能和一级子功能,并把它们在尽可能详细的层次上再分解为各个子功能,常采用自上而下的分法。然后对分解出来的每个子功能再往下一层次分解下去,直到分解为较为具体的底层功能为止。这种在每一层分解的子功能,就是我们要获得的功能要素。

功能分解将抽象的总体功能分解为较为具体的子功能,在功能分解的过程中,需要把握三个原则:①每一层中各功能应该是本层中最基本的功能;②同一层的各个功能应该是相互独立的;③对每一层的功能描述应该尽量做到规范和统一。

(二)基于感性工学的装备质量需求语义知识库的建立

建立了武器装备功能树模型后,能够比较完整地获得功用层的功能要素。而用户对车辆指标层的功能需求表示多是基于感性的词汇,例如命中精度高、防空能力强等,类似“高”“强”等描述用户感觉的词汇称为感性词汇。

1.感性工学的概念

“感性工学”(Kansei Engineering)的发展已有10多年的历史,现已在日本产业界广泛运用,包括汽车、电子、建筑等领域。感性工学是介于设计学、工学及其他学科之间的一门交叉学科。其逐渐被欧美一些企业和院校的科研机构所接受,但“感性工学”还是一个较为模糊的概念,缺少公认的定义。广岛大学的长町三生教授认为:感性工学主要是“一种以用户定位为导向的产品开发技术,一种将用户的感受和意向转化为设计要素的翻译技术。”在对相关文献进行整理和研究的基础上,我们认为感性工学主要是针对人类心理感知层次的因素探讨,将人对事物的感受程度做分析归纳,设法将人的感性信息转换成产品的需求,使产品开发时更能接近使用者的需求。

随着信息化武器装备逐步引入并应用于现代战争,以需求为导向的武器装备开发模式逐渐占据主流。获取武器装备的需求应深入探索武器装备用户的感觉及感受,并注重借鉴工业界指导新产品开发的前沿理论和方法。

2.感性工学的分类

根据其目的与使用手法不同,感性工学可分为3类。

①前向式感性工学A类(前向定性推论式感性工学),也称范畴区分式感性工学,属于定性推论手法之感性工学,与其他感性工学的最大不同在于不使用电脑进行分析,而是以划分层次的方法逐次将人对物的期望转化为设计要素。

②前向式感性工学B类(前向定量推论式感性工学),感性工学方法论中最早诞生之手法。一般来说,人们可以利用形容词语与形容词语所构成的意象空间来表现它的感性。先由形容词语调查人的感性,再通过分析这些数据探索构成意象的设计要素。

③逆向式感性工学：与前向式感性工学不同，属于辅助设计师的设计支援系统，主要用于将设计师的设计方案转化为感性评估，以确定这些评估是否符合设计师意图达成的意象。在实用上有不同的方法，较为理想的系统应为：设计师在CAD系统上绘制构想图，经由图像辨析系统区分出不同的设计要素，再利用感性资料库与感性评价系统，进行该设计方案的感性度诊断。

3. 建立需求语意知识库

需求语意知识库的建立多是基于形容词等体现用户感觉和语意的词汇。强调的是用户对需求的一种感性描述，以描述其感觉为主。建立需求语意知识库的优点是可以在一定程度上规范测试者的表达，便于以后整理和归纳。当然，测试者可以添加自己的感觉或需求。

建立需求语义知识库主要是用于收集用户表达质量需求的语意，了解用户表达质量需求的方式，可以指导用户调查和访谈，避免直接询问用户而导致需求收集不完善或理解偏差。主要通过以下几个渠道：一是从书籍、网络对武器装备的介绍和描述中提取；二是用户访谈，从与用户交谈中提取；三是从设计生产部门对武器装备的说明和设计初衷描述中提取。最后将收集到的意象词汇进行整理，录入需求语意知识库。例如建立某型装备需求语意知识库，见表6－1。

表6－1　某型装备需求语意知识库示例

一次水平	二次水平	三次水平
装备需求语意知识库	机动性强	机动距离远　平均速度高　加速快　制动距离短　……
	打击力强	命中率高　火炮口径大　打击距离远　毁伤程度高　……
	防护好	装甲坚硬　隐蔽性好　规避速度快　烟幕浓度高　……
	通信能力强	转换频段快 可转换频段多　抗干扰强　信道杂音少　……
	易于保障	便于维修　与其他装备匹配程度高　便于装载　接口多　……
	……	……
	可靠性高	故障少　使用时间长　持续作战能力强　……
	操作方便	自动化程度高　操作程序少　简单易懂　不易出错　……
	舒适	轻松的　协调性好　无异味　声音小　颠簸轻　……
	绿色环保	有害气体少　无辐射性材料　污染小　……

语义知识库可以根据需要建立多级，测试者可以通过对语义知识库词汇的选择或添加新词汇来表达自己的感觉和需求。

为了获得完整、全面的用户感性方法的需求，对于用户提出的某一需求，可采用层次递推的方法建立树状的相关图，然后推演求得各个方面的细节。整个过程无须电脑分析，而是利用“为了满足用户的某些需求必须做到的要项有哪些？”的设问方法进行。

（三）建立武器装备及作战对象装备数据库

在获取需求的过程中，用户往往需要了解或明确某型武器装备的功能及各项参数。数据库建立的目的是使用户通过与装备库的交互查询，能够方便获得某型号装备的各项功能和参数的完整认识，能够促进用户顺利表达自己的需求。

1. 建立数据库的方法

装备数据库应包括装备的名称、功能和性能参数。因此，使用类图方法建立装备数据库再合适不过。类图（class diagram）是显示一组类及它们之间关系的图。在图形上，类图是定点和弧的集合。

获得清晰的装备数据库类图，首先应了解什么是类。类是对一组具有相同属性、操作、关系和语义对象的描述。在图形上，把一个类图用一个矩形描述，包括名称、属性和操作，下面分别对其进行说明。

（1）武器装备名称

每个类必须有一个区别于其他类的名称。名称（name）是一个简单的文本串。单独的名称叫作简单名（simple name）；用类所在包的名称作为前缀的类名叫作路径名（path name），如图 6－1 所示。

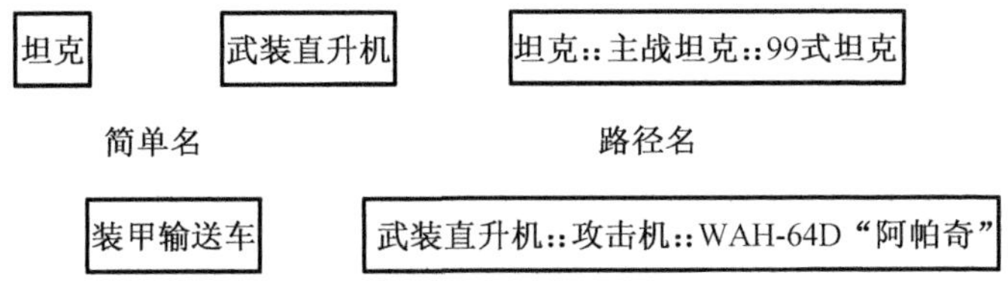

图 6－1　简单名和路径名示例

（2）功能

武器装备的功能可以理解为统一建模语言中的操作（operation），是一个动作的实现，是一个武器装备对象所能做事情的抽象词语，并且它由这个类的所有武器装备对象共享。一个类可以有多个功能，如图 6－2 所示。

（3）性能参数

武器装备的功能参数可以理解为统一建模语言中的属性（attribute），是已被命名的武器装备类的特性，它描述了被建模武器装备的一些特征，这些参数为武器装备类的所有装备对象共有。例如，坦克有平均行驶速度，最大行驶速度、加速度、命中精度、火炮初速等属性。因此,一个属性或参数是对装备类的某个装备对象可能包含的一种数据或抽象状态。在图形上,将属性在类名下面的栏中列出。对于那些与操作相关的属性,为了体现属性与操作的相关性,给这些属性设定一个标识,这个标识此处用操作的首字母表示,如果首字母相同则取前两个字母,以此类推。示例如图 6 –3 所示。

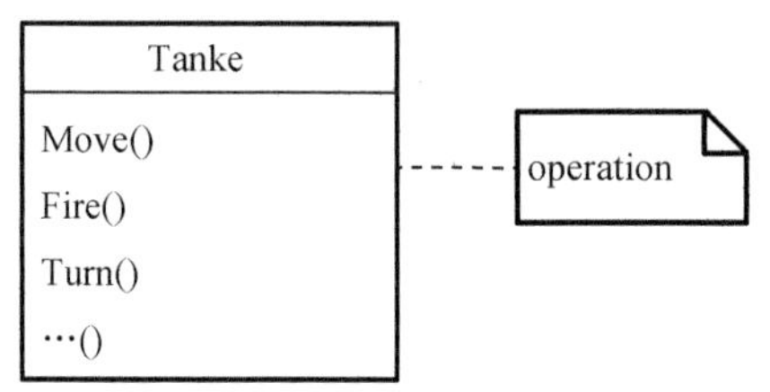

图 6 –2　操作示例

在明确了武器装备类的名称、功能和性能参数后,下一步就可以对装备现状进行类图描述。类图是由超类和子类关联而成,超类和子类都是相对的,一个超类是上一级超类的子类,子类可以是下级子类的超类,超类是具有相同属性和操作的一类子类的抽象,而子类是对超类的继承。

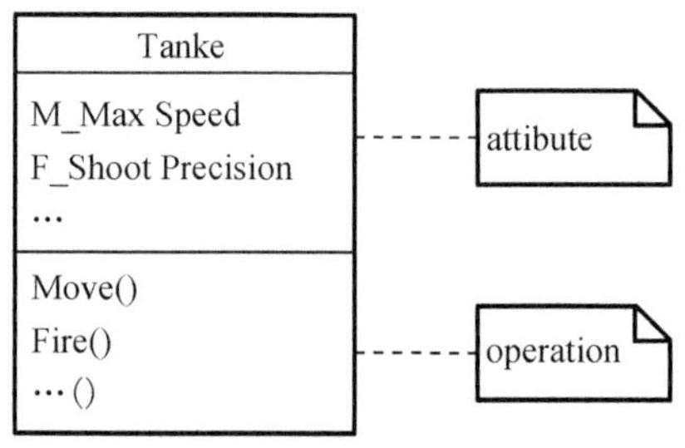

图 6 –3　属性示例

2. 建立数据库

建立武器装备数据库涉及装备非常多,此次以装备为例建立数据库。装备数据库包括了用户所希望了解的关于装备功能和参数等各方面的信息。数据库的内部采用类图的方法进行组织,装备及装备作战对象数据库全景示例图如图 6 –4、图 6 –5 所示。

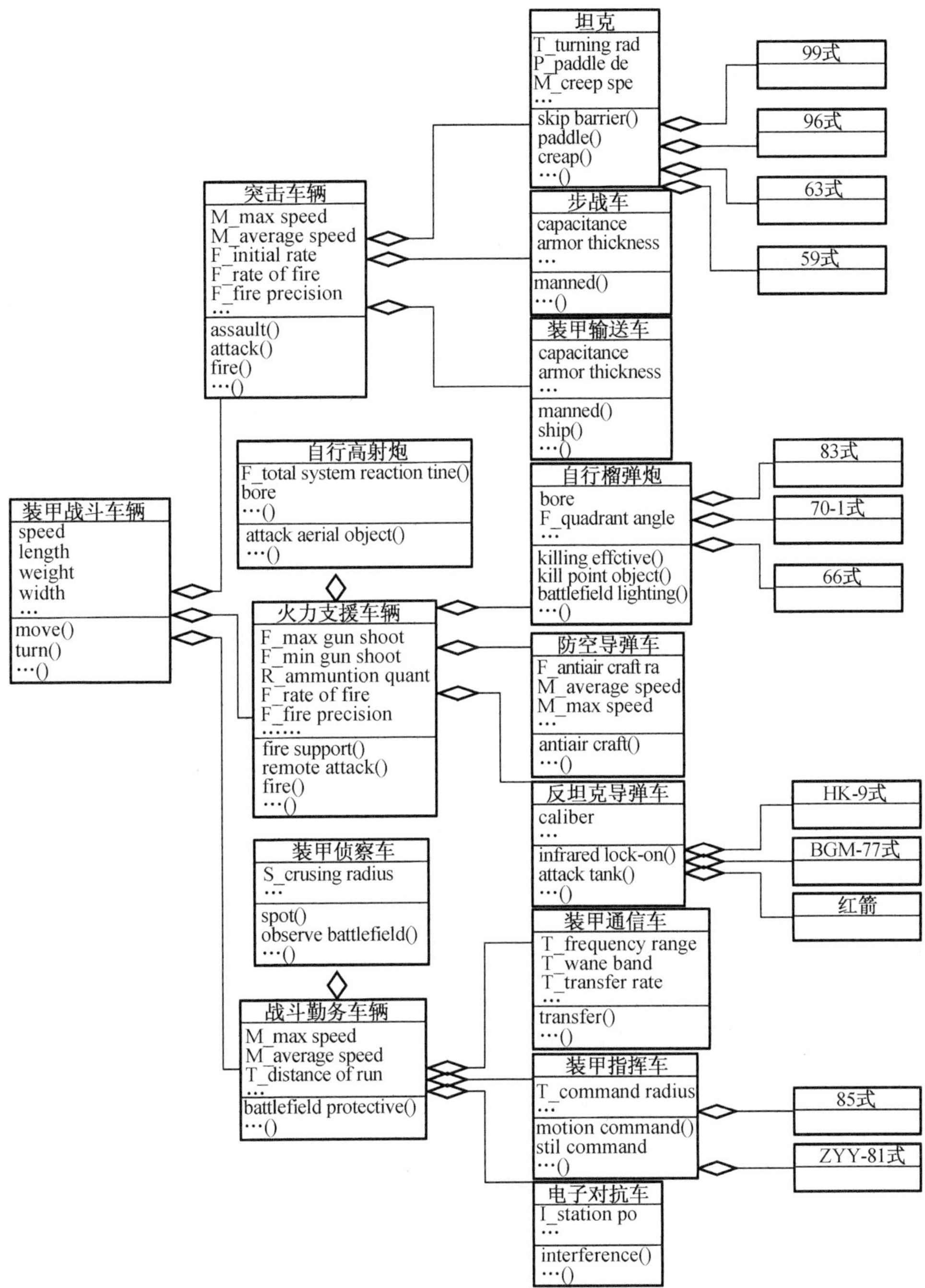

图 6-4　装备数据库全景示例图

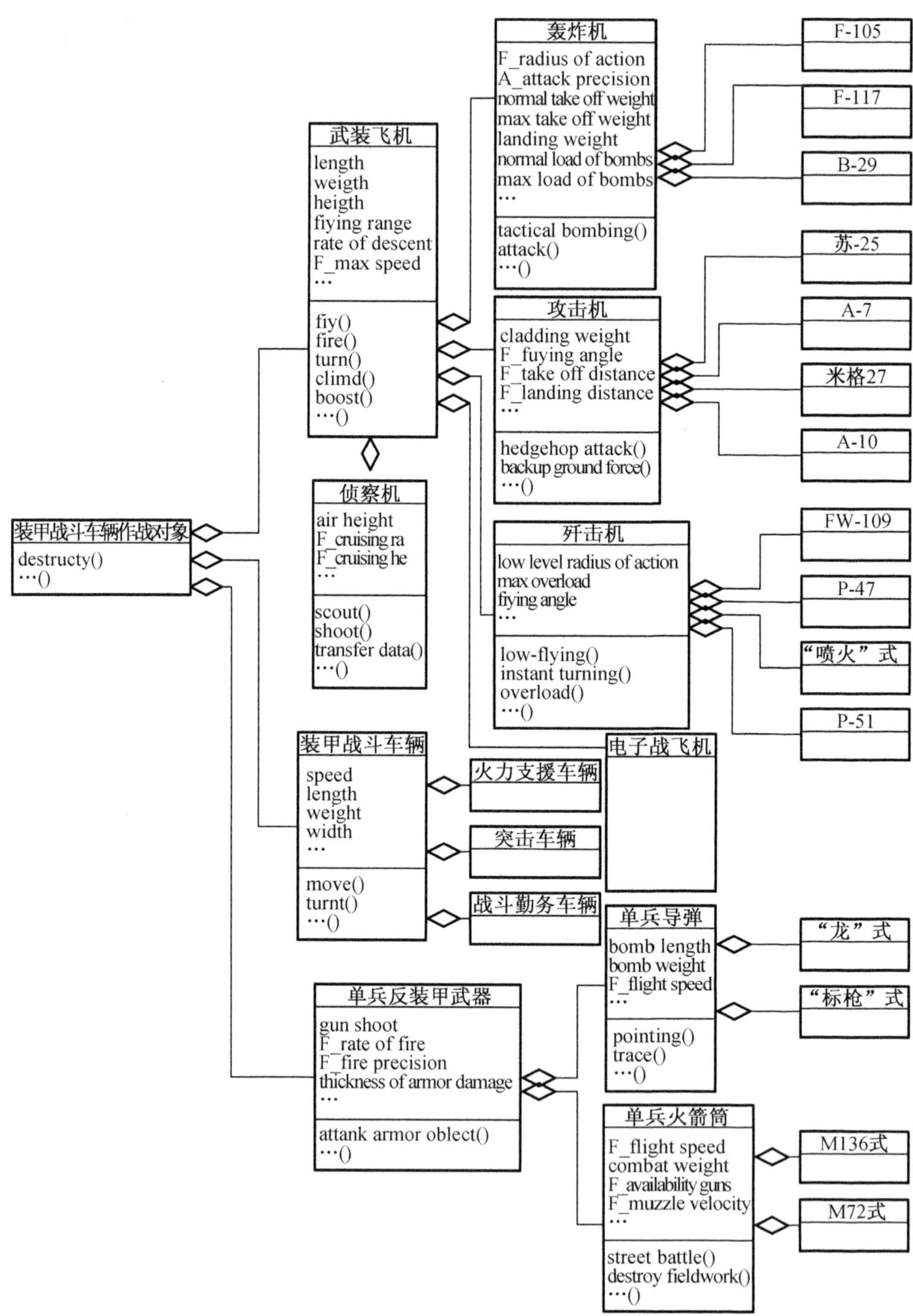

图 6－5　装备作战对象数据库全景示例图

(四)场景建模

场景建模的主要目的是通过一定的背景信号,刺激用户的头脑,利用人脑具有的联想、想象等功能,帮助用户产生需求。

武器装备可能涉及的场景众多,因篇幅限制,这里并不能将所有装备可能遇到的场景全部列出,本节重在研究一种场景建模的方法。以下分别阐述简单场景和复杂场景两种情况阐述场景的建模方法。

1. 简单场景建模

简单场景是武器装备或装备某个系统完成某个事件所发生的动作序列,以及执行某个动作时的效果。

武器装备场景建模包括两种情况,第一种情况是将单个装备看作一个整体或节点,考虑这个点在执行任务过程中可能经历的场景,并对其进行建模,称为简单场景Ⅰ建模。第二种情况是将武器装备看作一个系统的综合,考虑这个综合系统在于用户或其他系统交互的过程中可能经历的场景,并对其进行建模,称为简单场景Ⅱ建模。

(1)用活动图对简单场景Ⅰ建模。一张活动图从本质上说是一个流程图,显示从活动到活动的控制流。当对象在控制流的不同点上从状态到状态移动时,用活动图可对该对象的控制流进行建模。活动图可以单独可视化、详述、构造系统的动态特性,也可以用于控制流建模。活动图强调的是从活动到活动的控制流,最终导致一些动作,从而为用户提供一个可视化的场景模型。以坦克展开—冲击—过障碍—占领敌前沿等动作序列为例,说明利用活动图建立简单场景Ⅰ模型的方法。

【场景1】占领敌前沿

参与执行者:某装甲团1营1连。

装备类型:88B主战坦克。

动作流程:

①连长命令全连展开,并调整队形,保持间距;

②命令全连向敌阵地发起冲击,并不断调整冲击队形;

③全连冲击至敌阵地前沿,连长命令全连,通过打通通道和转移两种方式通过敌障碍;

④经过激烈战斗,占领敌前沿。

建立简单场景模型,如图6-6所示。

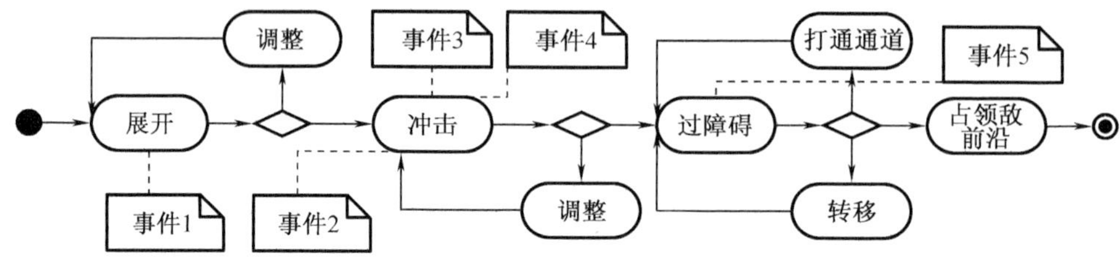

●—活动开始;◉—活动结束。

图6-6 坦克连行动简单场景示例

事件说明:

事件1 在展开过程中,突然遭遇敌方一架F-117轰炸机轰炸,损坏坦克两辆,经抢修,其中一辆恢复作战能力;

事件2 在我军射程之外,遭到敌方火力打击,我坦克连在无地形掩护和无反击能力的条件下加快冲击速度,损失坦克一辆;

事件3 冲击队形较乱,弱化了冲击效果;

事件4 多辆坦克遭到敌方“龙式”单兵反坦克导弹攻击,有一辆坦克重创,其余经抢修继续作战;

事件5 车辆加速慢,过障碍时间偏长,一辆坦克被击中毁伤。

(2)用顺序图对简单场景Ⅱ建模。顺序图强调信号的时间顺序,顺序图有两个维度:垂直方向和水平方向,分别表示时间轴和交互所涉及的对象。对象图标被水平放置在顺序图的顶部,它们之间传递着信号。这样,就向用户提供了控制流随时间推移的可视化轨迹。以下以车长使用目标识别系统说明场景建立的方法。

【场景2】识别目标类型

参与执行者:某坦克营1连1排3车车长。

系统:某主战坦克目标识别系统。

动作流程:

①车长发现不明目标,启动目标识别系统;

②识别系统启动,要求车长输入相关目标信息;

③输入目标信息;

④目标识别系统识别出目标类型并反馈给车长。

绘制目标识别系统顺序图示例模型,如图6-7所示。

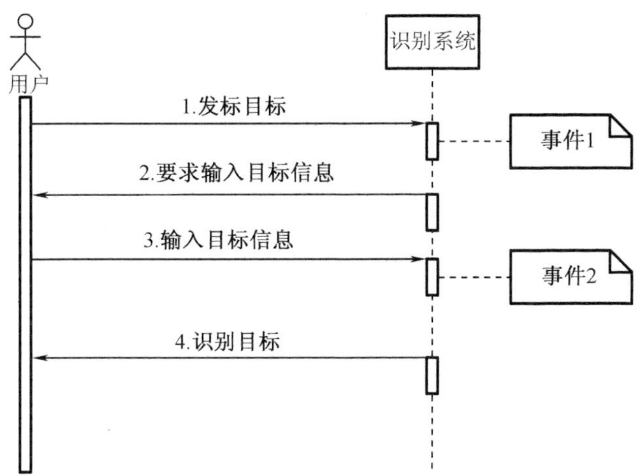

图 6－7　目标识别系统顺序图示例

事件说明：

事件 1　系统一次启动失败，重复启动成功；

事件 2　由于输入信息较多，规定时间内未输入全部信息，延长了目标识别时间。

其中需要指出两点：一是顺序图有生命线。系统生命线是一条垂直的虚线，表示一个系统在一段时间内存在信号交互。二是顺序图有控制焦点，是一个长条状的矩形，表示一个系统执行一个动作所经历的时间段。矩形的顶部表示动作的开始，底部表示动作的结束。

2. 复杂场景建模

复杂场景建模是考虑战场环境在内的武器装备或装备某个系统执行某个事件所发生的动作序列。战场环境瞬息万变，一个战术动作进行到下一个战术动作时战场环境就可能发生很大变化，甚至在一个战术动作之内就发生变化。复杂场景建模是将武器装备的战场环境看作一个多维变量，例如有电磁维（DC）、地形维（DX）和气候维（QH）等，每一个战术动作都在一定的环境下进行，不同的环境对装备的作战行动有不同的影响，如图 6－8 所示。

实际的战场环境不仅是三维，以上为了方便说明，取电磁、地形和气候三个维度为例，不同维度的取值表示不同的电磁、气候和地形环境。用 $ZCHJ$ 表示战场环境综合变量，具体含义表示为

$$ZCHJ \rightarrow (DC, DX, QH, \cdots)$$

式中　DC——电磁环境；

DX——地形环境；

QH——气候环境;

…——其他可能的影响环境。

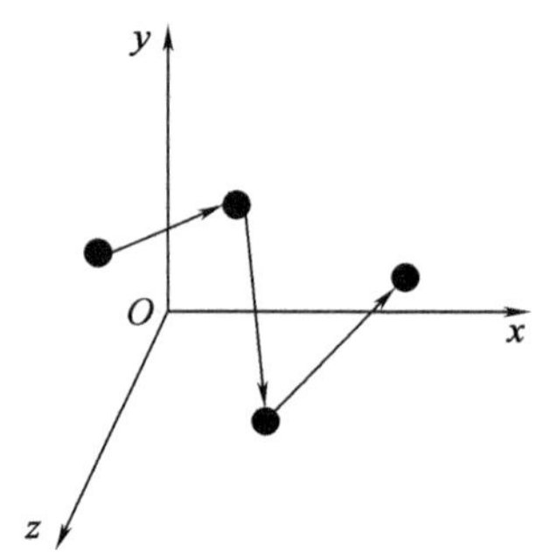

图6-8　多维战场环境影响因素

复杂场景建模是在简单场景建模的基础上,利用泳道表示战场环境,将活动图分解到不同的泳道,不同的泳道表示不同的战场环境。将坦克连占领敌阵地的场景进行扩展,考虑战场环境的影响,复杂场景建模如下。

【场景3】坦克连占领敌阵地

参与执行者:某装甲团1营1连。

装备类型:88B主战坦克。

动作流程:

①连长指挥全连向敌方阵地行军。没有电磁干扰($DC1$),地形为丘陵,便于通行($DX1$),天气晴朗($QH1$)。

②经过一段距离的行军,在适当距离上,连长向全连发送展开命令。遇到简单电磁干扰($DC2$),地形为丘陵,便于通行($DX1$),天气晴朗($QH1$)。

③全连展开,并不断观察战场。此时没有遇到电磁干扰($DC1$),地形起伏较大,给通行带来一定困难($DX2$),天气晴朗($QH1$)。

④全连发起冲击。遇到电磁干扰($DC2$),地形为丘陵,便于通行($DX1$),天气晴朗($QH1$)。

⑤搜索目标。没有电磁干扰($DC1$),地形广阔,便于通行和观察($DX3$),天气转阴($QH2$)。

⑥全连集中火力打击敌阵地目标。遇到电磁干扰($DC2$),地形为丘陵,便于通行($DX1$),天气晴朗($QH1$)。

⑦突入敌方阵地。没有电磁干扰($DC1$),地形为丘陵,便于通行($DX1$),天气晴朗($QH1$)。

⑧消灭残敌。没有电磁干扰($DC1$),地形起伏较大,给通行带来一定困难

（*DX*2），天气晴朗（*QH*1）。

⑨占领敌阵地。没有电磁干扰（*DC*1），地形广阔，便于通行和观察（*DX*3），天气转阴（*QH*2）。

建立复杂场景模型，如图 6－9 所示。

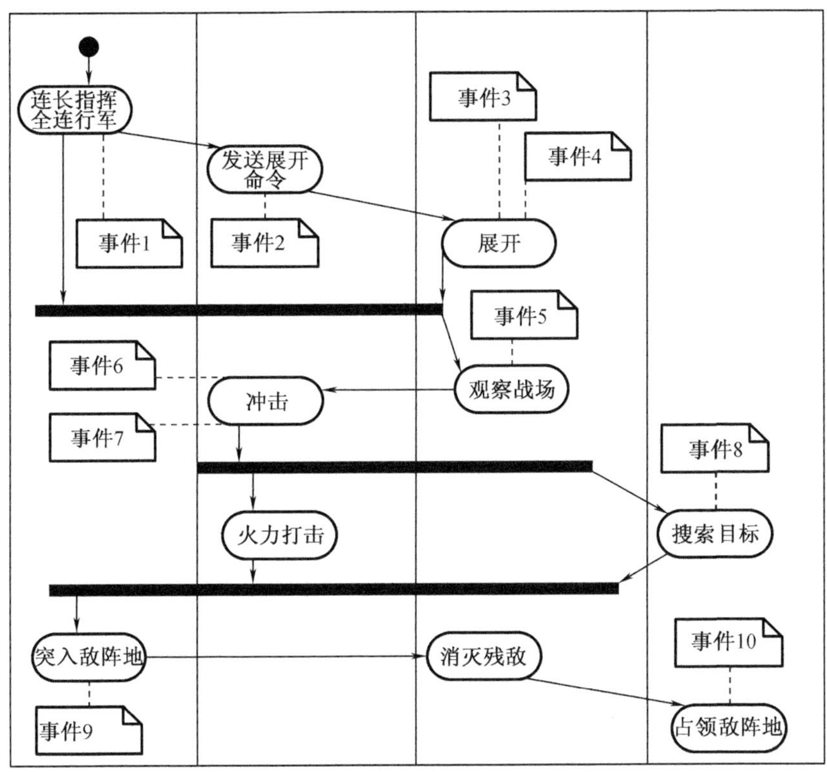

图 6－9　复杂场景模型示例

事件说明：

事件 1　连续行军，先后有三辆坦克出现故障，虽经抢修恢复，但延长了行军时间；

事件 2　察觉到电磁干扰；

事件 3　由于受敌电磁干扰，两辆坦克未及时收到展开命令，致使展开命令下达后一段时间内队形混乱；

事件 4　正在队形混乱之际，突然遭遇敌方一架 F－117 轰炸机轰炸，损坏坦克两辆，经抢修，其中一辆恢复作战能力；

事件 5　发现可疑目标，但无法辨别；

事件6　多辆坦克遭到敌方“龙式”单兵反坦克导弹攻击，有一辆坦克重创，其余经抢修继续作战；

事件7　冲击队形较乱，弱化了冲击效果；

事件8　天气原因，视线模糊，没有搜索到目标，但时常遭不明火力攻击，损失严重；

事件9　遇到较陡斜坡，两辆坦克未通过，以致未到达敌方阵地内部；

事件10　毁伤严重，需要较长的恢复时间，无法继续战斗。

图6－9中根据事件流程中涉及的战场环境，建立了四个泳道的场景模型。经过场景刺激，在用户头脑中会形成一幅幅的作战场景图，从而帮助或启发用户准确地表达需求和表达那些难以表达或表达不清的需求。

3. 使用场景交互获取装备质量需求

使用场景交互获取武器装备需求的过程实际上是一个和用户不断交互的过程，对于场景中的每一个事件，要询问用户是否有新的需求，具体的应用如图6－10所示。

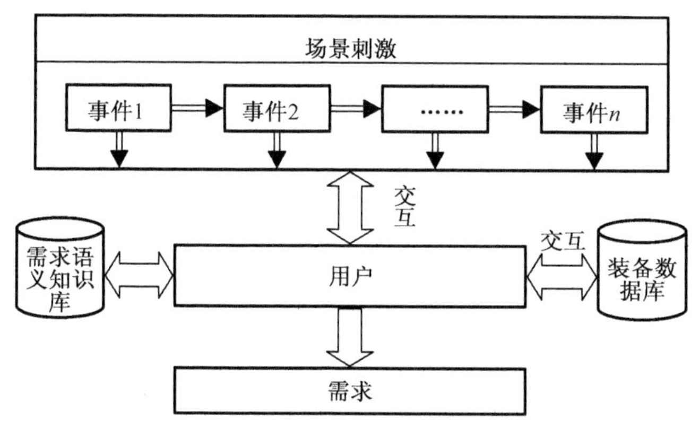

图6－10　使用场景建模获取武器装备需求的过程

在获取用户需求过程中，有效恰当使用场景建模方法提供合适的场景，有助于获得尽量完整的需求信息。有效发挥场景建模的功能，在实际使用过程中必须遵循以下要求。一是要科学设置场景事件，使事件尽可能与实际或未来战场客观情况相符；二是合理确定场景的使用量，场景虽有助于用户产生尽可能完整的需求信息，但并不是使用越多越好，而是要根据具体研究对象、用户可能的接受情况，以及已经获得的需求信息等综合考虑并确定。

第七章　装备需求描述

第一节　装备需求描述的研究动态

一、国外研究动态

长期以来,西方国家一直处于军事需求领域研究的最前沿,开发并运用了众多的需求描述方法和语言,其中运用较多的有以下几种。

(一)IDEF 方法

IDEF 的基本概念是在 20 世纪 70 年代提出的结构化分析方法的基础上发展起来的。IDEF 是 ICAM Definition method 的缩写,后来被称为 integration definition method,简称不变。1981 年美国空军公布的计算机辅助集成制造(ICAM)工程中用了名为"IDEF"的方法。IDEF0 描述系统的功能活动及其联系,其基本内容是结构化分析和设计(SADT)的活动模型方法,是一种结构化图形建模语言,是用来描述特定问题的某个侧面的一种静态表示方法。

IDEF0 具有的主要特点:①全面地描述系统,通过建立模型来理解一个系统。②自顶向下分解。IDEF0 用严格的自顶向下逐层分解的方式来构造模型,使其主要功能在顶层说明,然后分解得到逐层(有明确的细节表示),每个模型在内部是完全一致的。

IDEF0 存在的主要问题:①IDEF0 简单的结点树还不能表示复杂系统的全貌;②IDEF0 本身缺少从全局上对功能分解机制的宏观控制,使得其在进行功能分解过程中随机地加上了各种限制条件;③IDEF0 不能很好地描述系统的动态特性。

(二)基于模板的描述方法

模板是一种特殊的规范化描述形式。基于模板的描述方法需要面向具体应用领域,根据领域的业务内容和需求内容,建立多维的总体需求模板和子需求模板。模板描述可以视为信息系统需求的抽象描述,通过具体系统需求的实例化,可以快速生成规范的信息需求。

基于模板描述方法的特点:一是基本可以覆盖信息系统需求的所有方面,既可表达系统的功能性需求,也可表达系统的非功能性需求,保证最大限度地获得所需的完整信息;二是从需求模板生成需求实例,符合人们从一般到特殊的思维模式,简便实用,不需使用专业化的、形式化的描述工具;三是方便需求的管理。

基于模板描述方法的主要不足:基于模板的需求描述方法需要根据具体领域内的信息需求分类建立复杂的需求模板,需求模板一般为三维或多维结构,信息需求的描述建立在各维度形成的子模板的需求描述的基础上,因此,该方法的应用具有一定的局限性。

(三)UML 方法

UML(United Modeling Language)为统一建模语言,首先是由 G. Booch 和 J. Rumbaugh 把他们各自提出的方法(Booch 方法和 OMT 方法)结合起来,形成一种统一的方法。1995 年 12 月公开发布了第一个版本,即 Unified Method 0.8,同年 Jacobson 加入开发 UML。1996 年 6 月和 12 月先后发布了 UML0.9 和 0.91 版本,从此,改名为统一建模语言 UML。目前最新版本是 UML2.0。

UML 的主要特点:一是独立的过程,UML 是系统建模语言,独立于开发过程;二是 UML 独立于语言和方法学;三是可视化,表示能力强;四是易于掌握使用,UML 图形结构清晰,建模简洁明了,容易掌握使用;五是 UML 是一种可扩展的建模语言,通过不同的扩展来满足不同领域的建模需要。

UML 存在的主要问题:一是许多概念含义不清,使用户感到困惑;二是 UML 的动态语义部分是由自然语言给出的,不利于系统的验证;三是过于庞大和复杂,用户很难全面、熟练地掌握。

此外,UML 建模方法的设计初衷是针对软件开发,对于硬件、软件,以及人工操作混合的军事需求工程仍然存在一定的局限性。

(四)CMMS

任务空间概念模型(Conceptual Models of the Mission Space,CMMS)是美国国防部在建模仿真主计划中提出的。从 1995 年 8 月开始研究,经历了探索、原型构造和最终系统完成等三个阶段,共历时两年零三个月,到 1997 年 11 月系统正式运行。任务空间概念模型规范了与仿真无关的关于真实世界中的过程、实体、环境因素,以及与构成特定使命、行动或任务相关的关系和交互的功能描述,规范的概念模型近似一种“认识标准”。它可以促进领域专家与仿真工程人员之间的沟通与协作,提高仿真模型的正确性、互操作与重用性。因此,CMMS 实际上就成了建模与仿真一致和权威的共同起点及实际标准。

尽管 CMMS 是针对建模仿真提出的,但是它的研究思路和方法可以用于军事需求的描述与建模。根据 CMMS 的思想,可以采用概念模型的方法来进行需求建模。

二、国内研究动态

国内许多学者对武器装备的需求描述与建模进行了深入而广泛的研究,取得了大量的研究成果,提出了实用价值和学术价值都较高的方法。中国科学院的金芝等研究人员在基于领域知识的需求信息获取方法的基础上,提出了基于本体的需求自动获取框架。该框架首先收集领域相关原始资料,其次将原始资料处理成规范格式语句描述集,再次建立结构化的本体集,最后建立统一设计的、面向对象的领域模型。需求框架还有一个重要特点是对于领域描述的可追溯性,正是这种可追溯性使得框架以及由框架实例化得到的具体的需求描述可被方便地验证、修改和完善。但无论内容或形式,均有待于在系统开发实践中提高和改进,同时该描述框架缺乏对需求进行验证及评估需求变更影响的支持。

此外,还有南京大学的 ORASS(Object – oriented Requirements Analysis System)、北京大学的青鸟工程、中国科学院数学研究所的 PROMIS 等。在军事电子信息系统方面,西安电子科技大学于 1996 年承担的“九五”国防科技预言项目“C3I 系统应用软件开发工程化研究”在 2000 年 12 月通过鉴定,为军队指挥自动化系统指挥中心应用软件开发与生产的工程化提供了良好的支撑环境。信息产业部电子第 28 研究所的系统仿真试验平台更是一个功能齐全的软件开发和需求验证环境。此外,国防科技大学、南京理工大学等单位也在军队指挥自动化需求工程方面做出了不少贡献。

以上研究的需求描述技术大都是针对软件为主的信息系统,解决软件需求变化快、难度高、投入大等软件工程问题。而武器装备系统包括硬件、软件和人工操作等各种复杂因素,软件设计与开发只是其中的一个环节,且许多软件功能采用的是现有的技术,通过系统集成融合在系统中。武器装备需求的变化充斥装备生命周期的始终,需求描述应当采取动态机制来适应这种变化,并努力减少变化带来的设计变更,增加武器装备需求的重用性,满足装备需求的可变性,减少武器装备需求描述的模糊性,因此考虑问题的出发点,不能从软件工程的角度看待问题,而应从整个系统工程的角度出发。

第二节　装备需求描述相关概念

一、装备使命需求

装备使命需求是军方战略决策层针对一定时期内环境的变化提出的，且研制方在一定条件下能够实现，与现有装备不同的待研制装备在全寿命周期内不变的顶层任务目标。

二、装备任务需求

装备任务需求是指装备使命需求确定后，根据运用方式和使用特点，提出其在未来作战中的主要任务，是装备的具体任务。

三、装备功能与非功能需求的定义

装备功能需求充分描述了装备所应具有的外部行为，定义了开发设计人员必须实现的装备功能，使得用户能完成他们的任务，从而满足使命需求和任务需求。

装备非功能需求与功能需求相对应，描述了装备展现给用户的行为和执行的操作等，是指那些除了功能以外的装备的属性和特性，包括性能要求、可用性、可靠性、维修性等。

四、装备性能指标需求的定义

装备性能指标需求是指在可行范围内通过提高装备的性能指标，达到实现该装备功能，以满足作战使命需要、完成任务目标的目的，这些性能指标在原有基础上提高的幅度是装备性能指标需求。

五、装备需求空间

设非空集合 $X=\{x_1, x_2, \cdots, x_n\}$ 为装备的作战使命任务需求集，非空集合 $Y=\{y_1, y_2, \cdots, y_n\}$ 为装备执行使命或任务时所处的环境集，非空集合 $Z=\{z_1, z_2, \cdots, z_n\}$ 为装备的功能需求、性能需求的集合。如果对于 $\forall(x, y)$，$x\in X$ 且

$y \in Y$,都有一个或多个 $z \in Z$ 与之相对应,把 X、Y 和 Z 构成的三元组(X,Y,Z)称为装备的一个需求空间。

为便于理解,现把需求空间映射到三维欧几里得空间,如图 7－1 所示,若设 X 轴上任一点表示一项使命任务需求,Y 轴上任一点表示一个环境,Z 轴上任一点表示一组功能和性能需求,则平面 XOY 中的直线 x_1 上的离散点表示在不同的环境(战场环境和自然环境)中武器装备会执行同样的使命任务,直线 y_1 上的离散点表示在一定的环境中武器装备会执行一个或多个使命任务,直线 z_1 上的五个离散点表示在给定的环境中执行赋予的使命任务时,装备的五组功能和性能需求。

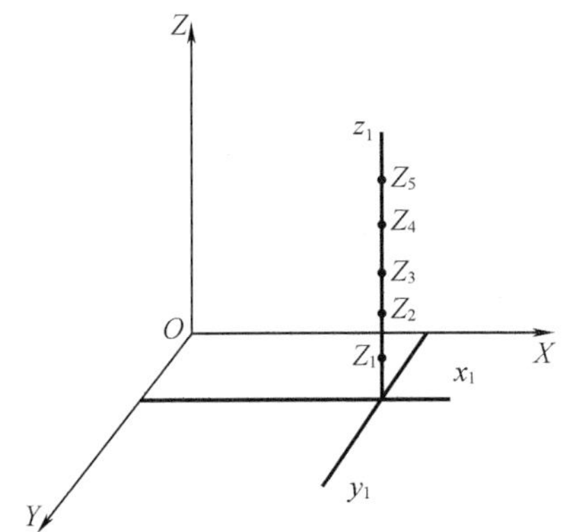

图 7－1　需求空间在三维欧几里得空间的映射

六、装备需求空间概念模型

需求空间概念模型是表示装备的环境、使命需求、任务需求、功能需求和性能需求的语言符号或图形系统,是指运用语言、符号或图形等形式,对一组特定装备需求进行相关的抽象描述。

由定义不难看出,装备需求空间概念模型可以将装备需求映射为易交流、可重用,可视而规范的语言符号或图形。

七、装备需求描述

规范化描述,就是运用一种语义明确、规范易懂、简洁实用的军事语言,指导军事人员如何去描述军事行动或军事概念,从而将军事行动或军事概念表述成装备或系统分析设计人员容易理解的表达形式,使军事人员与技术人员在此基础上对军事概念理解达成一致。

装备需求描述是将装备需求变换表达为语义明确、语法规范的语言符号或图形。

装备需求的结构化描述是将装备需求变换表达为不仅要语义明确、语法规范,而且还需使用统一标准、结构清晰的语言符号或图形。

装备需求描述模式是一系列需求描述语言、方法和图形的集合。

装备需求描述模板是一个模式预定的需求规格说明书容器,可为编写装备需求规格说明书提供框架。

第三节　装备需求描述方法

一、需求空间概念模型

(一)装备需求空间概念模型描述框架

需求空间概念模型是为了某个应用目的,运用语言、符号和图形等形式,对真实世界系统信息进行的抽象和简化。需求空间概念模型作为对真实世界的第一次抽象,是真实世界与系统开发世界之间的一个桥梁,是构建后续模型的基本参照物。Furman Haddix 曾经指出:“概念模型就是把建模需求转化成详细细节设计框架,是需求的详细说明。”Dale K. Pace 也在 *Simulation Conceptual Model Development* 中指出:“概念模型是需求的最终定义。”装备需求描述应该具有准确性和一致性,不存在二义性,而且表达应清晰、直观、易读和易于修改。可以看出,需求空间概念模型能够准确表达装备需求,并为用户提供详细、准确的形式化需求描述,完全符合装备论证人员对需求描述的要求。因此,用需求空间概念模型描述装备的需求是一个很好的选择。

需求空间概念模型描述需求就是利用规定的抽象机制对需求文档收集的数据进行分类组织,形成实体或对象、实体的属性,确定实体之间的关系。在武器装备型号论证的初始阶段,论证人员经常通过描述新型武器装备的概念模型以谋求对新型武器装备概念系统的全面、准确定义。

装备需求空间概念模型包含了四个层次:(1)装备使命需求描述模型;(2)装备任务描述模型;(3)装备功能、非功能需求描述模型;(4)装备性能指标需求描述模型。装备需求空间概念模型描述框架如图 7－2 所示。

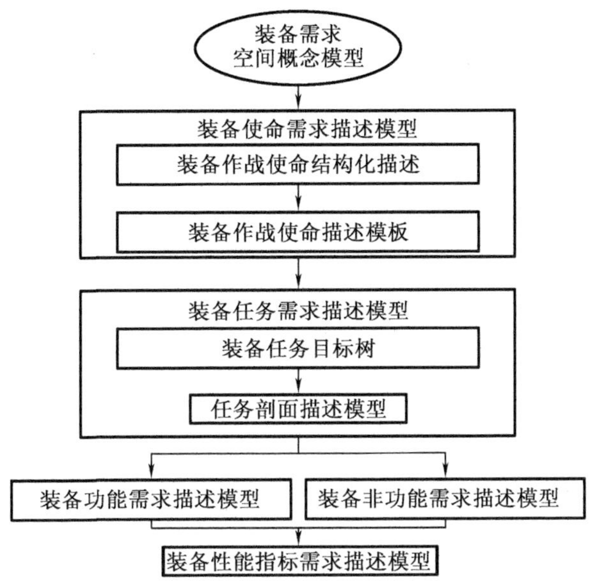

图 7-2 装备需求空间概念模型描述框架

1. 装备使命需求描述模块

装备使命需求描述模块主要通过结构化描述和构造使命描述模板的形式进行描述。

结构化描述是根据装备使命需求的结构特征，以自然语言的形式将其描述成语义明确、语法规范而且标准统一、结构清晰的结构语句。

使命描述模板是描述要素、描述标准和描述规范的复合体，从使命需求描述的形式、内容两个方面给出需求描述的规范，从而提高需求的可读性、可用性。本章主要采用系统建模语言（SysML）提供的块图建立使命需求描述模板。

2. 装备任务需求描述模块

“武器装备的发展都是面向未来可能发生的战争及具体的作战任务。这种任务通常统称为作战使用任务。”这里的任务是指装备具体的作战使用任务，本节将通过构建任务目标树和任务剖面的形式建立装备任务需求描述模块。

任务目标是指对装备遂行特定的作战使用任务所要达到的目标和标准的定性描述，或是想要获得的作战使用效果。新型装备在未来战争中一般具有多元或多重任务目标，这不可避免地增加了纯文本描述任务目标的难度。根据任务目标的特点，本节采用建立任务目标树的形式描述装备的任务目标。

任务剖面是武器系统在完成规定任务时间内所经历的事件和环境的时序描述。其中包括任务成功或致命故障的判断准则。根据未来战场环境及装备的特点，本书采用 SysML 的时间图和活动图加数据表格的形式建立装备的任务剖面描述模型。

3. 装备功能需求描述模块

所谓功能描述就是对装备的功能及功能间的各种关系等所有方面做出系统性的描述。确定装备功能的主要目的是从功能的角度建立对装备的各项要求，以及各个功能之间的相互联系。

装备是一个复杂的作战实体，是一个由软硬件共同组成的作战系统。采用目前流行的方法或语言，不能完全表达出装备这一复杂实体的本质功能和特性。为此，根据装备型号需求的特点，本书采用专门为解决这类问题开发的 SysML 的需求图建立装备的功能需求描述模块。

利用 SysML 需求图建立装备功能需求描述模块时，在建立总功能需求描述模型的基础上，还需建立其需求子图，包括总功能需求描述模型、子功能需求描述模型、功能需求关系接口模型、功能需求实现接口模型和需求验证接口模型。

4. 装备非功能需求及性能指标需求描述模块

非功能需求是用户提出的对装备功能需求以外的需求。它包括装备必须遵从的标准、规范、合约等具体细节、性能要求、设计或实现的约束条件及质量属性。所谓约束指开发人员在装备设计和构造上的限制。质量属性是通过多种角度如可靠性、可用性等，对装备的特点进行描述，从而反映其功能。根据以上特点本书采用系统建模语言提供的 SysML Profile 和参数图建立功能需求描述模块。使用 SysML Profile 建立非功能标准、规范和性能要求等描述模型，使用参数图建立对非功能的约束条件和质量属性等描述模型。

性能指标需求描述是在功能需求及非功能需求描述之后进行的，性能指标需求描述的主要内容包括性能指标需求要求、目标和改善性能的主要因素等，根据性能指标需求的特点这里采用与非功能需求描述相同的方法 SysML Profile 建立性能指标需求描述模块。

以上是装备需求空间概念模型包含的主要模块，本节主要依据此建立装备需求描述的方法——需求空间概念模型描述方法。此外根据装备需求的特点，其有效的需求空间概念模型需要具备以下几个特征：

一是独立性。装备需求概念模型应独立于仿真实现，不应考虑装备设计与实现的问题。概念模型描述所需求的装备的特征必须有别于其他武器系统的特征。

二是准确性。概念模型的描述必须含义明确、用语准确，避免模棱两可的描述。在语言和工具的运用上要力求规范标准并具有丰富的语义。

三是抽象性。只抽取关于问题的本质方面，尽量减少冗余，尽可能构造简单的模型块，以应付不同复杂程度和规模的描述。

四是追踪性。构成的概念模型要支持横向交叉索引,并能够与设计或实现等建立关联。

(二)构造装备需求空间概念模型的步骤

建立需求空间概念模型,从大的方面来讲可以分成三个阶段:形成概念、绘制概念和完善模型。

1. 形成概念

形成概念的过程也就是从需求中发现和收集概念的过程。装备需求空间概念模型的建立需要对问题领域进行概念抽象,就是对新型装备在未来战争中的活动、行为和功能等问题进行分类描述、理解和概括。

分类描述是认识新型装备系统的首要问题。分类的目的在于把复杂的问题简单化,为认识新型装备的作战使用问题提供方便。要建立一个新型装备需求空间概念模型,就需要根据该装备的作战使命和在未来战争中的作战任务,将其作战过程中的活动、行为和功能(诸如机动、射击、防护等)进行描述,必要时还可以将上述活动或功能进行进一步的分类描述。作战任务是分类描述的主要对象,因为功能、性能等分类描述都是在此基础上进行的。此外还有战场环境等,环境的分类描述是因为任何武器装备都处在某个特定的战场环境中,而环境对新型武器装备作战使用的影响是多方面的,只有进行环境分类才可能得知不同的环境因素对武器装备产生什么样的影响。

对于新型装备的作战使命和作战任务的分类描述方法将在后面的章节详细论述,本节不再过多阐述。

理解是某个类型定义的组成部分。它抽象了内部类型和组成之间的语义,是认识需求概念的高级阶段。理解就是要明白、明晰、明辨、明确所要研究的问题,就是从本质上掌握需求,深刻地了解需求的各个不同的概念,最终掌握问题的核心和关键。

概括是定义属性关系,需综合考虑问题的各个要素。一个问题的各个要素之间总是有这样或那样的关系,概括的目的就是发掘问题中的各种关系,以及建立在这些关系上的相互影响与相互作用。

2. 绘制概念

在抽象出新型装备使命需求、任务需求、功能和非功能需求及性能需求的概念后,用一定的语言或工具进行概念的描述。本节采用 SysML 建立的概念模型,该语言采用视图和文字相结合的表达方式,通俗易懂,便于交流沟通。SysML 有丰富的建模元素和动态与静态建模机制,着眼一些影响重大的问题,总体上简明扼要,内部功能较全;SysML 语言在概念模型和可执行体之间建立起明显的对应关系,便于概念模型和计算机实现模型在构建思想上一体化。

绘制概念的过程是一个反复的过程,不是一蹴而就的事,要经过初步描述、修改、再描述和再修改的循环过程,直到概念的最终描述,具体过程如图 7 - 3 所示。

图 7 - 3　绘制概念的过程

3. 完善模型

成功的概念描述,对于装备需求空间概念模型的建立起着重要作用。但绘制的详细概念还不是最终的概念模型,需要为其各种图形根据图形类别添加不同的关系和属性,也就是完善模型。

SysML 不同的图模型拥有不同的关系,例如为由 SysML 块图建立的描述模块添加包括以下几种关系:关联关系表示两个概念之间的双向关系,用于传递消息;聚合关系是一种更强的关联关系形式,有整体与部分的关系;组合关系是更强形式的聚合关系;泛化关系表示一个概念是另一个概念的子概念,子类拥有父类所有的属性和功能;特化关系是一种超泛化关系,子类扩展了父类的功能,引入了新的概念和新的属性。

属性用于记录概念的内容和状态,说明概念的性质,内容包括名称——通常是概念的名字或编号;数据类型——为便于计算机处理与程序设计语言的数据类型一致;注释——解释说明属性。

完善的模型描述模块确定出了模型目标、模型规范、模型要素和模型制约等,至此装备需求空间概念模型才算最终形成。

二、作战使命需求描述

(一)装备作战使命结构化描述

作战使命通常是指承担或奉行重大作战任务中的一种职责,是依据特定目的而实施的一系列任务组合和过程。

当前,对于装备作战使命的描述,大多数都是使用自然语言,它虽然有很多缺点,但在大多数军事需求论证中仍是编写需求文档最现实的方法。为准确、清楚地描述装备的作战使命,促进作战使命描述的标准化、规范化,本节尝试使用结构化的自然语言对其进行描述,并用图形化模板对作战使命进行辅助说明。

使用一致的结构化自然语言描述不同类型的作战使命,是使命任务描述标准化的一种实用方法,既增加了作战使命的可读性,同时又保持了描述的严密性。所谓的结构化自然语言描述就是指不同层次、不同类型的装备作战使命,采用特定的关键词和句式结构进行描述。例如,在描述某新型坦克的作战使命——"突击敌防御阵地"时,采用关键词"突击",采用"在[ ]条件下,突击[对象]"式的状语加谓宾句式结构。应用该结构描述的需求具有很好的可读性和可理解性。又比如某履带式步兵战车的作战使命之一——"步兵战车的车载武器应能对付敌武装直升机的威胁,并能辅助防空武器形成较强的防空火力"时,采用"[对象]应能[动作],并能[动作]"式的句式结构。

(二)装备作战使命描述模板

装备的作战使命不是唯一的,是由一系列的使命组成的一个使命体系,这里采用面向对象的方法建立这类描述模板,用 SysML 的块定义图进行描述。

首先应了解什么是块。SysML 块是以 UML 的类为基础,并扩展了 UML 复合结构的一些特征。块图是提供了一种用树状模型构件进行系统建模的机制,这种特殊的构件类型、构件连接的类型,以及构件组合成整个系统的方式,使得建模者可以根据系统建模的不同需求和目标进行灵活选择。SysML 块需保证在系统描述与设计的所有阶段都能够使用,并能应用于许多不同类型的系统中。SysML 块定义图(Block Definition Diagram, bdd)定义了块的特征及块之间的关系,如关联(association)、泛化(generalization)、依赖(dependency)等。它从属性、操作、关系等方面对块进行了定义,描述了系统的层次和分类树。块的属性包括属性值、各组成部分,以及对其他块的参考等。SysML 块是有着相同结构、行为和关系的一组对象的描述组合,如图 7-4 所示。在图形上,把一个块图用一个矩形描述,里面包括名称、属性和操作,下面分别对其进行说明。

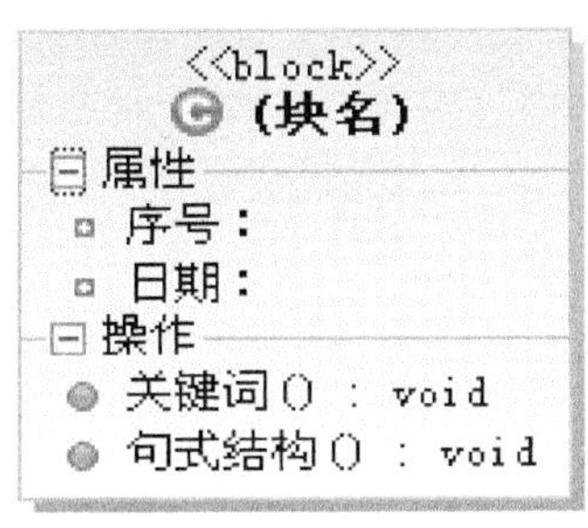

图 7-4　块示例图

1. 作战使命需求名称

每个块必须有一个区别于其他块的名称。名称是一个简单的文本串。单独的名称叫作简单名,用块所在包的名称作为前缀的块名叫作路径名,如图 7-5 所示。

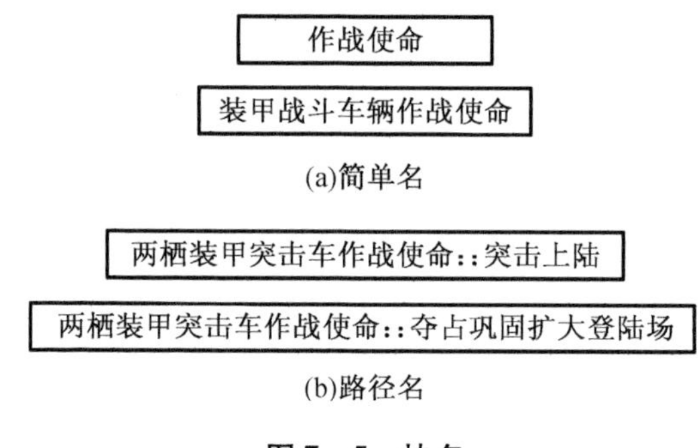

图 7-5　块名

2. 描述模板说明

描述模板说明描述了建立作战使命需求模板的特性,包括需求编号、编写日期、编写者等,说明了该模板与其他模板相区别的基本性质,相当类中的属性。在图形上,将模板说明在需求名下面的栏中列出,如图 7-6 所示。

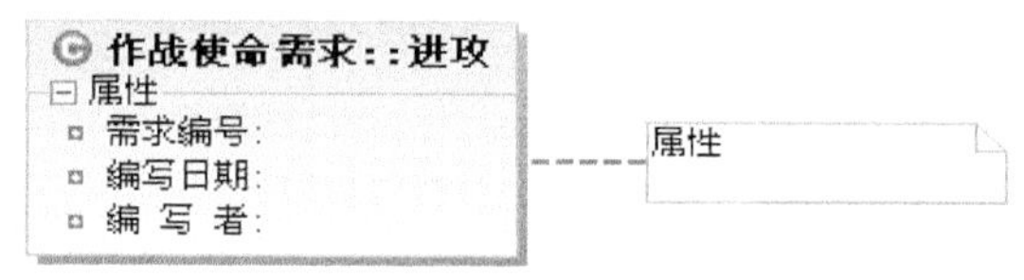

图 7-6　描述模板说明实例

3. 描述结构

作战使命描述结构可以理解为 SysML 系统建模语言块中的操作,是描述语法和句式结构的实现,是对作战使命需求描述语法和句式的抽象表达,并且它由这种块的所有作战使命需求描述对象共享。一种作战使命需求描述块有其特定的描述结构,在图形上,将描述结构在模板说明下面的栏中列出,如图 7-7 所示。

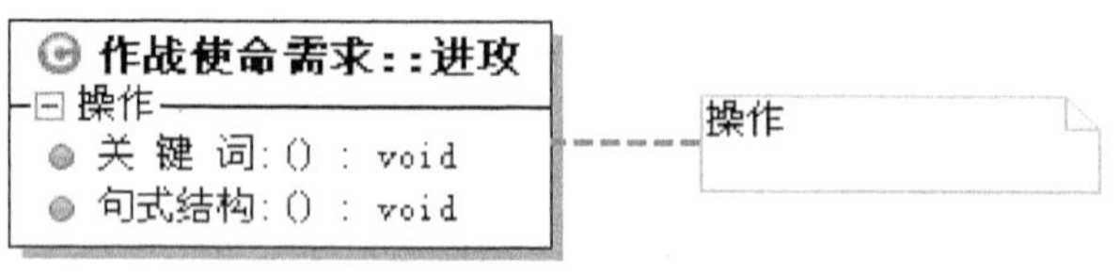

图 7-7　描述结构示例说明

在明确了描述模板的组成后,就可以建立作战使命描述模板,对作战使命进行 SysML 的块描述。首先,根据作战使命内容和需求模板描述规范其共同具备的属性,将其进行封装,建立模板父块。再进一步分析各块自身描述的特性,根据模板父块演化出各个模板子块。顶层需求描述模板、子需求描述模板,以及它们之间的关系通过块模型的结构和块层次反映。块图由不同类型的块关联而成,父和子都是相对的,一个父块可以是其上一级父块的子块,子块也可以是下级子块的父块,子块是对父块的继承。图 7－8 所示就是一个简单作战使命描述模板。

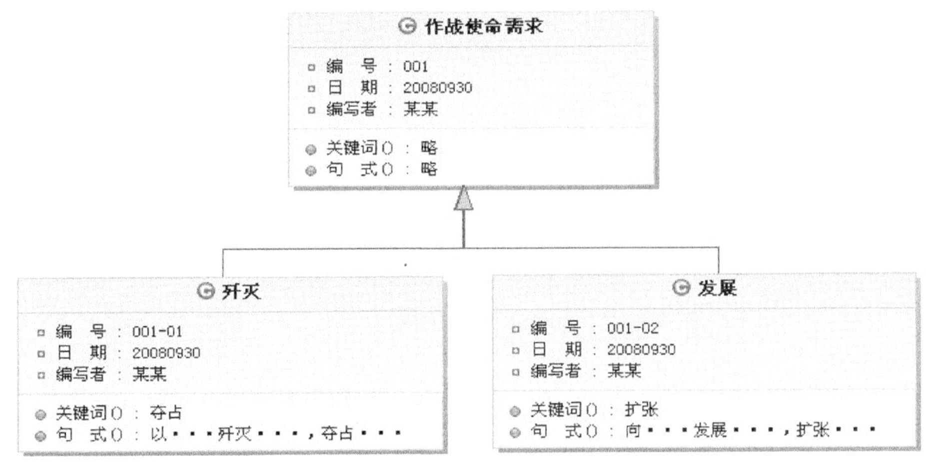

图 7－8　装备作战使命需求描述示例

三、作战任务需求描述

(一)装备任务目标树

装备的任务目标是由一个总目标和从属于总目标的一个或多个子目标组成时,各个目标可按序列划分为低一层的子目标,各个子目标又可再进一步分解,直到能用一个或某几个准则来加以衡量为止。任务目标树是以树状结构方式描述任务目标,可以反映其各目标之间的关系。有了任务目标树,可以根据树的结构分层展开需求,利用不同的分支得出不同内容的需求。

装备任务目标之间往往存在某种联系,即有的任务目标之间可能相互支持,有的可能相互制约。尤其是相互制约的任务目标,会导致系统需求的矛盾。要求系统完成的任务目标越多,系统需求就越复杂,实现难度也就越大。所以在描述任务目标时,要遵循以下原则:(1)精简任务目标个数。在满足装备作战使用任务需求的前提下,应尽量减少任务目标个数。如把相似的任务目标归为一类,删除一些非必要的任务目标。(2)划分准则时按序列所属不同类别,各类准则间不直接发生相互关系。(3)通过描述实现各项任务目标的优先次序。排序的前提是不影响完整、准确地描述系统的任务目标需求。可以把全部任务目标分成两大类:“必须实现”和“希望实现”,然后在各类任务目标中,按不同的准则进行划分。(4)最后一层应是最基本的任务目标。

任务目标树示例图如7-9所示。图中所示,根据现有装备普遍存在越野机动性能差的问题状况,提出“适应未来要求的越野机动”为装备的该项任务目标,任意装备都可以通过树结构的形式准确、清晰、完整地表达出来,并且便于对任务目标的管理和修改。

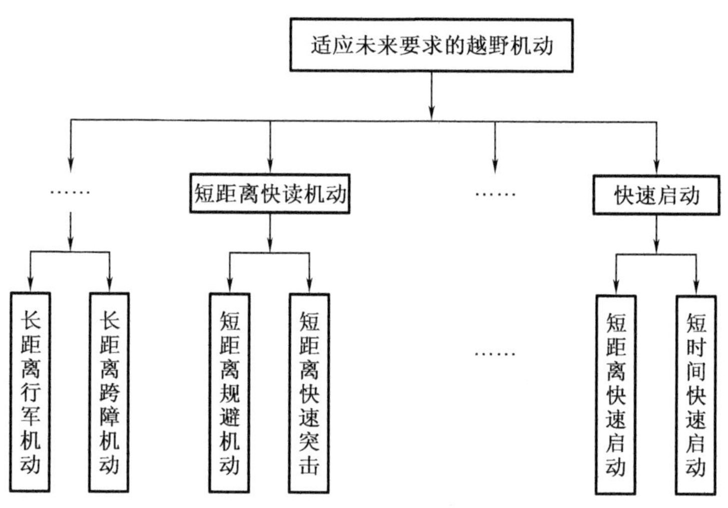

图7-9 任务目标树描述示例

(二)装备任务剖面描述

在确定了装备的任务目标之后,需求论证人员就可以全面描述它的作战任务,建立任务剖面。所谓的剖面是指对所产生的事件、过程、状态、功能及所处环境的描述。根据未来战场环境及装备的特点,装备的任务剖面一般应包括以下几点:一是装备的作战任务;二是完成作战任务的时间与顺序;三是装备所处的环境时间与顺序。根据这些特点,本书采用SysML的时间图、活动图与数据表格描述装备的任务剖面。

1. 时间图(Time Diagram)

时间图表示状态、活动或属性值(离散的或连续的)随时间发生的变化,也可以表示事件的时间顺序或表达式为真的时间。时间图是一个二维图,横轴代表时间,纵轴代表状态、活动或属性。SysML 时间图重用了 UML 时间图。

装备作战使用任务一般也是按时间划分为不同阶段,时间图的横轴代表完成该项作战使用任务的时间,纵轴代表工作阶段或装备所处的状态。基于时间图的环境剖面描述装备在作战过程中要经历的环境过程,环境包括自然环境、战场环境及人文环境,其中自然环境包括地理、地形、水文、天象、气候等,战场环境包括电磁环境、对抗强度等,人文环境包括民族、文化、人员构成等。图 7－10 所示为某季节内基于时间图的某两栖坦克登陆作战的环境剖面。

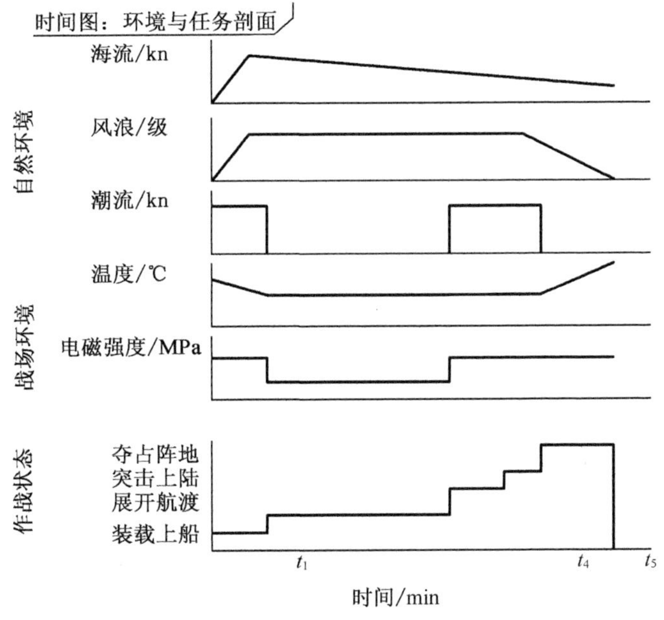

图 7－10　两栖坦克登陆作战的环境与任务剖面

图 7－10 描述了某两栖坦克在登陆作战的各个阶段中所对应的自然环境和战场环境中的电磁环境,图中把自然环境分为海流、风浪、潮流和温度,在实际运用的过程中,还应该更具体和细致地描述自然环境和战场环境,例如在登陆作战中对自然环境的描述应包含对水文和岸滩沙质等详细的描述,这里不再过多论述。

2. 活动图(Activity Diagram)

SysML 中的活动图和系统工程领域中常用的增强功能流块图 EFFBD 类似,

都是强调活动的输入输出、顺序和条件。SysML 活动图是对 UML 的活动图进行的扩展，包括把控制作为数据、表示连续的物质流或能量流、引入概率等。活动图内部典型图形表示，见表 7－1。

表 7－1　活动图内部典型图形表示

节点名称	图形构造	说明
初始节点		一个控制节点，指明活动被调用时从哪里开始执行，只有一个输出节点
活动结束节点		一个控制节点，强制终止活动中的所有流及活动的执行
分离节点		把一个单一的输入复制到多个并发的输出上，表示活动同时进行
结合节点		同步多个输入控制流，表示多个活动结束后同时进行下一个活动
判断节点		活动控制点，将控制或者数据传递给几个输出中的一个，支持概率选择
合并节点		有两个或多个输入流，任何一个输入上出现令牌，就会立即拷贝到输出上

一个 SysML 的活动图从本质上说就是一个带有数据流和数值参数的流程图，强调的是随着时间的前进而最大可能发生的活动，但与传统的流程图不同的是，活动图能够展现和控制分支，同时 SysML 在活动中引入了概率，用来表示一个动作离开决策点的可能性，输出参数集也可以用概率表示某个输出的可能性。同时，活动图不仅可以单独用来可视化、详述、构造文档对象的控制流，还可以用于对一个操作的控制流建模。正是基于以上原因，它比传统的流程图更适合用来建立装备的任务剖面。

下面以图 7－11 和表 7－2 为例，描述建立基于活动图的任务剖面的过程。首先描述任务的主要执行路径，也就是任务的主干线。描述任务的主要执行路径时，要根据装备作战使用任务分析的结果，按时间或执行任务的顺序逐阶段描述。各个阶段的任务，相当于活动图的活动。其次，同时进行的不同任务要进行分叉，如组织警戒和伪装、构筑工事。分叉的任务必须是同时开始或者是同一阶段的阶段性任务。另外，在任务完成的最后阶段，要注意任务的合并，也就是说，最后时间段或阶段结束的任务都要圆满完成，才能结束整个任务。最后，各阶段任务在必要时要进行控制和选择。控制与选择的图标是菱形，为便于分析，图7－11并没有给出控制与选择的分任务。

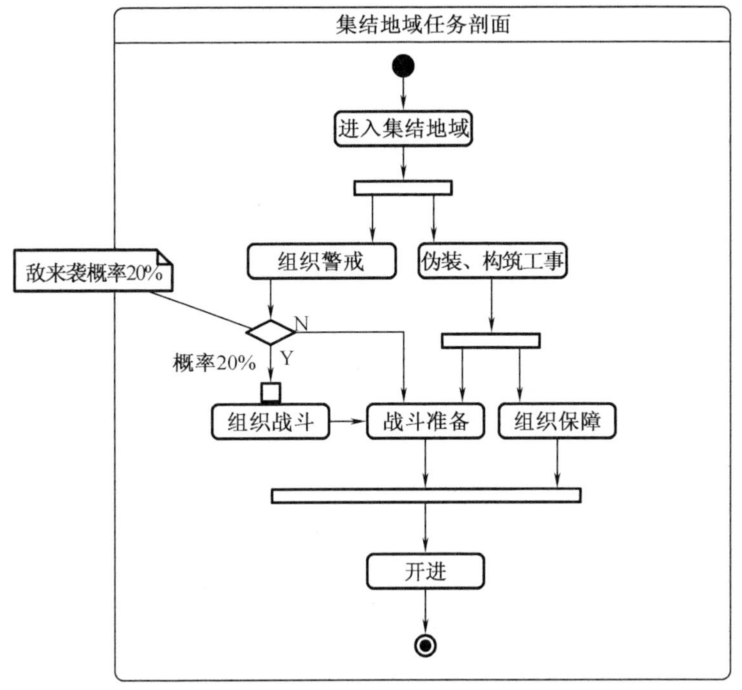

图7－11　装备集结地域任务剖面

3. 数据表格

建立装备集结地域任务剖面的参考数据表，见表7－2。装备任务剖面的参考数据表一般包括事件、主要任务内容、任务时间、运行距离、任务要求和备注等。事件是各个阶段的任务名称，一般按时间顺序进行排列，并用序号表明该事件是哪个阶段；主要任务内容是各个阶段要完成的具体任务；任务时间是在规定的时间段内完成该阶段任务所要花费的时间；运行距离是完成该阶段任务车辆要行进的距离；任务要求是完成该阶段任务对装备的车辆状况、弹药准备及使用人员等提出的具体要求；备注是标注各个阶段任务的不同需要、阵地、战斗类型等的变化。表中的主要内容没有完全给出，其要根据具体任务而定，这里不再过多说明。

表 7-2　装备集结地域任务剖面的参考数据表

序号	事件	主要任务内容	任务时间	运行距离	任务要求	备注
1	进入集结地域	行军	……	……	……	……
2	伪装、构筑工事	构筑隐蔽工事	……	……	……	……
	组织警戒	侦察、防御敌偷袭	……	……	……	……
3	战斗准备	车辆检查	……	……	……	……
4	向战区开进展开	行军	……	……	……	……
说明						

需要进一步明确的是，任务剖面是要说明装备的：(1)功能状况——装备为完成任务必须具有的功能或使用状态。(2)环境条件——对系统使用或生存(包括使用、维修、保养等)有影响的环境条件，如作战地区的温度、地形条件、冲击、加速、战场强度等。

基于 SysML 活动图的装备任务剖面，不是一张或几张活动图表，而是一组基于活动图的任务剖面，这些任务剖面组成装备任务剖面数据库，一个完整的任务剖面数据库就能代表预计装备要完成的全部任务。在建立任务剖面时，可以先借鉴现有(国内外)的同类或类似武器装备的作战使用特点，列举一份具有代表性的、完整的任务清单，以保证所建数据库的全面性。此数据库还应是开放式的，以便可以随时更新，同时，数据库应提供根据装备任务剖面的名称或编号进行检索的功能。

四、功能需求描述

使用一致的结构化自然语言，对装备功能需求进行文字性描述，是构造功能描述模板，促进描述标准化的一种实用方法，同时增加了功能表述的可读性，又保持了描述的严密性，而且便于功能需求描述的再次运用。例如，在对某新型坦克的火力功能进行文字描述时，采用特定的关键词“实施”和句式结构“[条件]，对[对象]实施[动作]”进行描述；描述防护功能时，采用关键词“降低”和动宾句式结构“降低[内容]”进行描述；描述机动功能时，采用关键词“利用”“实施”和句式结构“利用[对象]，实施[动作]”进行描述；在描述信息功能时，采用关键词“信息”和句式结构“[动作]信息”进行描述；在描述保障功能时，采用关键词“提供”和句式结构“对[对象]提供[资源]”进行描述。应用该结构对功能进行文字性描述具有很好的可读性和可理解性。

(一)基于 SysML 需求图的装备功能需求描述方法

1. 描述装备的总功能需求

将装备的任务需求描述模型转化为该系统的总功能需求。装备系统的任务需求描述模型是确定、描述其总功能需求的基础,较全面地提出了装备的总功能需求。总功能需求就是具体的实现装备使命和任务需求。作战使命和任务需求及功能需求的定义已在本书第二章节中给出,这里不再过多论述。

总功能需求描述就是任务需求描述模型向功能需求转化的过程,它包括最原始的需求,是对一个系统功能需求的总体描述。由于在实际中用户知道的常常要更多,因此,建立总功能需求描述模型有助于用户和系统分析人员理解产品的预期功能,以及确认系统所涉及的功能和性能。

2. 描述装备子功能需求

描述装备子功能需求的过程就是对装备总功能需求进行分解和结构化描述的过程;分解总体功能是将总功能逐级分解,直至分解到更为具体与直接的底层功能指标为止。子功能需求描述是对装备功能的充分描述,此阶段的工作则是以建立结构化子功能描述作为目标,从而进行完整的功能描述。

由于装备设计的技术越来越先进,系统也日趋复杂,使得层次化的分解思想必不可少,它通过自顶向下的逐步分解,以推动装备需求描述的细化。这种逐层分解描述的概念有利于减轻系统功能的复杂度,为下一阶段复杂系统的实现提供有力的支持。

在进行基于 SysML 的功能结构化描述时,虽然功能描述的目标同结构化描述法一致,但是由于 SysML 存在潜在的面向对象思想,倾向沿用面向对象方法,因此,采用自顶向下的结构分解与模块化描述。首先,对描述的系统不考虑内部结构组成,对整体的功能进行分析描述;其次,对系统功能进行分解,针对系统内部描述其各组成部分的功能行为;最后,通过模块的结构分解推动功能的分解及行为的细节描述。

3. 描述需求指标与子功能需求的相互关系,建立其功能需求关系接口模型

建立功能需求关系接口模型,主要描述的是子功能需求与需求指标之间的关系,这类模型往往比较细致精确。系统功能按照其重要程度及其相互之间的从属关系,又可划分为几个功能层次。每一层次功能都由相应的需求指标实现,所以需求指标都可由需求关系接口模型来描述。需求关系接口模型一直要向下描述到确定该系统的各项需求指标。每个图上所表明的关系接口模型应予以其编号,编号的方式既能保持功能的连续性,又能贯穿整个系统,追溯到功能的开始点。

需求关系接口模型要便于研制装甲装备的人员理解,使装甲装备拥有特定的使用功能。所以这种模型往往比较细致精确,建立这种模型,能够明确系统功能分解过程中各层次之间的关系,从而形成功能需求链,使用户和系统分析人员能够明确产品的根本功能及其关系,便于理解和检验。

4. 建立功能需求实现接口模型,描述功能需求的实现过程

需求实现接口模型描述装备功能与具体限制条件和设计子系统之间的关系,明确哪些功能是受哪些条件或子系统控制的。需求实现接口模型主要描述装备功能需求的实现过程,也就是说,装备的某些功能具体是由装备哪一部分或哪几个部分共同实现的,子系统的改变对装备功能需求的实现有多大的影响,等等。功能需求实现接口模型是连接后续系统设计和功能需求的桥梁,为系统设计提供了一个可靠的参考,有效地减轻了后续设计工作的复杂度。

功能需求实现接口图中反映的各种模型元素与功能需求的满足关系,可以辅助检验是否所有的需求都设计了相应的实施元素,以保证需求的充分实现。同时也提供完整的追溯能力,它包括需求之间的衍生关系,实施元素对需求的满足关系,校验元素到需求的验证关系,以及行为元素到实施部件元素之间的分配关系,等等。对功能需求进行追溯描述可以充分反映原功能需求到系统部件再到具体行为描述的对应关系,同时在功能需求有变动时,能够快速地找到相应系统和行为进行修改。

5. 建立需求验证接口模型,说明需求的验证方法并完成一致性检验

需求验证接口模型描述了需求可以通过哪些测试例子验证,检验需求的一致性和正确性。由于各个需求模型之间存在联系和重叠的信息,并且随着需求描述的深化,可能会对需求进行修改、扩充和完善,这会造成模型之间的不一致。因此应对开发的各个模型进行一致性检验,以保证各模型之间的协调一致及需求分析的正确性和可靠性。

(二)装备功能需求描述实例

在功能需求描述模型中,所建立的需求图都包括一个“编号”属性和一个“文档”属性,其中“编号”是图形在功能需求描述中的标识符,“文档”是对功能需求的文字性描述。同时还有一些建模元素,这要根据具体情况而定,例如“来源”“功能类型”(如打击功能或防护功能)等。限于篇幅,本章各图中,都没有给出每个实体完整的描述元素,只是给出模型的大致框架。下面以某型坦克的功能需求描述为例,给出装备功能需求描述的过程和步骤。

1. 描述某型坦克的总功能需求

将所确立的某型坦克的任务需求描述模型转化为该坦克应具备的各项基本

行为和功能,建立描述其总功能需求的需求描述模型,描述该型坦克的总功能需求。总功能需求描述模型是功能需求描述的基础,以后的一切功能需求都是从总功能需求描述模型出发的,都是为了满足总功能需求描述模型而建立的,如图7－12所示,为某型坦克功能需求总图。

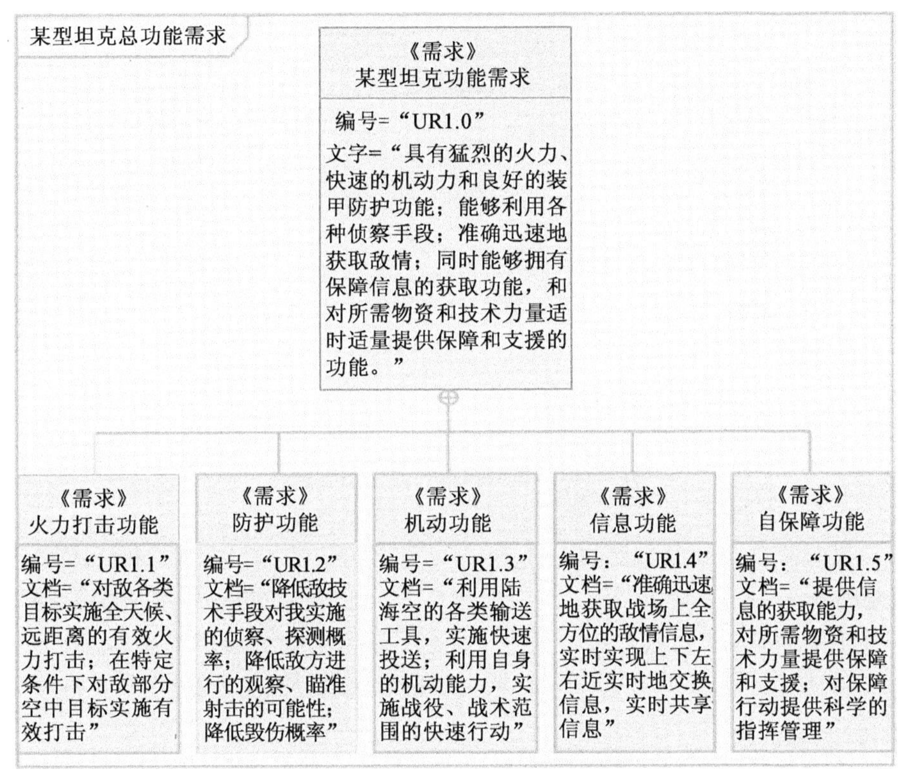

图7－12　某型坦克功能需求总图

图7－12中建立的功能需求描述模型主要描述了某型坦克总功能需求。装备一般具有五方面功能,在图中都用“文档”做了具体的阐释说明,同时给出了一个标识符“编号”(例如,“UR”来表示用户需求),以便在其他的需求描述模型中可以很好地调用,而不失一致性。限于篇幅,图7－12只是对某型坦克总功能需求的一个简单描述,还有其他一些需求属性没有加载进来。目前用SysML需求图进行功能需求描述,已经有了标准的规范。

2. 描述某型坦克的子功能需求

该型坦克功能需求的子功能模型由一组子功能需求图组成,在建立这组子功能需求图时,要注意各个子功能之间的相互关系,避免功能的重复。由于篇幅限制下面只给出火力打击功能的部分结构图,见图 7 - 13。

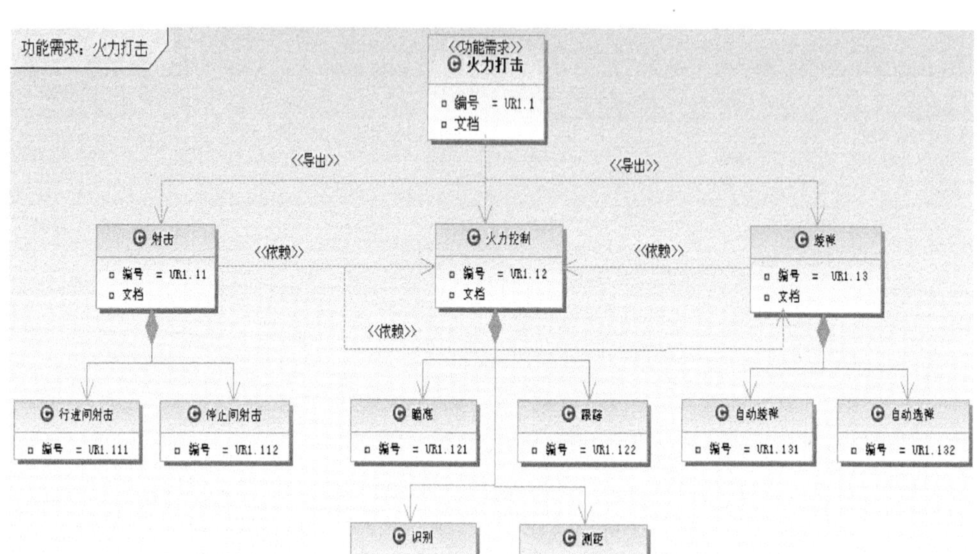

图 7 - 13　火力打击功能的部分结构

这里只是简单介绍怎么样利用 SysML 需求图中的导出关系(derive)和依赖关系(depend)建立子功能需求结构图,限于篇幅和领域知识,本节所画的例图都是一些子图(部分图),其中图中各个子功能的属性并没有全部给出。

3. 描述某型坦克功能需求与需求指标的相互关系,建立功能需求关系接口模型

一个型号系统的功能需求层次与同一型号系统的物理(构造)层次并不完全相同。一个需求指标可以同时参与实现多个功能,而一项功能又拥有几个需求指标。因此,确立各项功能需求与各个需求指标的关系也不是那么一目了然的事。

图 7 - 14 为某型坦克功能需求关系模型子图。某型坦克功能需求通过需求图提供的导出关系,逐步倒出需求指标,如图中所示一个子功能要几个需求指标实现,同时一个需求指标也可能参与实现几个功能需求。图 7 - 14 主要描述了要实现某型坦克进行火力打击的功能需求并提高该型坦克的火力打击功能需要从哪些方面提高,逐步导出功能的子需求及需求指标,同时也给出了各个子需求所占权重,在进行需要描述的时候,可以用赵师研究的 QFD(质量功能部署)方法确定权重,本书假设每个层次各需求权重都是一样的。

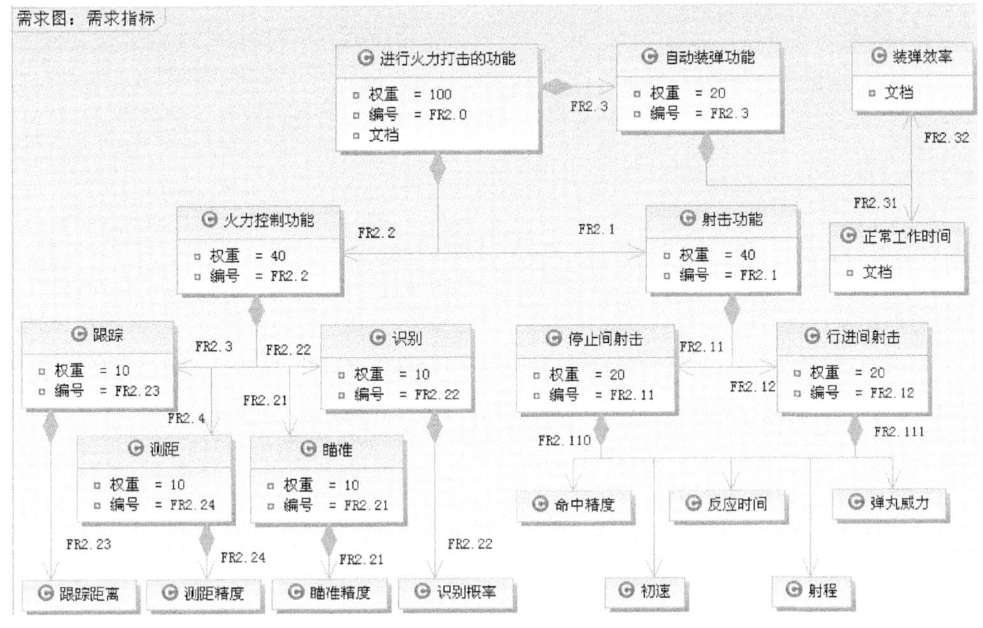

图 7－14　某型坦克子功能与需求指标关系图

4. 建立某型坦克的功能需求实现接口模型，描述功能需求的实现过程

在装备需求论证中，论证功能需求的实现是最重要的工作。功能的实现是由装备的各个子系统来完成的。功能需求的实现就是要确定装备需求方案的设计子系统，确定总体方案，需要确定出子系统的组成和设计参数，包括武器系统的组成和设计参数，防护系统的组成和设计参数等，如武器系统包括武器和火控系统，其中武器又由火炮、机枪和弹药等组成。功能需求的实现，最终是要由最底层的物理结构实现，所以尽量分解其物理结构。设计最基本的参数，如火炮的口径、最大行驶距离，防护装甲的厚度等。

装备这些设计参数是车辆性能的一部分。需求实现接口模型主要描述装备功能的实现过程，也就是说，装备的某些功能具体是由产品的哪些性能设计参数实现的，而这些性能设计参数的改变对功能有多大的影响，等等。如图 7－15 所示，要想使某型坦克的行进间射击达到要求，就必须对影响它的主要因素，如武器、火控系统等设计参数进行权衡改变。而某型坦克的武器又包含火炮、机枪、弹药和炮射导弹等。下一章节将详细研究如何描述实现装备功能的性能参数问题。图 7－15 中只是简单描述了一下它们之间的关系，如果要建立需求文档，就需要对某型坦克的所有功能的实现建立需求实现模型，再检验它们的一致性。

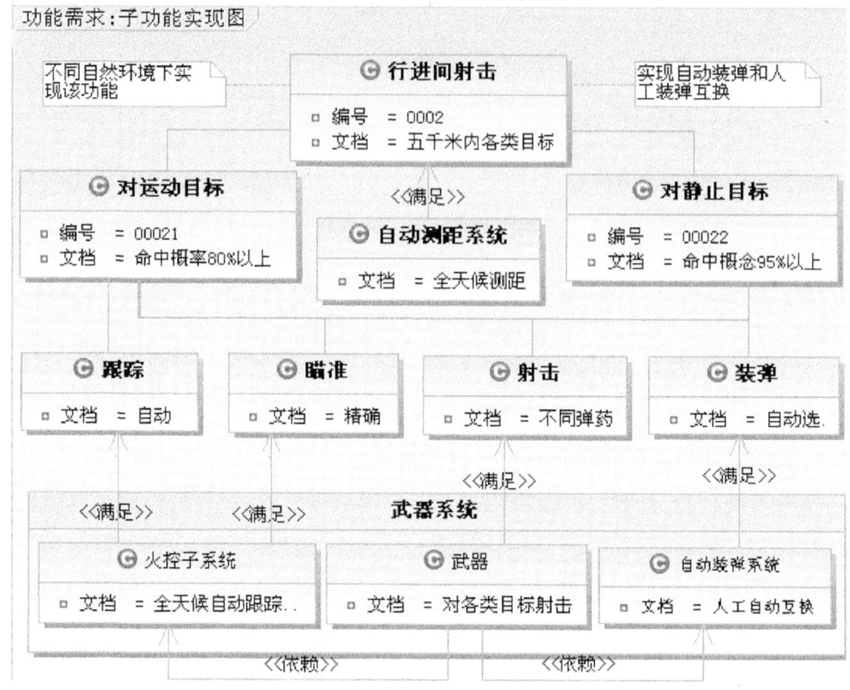

图 7-15　某型坦克子功能实现子图

5. 建立某型坦克的功能需求验证接口模型,描述验证方法并完成某型坦克功能需求的一致性检验

通过以上步骤建立的一组功能需求模型中,所建立的功能描述模型是否满足需求,现有的技术力量是否能实现该功能,这就需要我们用功能需求验证接口模型。同时由于模型多而复杂,其中会有重复出现的实体,这也需要我们用需求验证接口模型来验证需求描述的一致性。

这里的验证是指通过测试实例对需求的一种检验,一般可以选用计算机仿真的方法进行验证。在采用计算机仿真方法时,根据需求实现接口模型中的设计子单元系统,编写计算机程序进行仿真测试,仿真结果可作为判断该功能需求是否可以实现的依据。

图 7-16 对某型坦克的火力打击功能建立了需求验证接口模型,可以通过武器系统的作战效能评估和对目标毁伤概率,设定该坦克可能的作战环境,建立作战效能评估和目标毁伤概率评估系统,来验证其火力打击功能是否符合用户需求。

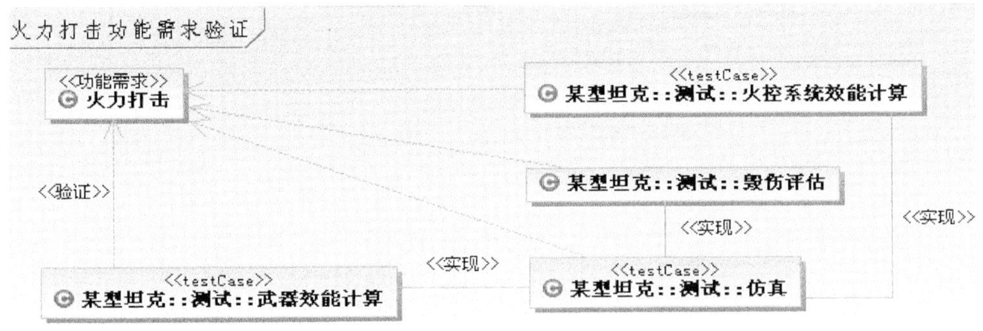

图 7 - 16　某型坦克火力打击功能需求验证子图

五、非功能需求及性能指标需求描述

(一)非功能需求描述

(1)确定装备的非功能目标(NFG),分解这些非功能目标。一般而言,当从某个子非功能需求目标直接导出决定时,分解结束。如图 7 - 17(a)所示,装备可靠性目标共分解为三层六个子目标,分别为可靠度、故障率、MTBF、MTTF、大修期和翻修期;可扩充性为两层两个子目标,分别是技术可扩充性和任务可扩充性。

(2)对装备的每个子目标给出相应的决定(decision),注意区分功能决定和基理决定,它们分别采用不同的图形表示,决定也可不断进行分解。图中所示的基理决定有三个,分别是余度设计、制定元器件大纲和装备状况;功能决定有五个,分别是热设计、简化设计、降额设计、耐环境设计和技术升级改造。

(3)指出不同的装备非功能需求目标(NFG)之间及决定与非功能需求目标之间可能存在的相关性,尤其是负相关。考察所有负相关对相应的 NFG 造成影响的大小,可能需要对相关决定做出调整。图中技术升级改造和装备状况分别对可靠度和故障率产生了负相关。

(4)利用参数图描述参数限制。装备的可靠性指标的参数一般包括故障率、正常产品数、故障产品数、故障密度函数、产品平均故障率和正常工作时间等,运用 SysML 参数图描述,如图 7 - 17(b)所示。SysML 参数图用于描述系统非功能需求参数上的要求,通常在非功能需求描述过程中定义参数限制,将其应用于 NFR Profile 中,并说明各非功能需求参数及其间的限制和关系,这是 SysML 为系统工程提供的新特性。

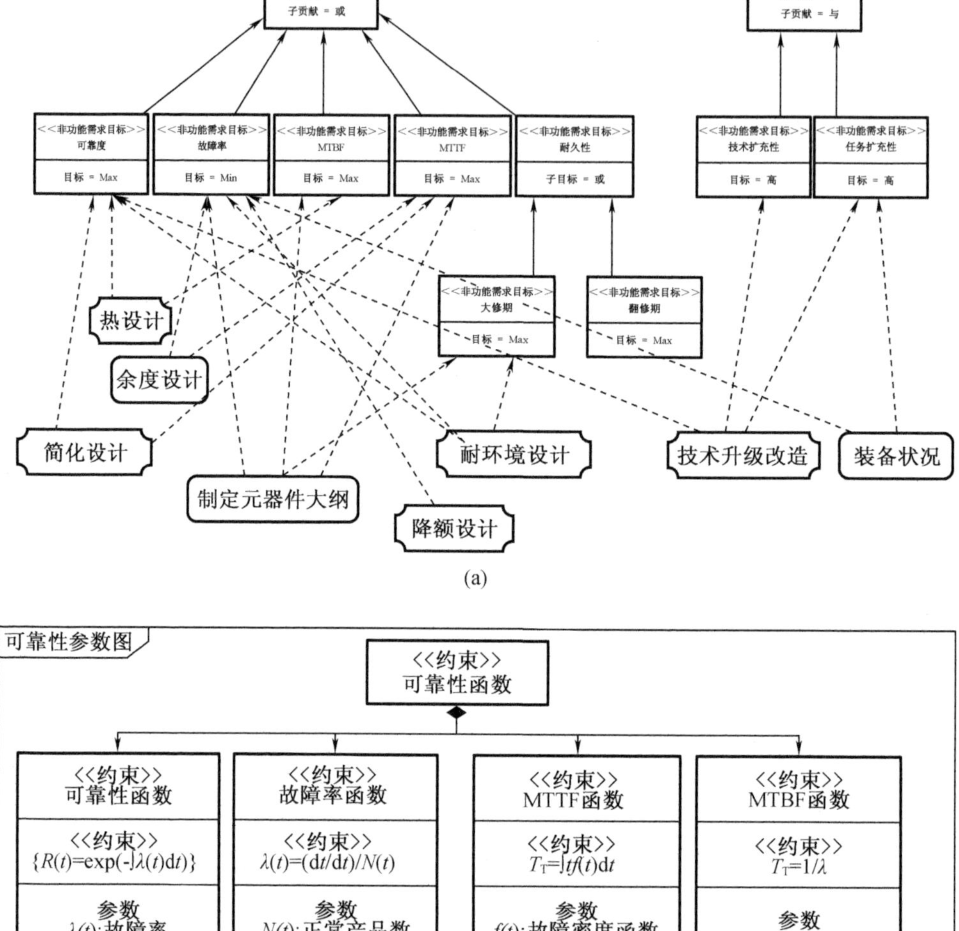

图 7-17　SysML 的 NFR Profile 和参数图描述非功能需求及其参数限制

图 7-17(a)中的非功能需求描述仅给出了可靠性和可扩充性的描述,图 7-17(b)中只给出了可靠性的参数描述图。说明如下:可靠性的优先级为 4 而可扩充性的优先级为 3,表明此装备的可靠性要求比可扩充性要求显得更重要。存在两个负相关产生负的影响,需要对负相关进行考察并可能调整此决定。为准确描述决定(decision)对目标的作用,对几个决定做如下解释说明:

热设计是指通过元器件选择、电路设计、结构设计、布局来减少温度对产品可靠性的影响,使产品能在较大的温度范围内可靠地工作。

简化设计是指减少产品的复杂性,提高其基本可靠性。

降额设计是指降低元器件、零部件的故障率,提高产品的基本和任务的可靠性。

耐环境设计是指提高元器件适应各种环境的功能,以提高可靠性。

余度设计是指用多于一种的途径来完成规定的功能,以提高产品的任务可靠性。

制定元器件大纲是指对电子元器件、机械零部件进行控制与管理,以提高产品可靠性,降低保障费用。

(二)性能指标需求描述

在给出描述步骤之前,这里首先假设按照功能需求要求给出性能指标需求——增加射击距离,提高首发命中精度和射速,同时降低战斗全重,增大速度和行驶里程。使用 PIR Profile 描述装备性能需求包括以下几个步骤。

(1)利用性能指标体系描述装备的性能需求目标(PRG)。如图 7 - 18 所示,装备火力性能目标共分解为两层五个子目标,分别为射程、弹丸威力、战斗射速、命中精度和反应时间;机动性能分为两层四个子目标,分别是速度、最大行程、单位功率和越障性能。

(2)对装备的每个子目标给出相应的决定(decision),注意区分功能决定和基理决定采用不同的图形表示,决定也可不断进行分解。决定是满足性能指标需求的具体措施,也是实现功能需求的基本方法。如图 7 - 18 所示,基理决定有三个,分别是增大火炮口径、增大尺寸和使用复合材料;功能决定有三个,分别是运用涡轮增压、稳像式互控系统和加自动装弹机。

(3)指出不同的装备性能需求目标(PRG)之间及决定与性能需求目标之间可能存在的相关性,尤其是负相关。考察所有负相关对相应的 PRG 造成影响的大小,可能需要对相关的决定做出调整。

图中的性能指标需求描述是在假设存在功能需求的基础上给出的性能指标需求,实际的情况可能要复杂得多,因为满足装备性能的方式和手段多种多样,并且会相互产生影响,在描述时要注意负相关的影响,要根据负相关的影响做出相应的调整措施。同时,性能需求是在存在功能需求的基础上产生的,它不是一成不变的,会随着功能需求的变化而变化,所以性能需求的描述要特别注意需求的动态变化,便于进行修改和改进。

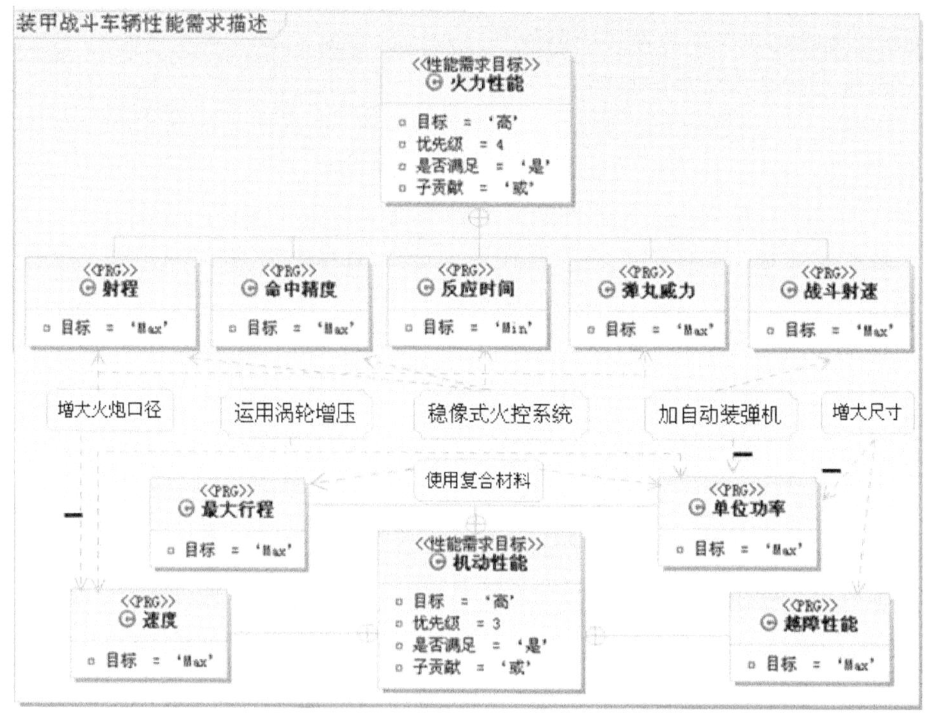

图 7－18　PR Profile 描述装备性能指标需求

六、需求描述的重用性

利用 SysML 图形描述需求给出了一个描述装备需求的标准，提供了一个重用装备需求描述的有效途径。这里将装备需求描述的重用分为需求描述模板重用和需求内容重用。需求描述模板的重用是指在需求描述模板库中选择合适的模板或对已有的模板进行适当修改，在新的需求论证中应用这些模板描述需求。需求内容的重用是指在需求库中查询可用的各类需求直接添加到新装备需求描述中，作为新装备开发的依据。

（一）需求描述模板的重用

需求描述模板是一种抽象规范和标准的封装，从形式上确定了需求如何描述，同时也在内容上确定了需求应该包含哪些方面的需求。建立针对装备的需求模板，这样在开发设计同类装备时可以重复应用模板，当然，也可以对需求描述模板进行适当的修改。随着经验的积累，需求描述模板库会越来越丰富，模板也会越来越稳定。当接手一个新装备发展项目时，首先要做的是迅速从项目描述、背景等相关资料中分析项目的本质，以便确定采用哪些描述模板，其次才是在需求描述模板库中选择合适的描述模板。当然，模板库中存在很多模板，它们都有自己的适用范围，为了便于查找、应用，需要以一种一致规范的方式将其组织起来，如按模板名称构建需求模板库。

（二）需求内容的重用

需求描述模板的重用为需求内容的重用奠定了良好的基础。应用 SysML 图形描述需求时要求语法规范、清晰易懂，可以被广泛地交流，被不止一次地使用。各种装备之间既有共性又有特性，需求重用的本质就是最大限度地发现不同装备之间的共性。一项需求的描述可以看作是一个需求描述模板的实例化，把需求作为一个个对象分类存储在需求库中，可以更好重用需求。有多种不同的方式寻找潜在可重用的需求，如可以根据需求的名称进行查询，可以根据需求的某一个或多个属性进行查询，也可以依据需求之间的关系查找需要的需求。从需求库中获得的需求，有些可以直接重用，有些可能需要进行适当修改才能采用，还有一些可能只是提供所需需求来源的线索或方向。需注意，需求库中存储的需求是以前项目中已经确定且开发成功的，只有这样的需求才值得去重用，同样需求构件库中的构件也是这样的。

第八章　装备需求分析

第一节　装备需求分析的研究动态

赵卫民、孟宪君、吴勋等在著作《武器装备论证学》中提出的装备需求分析类型包括:战略需求分析、作战使用需求分析、战场需求分析,涉及范围广、关系复杂,作用时间长、相对稳定,具有层次性、综合性及渐进性等特点。

杨建军、龙光正、赵保军在《武器装备发展论证》中指出装备需求分析就是研究并提出通过什么途径实现满足作战能力需求的装备。装备需求分析要回答在满足作战能力需求条件下,需要什么样的武器装备系统、不同武器装备系统之间的关系如何等问题,装备需求分析是生成作战需求和形成需求方案的前提与基础,也是装备作战运用、发展论证、设计生产的结合部。该书认为装备需求分析首先要确定能力需求重点、能力需求目标和能力需求体系。

20 世纪 70 年代由美国陆军武器装备司令部首次提出需求分析费效分析方法,它是根据目标所得的价值与所消耗的资源,去比较能够满足任务要求的各个方案的优劣过程。费效分析方法能够给决策者提供有关方案的费用、效能和费效比方面的信息,是一种绝对型的评价方法。但该方法只考虑了方案的费用和效能两个指标,对方案的其他指标考虑得较少,且无法提供不理想方案的改进方向。

王凯,孙万国等在《武器装备军事需求论证》中对武器装备需求分析提出了军事形势分析、作战任务分析、作战样式与战场环境分析、战场威胁与作战能力需求分析、作战力量体系结构分析、装备需求分析、装备现状分析、提出武器装备军事需求方案等研究。此外,该书对武器装备可行性分析进行了较为完整的论述。该书认为,可行性分析主要是探讨型号系统的性能、结构等在战术、技术和经济这 3 个方面的可行性,并提出有关的改进途径,以保证型号系统的性能和结构既先进又可行。在前面各项论证的基础上,进一步从技术、经费、周期等方面进行综合平衡,尤其是进行了风险性分析和预测,尽可能避免或减少风险。

以上研究从不同侧面对装备需求分析进行了探讨和研究,为装备需求研究提供了有益的借鉴。本书研究的基础则是在需求已经获取和描述清楚的基础上,即在需求已经明确的情况下对需求进行分析、探讨其内在属性和关系的过程。

第二节　装备需求分析的概念

一、概念

从装备需求分析的研究动态中可以看出,目前大部分研究著作对装备需求分析的理解为获得需求和对需求进行研究的整个过程。一般要进行军事威胁分析、作战环境分析、作战能力分析等,在获得装备需求的基础上,对其进行分类、可行性分析等,最终确定普遍认可的装备需求。而笔者认为,装备需求分析重点应在如何对需求进行分析,即必须是在已经获得需求的基础上对其进行分析研究的过程,其前期工作应该进行需求获取和需求规范化描述。装备需求获取和需求规范化描述是装备需求分析的前期基础工作,而装备需求分析是对装备需求获取和需求规范化描述的进一步深化,并探讨其内在属性和关系的过程。因此,装备需求分析是军方或使用方与研制方联合进行的对已生成或获取的装备需求进行进一步研究、探讨其内在属性和关系的装备需求研究活动。

二、分类

装备需求分析包括装备需求分解、装备需求属性分析、装备需求关系分析。其中装备需求分解是将获得的需求进行逐步细化的过程,便于提高对需求的认知和分析;装备需求属性分析包括装备需求差异分析、装备需求有效性分析和装备需求可行性分析;装备需求关系分析是对需求之间可能存在的包容、交差、独立等关系进行分析。

第三节 装备需求分解

装备需求分解是把较为抽象的总体需求分解为较为具体的子需求,是对需求认识由粗到精、由模糊到清楚、由抽象到具体不断深化的过程,有助于提高需求表述和分析的针对性和全面性。

所有的需求可表达为

$$F = F(0) \tag{8-1}$$

$\forall k, 1 \leqslant k \leqslant n$,有

$$F[k] = \bigcup_{i_k=1}^{m_k} F(k, i_k) \tag{8-2}$$

其中,$F(0)$是根节点;k 是需求分解的层数;$F[k]$表示第 k 层的需求;$F(k, i_k)$表示需求树中第 k 层第 i_k 个节点的需求;m_k 表示 k 层的总节点数。

任意给出一武器装备 Z_0,总体需求描述为 $F(0)$,经过需求的逐步分解,最终可获得子需求要素集合,如图 8-1 所示。

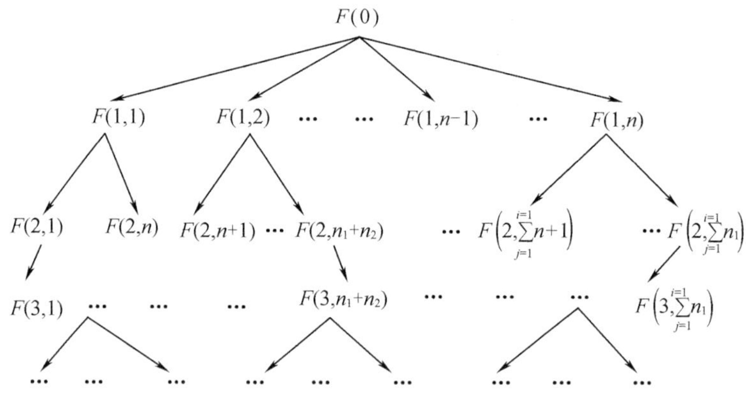

图 8-1 装备需求分解示意图

第四节　装备需求属性分析

一、差异性分析

装备需求差异性分析应区分装备功能需求分析和非功能需求分析，而两者均可落在武器装备的性能指标需求分析上来。

（一）装备功能需求分析

功能一般解释为事物或方法所发挥的有利作用和效能。在价值工程中，功能含义很广，对于产品来说，是指产品的用途、产品所担负的职能或所起的作用。此处的功能是指装备的作用和用途或是使用者期望其能干什么。功能是有层次的，总的来说可以概括为功用层和指标层。

以 $YF=(yf_1,yf_2,\cdots,yf_n)$、$HF=(hf_1,hf_2,\cdots,hf_m)$ 分别表示原有某装备的功能、完成作战任务需要具备的功能，该武器装备功用层的功能需求 $GYXQ$ 则表示为

$$GYXQ=HF-YF \tag{8-3}$$

YF 与 HF 关系存在以下几种情况：

（1）若存在 $i\in(1,n)$，$j\in(1,m)$，有

$$yf_i\neq hf_j \tag{8-4}$$

则 yf_i 具有淘汰功能。

（2）若存在 $i\in(1,n)$，$j\in(1,m)$，有

$$hf_j=yf_i \tag{8-5}$$

则 hf_j 具有继承功能。

（3）若存在 $i\in(1,n)$，$j\in(1,m)$，有

$$hf_j\neq yf_i \tag{8-6}$$

则 hf_j 具有创新功能。

则淘汰功能和在一定时期内具有可行性的创新功能为武器装备功用层功能需求。

若以 $YZN=(yzn_1,yzn_2,\cdots,yzn_k)$ 表示某武器装备原有功能细化的 k 项指标，$HZN=(hzn_1,hzn_2,\cdots,hzn_k)$ 表示该武器装备为完成作战任务需要具备的指标，则用 $ZBXQ$ 表示 HZN 和 YZN 之差为

$$ZBXQ = HZN - YZN = (hzn_1 - yzn_1, hzn_2 - yzn_2, \cdots, hzn_k - yzn_k)$$

一定时期内具有可行性的 ZBXQ 则表示该装备指标层功能需求。

(二)装备非功能需求分析

非功能和功能相对应,是指那些除了功能以外的装备的属性和特性,包括可用性、可靠性等。非功能需求和功能需求相对应,是指使用者提出的对装备功能需求以外的需求。非功能需求关心的往往是整个装备的特性,一个功能需求没有实现可能仅仅降低装备的可用性,但一个非功能需求没有满足就很有可能导致整个装备无法使用。

若以 $FYZN = (fyzn_1, fyzn_2, \cdots, fyzn_k)$ 表示某武器装备原有非功能方面的 k 项指标,$FHZN = (fhzn_1, fhzn_2, \cdots, fhzn_k)$ 表示使用者期望该装备具备的指标,则用 FFXQ 表示 FHZN 与 FYZN 之差为

$$FFXQ = FHZN - FYZN = (fhzn_1 - fyzn_1, fhzn_2 - fyzn_2, \cdots, fhzn_k - fyzn_k)$$

一定时期内具有可行性的 FFXQ 则表示该武器装备非功能需求。

二、有效性分析

(一)有效性分析的基本概念

在上文装备需求特性分析中明确了装备需求总体上可从功能需求和非功能需求出发进行分析,而两者均可落在装备的性能指标上,因此,此处有效性分析应着重从装备性能指标需求方案的有效性进行分析。有效性在某种程度上存在最优化的思想,1978 年美国的 Charnes 给出了有效性的正式定义。所谓有效性是针对某个单元而言的,当该单元的投入和产出达到有效状态时,意味着:

(1)如果不增加一项或多项投入,或不减少一项或多项其他产出的话,单元的任何一项产出都不可能增加;

(2)如果不减少一项或多项产出,或者不增加一项或多项其他投入的话,单元的任何一项投入都不可能减少。

武器装备性能指标需求方案的有效性可以分为绝对有效性和相对有效性。绝对有效性是指武器装备性能指标总的提高值与总的投入值之比,武器装备性能指标需求方案的相对有效性是指各个性能指标需求方案之间的相对有效程度。

武器装备性能需求的有效性分析是指在明确同型号武器装备性能需求有效性分析的输入和输出指标之后,对方案之间的相对有效程度所进行的分析活动。它主要包括武器装备需求有效性分析、输入和输出指标的计算、DEA 模型的选

择、武器装备需求有效性的计算等。

(二)有效性分析的模型

1. 有效分析的 IDEA 模型

假设有 n 个装备性能指标需求方案,这 n 个性能指标需求方案都具有可比性,每个性能指标需求方案有 m 种类型的输入和 s 种类型的输出,每种输入和输出都是一个以区间形式表示的模糊数,它们可以用向量的形式表示为

$$[\underline{X}_j,\overline{X}_j]=([\underline{x}_{1j},\overline{x}_{1j}],\cdots,[\underline{x}_{mj},\overline{x}_{mj}]),[\underline{Y}_j,\overline{Y}_j]=([\underline{y}_{1j},\overline{y}_{1j}],\cdots,[\underline{y}_{sj},\overline{y}_{sj}])$$

其中,$[\underline{X}_j,\overline{X}_j]$、$[\underline{Y}_j,\overline{Y}_j]$分别表示第 j 个装备性能指标需求方案有效性分析的输入和输出指标。

原有的效率评价指数转化为下面的区间效率评价指数:

$$h_j=\frac{\boldsymbol{U}^{\mathrm{T}}[\underline{Y}_j,\overline{Y}_j]}{\boldsymbol{V}^{\mathrm{T}}[\underline{X}_j,\overline{X}_j]},j=1,2,\cdots,n \tag{8-7}$$

h_j 是一个区间数,表示为

$$h_j=[\underline{h}_j,\overline{h}_j]=\left[\frac{\boldsymbol{U}^{\mathrm{T}}\underline{Y}_j}{\boldsymbol{V}^{\mathrm{T}}\overline{X}_j},\frac{\boldsymbol{U}^{\mathrm{T}}\overline{Y}_j}{\boldsymbol{V}^{\mathrm{T}}\underline{X}_j}\right]\subseteq[0,1] \tag{8-8}$$

其中,$\boldsymbol{V}$、$\boldsymbol{U}$ 分别表示输入、输出指标的权重向量,我们可以选择适当的 $\boldsymbol{V}$、$\boldsymbol{U}$,使得 $h_j\leqslant 1$。因此,第 j_0 个决策单元的区间效率评价指数可由下面的分式规划模型的最优值来确定。

$$\begin{cases}\max\ h_{j_0}=\dfrac{\boldsymbol{u}^{\mathrm{T}}[\underline{y}_{j_0},\overline{y}_{j_0}]}{\boldsymbol{v}^{\mathrm{T}}[\underline{x}_{j_0},\overline{x}_{j_0}]}\\ \text{s. t:}\dfrac{\boldsymbol{u}^{\mathrm{T}}[\underline{y}_j,\overline{y}_j]}{\boldsymbol{v}^{\mathrm{T}}[\underline{x}_j,\overline{x}_j]}\leqslant 1\\ \boldsymbol{V}=(v_1,v_2,\cdots,v_m)\geqslant 0\\ \boldsymbol{U}=(u_1,u_2,\cdots,u_s)\geqslant 0\\ j=1,2,\cdots,n\end{cases} \tag{8-9}$$

在上述模型中引入 Charnes - Cooper 变换,即令 $t=\dfrac{1}{\boldsymbol{v}^{\mathrm{T}}}[\underline{x}_0,\overline{x}_0]$,$\boldsymbol{w}=t\boldsymbol{v}$,$\boldsymbol{\mu}=t\boldsymbol{u}$,可以使其转化为线性规划模型:

$$\begin{cases} \max \boldsymbol{\mu}^{\mathrm{T}}[\underline{y}_0, \overline{y}_0] = V_p \\ \text{s.t}: \boldsymbol{w}^{\mathrm{T}}[\underline{x}_j, \overline{x}_j] - \boldsymbol{\mu}^{\mathrm{T}}[\underline{y}_j, \overline{y}_j] \geqslant 0 \\ \boldsymbol{w}^{\mathrm{T}}[\underline{x}_0, \overline{x}_0] = 1 \\ \boldsymbol{w} \geqslant \boldsymbol{0}, \boldsymbol{\mu} \geqslant \boldsymbol{0} \\ j = 1, 2, \cdots, n \end{cases} \tag{8-10}$$

根据线性规划的对偶理论,可以得到上述线性规划模型的对偶模型:

$$\begin{cases} \min \theta = V_D \\ \sum_{j=1}^{n} \lambda_j [\underline{x}_j, \overline{x}_j] + s^- = \theta[\underline{x}_0, \overline{x}_0] \\ \sum_{j=1}^{n} \lambda_j [\underline{y}_j, \overline{y}_j] - s^+ = [\underline{y}_0, \overline{y}_0] \\ \lambda_j \geqslant 0, j = 1, 2, \cdots, n \\ s^- \geqslant 0, s^+ \geqslant 0 \end{cases} \tag{8-11}$$

上述对偶模型的计算过程可以分为以下两种情况:

(1)正被分析的装备性能指标需求方案的输入值取区间的最小点,输出值取区间的最大点,其他装备性能指标需求方案的输入值取区间的最大点,输出值取区间的最小点,这时利用上述对偶模型计算出的有效性系数为有效性系数区间的最大点,记作$\overline{\theta}_0$;

(2)正被分析的装备性能指标需求方案的输入值取区间的最大点,输出值取区间的最小点,其他装备性能指标需求方案的输入值取区间的最小点,输出值取区间的最大点,这时利用上述对偶模型计算出的有效性系数为有效性系数区间的最小点,记作$\underline{\theta}_0$。

假设上述对偶模型的最优解为$[\underline{\theta}_0, \overline{\theta}_0]$,则有:

①若$[\underline{\theta}_0, \overline{\theta}_0] = [1, 1]$,则该装备性能指标需求方案为区间有效的方案;

②若$\underline{\theta}_0 < 1, \overline{\theta}_0 = 1$,则该装备性能指标需求方案为区间部分有效的方案;

③若$[\underline{\theta}_0, \overline{\theta}_0] < 1$,则该装备性能指标需求方案为区间无效的方案。

2. 改进带偏好的 IDEA 模型

利用 IDEA 模型进行分析计算时,不需要预先给定输入、输出指标的权重,模型本身能自动优化指标的权重,但有时决策者需要对一些指标的权重进行限制。因此,需要将 IDEA 模型与决策者的主观偏好结合起来。

目前,带偏好的 IDEA 模型基本上都是通过对输入指标分别设定不同的权重来体现决策者的主观偏好,但它们都不能直接体现出决策者对输出指标的偏好,本书在分析普通 IDEA 模型指标权重限制方法的基础上,对上述 IDEA 模型做了一定的改进,它能够同时体现出决策者对输入和输出指标的偏好,改进后的模型如下:

假设有 n 个装备性能指标需求方案,输入、输出指标向量分别为

$[\underline{X}_j,\overline{X}_j]=([\underline{x}_{1j},\overline{x}_{1j}],\cdots,[\underline{x}_{mj},\overline{x}_{mj}]),[\underline{Y}_j,\overline{Y}_j]=([\underline{y}_{1j},\overline{y}_{1j}],\cdots,[\underline{y}_{sj},\overline{y}_{sj}])$

对第 j_0 个装备性能指标需求方案而言,其有效性分析带偏好的 IDEA 模型为

$$\begin{cases}\max\ \boldsymbol{u}^{\mathrm{T}}[\underline{y}_{j_0},\overline{y}_{j_0}]\\ \boldsymbol{w}^{\mathrm{T}}[\underline{x}_j,\overline{x}_j]-\boldsymbol{u}^{\mathrm{T}}[\underline{y}_j,\overline{y}_j]\geqslant 0\\ \boldsymbol{w}^{\mathrm{T}}[\underline{x}_{j_0},\overline{x}_{j_0}]=1\\ \boldsymbol{w}\in W,\boldsymbol{u}\in U\\ j=1,2,\cdots,n\end{cases}\tag{8-12}$$

其中,W、U 为偏好锥,$\boldsymbol{w}=[w_1,w_2,\cdots,w_m]$,$\boldsymbol{u}=[u_1,u_2,\cdots,u_s]$ 分别为输入和输出指标的权重。本书利用 AHP 法对 W、U 进行选择,在 AHP 法中应用最为广泛的是 1 ~9 标度法,但利用这种标度法建立起来的判断矩阵的一致性有时会遭到破坏,在此我们采用丁俭等人提出的复合标度法。

复合标度法排除了 1 ~9 标度法的非一致性,即在专家判断符合思维一致性的条件下,所给出的判断矩阵满足一致性要求。

设 $\boldsymbol{C}_m$、$\boldsymbol{B}_s$ 分别表示由输入和输出指标两两比较得到的判断矩阵,λ_m、λ_s 分别表示判断矩阵 $\boldsymbol{C}_m$、$\boldsymbol{B}_s$ 的最大特征值。

令 $\boldsymbol{C}_m-\lambda_m\boldsymbol{E}_m=\boldsymbol{C},\boldsymbol{B}_s-\lambda_s\boldsymbol{E}_s=\boldsymbol{B}$。

令 $W=\{\boldsymbol{w}\mid\boldsymbol{Cw}\geqslant 0\},U=\{\boldsymbol{u}\mid\boldsymbol{Bu}\geqslant 0\}$。

其中,$\boldsymbol{E}_m$ 和 $\boldsymbol{E}_s$ 分别为 m 阶和 s 阶单位矩阵。

上述带偏好的 IDEA 模型又可以用下面的形式来表示:

$$\begin{cases}\max\ \boldsymbol{u}^{\mathrm{T}}[\underline{y}_{j_0},\overline{y}_{j_0}]\\ \boldsymbol{w}^{\mathrm{T}}[\underline{x}_j,\overline{x}_j]-\boldsymbol{u}^{\mathrm{T}}[\underline{y}_j,\overline{y}_j]\geqslant 0\\ \boldsymbol{w}^{\mathrm{T}}[\underline{x}_{j_0},\overline{x}_{j_0}]=1\\ \boldsymbol{Cw}\geqslant 0\\ \boldsymbol{Bu}\geqslant 0\\ j=1,2,\cdots,n\end{cases}\tag{8-13}$$

其对偶模型为

$$\begin{cases} \min\ \theta = V_D \\ \sum_{j=1}^{n} \lambda_j \boldsymbol{C}[\underline{x}_j, \overline{x}_j] + s^- = \theta \boldsymbol{C}[\underline{x}_{j0}, \overline{x}_{j0}] \\ \sum_{j=1}^{n} \lambda_j \boldsymbol{B}[\underline{y}_j, \overline{y}_j] - s^+ = \boldsymbol{B}[\underline{y}_{j0}, \overline{y}_{j0}] \\ \lambda_j \geqslant 0, j = 1, 2, \cdots, n \\ s^- \geqslant 0, s^+ \geqslant 0 \end{cases} \tag{8-14}$$

利用上述对偶模型进行求解计算时，通常需要计算出有效性系数区间的最大值和最小值，它们可以分别采用下面的模型进行计算。

$$\begin{cases} \min\ \overline{\theta}_{j_0} \\ \sum_{j=1, j \neq j_0}^{n} \lambda_j \boldsymbol{C}\, \overline{x}_j + \lambda_{j_0} \boldsymbol{C}\, \underline{x}_{j0} + s^- = \theta \boldsymbol{C}\, \underline{x}_{j0} \\ \sum_{j=1, j \neq j_0}^{n} \lambda_j \boldsymbol{B}\, \underline{y}_j + \lambda_{j_0} \boldsymbol{B}\, \overline{y}_{j_0} - s^+ = \boldsymbol{B}\, \overline{y}_{j_0} \\ \lambda_j \geqslant 0, j = 1, 2, \cdots, n \\ s^- \geqslant 0, s^+ \geqslant 0 \end{cases} \tag{8-15}$$

$$\begin{cases} \min\ \underline{\theta}_{j_0} \\ \sum_{j=1, j \neq j_0}^{n} \lambda_j \boldsymbol{C}\, \underline{x}_j + \lambda_{j_0} \boldsymbol{C}\, \overline{x}_{j_0} + s^- = \theta \boldsymbol{C}\, \overline{x}_{j_0} \\ \sum_{j=1, j \neq j_0}^{n} \lambda_j \boldsymbol{B}\, \overline{y}_j + \lambda_{j_0} \boldsymbol{B}\, \underline{y}_{j0} - s^+ = \boldsymbol{B}\, \underline{y}_{j0} \\ \lambda_j \geqslant 0, j = 1, 2, \cdots, n \\ s^- \geqslant 0, s^+ \geqslant 0 \end{cases} \tag{8-16}$$

假设上述两个模型的最优解为$[\underline{\theta}_{j_0}, \overline{\theta}_{j_0}]$，则有：

①若$[\underline{\theta}_{j_0}, \overline{\theta}_{j_0}] = [1, 1]$，则该装备性能指标需求方案为区间有效的方案；

②若$\underline{\theta}_{j_0} < 1, \overline{\theta}_{j_0} = 1$，则该装备性能指标需求方案为区间部分有效的方案；

③若$[\underline{\theta}_{j_0}, \overline{\theta}_{j_0}] < 1$，则该装备性能指标需求方案为区间无效的方案。

三、可行性分析

（一）费用可行性分析

费用可行性分析，即分析满足该武器装备需求的全寿命周期费用能否承担得起。如果该武器装备的全寿命周期费用非常高，在整个装备费用中占有比较大的份额，则该武器装备将不应成为发展重点。费用可行性分析的主要工作是费用估算。武器装备的全寿命周期费用主要有三部分，即研制费、采购费和使用维修费组成。研制费通常包括军内论证费用、方案论证费用、设计与试制费用、设计定型费用和生产定型费用等，它的估算可以采用各种方法，如果有较充足的统计数据作为基础，可以采用参数法。如果缺少统计数据可采用类比法或与工程相结合的方法。采购费，即产品价格，主要由计划成本和产品利润两大部分组成，它的估算可采用“经验曲线理论”法。在已有数据的基础上，用统计回归的方法估算待发展武器装备的采购费。使用维修费包含的因素较多，而且涉及不同的领域，如人员费用、编制原理，供应标准等。而且各种费用的性质都不相同，它的估算可采用工程估算法，对主要组成部分分别估算。

1. 研制费用的计算

装备的研制过程中存在着许多模糊的因素，如何处理好这些因素之间的关系，是准确地预测出研制费用的关键问题之一，当前模糊数学的有关理论和方法已经比较成熟，因此，本书选择模糊综合评判法来预测装备的研制费用。具体步骤如下。

(1)合理确定影响装备研制费用的因素集。影响装备研制费用的因素比较多，且因素之间常常具有不同的层次性。因此，要合理确定装备研制费用的影响因素，并准确地分析出各个影响因素之间的层次关系及隶属关系。

(2)确定预测集和其相对应的数值表。对装备的研制费用而言，预测集通常分为高、较高、一般、低，它们所对应的数值应该根据类似装备的研制费用及结合专家的意见来确定。

(3)确定各层因素的隶属度。隶属度是指各因素对预测集中四个等级的隶属程度。在通常情况下，应从最底层的因素开始分析，然后利用最底层的分析结果计算上一层各因素的隶属度。

(4)确定所有因素的权重。各因素的权重应按照它们所属的层次来划分，通常采用层次分析法来计算各因素的权重。

(5)确定预测结论。预测结论由第一层所有因素的隶属度和其对应的权重计算得出。

(6)确定装备的研制费用区间。按照最大隶属度原则得出预测结果，并将预测结果与对应的数值表进行比较，得出装备的研制费用区间。

2. 采购费用的计算

装备的采购费用是指单车价值的货币表现形式，它受到车辆的战技性能水平、技术的先进性和复杂性、研制周期等因素的影响。本书为了简化不同环境对装备采购费用的影响，假设用于分析的所有装备都是在同一时期，由同一生产厂家所生产。在上述假设条件下，可采用下面的模型对装备的采购费用进行估算。

$$F = K_L \cdot K_P \cdot J \cdot N^b \tag{8-17}$$

其中，F 为装备的采购费用；K_L 为利润率系数，一般取值为 1.05 ~ 1.10；K_P 为批量系数；J 为主要战技性能指标对经验曲线渐近线方程的系数，$J = 4.5092 \times 10^6 \cdot e^{0.06348x}$（$x$ 表示研制的装备相对 59 坦克的综合战技性能指标值）；b 为经验曲线斜率，一般当经验率为 90% 时，$b = -0.2412$，N 为装备的总生产数量。

3. 使用维修费用的计算

论证阶段无法直接计算出新型或改造的装备的使用维修费用，只能根据类似装备的使用维修经验，并运用科学的方法进行预测。影响装备使用维修费用的因素比较多，各种因素之间的关系也比较复杂，而且本书研究的是新型或改造的装备的样本数据比较少，因此，我们采用偏最小二乘回归法来预测装备的使用维修费用。

偏最小二乘回归分析方法是一种具有广泛适用性的多元统计数据分析方法，是多元线性回归分析、主成分分析和典型相关分析 3 种回归方法的有机结合。偏最小二乘回归方法在处理样本容量小、自变量多、变量间存在多重相关性问题方面具有独特的优势。因此，它比较适合解决装备使用维修费用的预测问题。

假设影响装备使用维修费用的因素有 p 个，构成自变量数据集 $X = (x_1, x_2, \cdots, x_p)_{n \times p}$，$n$ 表示装备使用维修费用的样本数，因此变量集为 $Y = (y)_{n \times 1}$，即 n 个样本使用维修费用的集合，预测步骤如下：

（1）对 X、Y 进行标准化处理，得到标准化后的自变量矩阵 $\boldsymbol{E}_0$ 和因变量矩阵 $\boldsymbol{F}_0$。

$$x_{ij}^* = \frac{x_{ij} - \bar{x}_j}{s_j}, i = 1, 2, \cdots, n; j = 1, 2, \cdots, p \tag{8-18}$$

$$\boldsymbol{E}_0 = (x_{ij}^*)_{n \times p} \tag{8-19}$$

$$\boldsymbol{F}_0 = \left(\frac{y_i - \bar{y}}{s_y}\right)_{n \times 1}, i = 1, 2, \cdots, n \tag{8-20}$$

其中，$\bar{x}_j$ 为 X_j 的均值；s_j 为 X_j 的标准差；$\bar{y}$ 为 Y 的均值；s_y 为 Y 的标准差。

（2）从 $\boldsymbol{E}_0$ 中提取成分 t_1。t_1 是 $x_1, x_2, \cdots, x_p$ 的线性组合，要求 t_1 尽量大地携带 X 的不同信息，且 t_1 与 Y 的相关程度达到最大，这样 t_1 对 Y 就具有最强的解释能力。

$$t_1 = \boldsymbol{E}_0 \boldsymbol{w}_1 \tag{8-21}$$

其中，$\boldsymbol{w}_1$ 是矩阵 $\boldsymbol{E}_0^{\mathrm{T}}\boldsymbol{F}_0$ 的最大特征值所对应的特征向量。

(3)实现 $\boldsymbol{E}_0$ 和 $\boldsymbol{F}_0$ 在 t_1 上的回归。

$$\boldsymbol{E}_1 = \boldsymbol{E}_0 - t_1\boldsymbol{p}_1^{\mathrm{T}} \tag{8-22}$$

$$\boldsymbol{F}_1 = \boldsymbol{F}_0 - t_1 r_1 \tag{8-23}$$

其中，p_1 和 r_1 为回归系数，$\boldsymbol{p}_1^{\mathrm{T}} = \frac{\boldsymbol{E}_0^{\mathrm{T}} t_1}{\| t_1 \|}$，$r_1 = \frac{\boldsymbol{F}_0^{\mathrm{T}} t_1}{\| t_1 \|}$。

(4)检查收敛性，如果 Y 对回归方程已经达到预设的精度，则进行下一步，否则，令 $\boldsymbol{E}_0 = \boldsymbol{E}_1$，$\boldsymbol{F}_0 = \boldsymbol{F}_1$，回到第二步进行新的成分提取和回归分析。

(5)若方程满足设定的精度，这时得到 m 个提取的成分，即 $t_1, t_2, \cdots, t_m (m \leqslant n)$，实现 $\boldsymbol{F}_0$ 在 $t_1, t_2, \cdots, t_m$ 上的回归，得到

$$\hat{F}_0 = r_1 t_1 + r_2 t_2 + \cdots + r_m t_m \tag{8-24}$$

因为 $t_1, t_2, \cdots, t_m$ 是 $\boldsymbol{E}_0$ 的线性组合，$\boldsymbol{E}_0$ 又是由 $x_1^*, x_2^*, \cdots, x_p^*$ 组成的，因此，最后可以得到：

$$\hat{Y} = a_1 x_1^* + a_2 x_2^* + \cdots + a_p x_p^* \tag{8-25}$$

其中，$a_i = \sum_{h=1}^{m} r_h \prod_{j=1} (\boldsymbol{I} - w_j \boldsymbol{p}_j^{\mathrm{T}}) w_i$，$\boldsymbol{I}$ 为单位矩阵。

(6)按照标准化的逆过程，将 $\hat{F}_0 = (\hat{y})$ 的回归方程还原为 Y 对 X 的回归方程。

(7)把影响装备使用维修费用的各因素的具体数值带入到 Y 对 X 的回归方程中，即可预测出装备的使用维修费用。

(二)技术可行性分析

技术可行性分析，即分析支持武器装备发展的各项关键技术在特定战略期限内能否实现。如果该发展对象所依赖的关键技术具有极高的难度，在短时期内不可能达到的话，那么该发展对象将不应成为发展重点。这里所说的技术既包括引进的技术，也包括独创的技术。技术可行性分析，主要是利用技术轨道理论，探究技术演进规律，从而预测技术实现的可行程度。目前，技术可行性分析的常用方法是专家打分法。各个专家依据表 8－1 所列出的评分标准和量化得分对武器装备各项能力在技术实现上的可行程度进行打分，然后根据下式计算出总得分：

表 8－1 技术可行性评判表

评分标准	注释	量化得分
可行性很高	完全具备相关技术，在研究计划期内可以拿出研究成果	90～100
可行性较高	具备大部分相关技术，在研究计划期内可以拿出大部分成果	70～90
可行性一般	具备部分相关技术，在研究计划期内可以取得部分成果	50～70
可行性较差	具备较少相关技术，在研究计划期内可取得较少部分成果	30～50
可行性很差	具备少量相关技术，在研究计划期内可取得少部分成果	0～30

$$F_i = \frac{1}{N}\sum_{j=1}^{N} f_{ij} \tag{8-26}$$

式中 F_i——武器装备 i 的总得分；

f_{ij}——专家 j 对需求 i 的评分；

N——参加评分的专家人数。

令 $F_i' = F_i/100$，表示武器装备需求 i 的相对得分值。

武器装备的技术可行度 P_t 可用下式来计算：

$$P_t = \min(F_i'), i = 1, 2, \cdots, M \tag{8-27}$$

式中 M——武器装备的需求种数。

式(8－27)意指，只有当武器装备各项需求的技术可行性均通过时，该武器装备的整体技术可行性才算通过。

第五节 装备需求关系分析

不同的装备需求之间存在一定的关系，装备需求关系分析就是探讨装备需求之间存在的关系，并进行明确。

设 $EQ_0 = \{eq_{01}, eq_{02}, \cdots, eq_{0m}\}$ 为装备需求集，$eq_{0i}(i = 1, 2, \cdots, m)$ 为用户提出的具体需求元素，则有以下结论：

结论 设 $eq_{0i}, eq_{0j} \in EQ_0$，则 eq_{0i} 和 eq_{0j} 之间在所表达内容上存在包容、交叉或独立关系，除此之外无第四种关系。

证明 大矩形表示质量需求 EQ_0，分别用小椭圆表示属于质量需求 EQ_0 的 eq_{0i} 和 eq_{0j}，则在平面图上，eq_{0i} 和 eq_{0j} 有且仅有三种关系，如图 8－2 所示。

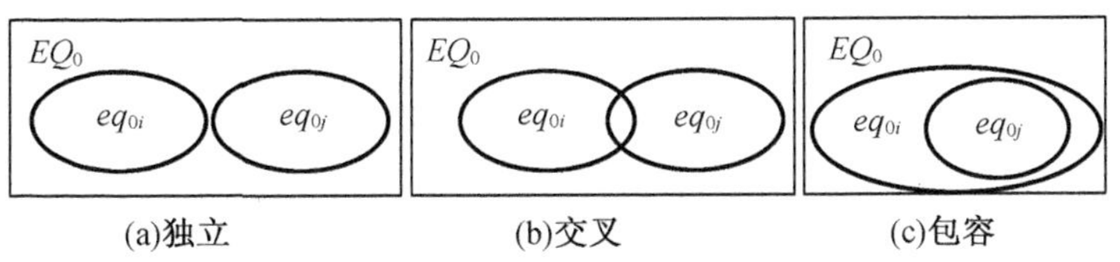

(a)独立　(b)交叉　(c)包容

图 8-2　需求关系示例图

(1)独立关系。如果 eq_{0i}所表达内容与 eq_{0j}所表达内容完全不同,则称 eq_{0i}与 eq_{0j}是独立关系。即如果 $eq_{0j} \cap eq_{0i} = \varnothing$,则称 eq_{0i}与 eq_{0j}是独立关系。

(2)交叉关系。如果 eq_{0i}所表达内容与 eq_{0j}所表达内容存在非空交集且非互相包容,则称 eq_{0i}与 eq_{0j}是交叉关系。即如果 $eq_{0j} \cap eq_{0i} \neq \varnothing$,且 $eq_{0j} \not\subset eq_{0i}$,$eq_{0i} \not\subset eq_{0j}$,则称 eq_{0i}与 eq_{0j}是交叉关系。

(3)包容关系。如果 eq_{0i}所表达内容是 eq_{0j}所表达内容的子集,则称 eq_{0i}与 eq_{0j}是包容关系。即如果 $eq_{0j} \supseteq eq_{0i}$,则称 eq_{0i}与 eq_{0j}是包容关系。

第九章　装备需求综合

装备质量需求备选方案的形成是装备论证与发展的重要环节。从当前的情况来看，装备质量需求理论方面的研究多为需求分析，而对于经过分析后的质量需求如何经过妥善处理形成多个质量需求备选方案以供优化，评价与决策却少有研究。如果装备质量需求备选方案的形成缺乏科学有效的方法和途径，那么在后期的研制阶段不但会影响待研车辆的性能与效能，而且还会造成一定的资源浪费。因此，必须找到科学合理的装备质量需求备选方案形成的原则与方法。

现阶段关于需求备选方案形成的研究主要有概念设计领域中的需求设计，而需求设计的过程仅仅是通过需求映射来得到类似需求方案的需求详细规格说明书，对于原始需求项中存在的很多问题没有予以解决，因此，具有一定的局限性。还有学者曾提出通过方案拟制环节来产生多个需求方案，但它也仅仅是在理想需求集中抽取若干需求条目中进行组合，对于相互间存在相关性的需求项未做妥善处理只是进行简单的取舍，由此形成的方案虽具有一定的侧重点，但也难免会出现遗漏等需求覆盖面不全的问题。面对经过分析后的众多需求项，如何根据一定的原则并采用一系列科学有效的方法对其进行综合，使得这些质量需求既保持完整性又能形成若干个质量需求备选方案，就目前的研究情况来看，还没有一个较好的需求处理机制来解决这个问题。

为此，装备的需求论证部门、决策者、研制单位，以及使用部门等都迫切需要用实用的质量需求备选方案所形成的科学方法。

第一节　装备需求综合的研究动态

当前，在国内外的文献中虽然有关装备质量需求综合的专题研究较少，但关于武器装备需求论证的理论研究以及产品概念设计和需求管理等方法却为本研究奠定了一定的基础，现将它们的研究动态归纳如下。

(1)国防科技大学余滨教授等人在 2005 年阐述军事需求工程中，提出了借鉴地方软件工程领域的“需求”“需求工程”来研究军事需求工程，在此基础上提出军事需求研究的主要结果是“文档化的描述”，即通常所说的需求规格

(Requirements specifications),并且还给出了需求规格的基本特性。该成果对于后续的装备需求综合的专题研究来说,具有前瞻性和指导意义。但是它对于需求规格的具体形式和其组成要素却没有给出明确的说明,并且它所针对的是所有的军事需求,没有对具体武器装备的需求加以深入研究。

(2)装甲兵工程学院的赵定海博士等人在2008年界定了装备需求论证活动边界问题,指出装备需求论证最终要形成某种能够满足特定军事任务需要的且与装备建设相关的新形态,以需求文档的形式描述出来并加以确认。提出论证模式应分为需求获取、需求分析、方案拟制、方案验证、需求确认5个环节。该研究不但对界定装备需求综合的输出具有指导意义,而且在需求综合的方法上也提供了参照,但其在需求综合的程序上还不够完善,还存在着一定的研究空间。

(3)装甲兵工程学院的李巧丽博士等人在2008年阐述武器装备需求分析和产品概念设计的基本概念和基本模型的基础上,通过对比分析,发现两者在诸多方面存在着种种相似关系,得出了两者在狭义上具有相似性和在广义上具有一致性的结论。然后,在介绍产品概念设计方法的基础上,首次提出了这些方法在武器装备需求分析中的应用设想,并将能力需求分析分为能力需求分解、装备需求求解和装备需求综合3个阶段。该研究为武器装备需求综合提供了新视角,但它在具体借鉴产品概念设计的方法上只做了宏观层面的研究,同时并没有结合装备需求分析本身的具体特点,并对其进行深入研究。

(4)装甲兵工程学院的郭齐胜教授等人在2008年针对当前装备型号需求论证面临的不全、不准、不实等问题,提出了装备型号需求论证综合量化分析解决方案。构建了基于AD/QFD/TRIZ/FA的装备型号需求论证综合量化分析框架,为装备型号需求论证综合量化分析提供了方法支撑,有效地提高了装备型号需求论证的工程化水平,确保了需求论证方案的系统最优,同时为装备技术创新研究提供了有效平台。该研究为装备质量需求综合提供了思路指导与方法借鉴。

(5)装甲兵工程学院的李永博士等人在2009年提出了装备型号需求论证辅助系统,将工程化的需求论证方法和模型与现有的领域知识、信息综合集成,构成一个专家参与的装备型号需求论证综合集成环境。开发这个系统是实现需求论证工程化的重要环节,可极大提高装备型号需求论证的质量与效率。该系统的工作流程最终是以方案生成为结束,这与需求综合有相似之处,并且该系统的工作流程可为装备质量需求综合提供一定的参考。

(6)国防科学技术大学的硕士研究生石福丽提出一种基于QFD和仿真的定性与定量相结合的舰船装备需求分析方法,辅助舰船装备需求分析人员提出主要战术指标要求,并且采用一种基于SysML需求图的需求描述方法,使得舰船装备使用人员、需求分析人员、研制人员能够很好地交流和沟通,从而使研制舰船装备的费用节省、周期缩短。但该论文所提出的舰船装备的需求分析方法,还没有应用到具体的实际型号需求分析中,同时在获取合理的舰船装备使命任务(原始需求)重要度的方法上也没有做深入研究。

(7)解放军蚌埠坦克学院的赵师研究了装备质量需求交互获取、整理及展开的方法,建立了可行有效的装备质量需求交互获取、整理及展开模型,在质量需求结构化整理部分,虽提出了伪需求的概念和过滤伪需求的方法,但其过滤的标准还有待于进一步的研究,方法也需要加以改进。

(8)2000 年日本早稻田大学的 Takumi Aida 和 Setsuo Ohsuga 两位学者发表名为《Model - Based Software Requirements Design》一文,该文指出软件的需求设计是软件开发的第一步。尽管需求是由客户设计的,但是由于客户的知识结构等因素的影响,很难由客户自己轻松地制定出一份需求说明。该研究提出了计算机辅助需求设计系统,很好地解决了这一难题。该项研究为需求综合提供了一套新的方法,即采用计算机辅助需求设计系统来完成需求综合,但是其主要解决的是软件领域的需求问题,并且计算机辅助需求设计系统开发起来,需要投入相当多的人力、物力和财力。

(9)2002 年英国 Lancaster 大学计算机系 Pete Sawyer、Paul Rayson 和 Roger Garside 三位学者在 *Information Systems Frontiers* 发表“REVERE: Support for Requirements Synthesis from Documents”一文,指出需求综合即是从一系列描述需求的文档中综合至关重要的需求项的过程,并研究探索了一种工具 REVERE 来帮助系统工程师完成这项工作。

(10)2003 年美国海军研究实验室的 Leonard 和 Heitmeyer 两名研究员发表了“Program Synthesis from Formal Requirements SpecificationsUsing APTS”一文,该文献指出软件系统的正式需求规格说明是极其重要的,因为通过严格的分析、校核和验证这些需求规格的说明,能够使反映用户期望的软件规格具有很高的置信度。达到将这一置信度转换为实际的资源代码来执行,需要在规格说明与执行之间建立一种正式的连接。文中描述了一种 APTS 工具,能够从不同的需求规格中综合出 C 程序代码。

(11)2005 年英国 Blekinge Institute of Technology 的 Tony Gorschek 和 Claes Wohlin 两位学者在“Requirements Abstraction Model”一文中建立了一种需求提取模型,该模型能够从排列众多的不同层次的需求中提取需求项,然后进行两两比较,确保了需求的可比性,便于在工程项目实施前对需求项进行优先级排列和组合,从而为工程的实施提供重要的需求。

(12)2008 年德国 Des Saarlandes 大学的 B. Finkbeiner, H. - J. Peter 和 S. Schewe 三位学者发表了名为“RESY: Requirement Synthesis for Compositional

Model Checking”一文,提出了一种需求综合的工具 RESY,此工具能够自动计算合成模型检验的环境假设。并且在文章后以一种表格的形式给出了使用 RESY 处理一系列基准的实验结果。该文对于需求综合的研究提供了理论上的支撑以及方法上的指导,尤其是其对于需求综合结果的表现形式值得我们去借鉴。

(13)2008 年美国国防部(DOD)发布 RFID 需求方案说明书,说明书向社会公开发布其实就是相当于投标,美国国防部希望因此更多的厂商成为其供应商以引起供应商间的竞争。武器装备质量需求综合的最终结果也相当于一份需求方案说明书,美国国防部的这一举措表明需求综合的目的和作用是向厂商提供产品的详细需求说明,以便于厂商的研制和生产,并且有助于选择合适的厂商。

这些研究成果为本课题的研究提供了有价值的参考和借鉴,但它们毕竟不是针对装备质量需求综合所做的研究。因此,要达到本章的研究目的,必须遵循正确有效的研究思路。

第二节 装备需求综合的基本概念

德国军事理论家克劳塞维茨在《战争论》中指出:“任何理论首先必须澄清杂乱的、可以说是混淆不清的概念和观念。只有对名称和概念有了共同的理解,才可能清楚而顺利的研究问题,才能同读者常常站在同一立足点上。如果不精确地确定它们的概念,就不可能透彻地理解它们的内在规律和相互关系。”因此为了规范装备质量需求综合研究的内容,明确研究方向,需要对以下基本概念以及原则进行明确。

一、装备质量需求的定义与特点

(一)装备质量需求的定义

质量需求是指:“对所提供产品的要求中,将对于质量的要求用语言来表达的部分。”装备的质量需求是指为了满足军事上的需要并考虑众多非军事因素的约束,而由需求提出者对于车辆质量上提出的具有可行性的要求和期望,且用语言来表达的部分。“装备质量需求包括装备功能需求和非功能需求两个部分,其中功能需求按照层次分为功用层功能需求与指标层功能需求。”

例如,装甲车辆分为装甲战斗车辆与装甲保障车辆,本章以装甲战斗车辆为装备进行研究,后文提到的车辆均指装甲战斗车辆;质量需求是装备需求的一部分，是相对于数量需求而提出的，本书重点是对车辆质量方面的需求进行研究，在后文中提到的需求，如不特别说明，均为质量需求。

（二）装备质量需求的特点

在装备质量需求的获取阶段，可能从各种渠道收集到许多需求项。典型的来源包括车辆的使用人员和维修人员根据作战需要、使用经验提出的新需求和反馈的改进现有车辆缺陷的需求；总部机关或作战部队基于当前国家军事任务定位以及车辆发展规划提出的新需求；车辆研制单位各岗位人员提出的改进建议类新需求等。

“分析”一词在《现代汉语词典》中的意思是“将事物、现象、概念分门别类，离析出本质及内在联系。”在质量需求的分析阶段主要工作是明确获取的需求项本质属性以及彼此之间的相互关系。没有证明这些需求项就是全部可以实现的理想需求项，通过研究后会发现这些需求项具有以下特点。

（1）模糊性。一般来说，期望所有的需求提出者都用专业的、精确的语言来描述所提出的需求是不现实的。需求提出者对于车辆质量上的需求在大部分情况下是不明确、不具体的，通常也会采用诸如“大约”“略高于”“左右”等模糊性的语言进行描述。

（2）风险性。由于装备的研制是一个复杂的系统工程，并且是在一个给定的时间及资源等限制下进行的，有些需求项在实现的过程中不可避免地存在风险，即需求在各种约束下不能实现的可能性以及该需求项所造成不良后果的可能性。

（3）抽象性。需求作为需求提出者的一种期望，对于车辆研制人员来说，有些需求项不够清晰与具体，是十分抽象的，即具体通过哪些技术指标来实现这些需求是极不明确的。

（4）多样性。不同的需求提出者会有着不同的需求，甚至对于相同的需求项、不同的需求提出者也会有着不同的表达形式。此外，从类别上看，有些需求项是功用层功能需求，还有些是指标层功能需求等。这样一来便导致了需求的多样性和差异性。

（5）相似性。在需求多样性的背后也存在着许多相似性，包括指标层功能需求项的相似性，非功能需求项之间的相似性，等等。

（6）相关性。需求项之间存在着相互协作、相互冲突等相关关系。例如，某个需求提出者提出强化某一项需求的同时，就必须弱化他人提出的需求，或者为了实现某项需求就必须同时放弃其他的需求。

二、装备质量需求备选方案的定义与特性

装备质量需求备选方案是指由分析过的需求项组成的需求系统。

质量需求备选方案作为上级决策时的参考,应具有整体性、层次性、确定性、一致性、开放性、跟踪性等目标特性。

(1)整体性。需求备选方案作为一个需求系统,是由需求项按照一定关系组成的有机整体。

(2)层次性。需求备选方案中的需求项应当具有一定的逻辑层次,以便于梳理和理清内部关系,同时也便于方案的评价与决策。

(3)确定性。需求备选方案中的需求项对于车辆研制者来说,应当是清晰具体的。

(4)一致性。需求备选方案中需求项之间不能存在明显的或隐含的矛盾。这些矛盾可能表现在描述内容方面的冲突,功能、行为特征方面的冲突,以及与其他层次需求的冲突等。

(5)开放性。需求备选方案的格式及内容组织形式应该保证后续其他工作能够较容易、协调地进行,并较好地保持其他几项属性。

(6)跟踪性。需求备选方案必须将其中的需求项与作战任务及需求提出者的原始要求清晰地联系起来,为后续的开发工作及其他文档资料对这些需求项的引用提供方便。

三、装备质量需求综合的定义

“综合”一词在《现代汉语词典》中的意思是“把分析过的对象或者现象的各个部分、各个属性联合成一个统一的整体,跟‘分析’相对”。

本书将装备质量需求综合定义为遵循一定的原则,将分析过的装备质量需求过滤并变换为若干个质量需求备选方案的过程。

它表现为一个由粗到精、由模糊到清楚、由抽象到具体、不断进化的过程。主要包括的工作有过滤、聚类、冲突处理及展开。

从当前的研究情况来看,对于装备需求方案形成的描述有“需求方案拟制”“需求方案生成”“需求方案设计”等。“需求方案拟制”是一个从理想需求集合中提取若干需求条目并组成需求方案的过程,这个过程虽然能够产生多个不同侧重点、不同发展需要,以及不同约束条件下的需求方案,但“拟制”过程注重的是从需求集当中有选择的提取,本书研究的需求备选方案是在对分析过的所有质量需求进行过滤等一系列处理的基础上形成的,这样一来得到的需求备选方

案更加的完备;“需求方案生成”是对需求方案的设计过程进行求解,得到若干个可能的需求方案的过程;而“需求方案设计”仅仅是通过需求映射来得到类似需求方案的需求详细规格说明书,对于原始需求项中存在的很多问题没有予以解决。

这里之所以采用“综合”一词来表示需求备选方案形成的过程,是因为这个过程是建立在经过了需求分析环节后的基础之上,并且作为这个过程最终结果的需求备选方案是由分析后的原始需求项经过过滤并变换后组合而成的需求系统。作为系统来说,本身必须具备整体性等特性。因此,这个过程与“综合”的含义最为接近。

装备质量需求综合的目的在于形成若干个质量需求备选方案,从而为上级决策部门进行方案优化、评价与决策提供参考。

四、装备质量需求综合的原则

在对装备进行需求综合的过程中应遵循以下原则。

(1)可行高效原则。在装备质量需求综合的过程中,要始终以提高车辆的整体作战效能为导向,并且需求综合的结果必须是切实可行的,包括技术可行、经济可行、周期可行等。因为需求项只有建立在可行高效的基础上才能实现并且满足作战需要。因此,在综合的过程中要统筹考虑影响车辆效能的各种因素及需求项实现过程中的约束条件。

(2)“遗传继承”原则。在需求综合的过程中,必须保证下层次的需求满足上层需求,即功能需求必须满足一定的作战任务需求,指标层面的需求必须满足功用层面的需求。

(3)去伪存真原则。在需求综合的过程中,必须剔除那些不符合需求的定义,以及与特定作战任务对车辆发展的真实要求有重大偏差的需求项。

(4)由模糊到清晰原则。在需求综合的过程中,应当使得原本模糊抽象的需求项逐步变换为清晰具体的性能指标。因为车辆的研制往往是从指标层面进行的,指标本身具有度量的含义,便于实际使用。

(5)一致性原则。在需求综合的过程中,应当根据需求项内部的关系,采用适当的方法妥善处理需求项之间的冲突,包括同层次需求项之间的冲突及本层次与其他层次需求项之间的冲突,从而使需求备选方案整体显得协调一致。

(6)层次有序化原则。在需求综合的过程中,应当采用适当的方法使得原本杂乱无章的需求集变得有序、有条理、层次分明,以便于梳理和理清内部关系。

(7)定性到定量原则。在需求综合的过程中,应当将能够量化而却定性表达的需求项定量表达出来,定量的需求项便于实际使用,具备可操作性。

第三节　装备需求综合的方法

一、需求过滤

(一)需求过滤的概念

需求过滤(Requirements Triage)一词来源于国外软件需求工程领域,其中过滤(Triage)一词在《牛津高阶英汉词典》中的基本含义为“分类、筛选、提炼”,与需求联系在一起时译为“过滤”,需求过滤的基本含义即对各种来源、形形色色的需求项进行分级与筛选。

由于在需求获取阶段,收集到的需求数目庞大,而需求分析阶段仅仅是明确了这些需求项的各种性质以及相互关系,并没有对其做出任何的限制。为此,在这些需求项中不乏存在着大量的冗余和一些错误的、不必要的需求项,并且在车辆研制生产过程中,通常没有资源和能力实现所有的需求项,需要进行过滤和剔除部分需求项。需求过滤的另一个原因在于很多需求项在实现的过程中可能存在着很高的风险性,而装甲战斗车辆的研制是在一个给定的时间和资源下进行的。为此,在质量需求综合过程中,首先需要在需求分析的基础上对原始的需求项进行过滤。

(二)需求过滤的目的与意义

针对分析后的装备质量需求特点,遵循可行高效原则与去伪存真原则对需求项进行过滤,目的在于明确哪些需求项是可行及可以接受的,哪些需求项是研制装备过程中必须要得到实现的,哪些需求项对于装备研制或者改进的目标是无关紧要或者此需求项的实现极具风险的,为需求综合过程中下一步工作进行安排备选需求项。

采用适当的、可操作的过滤方法对原始需求进行筛选,主动安排备选需求项是保证按时保质完成装备需求综合工作的重要策略之一。这里以装甲战斗车辆质量需求过滤为例进行说明。

(三)需求过滤的准则与方法

1. 需求过滤的准则

在对经过分析后的装甲战斗车辆质量需求过滤时，应当按照一定的准则来进行，结合前面章节需求过滤环节的内容，将准则定为应剔除需求集当中的冗余部分、伪需求部分，以及从可行性、重要性与风险性角度对需求项进行评定，根据评定值进行分级与筛选。

2. 需求冗余部分的过滤

一般来说，分析后的质量需求从总体上来看缺乏系统性，既笼统又模糊，而且还存在着大量的冗余。此处冗余即指大量的质量需求中重复的部分。本书第六章指出装甲战斗车辆质量需求之间具有三种关系即包容、交叉与独立。

因此，可以在具有包容关系的需求中，将被包容的质量需求去掉；在存在交叉关系的需求中将某项需求处于交集的那部分去掉，此时就可以构建一个新的质量需求。这样就实现了消除冗余。

3. 需求分级与筛选

对于收集到的质量需求难免会存在伪需求，即需求提出者提出的对车辆质量上的期望和要求，虽然进行了记录，但并不符合质量需求的定义，这部分需求称为伪需求，文献中已对伪需求的过滤方法进行了详细介绍，在此不再赘述。关于从可行性角度对装甲战斗车辆的质量需求进行过滤，在本书第六章中也已做出了详细介绍，这里不再赘述。

在剔除了装甲战斗车辆质量需求集当中的冗余部分、伪需求部分以及从可行性角度进行了初步过滤后，还需要从重要性以及风险性两个角度对其继续进行过滤。需求重要性是针对一个特定的作战背景或者上层需求，需要评定的装甲战斗车辆的质量需求在完成作战任务或满足上层需求中所处的地位和所起到的作用；风险性即需求项的引入不能实现车辆研制以及改进目标，或者会导致严重后果的可能性。主要的步骤包括建立指标体系、指标等级的划分与量化、评定与筛选需求。

(1)建立指标体系

这里将重要性的两个方面以及风险性的三个方面作为需求过滤的指标。质量需求的重要性主要从两个方面进行衡量，一方面是该需求对完成某个特定的作战任务或满足上层需求所占的重要程度；另一个方面是假设缺乏该需求或该需求不能实现，那么对完成特定作战任务或满足上层需求产生的影响。需求风险性与诸多因素有关，由于装甲战斗车辆的研制是一个庞大而复杂的系统工程，涉及许多先进的科学技术，某些需求的引入会使得车辆在研制过程中的风险加大。例如,需求不能在预期的时间内实现,致使车辆迟迟不能交付部队使用,或者主要的战术技术指标达不到作战任务的要求。按照工程项目的风险种类,可将需求风险分为技术风险、费用风险和进度风险三个方面。技术风险主要指需求在实现的过程中存在的影响车辆性能水平的风险,这里的性能水平指满足作战使用要求所必须具备的性能水平;费用风险指需求实现过程中在其费用目标方面突破预算可能性的风险;进度风险主要是指因估算和分配的工作时间不足而使得需求的实现不能按期完成的风险。在风险的这三个方面中,费用风险与进度风险经常是技术风险的反映,技术风险常为决定性因素,主宰着费用风险和进度风险。

(2)指标等级的划分与量化

在对定性的属性进行比较时,通常人们的判断趋向相当、较好、好、很好和最好这类语言表达,类似有较差、差、很差和最差等 9 个等级用来表示。心理学家 G. A. Miller 经过实验证明,在某个属性上对若干个不同物体进行辨别时,普通人能够正确区别的等级在 5 级至 9 级。因此,一般在定性属性划分等级时推荐取 5 级至 9 级。在装甲战斗车辆质量需求指标等级划分时采用 5 个等级,等级的值采用 0 到 10 中相间隔的整数来表示,如 1、3、5、7、9。表 9 - 1、表 9 - 2 就是从两个方面对质量需求的重要性进行等级描述。

表 9 - 1　需求重要性等级 1

等级	1	3	5	7	9
描述	不重要	一般	重要	比较重要	很重要

表 9 - 2　需求重要性等级 2

等级	1	3	5	7	9
描述	不大	一般	大	比较大	很大

在对质量需求进行评定时,对于完成特定的作战任务或满足上层需求所占的重要程度由第 1 等级“不重要”到第 5 等级“很重要”,第 1 等级和第 5 等级数量值分别为 1 和 9。通常接近 10 的值是为影响度极大的需求保留的。例如,某质量需求在完成特定作战任务或者满足上层需求中处于核心的地位,那么它的重要性程度可以定位“很重要”,赋予值为 9。

同样,对质量需求风险性的三个方面分别建立 5 个等级的量化值,见表 9 - 3、表 9 - 4、表 9 - 5。

表 9-3 需求技术风险等级

等级	1	3	5	7	9
描述	很高	比较高	高	一般	不高

表 9-4 需求费用风险等级

等级	1	3	5	7	9
描述	很高	比较高	高	一般	不高

表 9-5 需求进度风险等级

等级	1	3	5	7	9
描述	很高	比较高	高	一般	不高

(3)评定与筛选需求

装甲战斗车辆质量需求涉及军方的部门和人员众多,例如总部机关、作战部队、科研院所等,而各部门人员例如顶层设计人员、作战使用人员、论证人员等在需求论证工作中所处的角色不同,其对质量需求的关注点也就不同,这些不同角色的人员在对质量需求的认识方面并不总是能够达成一致。如果仅仅由装甲战斗车辆论证人员对收集到的质量需求进行评定,一定程度上会脱离车辆的作战使用人员,这就难免会出现经过筛选的质量需求并不是作战人员真正的质量需求等问题,使得需求评定工作失去公正性和正确性,因此,为了使质量需求的评定更加公正与正确,必须充分理解各类人员在质量需求评定活动中的要求,按这些类别人员的划分组成不同的需求评定小组,形成多方参与的需求评定环境,从不同的角度和出发点对质量需求进行评定。

以需求重要性与风险性指标的量化等级作为参考,对一组需求的重要性以及风险性指标进行量化打分。量化值为从 0 到 10 的任意刻度值,如果某需求项对于完成特定的作战任务占据重要的地位,那么其重要性可以被赋予任何等于或者高于“重要”这一等级的刻度,即从 5.0 到 9.9 都是可以的。一般 0 和 10 这两个数值不用,除非是极为特殊的情况,如该需求项“很重要”可被赋予 9.0,若该需求处于相当核心的地位可以被赋予 9.0 以上的值。根据量化的指标值进行标准化与线性加权,得到单个需求重要性的最终得分。下面以一组功能需求为例来说明。

为了研制满足在某特定环境下作战任务的装甲战斗车辆,通过各种途径获取的一系列功能需求集合为 $F=\{FR_1,FR_2,\cdots,FR_n\}$,对于每一条功能需求从其重要性两个方面及风险性三个方面共五个指标进行评定，得出指标的量化值，第 i 个需求的指标值为 $\{X_{i1}, X_{i2}, X_{i3}, X_{i4}, X_{i5}\}(1 \leqslant i \leqslant n)$，见表 9 - 6。

表 9 - 6　需求指标评定

需求	重要性		风险性		
	C_2	C_2	C_3	C_4	C_5
FR_1	X_{12}	X_{12}	X_{13}	X_{14}	X_{15}
FR_2	X_{22}	X_{22}	X_{23}	X_{24}	X_{25}
FR_i	X_{i1}	X_{i2}	X_{i3}	X_{i4}	X_{i5}
FR_n	X_{n1}	X_{n2}	X_{n3}	X_{n4}	X_{n5}

需求评定人员对于以上功能需求进行评定后，采用线性刻度转换对每列单个指标进行标准化。

需求指标的评定是为了确定哪些需求是应当剔除的。单个指标评定值的 X_{ij} 转化的结果是：

$$\overline{X}_{ij} = \frac{X_{ij}}{\max(X_j)} \ (i = 1, 2, \cdots, n; j = 1, 2, 3, 4, 5) \tag{9-1}$$

式中，$X_j = (X_{1j}, X_{2j}, \cdots, X_{nj})$。这种方法的优点在于所有的结果都进行了线性转化，结果的相对顺序得以保留。

下面需要根据不同情况进行考虑：

当对技术要求比较苛刻（如若其中一项指标不能实现将对整个方案的实施产生严重影响）而对费用和进度要求比较宽松时（如当费用超出预算时可以适当追加费用，时间比较紧张时可以适当延期），此时技术风险是首要考虑的因素，其他方面是次要考虑的因素。将其他四项量化指标通过线性加权计算每项需求的综合评定值，用 Z_i 表示，其计算结果为

$$Z_i = \sum_{j=1}^{4} W_j \overline{X}_{ij} (i = 1, 2, \cdots, n) \tag{9-2}$$

式中，W_j 表示第 j 个评定指标在 4 个评定指标中所占的权重系数，即 $\sum\limits_{j=1}^{4} W_j = 1$。

计算指标权重的办法有多种，例如层次分析法、专家意见法、Delphi 法，由于层次分析法的个人主观看法对于结果的影响较少，同时考虑到指标的复杂性以及结果的有效性，这里采用层次分析法来确定指标的权重。具体的步骤如下。

步骤 1　对其 4 个评定指标进行两两比较，得到相对重要性矩阵 $\boldsymbol{A} = (a_{ij})$，$a_{ij}$ 表示评定指标 X_i 与 X_j 的相对重要性比值。作为比例标度表示的每个评定指

标的相对重要程度,见表9-7。

表9-7 评定指标相对重要性标度

标度	含义
1	两指标比较,具有相同的重要性
3	两指标比较,前者比后者稍重要
5	两指标比较,前者比后者明显重要
7	两指标比较,前者比后者强烈重要
9	两指标比较,前者比后者极端重要
2,4,6,8	以上判断的中间值

步骤2 根据相对重要性矩阵 **A**,计算每个评定指标的权重,这里采用方根法如下,W_i 表示各个指标的权重。

$$W_i = \frac{\sqrt[n]{\prod_{j=1}^{n} a_{ij}}}{\sum_{i=1}^{n} \sqrt[n]{\prod_{j=1}^{n} a_{ij}}} \tag{9-3}$$

步骤3 计算矩阵 **A** 的最大特征根 $\lambda_{\max}$,如下

$$\lambda_{\max} = \sum_{i=1}^{n} \frac{(\boldsymbol{A}W_i)}{nW_i} \tag{9-4}$$

步骤4 进行一致性检验,见表9-8。

表9-8 1~7阶矩阵的平均随机一致性指标

阶数	1	2	3	4	5	6	7
RI	0.00	0.00	0.58	0.90	1.12	1.24	1.32

当 $CR = CI/RI < 0.10$ 时,判断矩阵 **A** 具有一致的满意性,否则就必须对其重新进行调整。

需求评定结束后,按照需求评定的值进行由高到低排序,形成需求列表,这里设计了需求列表,其描述如下。

需求列表的结构如下:

$$R = (R_1, \cdots, R_i, \cdots, R_n)$$

$$R_i = (R_1, R_2, R_3)$$

其中 R_i 代表第 i 条质量需求，n 为质量需求的数目，R_1、R_2、R_3 表示质量需求的几条重要属性，即需求的类型、来源、评定值。这些属性为需求的过滤提供重要的依据。

根据需求评定指标等级的划分，确定需求列表中每项需求的评定值等级。在对需求评定值等级进行划分时，划分等级的数目要适当。等级划分过多会导致资源的浪费；等级划分太少，则跨度太大，会造成精确度下降。这里按照需求的评定值，将需求的评定值等级划分为 5 个等级。如表 9－9 所示。

表 9－9　需求评定值等级

需求评定值等级	评定值
等级 1	0.90～1.0
等级 2	0.70～0.89
等级 3	0.50～0.69
等级 4	0.20～0.49
等级 5	0～0.19

等级 1 表示需求评定值非常高，在一组需求中占有核心位置，重要性高且风险小，需求评定值等级随着评定值从等级 1 到等级 5 逐渐递减。

根据技术的具体要求和各需求项的等级进行综合取舍。例如，最高可以接受技术风险 5 级，当技术风险再高时则无法接受，此时以技术风险 5 级为下限对低于 5 级的风险进行剔除，对满足技术风险要求的需求项综合考虑其评定等级，如考虑到评定等级为 4 级以下的需求项重要性较低，同时费用、进度风险较高可以剔除，根据以上原则可以对需求项进行相应的取舍，如表 9－10 所示。

表 9－10　综合技术风险下需求评定值等级

需求	综合评定等级	技术风险	选取需求
FR_1	R_1	X_{12}	√
FR_2	R_2	X_{22}	×
FR_i	R_i	X_{i2}	√
FR_n	R_n	X_{n2}	…

同样，当对费用或进度要求比较苛刻时，运用同样的方法对相应的需求项进行取舍。

当对技术、费用、进度中的两项或全部要求都较苛刻时,则按照式(9-2)的方法,将所要重点考虑的指标组成一组,对需求进行加权计算作为首要综合评定值,将其他次要指标值作为一组,对需求进行加权计算作为次要综合评定值,而后根据具体要求进行综合取舍。

如对技术、费用两项要求都较苛刻,则

$$Z'_i = \sum_{j=1}^{2} W'_j \overline{X}_{ij} \quad (i = 1,2,\cdots,n)$$

W'_j表示第 j 个评定指标在技术及费用两个评定指标中所占的权重系数。

$$Z_i = \sum_{j=1}^{3} W_j \overline{X}_{ij} \quad (i = 1,2,\cdots,n)$$

W_j 表示第 j 个评定指标在其余三个评定指标中所占的权重系数。

根据技术和费用的具体要求和综合评定等级进行综合取舍,见表 9-11。

表 9-11　综合技术与费用要求下需求评定值等级

需求	综合评定等级	首要综合评定值 Z'_i	选取需求
FR_1	R_1	Z'_{12}	√
FR_2	R_2	Z'_{22}	×
FR_i	R_i	Z'_{i2}	√
FR_n	R_n	Z'_{n2}	…

在对质量需求进行筛选之后,由于不同的需求评定小组对于需求的筛选不可能完全一致,从而对于剔除的需求项也存在着差异。因此,质量需求的过滤是一个不断迭代的过程,需要各评定小组对一些筛选不一致的需求进行反复的协调,调整需求的取舍标准,以形成共同认可的一致结果。具体的过程如图 9-1 所示。

一般来说,各组对于大部分需求的评定值等级的确定是一致的,不一致的需求只是一小部分,这些等级不一致的需求评定值主要集中在两个等级的邻域内。在一致性检验中将这些需求标识出来,经过各小组多轮协商,对需求的评定值进行适当调整,使得需求评定值等级划分趋向一致,形成所有质量需求相关人员共同认可的需求评定值等级列表。

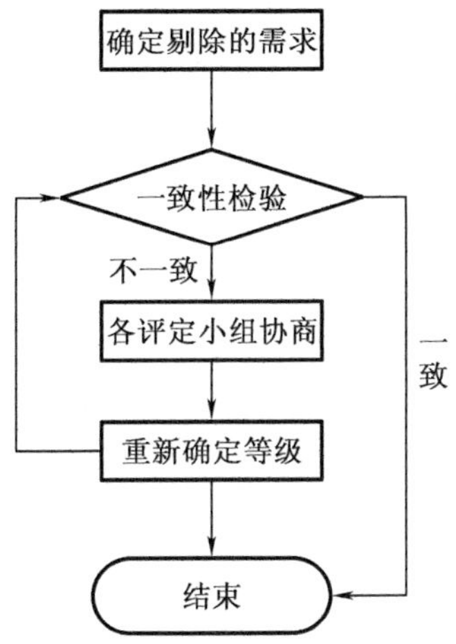

图 9-1　质量需求筛选的过程

为了使形成的最终需求评定值等级能达成一致，这里引入专家权重，即根据专家的经验和知识结构水平，对专家的评判结果进行采纳的比例。综合专家权重及其对需求的评定值，得到每条需求的最终评定值。得出

$$\overline{Z} = \frac{1}{N}\sum_{k=1}^{N}\sum_{i=1}^{m} z_i w_i \qquad (9-5)$$

其中，m 为小组中需求评定专家的人数；$z_i(i=1,2,\cdots,m)$ 为小组中第 i 个专家对需求的评定值；w_i 为一个小组中第 i 个专家所占的评定权重，N 为小组的组数。

(4)评定与筛选需求方法示例

这里，为了更加简单直观地说明筛选方法，将需求项大幅度减少为 4 项，对应的 5 个指标量化值见表 9-12。

表 9-12　指标量化值表 1

需求	重要性		风险性		
	C_1	C_2	C_3	C_4	C_5
FR_1	5	9	4	7	5
FR_2	7	1	5	7	3
FR_3	5	5	5	5	7
FR_4	5	5	3	5	5

其中对费用和技术的要求比较苛刻，经式(9-1)处理后所得结果见表 9-13。以 C_1、C_2、C_5 为一组，C_3、C_4 为一组分别求取相应的权重，填入表 9-12 中。

分别计算第一组的综合评定值，并按表9－9进行等级划分，计算首要评定值，将具体数据填入表9－14。

表9－13　指标量化值表2

需求	重要性		风险性		
	C_1	C_2	C_3	C_4	C_5
FR_1	0.71	1	4	7	0.71
FR_2	1	0.11	5	7	0.43
FR_3	0.71	0.56	5	5	1
FR_4	0.71	0.56	3	5	0.71
权重	0.3	0.4	0.6	0.4	0.3

表9－14　需求筛选表

需求	综合评定等级	首要综合评定值 Z_i'	选取需求
FR_1	2	5	√
FR_2	4	6	×
FR_3	2	5	√
FR_4	3	4	×

当费用和技术风险较高时，则不能被接受，具体界限的确定要考虑工业水平、客观实际、相关要求等制约因素。这里假设当其首要综合评定值小于5即风险较高时不能满足相关要求，因此剔除需求项 FR_4，此时需求项 FR_1、FR_2、FR_3 均满足技术和费用的要求，下面重点考察需求项的评定等级。当评定等级为4及4以下时，评定值在0.5以下，那么对于重要性较小、且风险较高的考虑剔除，而保留等级4以上的需求项，最终将评定结果填入上表。

因此经过滤后，只有需求项 FR_1、FR_3 满足要求，予以保留。

二、需求聚类

（一）需求聚类问题的提出

装甲战斗车辆质量需求是有层次的，收集到的质量需求经过过滤后，总体上存在杂乱无章、缺乏系统性、层次性等问题。根据本章第二节中经过分析的质量需求具有多样性及相似性等特点，也就是说即使对于改进或研制同一型号装甲战斗车辆，不同的需求提出者也会提出众多内容有差异但要求相近的需求项，即这些需求项既具有个性也具有共性。然而由于需求备选方案中的需求项必须具有一定的整体性、层次性，即需求备选方案必须覆盖经过滤后的所有需求项，并且需要对广而泛的需求项进行处理，从而尽量减少内部需求项的多样性，并使得这些需求项具有一定的逻辑层次，这样才便于论证人员梳理和理清内部关系，同时也便于方案的优化、评价与决策。

为此，在需求综合过程中，需要遵循层次有序化原则与模糊到清晰原则，结合需求项之间的差异性和相似性，对众多的需求项进行聚类，即按照需求项的某些属性，把一个没有标记的需求项样本集按照某种准则划分成若干个子集（类），使得相似的需求项尽可能地归为一类，而不相似的需求项尽量划分到不同的类别中。

当前，关于装甲战斗车辆质量需求聚类的研究中，通常采用树状图表示法或者根据需求获取与分析通用模型来进行聚类，这些方法比较适用于定性表达的需求项聚类，但主观性比较强，且对于大量模糊且定量表达的需求项也不适用，如何对这些定量表达的需求项进行聚类是目前研究的前沿。

（二）基于 KJ 法与需求树模型的需求聚类

根据本章第二节介绍的装甲战斗车辆质量需求相关的概念得知，收集到的装甲战斗车辆质量需求是需求提出者对于车辆功能和非功能方面的要求与期望，其中功用层功能需求往往多为定性描述，而对于指标项目层功能需求与非功能需求来说，这些需求项往往既包含定量的指标又包含着定性的描述。为此，这里首先引入 KJ 法与需求树模型，对于杂乱无章的质量需求进行定性整理，统合需求信息。

KJ 法是日本川喜田二郎博士所开发的一种需求整理方法，其目的是发掘需求之间潜在的结构关系，使需求自行聚类形成分组。

KJ 法的基本思想和具体步骤在第六章中已做出详细介绍，在此不再赘述。

虽然 KJ 法可以对杂乱无章的需求项进行整理，但当需求项数量过多时，这种方法操作起来比较烦琐；同时 KJ 法只是对需求项进行定性整理，因此具有一定的局限性。

根据第二节中装甲战斗车辆质量需求的定义得知，由于装甲战斗车辆的质量需求是需求提出者基于车辆所需满足的军事需要及非军事因素的约束而提出的。因此就装甲战斗车辆而言，其需求项内容必然会涉及完成作战任务所必须满足的机动性能、火力性能、防护性能、信息性能及保障性能等方面。因此,可以事先根据装甲战斗车辆的具体类型及其具体作战任务,对质量需求项进行预先分类。将所有质量需求项按照不同类别进行筛排,当某个需求项不属于其中任何一类时,则将此需求项单独放置一边。然后再按照 KJ 法的相应步骤,对需求项进行进一步细化和整理。

经过对需求项进行预先分类,再进行 KJ 法处理后,不仅提高了需求项整理时的速度,同时也相应减小了工作量,提高了工作效率,对于操作者的相应经验要求不高,从而降低了操作难度。

下面以某型坦克车辆为例对改进后的 KJ 法进行简要说明。将调研得到的某型坦克质量需求记录在卡片上。根据对此型坦克的分析,预先将需求项分为机动性能、火力性能、防护性能、保障性能 4 类。为了简化,本例中质量需求的数目被大幅度减少为 24 个,如图 9 - 2 所示。

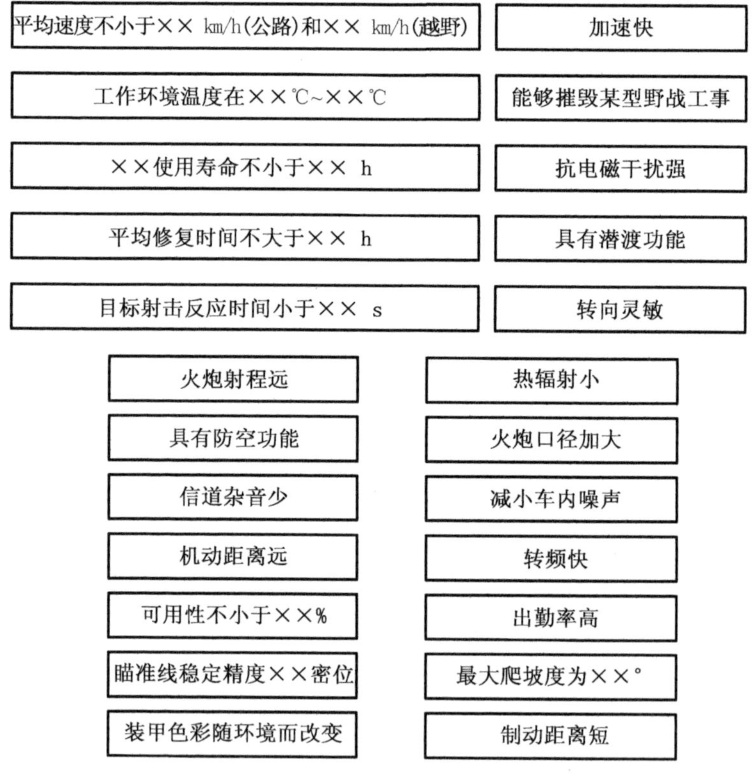

图 9 - 2　某型坦克质量需求示例

首先按照预先分类,对需求项进行筛选,此时应用 KJ 法对没有被分类的“抗电磁干扰强”“信道杂音少”“转频快”进行处理，发现它们应同属于“信息性能”的范畴，同理，“工作环境温度”“减少噪声”被分为人机环工程组。需要强调的是，信息性能组与人机环工程组事先并没有命名标题，而是通过 KJ 法命名这个组的标题，上例中的质量需求经过 KJ 法整理后如图 9－3 所示。

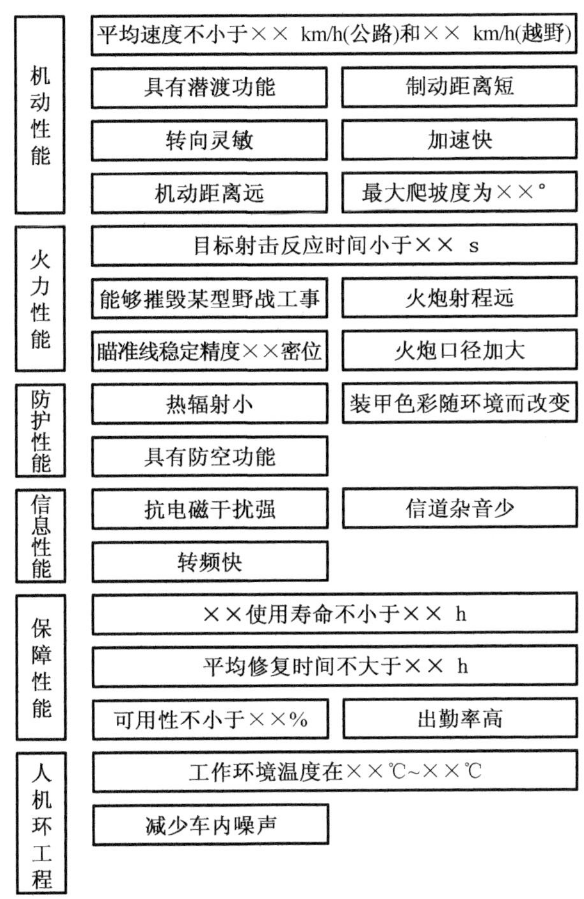

图 9－3　某型坦克质量需求经 KJ 法初步整理后的结果

通过大体的分类之后，对每个组中的需求项再按照 KJ 法的步骤由下到上进行分类。以图 9－3 中的火力性能组为例，火炮射程远与火炮口径加大需求项属于火炮性能；瞄准线稳定精度与射击反应时间需求项属于火控性能；能够摧毁某型野战工事属于弹药性能；而火炮性能、火控性能与弹药性能又都属于火力性能。

需求树模型其目的主要是更加清晰地表示 KJ 法的需求分组，从而发现需求层次上的不一致，挖掘潜在的需求，识别缺省需求。需求树允许添加、摒弃或者解释质量需求，以获得一个完整的需求结构，其基本步骤如下：

步骤1 通过KJ法整理的质量需求按照水平的高低自左向右排列；

步骤2 调整水平节点，尽量使得同一个水平节点所代表的需求抽象程度大致相同，并且同一节点所表达的内容应相互独立；

步骤3 观察每个节点所包含的需求项目，添加缺省和潜在的质量需求，并且注意每个节点下的需求条目应同属于一类。

需求树模型中各层次的需求项之间具有独立性，这里的独立性是指任何层次的需求项增减都不会影响原有需求树的组织结构，并且通过该类模型，需求论证人员易于发现需求项之间的相关性。

在通常情况下，在运用KJ法与需求树模型对质量需求进行定性整理聚类之后，会发现即使在有些节点下的质量需求属于同一类，即可能是对于车辆同一个方面提出的需求项，但由于不同的需求提出者提出的具体要求和期望不同，并且对于一项具体的质量需求，其需求项的指标属性通常混合着定性与定量这两类属性。例如，不同的需求提出者对某型号的坦克火炮射程提出了不同数值的明确要求，对于其命中率则用“很高”“较高”等模糊性词汇来表达；对于公路最大行程用“大约多少”“不低于多少”等词语。因此，还需要按照某种标准将这部分需求加以分类，但是当前的各种聚类算法都无法对这些模糊表达的属性指标直接进行相似度计算，若只用一个具体的数值来表达并不能真实地反映需求提出者提出的需求，会使得聚类产生错误分类。

（三）基于三角模糊数的需求聚类

1. 装甲战斗车辆质量需求聚类的数学模型

从数学的角度来刻画质量需求的聚类问题，可以得到如下的数学模型。

设 $X=\{x_1,x_2,\cdots,x_n\}$ 是待聚类的装甲战斗车辆质量需求全体，即论域 X 中的每个需求项 $x_i(i=1,2,\cdots,n)$ 通常用 m 个特性指标来刻画，即 x_i 可由一个 m 维的特征向量来表示，即

$$x_i=(x_{i1},x_{i2},\cdots,x_{im}) \tag{9-6}$$

其中，$x_{ij}(j=1,2,\cdots,m)$ 表示第 i 个质量需求的第 j 个特性指标值。论域 X 中 n 个质量需求所有特性指标构成的一个特征矩阵 $\boldsymbol{X}^*$，即

$$\boldsymbol{X}^*=\begin{bmatrix} x_{11} & x_{12} & \cdots & x_{1m} \\ x_{21} & x_{22} & \cdots & x_{2m} \\ \vdots & \vdots & & \vdots \\ x_{n1} & x_{n2} & \cdots & x_{nm} \end{bmatrix} \tag{9-7}$$

装甲战斗车辆质量需求聚类就是就是分析论域 X 中的 n 个需求项所对应的

特征向量之间的相似性，按照各个需求项之间的亲疏关系把 $x_1, x_2, \cdots, x_n$ 划分成多个不相交的子集 $X_1, X_2, \cdots, X_c(c<n)$，并且满足下列条件，即

$$X_1 \cup X_2 \cup \cdots \cup X_c = X, X_k \cap X_l = \varnothing, 1 \leqslant k \neq l \leqslant c \tag{9-8}$$

在通常情况下，普通对象 $x_i(1 \leqslant i \leqslant n)$ 对子类 $X_k(1 \leqslant k \leqslant c)$ 的隶属关系可用隶属函数进行表示，即

$$\mu_{X_k}(x_i) = \mu_{ki} = \begin{cases} 1 & x_i \in X_k \\ 0 & x_i \notin X_k \end{cases} \tag{9-9}$$

一般情况下的聚类是把每个待辨识的对象严格地划分到某类中，具有"非此即彼"的性质，这种类别的划分其界限是非常明显的，但是由于质量需求中，需求项之间的界限往往是不分明的，存在着"亦此亦彼"的中介性，即模糊性。因此，利用模糊数学的方法对其进行聚类，更符合客观实际。这里采用基于模糊传递闭包的模糊聚类算法，与其他的聚类算法相比，其优点在于既不需要建立复杂的目标函数和确定初始解，同时也不需要建立太多的约束条件。

模糊划分是将论域 X 划分成 c 个模糊子集 $\widetilde{X}_1, \widetilde{X}_2, \cdots, \widetilde{X}_c(c<n)$，并将隶属函数从 0,1 二值扩展到[0,1]区间，即表示为

$$E_f = \{\mu_{ki} | \mu_{ki} \in [0,1]; \sum_{k=1}^{c} \mu_{ki} = 1, \forall i; 0 < \sum_{k=1}^{c} \mu_{ki} < n, \forall k\} \tag{9-10}$$

一般来说，模糊数分为普通模糊数、三角模糊数、L－R 模糊数、区间数、梯形模糊数等，在这几种模糊数中，三角模糊数的运算相对来说比较简便，故在实际应用中比较广泛。为此，这里采用三角模糊数对质量需求进行聚类处理。

2. 装甲战斗车辆质量需求属性指标的处理

(1)质量需求定量指标的处理

装甲战斗车辆质量需求中定量的指标即为数量化的指标，如平均越野时速、火炮射程、首发命中率等。通过对调研获取的车辆质量需求进行分析后，发现需求提出者在对这类属性指标的表达一般变现为以下四种形式之一：

①模糊数值表达，如：公路平均速度每小时大于×× km、0～32 km/h 加速时间小于×× s、最大上坡度大约为××°等；

②区间数值表达，如：自动装弹机自动装弹速度为××～××发/分、火控系统中激光测距仪测距范围在××～×× km 等；

③模糊级别表达，如：车内噪声小、可靠性高；

④精确数值表达，如：需求提出者严格制定火炮的口径，这类表达方式通常来自专业人员。

利用三角模糊数对定量指标的模糊表达进行如下处理：

设某质量需求项为"大于数值 a"，可转换为三角模糊数为$(a, a+\tau, a+\sigma)$；

需求项为 a，转换成三角模糊数为$(a-\sigma,a,a+\sigma)$；需求项为“小于 a”，转换成三角模糊数为$(a-\sigma,a-\tau,a)$；需求项“在数值 a 和 b”之间，转换成三角模糊数为$(a,a+b/2,b)$，其中$(0<\tau<\sigma)$为经验参数，由装甲战斗车辆的需求论证人员根据车辆作战和使用的需要结合具体的车型以及设计经验来确定。例如对于某型坦克质量需求中 125 mm 火炮的质量指标“大约是 2 400 kg”，取 σ 为 48，则将模糊需求项转换为三角模糊数(2 352,2 400,2 448)。而对于模糊级别的表达，由装甲战斗车辆质量需求论证人员按照车辆的作战要求与使用经验，结合具体的车型，为该级别指派一个区间数。例如，某质量需求为“车内自动灭火装置感受器反应灵敏”，需求论证人员可以根据该车型的实际情况给出一个合适的区间范围(1 ~5 s)。

(2)质量需求定性指标的处理

装甲战斗车辆质量需求中定性的指标是指那些描述性的指标，例如安全性、环境适应性等。通过调查研究发现装甲战斗车辆的质量需求提出者对这类需求项的表达更多的是用符合语言习惯的模糊语言形式，例如“可靠性较高”“环境适应性好”等。

对于研制某新型坦克的质量需求中，设有 m 项为定性需求，记为$\{g_1,g_2,\cdots,g_m\}$，每个定性需求项 $g_i(1\leqslant i\leqslant m)$包含 L_i 个离散的模糊短语构成的模糊短语集 $T(g_i)=(g_i^1,g_i^2,\cdots,g_i^{L_i})$，$g_i^q$ 为 L_i 个离散的模糊语言中的任何一个，其中 q 为模糊语言短语的序号，且 $1\leqslant q\leqslant n$。将 g_i^q 转换为三角模糊数 $\tilde{\theta}_q$ 的方法如下：

$$\tilde{\theta}_q=(\max(f-ts,0),f,\min(f+ts,1)) \tag{9-11}$$

式中，$s=\dfrac{1}{[2(L_i-2)]}$，$f=\min\{\max[(2q-3)s,0],1\}$，$t\geqslant 1$ 且通常取整数的参数。

当 $t=2$ 时，式(9 -11)转换的由 5 个模糊语言短语构成的语言短语集 $T(X)$ 中每一个语言短语对应的三角模糊数。

3. 装甲战斗车辆质量需求聚类的步骤

步骤 1　利用 KJ 法与树状图法首先对杂乱无章的质量需求进行定性的整理，统合质量需求信息，而后对其进行聚类，见表 9 -15。

表 9 -15　质量需求语言短语集 $T(X)$ 中语言短语及其对应的三角模糊数

语言短语的等级序号/q	语言短语集 T/X	三角模糊数/$\tilde{\theta}_q$
1	低	(0,0,0.17)
2	较低	(0,0.17,0.50)

表 9－15(续)

语言短语的等级序号/q	语言短语集 T/X	三角模糊数/$\tilde{\theta}_q$
3	一般	(0.17,0.50,0.87)
4	高	(0.50,0.87,1)
5	较高	(0.87,1,1)

步骤 2　对不同层次上属于同类但是具体要求与期望值不同的需求项指标 r_{ij} 采用上节的方法进行预处理，将其转换成三角模糊数的形式 $\tilde{f}_{ij}=[f_{ij}^-, f_{ij}, f_{ij}^+]$，$i=1,2,\cdots,n;j=1,2,\cdots,m$。

步骤 3　对于需求项属性指标值规范化。因为某些定量属性指标的量纲和数量级不一定相同，在运算中会造成某些数量级特别大的特性指标对聚类的影响，即降低甚至排除了某些数量级很小的特性指标的作用。为了消除特性指标量纲和数量级对于聚类的影响必须对待聚类的对象的各指标进行规范化处理，即将 $\tilde{f}_{ij}=[f_{ij}^-, f_{ij}, f_{ij}^+]$ 规范化为 $\tilde{f}_{ij}=[f'^-_{ij}, f'_{ij}, f'^+_{ij}]$，$i=1,2,\cdots,n;j=1,2,\cdots,m$。根据属性指标的不同，分为正向指标与负向指标，正向指标即指标值越大越满意型，负向指标即指标值越小越满意型。

(1)当 r_{ij} 为正向指标时：

$$\begin{cases} f'^-_{ij}=f^-_{ij}/f^{\max}_j \\ f'_{ij}=f_{ij}/f^{\max}_j \\ f'^+_{ij}=f^+_{ij}/f^{\max}_j \end{cases} \tag{9-12}$$

(2)当 r_{ij} 为负向指标时：

$$\begin{cases} f'^-_{ij}=f^{\min}_j/f^+_{ij} \\ f'_{ij}=f^{\min}_j/f_{ij} \\ f'^+_{ij}=f^{\min}_j/f^-_{ij} \end{cases} \tag{9-13}$$

式中，$f^{\max}_j=\max\{f^+_{1j}, f^+_{2j},\cdots, f^+_{nj}\}$；$f^{\min}_j=\min\{f^-_{1j}, f^-_{2j},\cdots, f^-_{nj}\}$。

步骤 4　构建模糊相似矩阵 $\widetilde{\boldsymbol{R}}$。构建模糊相似矩阵的关键是确定相似系数 v_{ij}，相似系数反映的是聚类对象 c_i 与 c_j 之间的相似程度，其计算公式为

$$v_{ij}=v_{ji}=1-c\left(d(c_i,c_j)\right)^{\alpha}, i,j=1,2,\cdots,n \tag{9-14}$$

式中，c、α 为参数值，$d(c_i,c_j)$ 为 c_i 与 c_j 之间的距离，此处需求项指标都已转化为三角模糊数，其计算公式为

$$d(c_i,c_j)=\frac{1}{3}\left(\sum_{k=1}^{m}\left(|f'^-_{ik}-f'^-_{jk}|^p+|f'_{ik}-f'_{jk}|^p+|f'^+_{ik}-f'^+_{jk}|^p\right)\right)\frac{1}{p} \tag{9-15}$$

其中 p 为大于 1 的整数。

根据相似系数可以构建一个对象 c_i 与 c_j 之间的模糊相似矩阵如下：

$$\widetilde{\boldsymbol{R}}=\begin{bmatrix} v_{11} & v_{12} & \cdots & v_{1n} \\ v_{21} & v_{22} & \cdots & v_{2n} \\ \vdots & \vdots & & \vdots \\ v_{n1} & v_{n2} & \cdots & v_{nn} \end{bmatrix} \tag{9-16}$$

步骤 5 求模糊矩阵的传递闭包。此处为了需求聚类工作的方便介绍而使用的一种快捷计算方法。对于一个模糊相似矩阵 $\widetilde{\boldsymbol{R}}$ 来说，利用平方法即可求出其传递闭包，具体的求法就是从 $\widetilde{\boldsymbol{R}}$ 出发依次计算 $\widetilde{\boldsymbol{R}}^2,\widetilde{\boldsymbol{R}}^4,\widetilde{\boldsymbol{R}}^8,\cdots,\widetilde{\boldsymbol{R}}^{2l},\cdots$。当第一次出现 $\widetilde{\boldsymbol{R}}^k * \widetilde{\boldsymbol{R}}^k=\widetilde{\boldsymbol{R}}^k$ 时，那么 $\widetilde{\boldsymbol{R}}^k$ 就是传递闭包。

步骤 6 选择合适的阈值得出质量需求的聚类结果。

4. 装甲战斗车辆质量需求聚类的示例说明

由于利用 KJ 法对质量需求进行定性的整理已在前面进行了示例说明，本节将从定量角度对指标层面的质量需求进行聚类。为简单起见，仅从获取的某型主战坦克质量需求集中取 5 个样本作为聚类的对象，每位需求提出者对该型主战坦克的最大速度（r_{i1}）、制动距离（r_{i2}）、百公里耗油量（r_{i3}）、战斗全重（r_{i4}）、车辆的环境适应性（r_{i5}）都有各自的要求（样本数据见表 9－16）。通过上节介绍的方法将表中的质量需求划分为不同的群体，同一群体中的质量需求视为相似，不同群体中的质量需求视为相异。

表 9－16 某型主战坦克质量需求样本数据

样本	需求项内容
c_1	最大速度大约为 58 km/h，制动距离约为 15 m，百公里耗油不超过 260 L，战斗全重 45 t 左右。（环境适应性未提出要求）
c_2	最大速度大于 60 km/h，制动距离约 16 m，百公里耗油约为 260 L，战斗全重 42 t。（环境适应性未提出要求）
c_3	最大速度 60～66 km/h，制动距离不大于 20 m，百公里耗油约为 250 L，战斗全重不超过 50 t，环境适应性一般。
c_4	最大速度不小于 70 km/h，制动距离不大于 22 m，百公里耗油 220～250 L，战斗全重不大于 45 t，环境适应性高。
c_5	最大速度约为 60 km/h，制动距离为 18 m 左右，百公里耗油 220～260 L，战斗全重不超过 55 t，环境适应性好。

首先对于需求项进行预处理。按照上节中指标的处理方法将需求的各项属性指标转换为三角模糊数的形式，并对其进行规范化，见表9－17、表9－18。

表9－17　某型主战坦克质量需求样本数据

	r_{i1}	r_{i2}	r_{i3}	r_{i4}	r_{i5}
c_1	[53,58,63]	[10,15,20]	[240,250,260]	[40,45,50]	[0,0.17,0.50]
c_2	[60,62,65]	[11,16,21]	[240,260,280]	[37,42,47]	[0,0.17,0.5]
c_3	[60,63,66]	[15,18,20]	[230,250,270]	[45,48,50]	[0.17,0.5,0.87]
c_4	[70,72,75]	[17,20,22]	[13,18,2]	[40,43,45]	[0.87,1,1]
c_5	[55,60,65]	[13,18,23]	[220,240,260]	[50,53,55]	[0.50,0.87,1]

表9－18　规范化后的某型主战坦克质量需求样本数据

	r_{i1}	r_{i2}	r_{i3}	r_{i4}	r_{i5}
c_1	[0.71,0.77,0.84]	[0.50,0.67,1]	[0.85,0.88,0.92]	[0.74,0.82,0.93]	[0,0.17,0.5]
c_2	[0.80,0.83,0.87]	[0.48,0.63,0.91]	[0.79,0.85,0.92]	[0.79,0.88,1]	[0,0.17,0.5]
c_3	[0.8,0.84,0.88]	[0.50,0.56,0.67]	[0.81,0.88,0.96]	[0.74,0.77,0.82]	[0.17,0.5,0.87]
c_4	[0.93,0.96,1]	[0.46,0.50,0.59]	[0.88,0.94,1]	[0.82,0.86,0.93]	[0.87,1,1]
c_5	[0.73,0.80,0.87]	[0.43,0.56,0.77]	[0.85,0.92,1]	[0.67,0.70,0.62]	[0.5,0.87,1]

根据公式(9－14)、公式(9－15)构造相似系数矩阵 $\widetilde{\boldsymbol{R}}$。这里为了计算的方便取 $\alpha=1,p=2$。

由 $c=\dfrac{1}{\max\left\{\dfrac{1}{3}\left(\sum\limits_{k=1}^{5}(|f_{ik}'^{-}-f_{jk}'^{-}|^2+|f_{ik}^{-}-f_{ik}^{-}|^2+|f_{ik}'^{+}-f_{jk}'^{+}|^2)\right)\dfrac{1}{2}\right\}}$，得出

$$\widetilde{\boldsymbol{R}}=\begin{bmatrix}1 & 0.86 & 0.56 & 0.04 & 0.22\\0.86 & 1 & 0.56 & 0.08 & 0.26\\0.56 & 0.56 & 1 & 0.34 & 0.60\\0.04 & 0.08 & 0.34 & 1 & 0.56\\0.22 & 0.26 & 0.60 & 0.56 & 1\end{bmatrix}$$

利用平方法求出 $\widetilde{\boldsymbol{R}}$ 的传递闭包 $\boldsymbol{t}(\widetilde{\boldsymbol{R}})$，得出

$$\widetilde{\boldsymbol{R}}^2=\widetilde{\boldsymbol{R}}\circ\widetilde{\boldsymbol{R}}=\begin{bmatrix}1 & 0.86 & 0.56 & 0.34 & 0.04\\0.86 & 1 & 0.56 & 0.34 & 0.56\\0.56 & 0.08 & 1 & 0.56 & 0.60\\0.34 & 0.34 & 0.56 & 1 & 0.56\\0.56 & 0.56 & 0.60 & 0.56 & 1\end{bmatrix}$$

$$\widetilde{\boldsymbol{R}}^4=\widetilde{\boldsymbol{R}}^2\circ\widetilde{\boldsymbol{R}}^2=\begin{bmatrix}1 & 0.86 & 0.56 & 0.56 & 0.56\\0.86 & 1 & 0.56 & 0.56 & 0.56\\0.56 & 0.56 & 1 & 0.56 & 0.60\\0.56 & 0.56 & 0.56 & 1 & 0.56\\0.56 & 0.56 & 0.60 & 0.56 & 1\end{bmatrix}$$

$$\widetilde{\boldsymbol{R}}^8=\widetilde{\boldsymbol{R}}^4\circ\widetilde{\boldsymbol{R}}^4=\begin{bmatrix}1 & 0.86 & 0.56 & 0.56 & 0.56\\0.86 & 1 & 0.56 & 0.56 & 0.56\\0.56 & 0.56 & 1 & 0.56 & 0.60\\0.56 & 0.56 & 0.56 & 1 & 0.56\\0.56 & 0.56 & 0.60 & 0.56 & 1\end{bmatrix}=\widetilde{\boldsymbol{R}}^4$$

$\boldsymbol{t}(\widetilde{\boldsymbol{R}})=\widetilde{\boldsymbol{R}}^4$，当取阈值 $0.86<\lambda\leqslant 1$ 或者 $0<\lambda\leqslant 0.56$ 时，$t(\widetilde{R})$ 的 λ - 截矩阵为单位矩阵或者数值全为 1 的矩阵，即按照原样本数据划分为 5 个群体，$\{c_1\}$、$\{c_2\}$、$\{c_3\}$、$\{c_4\}$、$\{c_5\}$ 或者所有样本归为一类，$\{c_1,c_2,c_3,c_4,c_5\}$。这两类划分没有实际应用意义，在此不予考虑。

当取阈值 $0.56<\lambda\leqslant 0.60$ 时，$\boldsymbol{t}(\widetilde{\boldsymbol{R}})$ 的 λ - 截矩阵为

$$\boldsymbol{t}\,(\widetilde{\boldsymbol{R}})_{0.56<\lambda\leqslant 0.60}=\begin{bmatrix}1 & 1 & 0 & 0 & 0\\1 & 1 & 0 & 0 & 0\\0 & 0 & 1 & 0 & 1\\0 & 0 & 0 & 1 & 0\\0 & 0 & 1 & 0 & 1\end{bmatrix}$$

由此看出，质量需求样本被划分为 3 个类：$\{c_1,c_2\}$、$\{c_3,c_5\}$、$\{c_4\}$。

当取阈值 $0.60<\lambda\leqslant 0.86$ 时，$\boldsymbol{t}(\widetilde{\boldsymbol{R}})$ 的 λ - 截矩阵为

$$\boldsymbol{t}\,(\widetilde{\boldsymbol{R}})_{0.60<\lambda\leqslant 0.86}=\begin{bmatrix}1 & 1 & 0 & 0 & 0\\1 & 1 & 0 & 0 & 0\\0 & 0 & 1 & 0 & 0\\0 & 0 & 0 & 1 & 0\\0 & 0 & 0 & 0 & 1\end{bmatrix}$$

此时，质量需求样本被划分为 4 类：$\{c_1,c_2\}$、$\{c_3\}$、$\{c_4\}$、$\{c_5\}$。

在本例中取 $\lambda = 0.60$，将表 9 - 16 中的某型主战坦克的 5 个质量需求样本划分为 3 个群体：$\{c_1, c_2\}$、$\{c_3, c_5\}$、$\{c_4\}$。可以看出通过对质量需求集进行模糊聚类，不但使得相似的需求项归为一类，而且质量需求中变量的种类减少了，但其覆盖的需求提出者的期望和要求却是完备的。此外，通过聚类环节使得总体上呈现出杂乱无章的需求集变得有序、有条理。

三、需求的冲突处理

（一）需求冲突

通常，获取的质量需求经过分析以及筛选后，如果只考虑单个需求，它们都是期望的、必要的、可行的，但这些需求往往并不能同时被满足，因为如果从逻辑角度进一步考虑需求项之间的相互关系就会发现，需求项之间还存在着互斥、不相关、相互协作与相互冲突四种关系。

设 $QR' = \{qr_1, qr_2, \cdots, qr_p\}$ 为原始需求集 QR_0 经过过滤后的需求集合，其中，元素 $qr_i(i = 1, 2, \cdots, p)$ 为需求，若 $qr_i, qr_j \in QR'$，则 qr_i 与 qr_j 存在着以下 4 种关系：

（1）互斥关系。若 qr_i 与 qr_j（部分或者全部）不能同时被满足，则称 qr_i 与 qr_j 是相互排斥的。

（2）不相关关系。若 qr_i 的满足与否对于 qr_j 完全没有任何影响，反之亦然，则称 qr_i 与 qr_j 不相关，或称为“相互独立”。

（3）相互协作关系。若 qr_i 的满足或者满意度的提高会导致 qr_j 的满意度提高，则称 qr_i 与 qr_j 为相互协作关系，或称为正相关关系。

（4）相互冲突关系。若 qr_i 的满足或者满意度的提高会导致 qr_j 的满意度下降，则称 qr_i 与 qr_j 为相互冲突关系，或称为负相关关系。

在装甲战斗车辆质量需求论证工作中冲突是最难解决的一类问题，冲突即子系统之间或自身存在的相反要求。具体表现为强化某项需求的同时就必须弱化另外一些项，这属于相互制约的情况，还有些需求项之间属于不可兼得的情况，即有选择就必须有放弃。面对此类问题传统的处理方法是采取折中，或者只实现那些需求论证人员认为重要程度相对较高的需求项，而放弃那些相对不重要的需求项。因此，在后续工作中，需求项之间还是存在着冲突，得到的需求备选方案也不是理想的。

（二）基于发明问题解决原理（TRIZ）的需求冲突处理方法

发明问题解决原理 TRIZ，是由苏联海军专利研究专家 G. S. Altshuller 等人对全世界上百万件专利进行分析研究，从而提出用以指导设计人员发明创造的理论。TRIZ 的核心是解决冲突。Altshuller 将冲突分为三个类型：管理冲突、技术冲突和物理冲突，TRIZ 只研究后两种冲突的解决办法。

1. 技术冲突

技术冲突是指用已知的方法对系统的某部分进行改进时，另一部分就会出现不希望得到的结果。技术冲突通常表现为一个系统中的两个子系统之间的冲突。技术冲突出现的几种情况如下：

（1）在一个子系统中引入一个有用功能，导致另一系统产生一个有害功能或者加强了已存在的有害功能；

（2）消除一个有害效应导致另一系统的有用功能变坏；

（3）有用功能的加强或者有害效应的减少使另一子系统或系统变得太复杂。

对于装甲战斗车辆来说，技术冲突的一个经典例子是为了增加坦克的整体防护力，一般会增加其装甲板的厚度，导致车辆的机动性能受到影响；再例如，对于某一个型号的坦克来说，为了增加其发动机功率，可能会增加车辆发动机的质量，这样便会增加整车的质量，导致车辆的机动性能下降。

2. 物理冲突

物理冲突是指在产品的设计中，系统的某个部分同时表现出的两种相反或者相矛盾的状态，即对一个系统同时提出相反的要求时就会出现物理冲突。物理冲突出现的几种情况如下：

（1）一子系统中有用功能的加强同时导致该子系统中有害效应加强；

（2）一子系统中有害效应的降低同时导致该子系统中有用功能降低。

例如，为了增加某型号坦克装甲板的强度，往往增大该坦克装甲板的厚度，而设计人员并不希望增大装甲板的厚度。因此，出现了物理冲突。该冲突的解决应该既增加坦克装甲板的强度，又不增大该坦克装甲板的厚度。

通过以上对技术冲突和物理冲突的介绍，可以看出任何一种冲突总是涉及两个基参数，不同的是技术冲突为子系统间存在着相反参数，物理冲突为子系统自身存在着相反的参数。在解决冲突之前必须知道冲突发生的真正地方与时间。

3. 冲突的解决类型

对于装甲战斗车辆来说，需求论证人员在判断出质量需求之间的冲突之后需要将其转换为 TRIZ 理论中的技术冲突。例如，参数 A 与参数 B 构成一对冲突，这里参数 A 与 B 可以代表诸如战技指标 A 与 B 这样的功能需求，可以用图 9－4进行表示，图中曲线称为等能力设计曲线。

对于此类需求冲突传统的解决办法是在等能力设计曲线上找到一个折中

点，而 TRIZ 是要消除冲突，这两种解法的区别如图 9－5 所示。

对于传统的解法如图 9－4 中沿曲线走向的箭头所示。其中走向大致沿纵坐标的箭头表明该解使得功能需求 A 得到了改善，但同时降低了功能需求 B；反之为走向大致沿横坐标的箭头。

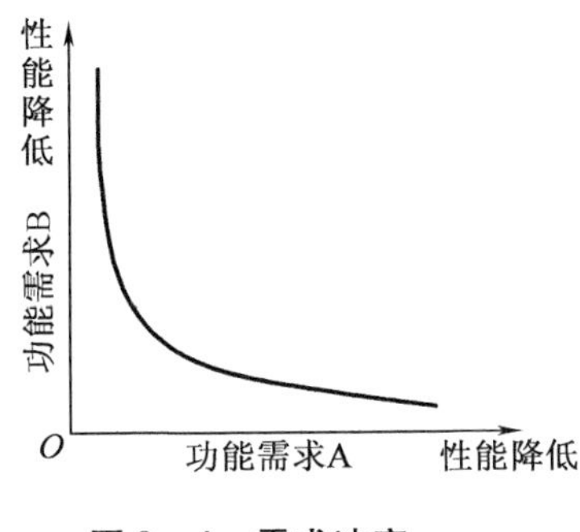

图 9－4　需求冲突

对于 TRIZ 得到的冲突解来说，大致分为以下两类。

（1）离散解：彻底地消除了技术冲突或者新解使得原有的技术冲突不再存在。如图 9－5 中所示的指向坐标原点即性能改善方向的粗线箭头。该箭头表明此解彻底地消除了功能需求 A 与功能需求 B 的冲突，使得 A 与 B 同时都得到了改善。

（2）连续解：新解部分消除了技术冲突，但冲突仍然存在。这一系列存在的冲突叫作冲突链。如图 9－5 中一系列的虚线就表示了冲突链。这些冲突链表明没有解能够彻底地消除功能特性需求 A 与功能特性需求 B 的冲突，但冲突链上的解能够使得功能特性需求 A 与功能特性需求 B 改善的程度得以提高。

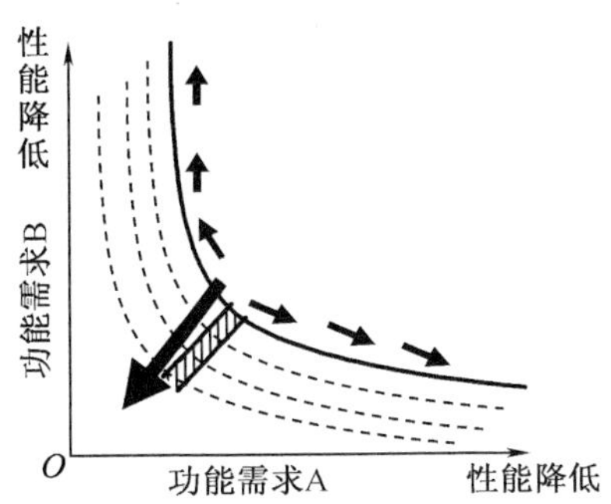

图 9－5　冲突解的图形表示

4. 质量需求冲突的一般化

在实际应用 TRIZ 理论时，首先要判断装甲战斗车辆质量需求冲突存在于子系统间还是子系统自身，为此可以借助需求聚类中的树状图来判断，而后利用 39 个工程参数将质量需求冲突转换为技术冲突或者转化为物理冲突。例如，对于研制某型号的主战坦克来说，某需求项为加大装甲板厚度以提高车辆的整体防护能力，另一需求项为降低车辆的战斗全重以提高车辆的机动能力，可以判断出这两项需求冲突存在于车辆的机动与防护之间，即当希望提高车辆的整体防护能力时，又不希望增加车辆的战斗全重而影响其机动能力，随后利用 39 个工程参数将其转换为技术冲突，对应的工程参数为 14(强度)和 9(速度)，39 个工程参数的定义及其定义详见表 9－19。

表 9－19　39 个通用的工程参数及定义

序号	参数名称	参数定义及解释
1	运动物体的质量	重力场中的物体质量。物体作用于其支撑或悬挂装置上的力
2	静止物体的质量	同上
3	运动物体的长度	任意线性尺寸都认为是长度。不一定是就是最长的
4	静止物体的长度	同上
5	运动物体的面积	由闭合线所包围平面的一项几何参数。物体内部或者外部表面的面积，或是被物体所占表面部分的面积
6	静止物体的面积	同上
7	运动物体的体积	物体所占空间体积
8	静止物体的体积	同上
9	速度	物体的运动速度，过程或动作与时间之比
10	力	力测量两个系统之间的相互作用。根据牛顿力学，力等于质量与加速度之积，其中，力是试图改变物体状态的任何作用
11	应力或压力	单位面积上的力
12	形状	系统的外部轮廓或外观
13	物体构成的稳定性	系统的完整性；系统组成元素之间的关系。磨损、化学分解、拆卸都降低稳定性
14	强度	物体抵抗使之变化的外力的能力。破坏抵抗力

表 9 - 19(续 1)

序号	参数名称	参数定义及解释
15	运动物体持续作用时间	物体执行运动的时间、服务期。两次误动作之间的平均时间也是持续作用时间的一种度量,也包括耐久力
16	静止物体作用时间	同上
17	温度	物体或系统所处的热状态,包括其他热参数,如影响改变温度变化速度的热容量
18	光照强度	单位面积上的光通量,系统的光照特性,如亮度、光线质量
19	运动物体的能量利用	能量是物体做功的一种度量。在经典力学中,能量等于力与距离之积。能量也包括电能、热能、核能等
20	静止物体的能量利用	同上
21	功率	单位时间内所做的功。利用能量的速度
22	能量损失	做无用功的能量。为了减少能量损失,需要不同的技术来改善能量的利用
23	物质损失	部分或全部、永久或临时的材料、部件或子系统等物质的损失
24	信息损失	部分或全部、永久或临时的数据损失
25	时间损失	时间是指一项活动所延续的间隔。改进时间的损失指减少一项活动所花费的时间
26	物质或物体的数量	材料、部件、子系统等的数量,它们可以被部分或全部、临时或永久的改变
27	可靠性	系统在规定的方法及状态下完成规定功能的能力
28	测试精度	系统特征的实测值与实际值之间的误差。减少误差将提高测试精度
29	制造精度	系统或物体的实际性能与所需性能之间的误差
30	外部有害因素作用物体	物体受外部或环境中的有害因素作用而引起的敏感程度
31	物体产生的有害因素	有害因素将降低物体或系统的效率,或完成功能的质量。这些有害因素是由物体或系统操作的一部分而产生的
32	制造的便利性	物体或系统制造过程中简单、方便的程度
33	操作的便利性	要完成的操作应需要较少的操作者、较少的步骤、使用尽可能简单的工具,一个操作的产出要尽可能多

表 9-19(续 2)

序号	参数名称	参数定义及解释
34	维修的便利性	对于系统可能出现失误所进行的维修要时间短、方便、简单
35	适应性及多功能性	物体或系统响应外部变化的能力,或应用于不同条件下的能力
36	装置的复杂性	系统中元件数目及多样性,如果用户也是系统中的元素将增加系统的复杂性。掌握系统的难易程度是其复杂性的一种度量
37	监控与测试的困难性	如果一个系统复杂、成本高、需要较长的时间建造及使用,或部件与部件之间关系复杂,都将使得系统的监控与测试困难。测试精度高,增加了测试的成本也是测试困难的一种标志
38	自动化程度	是指系统或物体在无人操作的情况下完成任务的能力。自动化程度的最低级别是完全人工操作;最高级别是机器能自动感知所需的操作、自动编程、对操作自动监控;中等级别的需要人工编程、人工观察正在进行的操作、改变正在进行的操作、重新编程
39	生产率	是指单位时间内所完成的功能或操作数

在 39 个工程参数中常会用到运动物体与静止物体两个术语,它们的含义分别是:

运动物体是自身或者借助外力可以在一定的空间内运动的物体。

静止物体是自身或者借助外力都不可能使其在空间内运动的物体。

39 个工程参数可以根据不同的分类方法进行分类。

为了在装甲战斗车辆质量需求综合中应用方便,根据 39 个工程参数的特点,分为如下三类:

(1)通用物理及几何参数:No. 1-12,No. 17-18,No. 21。

(2)通用技术负向参数:No. 15-16,No. 19-20,No. 22-26,No. 30-31。

(3)通用技术正向参数:No. 13-14,No. 27-29,No. 32-39。

负向参数是指当这些参数变大时,使系统或者子系统的性能变差。例如装甲战斗车辆为了完成特定的功能所消耗的燃油能量(No. 19-20)越大,则设计就越不合理。

正向参数是指当这些参数变大时,使系统或者子系统的性能变好。例如装甲战斗车辆可靠性越高,其整体性能就越好。

5.40 条发明原理与 4 条分离原理

Altshuller 在对全世界上百万件专利进行分析研究基础上，提出了 40 条发明原理以指导设计人员的发明创造，这 40 条原理也成为 TRIZ 解决技术冲突的关键。40 条原理见表 9－20。

表 9－20　40 条发明原理

序号	名称	序号	名称	序号	名称
1	分割	15	动态化	29	气动与液压机构
2	抽取	16	过度的动作	30	柔性外壳与薄膜
3	部分改变	17	一维变多维	31	多孔性材料
4	非对称	18	机械振动	32	改变颜色
5	组合	19	周期性动作	33	同质性
6	多面性、多功能	20	有效作用的连续性	34	抛弃与再生
7	嵌套构成	21	紧急行动	35	物理或化学状态变化
8	配重	22	变害为益	36	相变化
9	事先反作用	23	反馈	37	热膨胀
10	动作预置	24	中介物	38	加速氧化
11	事先对称预防	25	自助机能	39	惰性环境
12	等位性	26	代用品	40	复合材料
13	逆问题	27	一次性用品		
14	曲面化	28	机械系统的替代		

TRIZ 理论提供了 4 条解决物理冲突的分离原理如下。

(1)时间上分离相反的特性：在一段时间内物体表现为一种特性，在另一段时间内物体表现为另一种特性。

(2)空间上分离相反的特性：物体的一部分表现为一种特性，另一部分表现为另一种特性。

(3)整体与部分上分离相反特性：整体具有一种特性，而部分具有相反特性。

(4)在同一种物质中相反的特性共存：物质在特定条件下表现为唯一特性，在另一种条件下表现为另一种特性。

根据英国 Bath 大学 Mann 的研究，解决物理冲突的分离原理和解决技术冲突的发明创新原理之间存在着关系，对于一条分离原理，有多条创新原理与之对应，见表 9－21。

表 9－21　分离原理对应的创新原理

分离原理	对应的创新原理
空间分离	1,2,3,4,7,13,17,24,26,30
时间分离	9,10,11,15,16,18,19,20,21,29,34,37
整体与部分分离	12,28,31,32,35,36,38,39,40
条件分离	1,7,25,5,22,3,6,8,14,25,35,13

6. 冲突矩阵

冲突矩阵又称矛盾矩阵，是一个40行40列的矩阵，其中第1行与第1列为按照顺序排列的特征参数序号。其余的39行与39列形成一矩阵，矩阵中的元素或为空、或为几个数字，这些数字即可用的原理序号。其中，横行的序号表示恶化的参数，纵列的序号表示改善的参数。由于篇幅所限，这里将简化冲突矩阵表，见表9－22。

表 9－22　冲突矩阵

	No. 1	No. 2	No. 3	…	No. 37	No. 38	No. 39
No. 1			15,8 29,34		28,29 36,32	26,35 18,19	35,3 24,37
No. 2					25,28 17,15	2,26 35	1,28 15,35
No. 3	8,15 29,34				35,1 26,24	17,24 26,16	14,4 28,29
⋮							
No. 37	27,26 28,13	6,13 28,1	16,17 26,24			34,21	35,18
No. 38	28,26 18,35	28,26 35,10	14,13 17,28		34,27 25		5,12 35,26
No. 39	35,26 24,27	28,27 15,3	18,4 28,38		35,18 27,2	5,12 35,26	

7. 需求冲突解决过程

如图 9－6 所示，对于装备需求论证人员来说，首先应当判断需求冲突的类别，即冲突存在子系统自身还是子系统之间，如果是子系统自身的冲突，则采用物理冲突的解决办法即分离原理，如果是子系统之间的冲突，则应用 TRIZ 理论中的 39 个工程参数将其转化为技术冲突，随后应用冲突矩阵找到 40 条发明原理中对应的原理，得出一般解。这里需要注意的是，工程参数决定的是一般问题，一旦某一原理被选中，必须根据特定的问题应用该原理产生一个具体化的特定解。对于复杂的问题来说，仅仅一条原理是不够的，原理只是起到导向作用，使系统向着改进的方向发展。

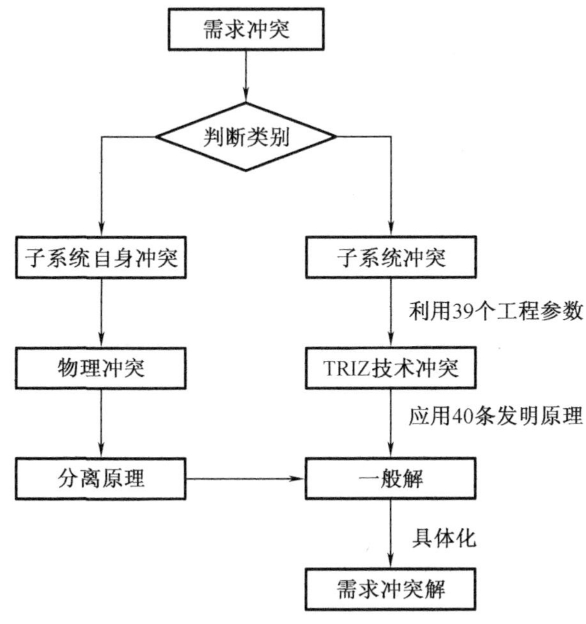

图 9－6　需求冲突的解决过程

（三）装甲战斗车辆质量需求冲突处理示例

对于改进某型号的主战坦克来说，由于需求项之间的耦合关系以及需求提出者偏好和视角的不同，通过对不同需求提出者的调查发现在收集到的质量需求中同样会遇到冲突。这里为了便于对 TRIZ 理论的理解与应用，特举两例冲突处理问题进行说明。

1. 需求冲突的判断与转化

需求冲突 A：某需求项为了提高该型号主战坦克装甲防护能力从而增加其

装甲板的厚度;另一需求项对于当前的装甲板厚度已经很满意且不希望增加其装甲板厚度。

需求冲突 B:某需求项为加大装甲板厚度以提高该型号主战坦克的整体防护能力;另一需求项为降低坦克的战斗全重以提高坦克的机动能力。

对于需求冲突 A 来说,显而易见,它是存在于主战坦克防护这个子系统之间的冲突,为此根据物理冲突的解决办法即采用分离原理进行冲突的处理。

对于需求冲突 B 来说,它是存在于坦克防护与机动这两个子系统之间的冲突,根据表 9 - 19 中的 39 个标准工程参数的描述将其转化为技术冲突,即描述为对应的工程参数 14(强度)与 1(运动物体质量)、9(速度)之间的冲突。

2. 需求冲突的求解

对于需求冲突 A,根据物理冲突的四条分离原理,我们发现原理 2 即空间分离对冲突的解决提供了重要的思路,因此该原理为冲突的可用原理。空间分离原理 2 物体的一部分表现为一种特性,另一部分表现为另一种特性,即为它的一般解。接下来,需要将一般解具体化为适合该型号主战坦克改进的特定解。

此处,采用反应式装甲和主装甲两种不同特性的防护措施。该冲突的特定解即在现有坦克主装甲上安装反应式装甲(由装有塑性炸药的长方形扁平铁盒组成,可以用螺栓固定在主装甲的外表面),这样既保持了该型号主战坦克的装甲板厚度,又提高了其装甲防护能力,使问题得到了很好的解决。

对于需求冲突 B,当希望增加装甲板厚度即改善 14(强度)时,恶化的参数为 1(运动物体质量)与 9(速度),根据冲突矩阵可以查出,解决由 14 与 1 之间构成的冲突原理为第 1、8、40、15 条原理,而解决由 14 与 9 之间构成的冲突原理为第 8、13、26、14 条,根据实际问题我们发现,可用的原理为 1;当希望提高该型坦克的机动性即提高 9(速度)时,恶化的参数为 14(强度),根据冲突矩阵得出解决的原理为第 8、3、16、14 条,结合具体情况得出可用的原理为 3。

第 1 条原理即分割,其包含的具体的内容如下:

(1)把一个物体分割为几个部分;

(2)将物体分段组装;

(3)提高物体的分割度。

第 3 条原理即部分改变,其包含的具体内容如下:

(1)将物体的均一构成或外部环境及作用改变为不均一;

(2)让物体的不同部分各具有不同的功能;

(3)让物体的各部分处于各自动作的最佳状态。

在第 1 条原理中(1)(2)和第 3 条原理中(3)的启发下,结合该型号主战坦克的实际,该冲突的特定解为在坦克的主装甲上安装由传感器、微处理器和反应装甲组成的灵巧装甲，由于灵巧装甲能够有效地抵御穿甲弹、破甲弹和反坦克导弹的攻击，适用于各种类型的装甲战斗车辆，而且质量轻、易维护；同时对于该型号坦克的发动机进行技术改进或者采用大功率的发动机，而又不增加发动机的质量。这样，既提高了该型号主战坦克的防护性，也使得其机动性得到了改善。

四、需求展开

一般来说，收集到的原始质量需求是由需求提出者从他们各自的视角出发，对装甲战斗车辆提出的期望和要求，在经过分析、过滤、聚类与冲突处理后，这些期望和要求是车辆设计的最终目标，但这些需求中既有功用层面的需求，又有指标层面的需求，并且很多需求只是笼统模糊且抽象的要求，而在车辆的设计研制过程中，通常是在具体清晰的性能指标上开始的。因此，必须遵循"遗传继承"原则、由模糊到清晰原则，以及定性到定量原则对这些需求进行映射和转换，将原始模糊的质量需求转换为从设计人员视角出发的能够使车辆在设计过程直接加以利用的各项指标。

在装甲战斗车辆质量需求综合中，应用 QFD 能使需求提出者提出新需求或者改进建议类需求转化为车辆的战技术性能和指标特征，从而实现资源与车辆性能之间的最大匹配，最大限度地满足需求提出者提出的需求。

QFD 主张一切从"用户"的需求出发，对于武器装备来说，"用户"即军方。而从目前检索到的关于 QFD 应用于武器装备需求分析的研究情况来看，这些研究大多是采用传统的 QFD 对武器装备需求进行映射，这样能够使得需求论证切身考虑到"用户"的需求，充分体现了"用户"为主的思想，从而更准确地反映作战和使用的需求。

但以上研究也存在着如下的局限性：

(1)对于质量需求的权重是通过层次分析法获取的，层次分析法依据专家经验和专业知识，经过需求间重要性的相互比较，最后确定质量需求的权重，具有一定的科学性。但有时由于专家知识水平及决策思维具有一定的局限性，判断矩阵的一致性指标往往难以达到，因此难以获得满意的结果。

(2)费用展开(即费用分配)问题，不仅仅是取决性能指标的重要程度，往往还受到其他因素如性能指标间的内部联系的制约。单纯按照性能指标权重的大小进行费用分配，考虑不够全面，不能体现出性能指标间的相互影响的作用。

(3)质量需求满意度规划模型的建立不仅要结构清晰、便于理解，还应该能够充分反映出质量需求与满意度、满意度与性能指标间的复杂关系。性能指标提升后的总满意度要符合一定的客观规律并在一定的范围内(1,0 分别为满意度的上、下限)。

针对以上存在的不足，本书进行了如下改进：

采用模糊层次分析方法，在一定程度上避免了由于人的主观性导致判断的权重与实际情况相矛盾的情况发生，克服了决策者的个人偏好，提高了决策的有效性、客观性和科学性；费用展开不仅考虑了性能指标的权重因素，对其内部关系的影响也进行了细致分析，在此基础上进行的费用展开，能够将有限的费用使用到“关键”的地方，从而获得更大的经济效益；在充分分析性能指标与满意度之间内部联系的基础上建立满意度规划模型，更加科学、合理，求解结果符合客观实际。

（一）QFD 方法介绍

QFD 是由日本质量专家水野滋和赤尾洋二于 20 世纪 60 年代首次提出的一种面向市场的产品设计与开发的计划过程。它是一种用于听取顾客声音的系统化方法，能将顾客的愿望恰如其分地翻译成生产计划、产品设计、制造等各个阶段的具体技术要求。

在 QFD 的四个阶段中，产品规划阶段质量屋输入的是一系列的客户需求，输出的是产品的详细设计与资源配置的优先顺序，如图 9－7 所示。质量屋建立的重点是做什么和如何去做，它的基本形式如图 9－8 所示。应用 QFD 进行装甲战斗车辆质量需求展开的过程应该是一个从“什么”到“如何”再到“多少”的过程。然后，新“如何”又演变为新的“什么”，整个过程是一个“什么”到“如何”再到“多少”不断重复的过程，这样的过程实质上是一个不断输入和输出的策略，如图 9－8 所示。

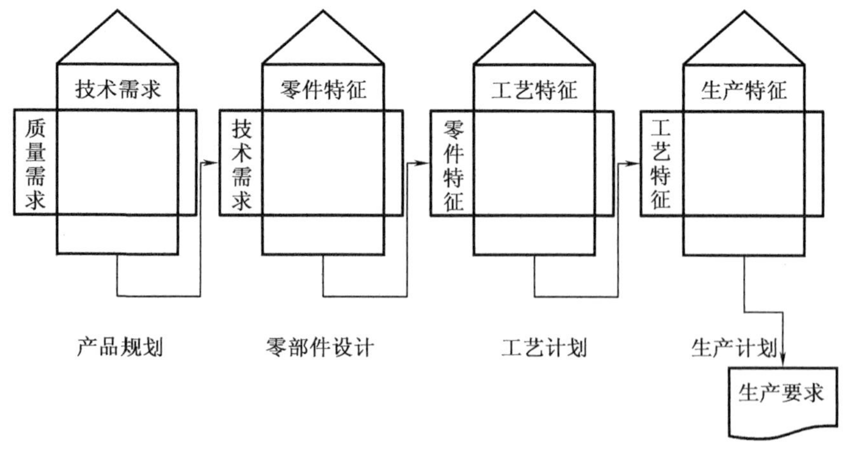

图 9－7　QFD 的四阶段模式

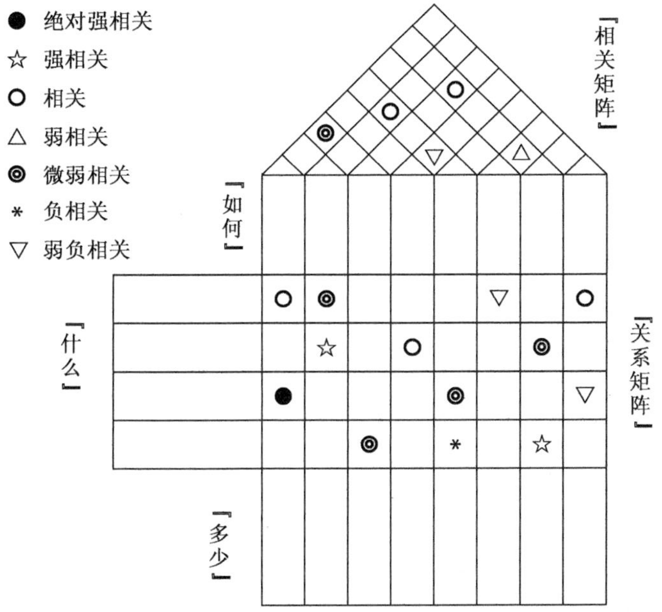

图 9－8　质量屋的基本形式

下面以某型号水陆坦克的质量需求来说明原始质量屋的构建,为了简化,本例中的质量需求数目简化为 7 个,如下:

某型水陆坦克质量需求集:{可在恶劣海况下快速航行,能够克服陆地一般障碍,不易被摧毁,不易被敌方观察仪发现,打得准,行驶时间长,毁伤程度高},即"什么"的集合,"如何"可以进行如下的设定。

该型水陆坦克的指标集:{发动机单位功率,最大航速,抗风浪能力,火炮威力,最大爬坡度,越壕宽,装甲厚度,被发现概率,命中精度,火炮口径}。将"什么"集合放在质量屋的左墙部分,将"如何"集合放在质量屋的天花板部分,判断它们之间的关系,用图 9－8 中的关系符号填写,填写后的内容见表 9－23。

表 9－23　原始的质量屋

	单位功率	最大航速	抗风浪能力	火炮威力	最大爬坡度	越壕宽	装甲厚度	被发现概率	命中精度	火炮口径
可在恶劣海况下快速航行	●	●	●							
能够克服陆地一般障碍	○			☆	○	○				

表 9-23(续)

	单位功率	最大航速	抗风浪能力	火炮威力	最大爬坡度	越壕宽	装甲厚度	被发现概率	命中精度	火炮口径
不易被摧毁				△			●	☆	△	△
打得准									●	△
行驶时间长	●		○							
不易被敌方观察仪发现								●		
毁伤程度高				●					○	○

(二)装甲战斗车辆质量需求展开的基本思路

这里研究以科研费用为约束,以装甲战斗车辆战技术性能指标提高从而使需求提出者提出的质量需求达到最大满意程度为目标。本章主要工作有装甲战斗车辆质量需求自相关展开、战技术性能指标展开、费用展开和满意度展开,并在此基础上建立满意度规划模型。

装甲战斗车辆质量需求展开的方法体系框架图如图 9-9 所示。

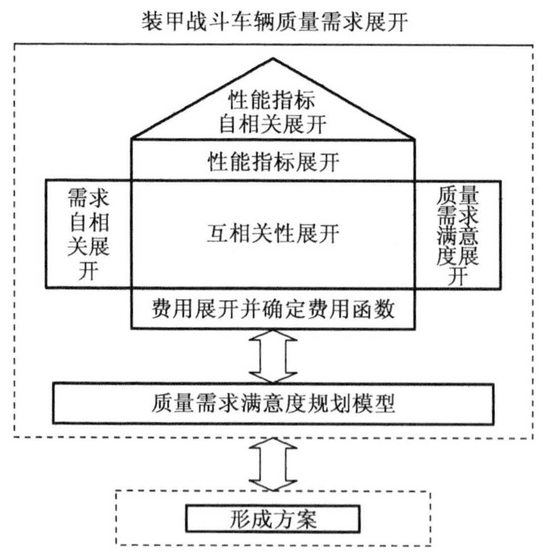

图 9-9　装甲战斗车辆质量需求展开思路框架图

(三)装甲战斗车辆质量需求展开

1. 装甲战斗车辆质量需求及其满意度展开

由于装甲战斗车辆最终要交付作战部队使用,因此,与产品质量管理中的顾客一样,装甲战斗车辆的"用户"总的来说就是军方,需求满意度是指"用户"对于接收的装甲战斗车辆进行评估,以判断实际质量是否能够达到他们所期望的水平。

需求满意度展开就是对质量需求中那些难以被"用户"考察和把握的需求项,逐步展开到"用户"易于判断的需求项上。例如,对于某型主战坦克的某项质量需求项为"作战能力强",可以展开为"机动性强""打击力强""防护性好""可靠性高"等,其中"打击力强"还可以继续展开为"命中率高""火炮口径大""射程远""毁伤程度高"等。相比较而言,展开的次数越多,"用户"就越容易评估满意度。

为了便于研究,将影响"用户"总体满意度的需求项称为"用户"满意度的一级需求项,将一级需求项展开后的需求项称为二级需求项,依次类推。这样就可以分阶段地把"用户"总体满意度测评指标逐步展开到"用户"易于理解判断的满意度测评需求项上,如图 9-10 所示。

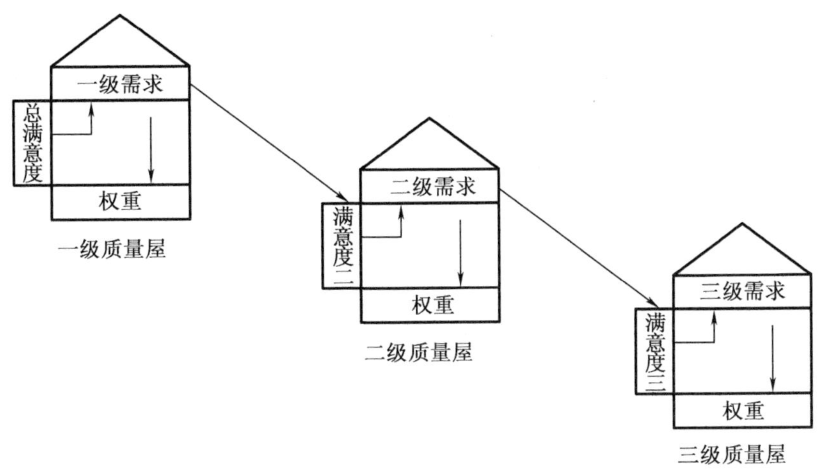

图 9-10 装甲战斗车辆质量需求"用户"满意度 QFD 多级展开

在"用户"满意度 QFD 多级展开的第一级质量屋中,左墙只有一个"用户"总满意度,将质量需求展开为一级需求项,放入质量屋的天花板中,如图 9-11 所示,这时,关系矩阵只有一行元素。在质量屋的下层地下室描述了各质量需求的权重和一级满意度。

依照一级质量屋基本形式，将第一阶段展开得到的质量需求项放入图 9 - 12 二级质量屋的左墙，一级展开的质量需求权重放在左墙与房间的间隔处，天花板放置由一级需求项展开的二级需求项，房间为质量需求展开的质量需求之间的关系，地下室为展开的二级质量需求的权重。

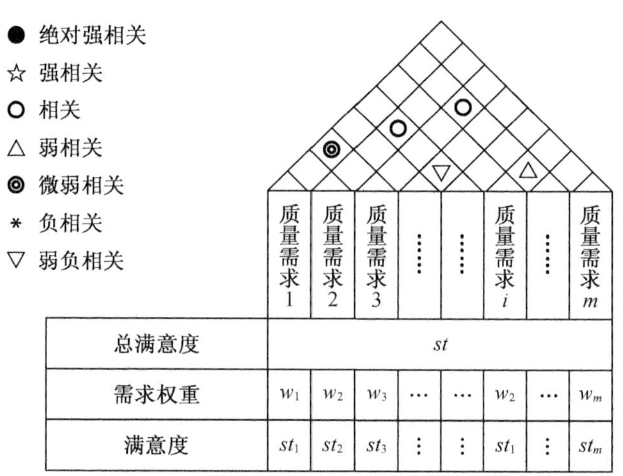

图 9 - 11　装甲战斗车辆质量需求"用户"满意度 QFD 一级展开

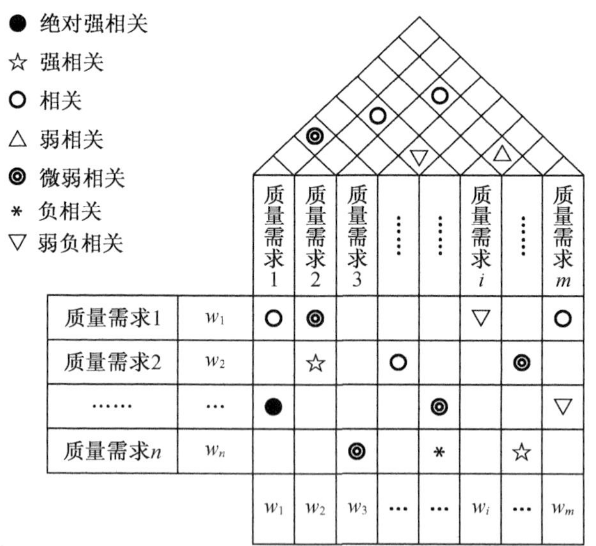

图 9 - 12　装甲战斗车辆质量需求"用户"满意度 QFD 二级展开

(1)基于AHP法的质量需求权重计算

传统的计算质量需求权重的方法是采用AHP法。对于AHP法来说,一方面其判断矩阵的一致性指标难以达到,因为AHP法通常采用1-9标度法,若元素c_i比元素c_k略重要,则$a_{ik}=3$,若元素c_j比c_k重要得多,则$a_{jk}=1/7$,而根据一致性的要求:$a_{ij}=a_{ik}/a_{jk}=21$,已经超出了1-9的标度范围;另一方面判断矩阵一致性与人类决策思维的一致性存在差异。为此,这里采用模糊一致矩阵,通过建立模糊一致矩阵来确定质量屋中的需求权重。具体步骤如下。

设有质量需求集

$$QC=\{qc_1,qc_2,\cdots,qc_n\},(qc_i,qc_j\in QC)$$

步骤1 建立标度表

步骤2 根据尺度表建立关系矩阵

$$\boldsymbol{R}=\begin{bmatrix} r_{11} & r_{12} & \cdots & r_{1n} \\ r_{21} & r_{22} & \cdots & r_{2n} \\ \vdots & \vdots & & \vdots \\ r_{n1} & r_{n2} & \cdots & r_{nn} \end{bmatrix}$$

矩阵中各元素代表两两需求项进行比较时,具有模糊关系的隶属度,具体数值参照表9-24中的标度值确定,很显然关系矩阵R为模糊互补矩阵。

步骤3 构造模糊一致性矩阵

对于模糊互补矩阵$\boldsymbol{R}=\begin{bmatrix} r_{11} & r_{12} & \cdots & r_{1n} \\ r_{21} & r_{22} & \cdots & r_{2n} \\ \vdots & \vdots & & \vdots \\ r_{n1} & r_{n2} & \cdots & r_{nn} \end{bmatrix}$,按行求和得出

$$a_i=\sum_{k=1}^{n} r_{ik},i=1,2,\cdots,n$$

并做如下数学变换:$a_{ij}=\dfrac{a_i-a_j}{2(n-1)}+0.5$,得到模糊一致性矩阵$\boldsymbol{A}=(a_{ij})_{n\times n}$。

表9-24 标度表

标度	定义	说明
0.1	qc_j 极端重要于 qc_i	两个元素中某个占有绝对重要的位置
0.138	qc_j 强烈重要于 qc_i	在实践中显示出某个元素占有主导地位
0.325	qc_j 明显重要于 qc_i	从经验和分析,两个元素中稍重于某个元素
0.439	qc_j 稍微重要于 qc_i	从经验和分析,两个元素中偏重于某个元素

表 9-24(续)

标度	定义	说明
0.5	qc_i 与 qc_j 同等重要	两个元素对于某准则有着相同的重要度
0.561	qc_i 稍微重要于 qc_j	从经验和分析,两个元素中稍重于某个元素
0.675	qc_i 明显重要于 qc_j	从经验和分析,两个元素中偏重于某个元素
0.862	qc_i 强烈重要于 qc_j	在实践中显示出某个元素占有主导地位
0.9	qc_i 极端重要于 qc_j	两个元素中某个占有绝对重要的位置

步骤 4 由模糊一致性矩阵计算 $qc_1, qc_2, \cdots, qc_n$ 的权重 $w_1, w_2, \cdots, w_n$

对于 $A=(a_{ij})_{n\times n}$,采用行和归一化求得排序向量 $\boldsymbol{W}=(w_1, w_2, \cdots, w_n)'$,其中 $w_i = \dfrac{\sum_{j=1}^{n} r_{ij} + \dfrac{n}{2} - 1}{n(n-1)}, i = 1,2,\cdots,n$。

(2)装甲战斗车辆质量需求自相关展开

在需求冲突处理部分在对质量需求采用 TRIZ 进行冲突处理后,并不是所有的需求冲突都能够应用 TRIZ 原理进行解决,因此在展开阶段有些需求之间仍然存在着负相关性。根据质量需求之间的关系,引入相关系数 q_{tij} 表示质量需求 qc_i 和 qc_j 之间的相关程度,q_{tij} 取值及含义如下:

①$q_{tij}>0$:质量需求 qc_i 和 qc_j 之间正相关;

②$q_{tij}=0$:质量需求 qc_i 和 qc_j 之间不相关;

③$q_{tij}<0$:质量需求 qc_i 和 qc_j 之间负相关。

相关程度的确定通过头脑风暴法或者德尔菲法得出,此处不再赘述。

设有 m 项质量需求,考虑第 i 项质量需求与其他 $m-1$ 项质量需求的相关程度,可排成 $m\times m$ 自相关矩阵 $\boldsymbol{Q}_t$。

(3)装甲战斗车辆质量需求总满意度

设质量需求 j 的满意度为 st_j,则总满意度为

$$ST = \sum_{j=1}^{m}\left(\frac{\sum_{i=1}^{m} v_i \cdot q_{tij} \cdot st_j}{\sum_{i=1}^{m} q_{tij}}\right) \tag{9-17}$$

2. 装甲战斗车辆战技术性能指标展开

(1)确定相关战技术性能指标

确定相关战技术性能指标是指对于质量需求中不是装甲战斗车辆具体战技指标层面的需求,找出影响这部分质量需求的战技术性能指标,并且确定每项质

量需求与各个战技术性能指标之间的相关程度，可用●、☆、○、△、◎、＊和▽分别表示：绝对强相关、强相关、相关、弱相关、微弱相关、负相关和弱负相关。

一般来说，确定与质量需求相关的战技术指标及相关程度，由需求论证小组提出，对于研制新型车辆来说，经过过滤、聚类、冲突处理的质量需求，找出功能需求中功用层面的需求及非功能需求中定性表述的需求，然后通过头脑风暴法或者德尔菲法得出对应这部分质量需求的战技术指标以及相关程度。对于有多种参考样车的产品，其战技术性能指标可在参考各种已有标准的基础上结合具体情况来决定。

(2)计算战技术性能指标权重

n 项性能指标与 m 项质量需求之间存在着一定的联系，并通过关系矩阵 $\boldsymbol{R}$ 表现出来。关系矩阵 $\boldsymbol{R}$ 的数值可通过专家打分法确定，对关系符号进行定量化，空白处为0。经过计算，设 m 项质量需求权重 $W_c=(w_{c1},w_{c2},\cdots,w_{cm})$，$n$ 项性能指标为 $ZB=(zb_1,zb_2,\cdots,zb_n)$。需求提出者提出的质量需求的重要性通过关系矩阵 $\boldsymbol{R}$ 反映出了装甲战斗车辆性能指标的需求重要性。利用公式：

$$w_{zbj}=\frac{\sum_{j=1}^{n}\sum_{i=1}^{m}w_{ci}\cdot r_{ij}}{\sum_{j=1}^{n}w_{zbj}} \tag{9-18}$$

可以计算出第 j 项战技性能指标的权重。式中，w_{zbj} 为第 j 项战技指标的权重；r_{ij} 为第 i 项质量需求与第 j 项性能指标关系定量化赋值。

(3)战技性能指标的自相关处理

同质量需求一样，战技性能指标之间可能存在自身相关性。设 q_{fij} 为性能指标 ic_i 和 ic_j 之间的相关系数，则 q_{fij} 的取值及含义如下：

①$q_{fij}>0$ 时，性能指标 ic_i 和 ic_j 之间正相关；

②$q_{fij}=0$ 时，性能指标 ic_i 和 ic_j 之间不相关；

③$q_{fij}<0$ 时，性能指标 ic_i 和 ic_j 之间负相关。

战技性能指标之间相关程度的确定同样可采用头脑风暴方法。

设有 n 项性能指标，考虑第 i 项性能指标与其他 $n-1$ 项性能指标的相关程度，可排成 $n\times n$ 自相关矩阵 $\boldsymbol{Q}_f$。

3. 装甲战斗车辆质量需求费用展开

(1)质量需求费用展开

费用展开是对资源进行的规划使用，以达到最大使用效益的一种优化方法。假设为了满足某装甲战斗车辆的质量需求或为提高“用户”对某装甲战斗车辆的满意程度，考虑经济承受能力，相关部门决定出资 CT 万元。但战技性能指标有多个，如何科学分配费用获得最大效益是首先要解决的问题。

关于解决战技性能指标的费用分配问题是依据其战技性能指标所占的相对权重大小原则进行分配的，这种方法虽然考虑到了将研制费用的重点放在相对重要的战技性能指标上，以此来提高装甲战斗车辆的主要性能，但实际实施的过程中情况往往复杂得多。例如，可能提高某项战技指标需要更多的费用，提高另一项战技指标可以节省出来一些费用；还可能提高一项战技指标就可以带动多项战技指标同时提高，即按照战技指标权重大小分配的费用可能存在着“不均衡”问题。所以对于待分配的费用来说一项战技指标的重要性除了体现在相对权重的大小上，还与战技指标之间的内部联系存在着重要关系，这就需要对战技性能的费用分配问题进行重新思考。

由于战技指标之间存在着自相关性，即一项指标地提高将带动另一项指标地提高（正相关）或降低（负相关）。若他们之间为正相关，由于它们各自的权重又不相同，如果将大部分费用投到权重大的战技指标上，则不仅可以提高本项指标的性能，也能带动其他指标地提高。若为负相关，则没有这种效应。基于这种思考，遵循可行高效原则建立费用分配规则如下：

设有指标 $a,b,c,d,\cdots,r$，对应权重为 $w_{zba},w_{zbb},w_{zbc},w_{zbd},\cdots,w_{zbr}$，且有 $w_{zba}\geqslant w_{zbb}\geqslant w_{zbc}\geqslant w_{zbd}\geqslant\cdots\geqslant w_{zbr}$，它们之间的相关度为 q_{ij}，其中 $i,j\in\{a,b,c,d,\cdots,r\}$，这里引入相关系数比的概念 $m_{ij}=(9-q_{ij})/9$，则费用按照下式进行分配：

当 a 只与 b 相关时：

$$ct_a=CT\cdot[w_{zba}+(1-m_{ab})w_{zbb}]$$

$$ct_b=CT\cdot m_{ab}w_{zbb}$$

$$ct_c=CT\cdot w_{zbc}$$

当 a 与 b、且 a 与 c 相关时：

$$ct_a=CT\cdot[w_{zba}+(1-m_{ab})w_{zbb}+(1-m_{ac})w_{zbc}]$$

$$ct_b=CT\cdot m_{ab}w_{zbb}$$

$$ct_c=CT\cdot m_{ac}w_{zbc}$$

当 a 与 b、a 与 c、且 b 与 c 相关时：

$$ct_a=CT\cdot[w_{zba}+(1-m_{ab})w_{zbb}+(1-m_{ac})w_{zbc}]$$

$$ct_b=CT\cdot[m_{ab}w_{zbb}+m_{ac}(1-m_{bc})w_{zbc}]$$

$$ct_c=CT\cdot m_{ac}m_{bc}w_{zbc}$$

与之不相关的指标 $ct_d=CT\cdot w_{zbd}$

式中，ct_j 为第 j 项性能指标分配的费用，当指标间存在负相关时，按不相关分配原则处理。

(2)确定费用函数

装甲战斗车辆的战技指标大致可分为两种:一种为正向指标即目标值越大越好型,例如车辆的火炮的首发命中率;另一种为负向指标即目标值越小越好型,例如车辆的百公里耗油量等。

这两种情况的目标值 – 费用函数,可以用图 9 – 13 来表示。

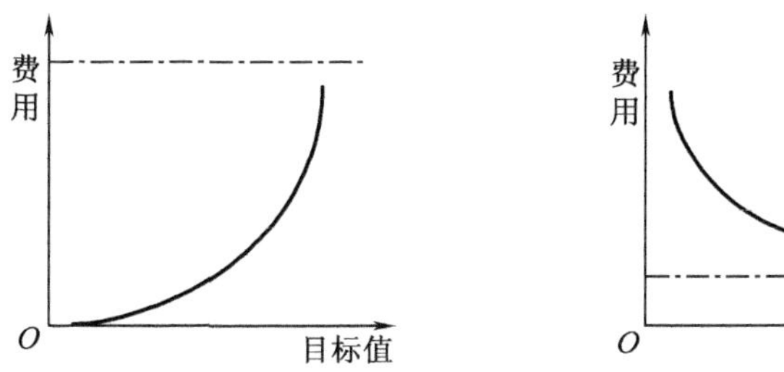

图 9 – 13　装甲战斗车辆战技指标目标值 – 费用函数曲线

对于第一种情况来说,在开始阶段,随着投入费用的增加,目标值得到迅速提升,但提升到一定程度后,再增加费用,目标值提高缓慢,此时可认为已经达到或接近于目标值的极限。

设 $f(x)$ 为费用函数,则由相关的数学知识可知,$f(x)'>0$ 且 $f(x)''>0$,当投入费用为 0 时,目标值提升为 0,即费用函数 $f(x)$ 经过(0,0)点,所以 $f(x)$ 为幂指数形式,即 $f(x)=x^k(k>0)$。k 值的具体大小需根据工程实践经验进行确定。

对于第二种情况,在开始阶段,随着投入费用的增加,目标值得到迅速减小,但减小到一定程度后,再增加费用,目标值减小缓慢,此时可认为已经达到或接近于目标值的极限。

设 $f(x)$ 为费用函数,则由相关的数学知识可知,$f(x)'<0$ 且 $f(x)''<0$,所以 $f(x)$ 为幂指数形式,即 $f(x)=x^k(k<0)$。k 值的具体大小需根据工程实践经验进行确定。

(四)装甲战斗车辆质量需求满意度规划模型

这里,遵循可行高效原则,围绕质量需求在费用、性能指标和满意度等维的展开用质量屋综合表示如图 9 – 14 所示。

设投入费用为 CT,性能指标改进百分比为 ΔX,总满意度提高百分比为 ΔST,由于总满意度提高百分比 ΔST 正比于性能指标改进百分比 ΔX,性能指标的满意度提高百分比又与性能指标的自身权重及其内部联系具有密切关系,考虑到质量需求展开是在费用等约束条件下,使得提高满意度目标函数最大。

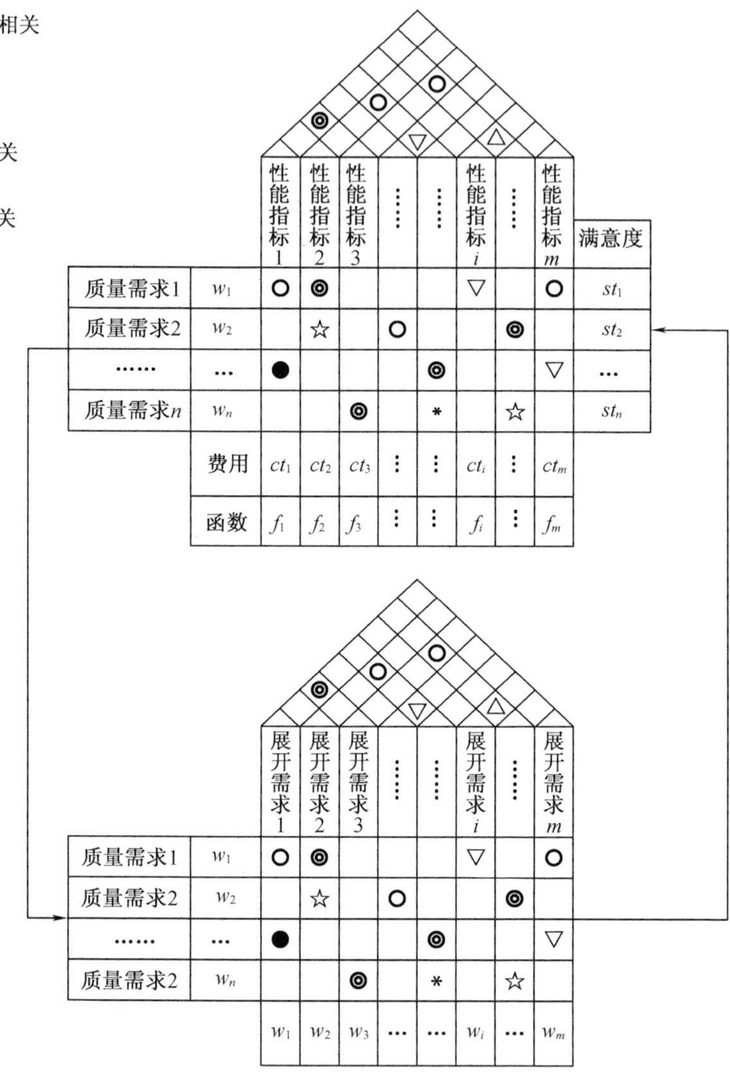

图 9-14　综合质量屋

因此,模型如下所示。

目标函数:

$$\max \Delta ST = k \cdot W_c \times \overline{Q}_t \times R \times [A. \Delta X. (W_{zb} \times \overline{Q}_f)]^{\mathrm{T}} \tag{9-19}$$

约束条件：

$$\begin{cases} f_i(x) \leqslant \theta_i \cdot ct_i \\ \sum_{i=1}^{n} \theta_i \cdot ct_i \leqslant CT \\ x_i \geqslant 0 \end{cases} \tag{9-20}$$

式中　f_i——费用函数，即第 i 个指标改进百分比为 x_i 时的费用；

θ_i——费用约束松弛系数。费用展开容易导致约束过紧，从而使需求满意度规划模型难以达到最优化值。

因此引入费用约束松弛系数，既确保重点需求的重点资金保障，又允许费用在原有计划基础上进行一定波动。

$\Delta X=(x_j)$，改进百分比 x_j 包括提高比和缩小比。对于正向指标 x_j 亦为提高比，即为改进后和改进前指标值之差和改进前指标值之比；对于负向指标 x_j 亦为缩小比，即改进前和改进后指标值之差和改进前指标值之比。

$\overline{Q}_t$、$\overline{Q}_f$ 分别为经过行（或列）归一化处理后的自相关矩阵。

k 为换算系数，设 $W_c \times \overline{Q}_t \times R=(w_1,w_2,\cdots,w_n)$，则 $k=1/\sum_{i=1}^{n} w_i$。

A 为总满意度提高百分比 ΔST 与性能指标改进百分比 ΔX 的比例系数，A 的取值不影响此规划模型的求解，因此这里设 A 为单位向量。

本章所建立的规划模型与前面章节中的规划模型相比具有以下优点：

（1）符合客观规律。在建立模型时，充分考虑了与满意度提高比相关的因素，如性能指标提高比，性能指标的权重，性能之间的内部关系及比例系数。

（2）意义清晰明确。整个规划模型能够很好地表达出质量需求与战技指标、战技指标与满意度及其内部之间的逻辑关系，结构清晰、意义明确。

（3）更加科学合理。由于对战技指标的费用进行了科学的分配，即将更多的费用使用在解决关键问题上，能使固定的费用投入获得更大效益，从而获得更高的满意度。

五、需求综合示例

（一）获取的某型主战坦克质量需求

通过调研在某装甲团，选择 4 个坦克连，1 个装甲步兵连，以及相关科研院所，共获得某型主战坦克的主要质量需求，见表 9－25、表 9－26、表 9－27。

表 9－25　功用层功能需求

编号	需求	编号	需求	编号	需求
1	电磁防护	9	具有防空能力	17	定位导航
2	主动防护	10	抗毁能力强	18	发射散弹
3	抗海水腐蚀	11	自动选择弹种	19	穿越各种地形
4	电磁兼容性强	12	自动装弹快	20	原地转向
5	能够潜水	13	自动识别目标	21	自动开火
6	能够发射导弹	14	无人驾驶	22	抗电磁干扰
7	自动化程度高	15	可搭载步兵	23	隐身防护
8	防热成像侦察	16	信号加密	24	弹药威力大

表 9－26　指标层功能需求

编号	需求	编号	需求	编号	需求
1	车体尺寸小	16	百公里耗油 260 L 左右	31	平均速度大
2	加速快	17	战斗全重 42 t	32	射界范围大
3	射程远	18	最大速度 60～66 km/h	33	射击范围广
4	水上航速快	19	制动距离不大于 20 m	34	反应时间小
5	增加火炮口径	20	百公里耗油 250 L 左右	35	火炮旋转速度快
6	增加火炮精度	21	战斗全重不超过 50 t	36	爬坡度大
7	调炮速度快	22	最大速度不小于 70 km/h	37	射击死界小
8	提高越野速度	23	制动距离不大于 22 m	38	隐蔽性好
9	增加发动机功率	24	百公里耗油 220～250 L	39	牵引力大
10	最大速度大约为 58 km/h	25	战斗全重不大于 45 t	40	单位功率大
11	制动距离为 15 m 左右	26	最大速度 60 km/h 左右	41	制动灵敏
12	百公里耗油不超过 260 L	27	制动距离为 18 m 左右	42	平均速度快
13	战斗全重 45 t 左右	28	百公里耗油 220～260 L	43	单位压力小
14	最大速度大于 60 km/h	29	战斗全重不超过 55 t	44	突击能力强
15	制动距离 16 m 左右	30	直射距离大于 2 500 m		

表 9-27 非功能需求

编号	需求	编号	需求	编号	需求
1	便于维修	5	零件拆卸方便	9	修复时间短
2	故障率低	6	车内空间大	10	可靠性高
3	环境适应性好	7	舒适性好	11	车内无异味
4	不易疲劳	8	工作环境温度适宜	12	噪声小

(二)某型主战坦克质量需求过滤

对于以上收集到的质量需求,根据本书第三章的过滤准则与方法,对表 9-25、表 9-26、表 9-27 中的功用层功能需求、指标层功能需求以及非功能需求进行筛选后,结果见表 9-28、表 9-29、表 9-30。

(三)某型主战坦克质量需求聚类

1. 基于 KJ 法与需求树模型的某型主战坦克质量需求聚类

对于过滤后的质量需求,层次结构还不够清楚,此时应用 KJ 法(详见本书第四章)对质量需求进行定性的整理聚类,并用需求树模型对其进行表示,这样一来质量需求层次结构就更加清晰。聚类整理后的质量需求如图 9-15、图 9-16 所示。

表 9-28 经过筛选后的功用层功能需求

编号	需求	编号	需求	编号	需求	编号	需求
1	电磁防护	4	火控系统自动化程度高	7	抗毁能力强	10	定位导航
2	主动防护	5	具有防空能力	8	抗电磁干扰	11	原地转向
3	电磁兼容性强	6	自动装弹好	9	信号加密	12	弹药威力大

表 9-29 经过筛选后的非功能需求

编号	需求	编号	需求	编号	需求
1	便于维修	5	零件拆卸方便	9	修复时间短
2	故障率低	6	可靠性高	10	噪声小
3	环境适应性好	7	舒适性好	11	车内空间大
4	不易疲劳	8	工作环境温度适宜	12	

表 9－30 经过筛选后的指标层功能需求

编号	需求	编号	需求	编号	需求
1	加速快	13	百公里耗油 260 L 左右	25	百公里耗油 220～260 L
2	射程远	14	战斗全重 42 t	26	战斗全重不超过 55 t
3	增加火炮精度	15	最大速度 60～66 km/h	27	射击范围广
4	调炮速度快	16	制动距离不大于 20 m	28	反应时间小
5	提高越野速度	17	百公里耗油 250 L 左右	29	爬坡度大
6	增加发动机功率	18	战斗全重不超过 50 t	30	牵引力大
7	最大速度大约为 58 km/h	19	最大速度不小于 70 km/h	31	单位功率大
8	制动距离为 15 m 左右	20	制动距离不大于 22 m	32	制动灵敏
9	百公里耗油不超过 260 L	21	百公里耗油 220 L～250 L	33	平均速度快
10	战斗全重 45 t 左右	22	战斗全重不大于 45 t	34	突击能力强
11	最大速度大于 60 km/h	23	最大速度 60 km/h 左右	35	越壕宽
12	制动距离 16 m 左右	24	制动距离为 18 m 左右	36	

(四)某型主战坦克质量需求冲突处理

对于获取的质量需求,可能存在着冲突。例如,本例中自动装弹和可靠性高这两项需求之间就存在着冲突,自动化程度越高可靠性越低,反之可靠性则越高。此时根据 TRIZ 原理,参照表 9－19 中 39 个工程参数,将此需求冲突转化为 38(自动化程度)与 27(可靠性)之间的技术冲突,并对照表 9－20 冲突矩阵可知,解决此冲突的原理为第 11、27、32 条原理或第 11、13、27 条原理,最后根据 40 条发明原理,发现第 11 条原理为可用原理。如下:

第 11 条原理事先对策预防:通过事先预测对防,补足物体的低可靠性。

这条原理对于此处需求冲突的解决提供了重要思路:当采用自动装弹机完成自动装弹时若出现故障且暂时不能排除,可进行人工装弹,从而完成装弹任务,这样一来可靠性也得到了保证。

质量需求中存在的其他冲突均可依照图 9－16 的流程进行处理。

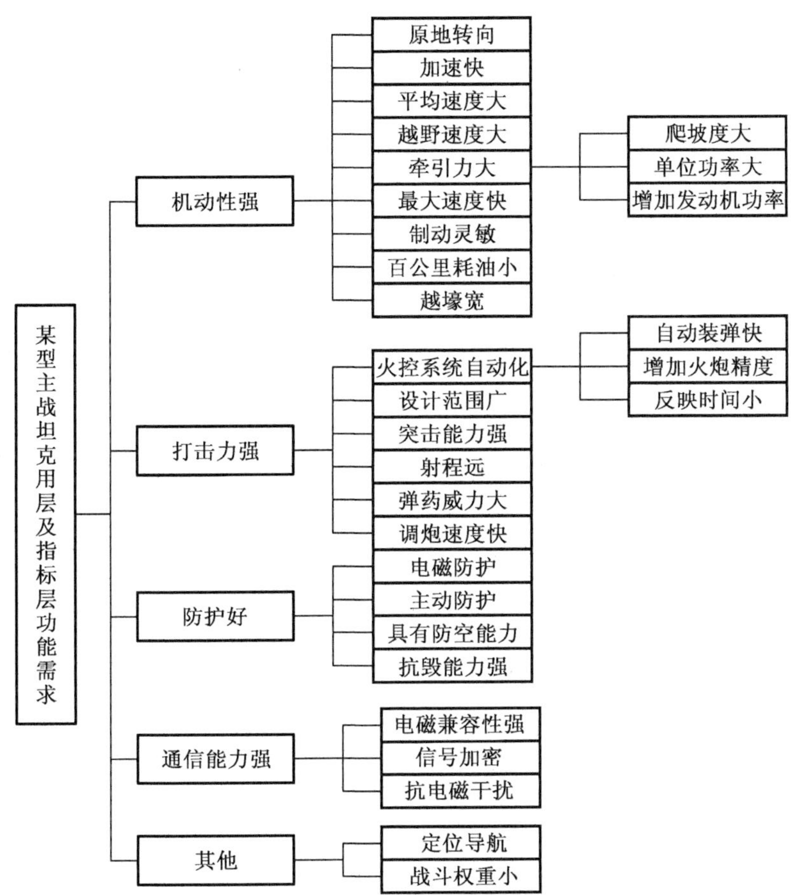

图 9-15　KJ 法整理聚类的功能需求树模型图

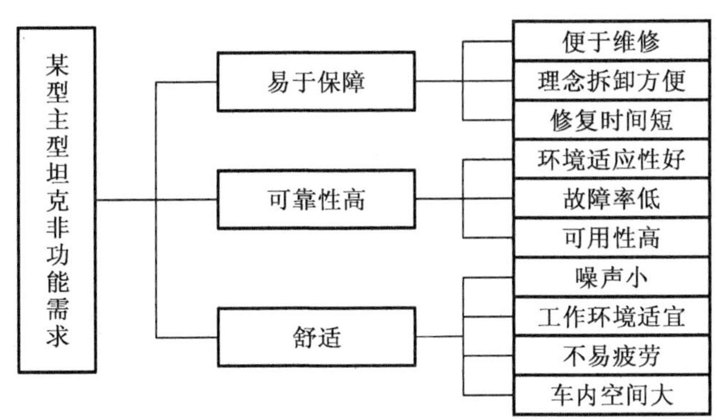

图 9-16　KJ 法整理聚类的非功能需求树模型图

（五）某型主战坦克质量需求展开

1. 某型主战坦克质量需求及满意度展开

由于篇幅所限，为了更好地说明问题，这里只以打击能力的 9 项需求为例，进行展开研究。

（1）计算打击能力指标层需求权重

利用 FAHP 法，相对于火力能力强这个总体评价指标，分别对两两指标需求间的重要性进行判断，得出判别矩阵如下：

$$
\boldsymbol{A}=\begin{bmatrix}
0.5 & 0.561 & 0.439 & 0.325 & 0.862 & 0.138 & 0.1 & 0.325 & 0.325\\
0.439 & 0.5 & 0.325 & 0.561 & 0.561 & 0.138 & 0.138 & 0.325 & 0.325\\
0.561 & 0.675 & 0.5 & 0.675 & 0.675 & 0.439 & 0.325 & 0.5 & 0.439\\
0.675 & 0.439 & 0.325 & 0.5 & 0.561 & 0.138 & 0.1 & 0.138 & 0.138\\
0.138 & 0.439 & 0.325 & 0.439 & 0.5 & 0.138 & 0.1 & 0.325 & 0.325\\
0.862 & 0.862 & 0.561 & 0.862 & 0.862 & 0.5 & 0.439 & 0.561 & 0.561\\
0.9 & 0.862 & 0.675 & 0.9 & 0.9 & 0.561 & 0.5 & 0.675 & 0.439\\
0.675 & 0.675 & 0.5 & 0.675 & 0.675 & 0.439 & 0.325 & 0.5 & 0.439\\
0.675 & 0.675 & 0.561 & 0.675 & 0.675 & 0.439 & 0.561 & 0.561 & 0.5
\end{bmatrix}
$$

从而求得质量需求相应权重并做归一化处理后得：

$$
\begin{aligned}
W_c &= (w_{c1}, w_{c2}, \cdots, w_{cn})\\
&= (0.108, 0.095, 0.115, 0.090, 0.057, 0.133, 0.148, 0.109, 0.145)
\end{aligned}
$$

（2）某型主战坦克质量需求自相关展开

自相关矩阵 $\boldsymbol{Q}_t$ 为

$$
\boldsymbol{Q}_t=\begin{bmatrix}
1 & 5 & 7 & 5 & & & & & \\
5 & 1 & & & & & 3 & & \\
7 & & 1 & & & & 5 & & \\
5 & & & 1 & & & & & \\
 & & & & 1 & & & & \\
 & & & & & 1 & & & \\
 & 3 & 5 & & & & 1 & 5 & 9\\
 & & & & & & 5 & 1 & \\
 & & & & & & 9 & & 1
\end{bmatrix}
$$

(3)满意度展开

通过调查质量需求各项满意度分别为 0.66、0.61、0.67、0.62、0.56、0.60、0.65、0.65、0.62,则总满意度为 0.6437。设满意度阈值为 0.7,则某型主战坦克不满足需求提出者提出的需求,需进行技术改进。

2. 某型主战坦克性能指标展开

由于相同的质量需求可以展开成不同的性能指标。因此,根据获取的 9 项火力打击需求,通过头脑风暴法及德尔菲法得出对应这部分质量需求的战技术指标及相关程度,如图 9－17、图 9－18 所示。

由图 9－17 可知,质量需求与其性能指标的互相关矩阵 $\boldsymbol{R}_1$ 为

$$\boldsymbol{R}_1 = \begin{bmatrix} & 5 & & 7 & & & & & & & & \\ & 9 & & & & & & & & & & \\ 7 & & & 9 & & & & & & & & \\ & & & & 9 & & & & & & & \\ & & & & 5 & & & & & & & \\ & & & & & 9 & & & & & 7 & \\ & & 7 & 9 & & & 3 & 5 & 9 & 3 & 7 & 5 \\ & & 9 & & & & & & & & 9 & \\ & & & & & & 9 & 9 & & & & \end{bmatrix}$$

同理可得质量屋 2。

由图 9－18 可知,质量需求与其展开的性能指标的互相关矩阵 $\boldsymbol{R}_2$ 为

$$\boldsymbol{R}_2 = \begin{bmatrix} & & & 3 & & & & & 5 & & & \\ & & & & 7 & & & & & & & \\ & & & 7 & & & & & & & & \\ & & & 9 & & & & & 9 & & & \\ & & & 5 & & & & & & & & \\ & & 3 & & & & & 1 & & & 9 & \\ 7 & 5 & 1 & & 3 & 3 & 9 & 3 & 1 & 3 & & 1 \\ & & 5 & & & & & & & 9 & 7 & \\ & & & & & & 9 & & & 9 & & \end{bmatrix}$$

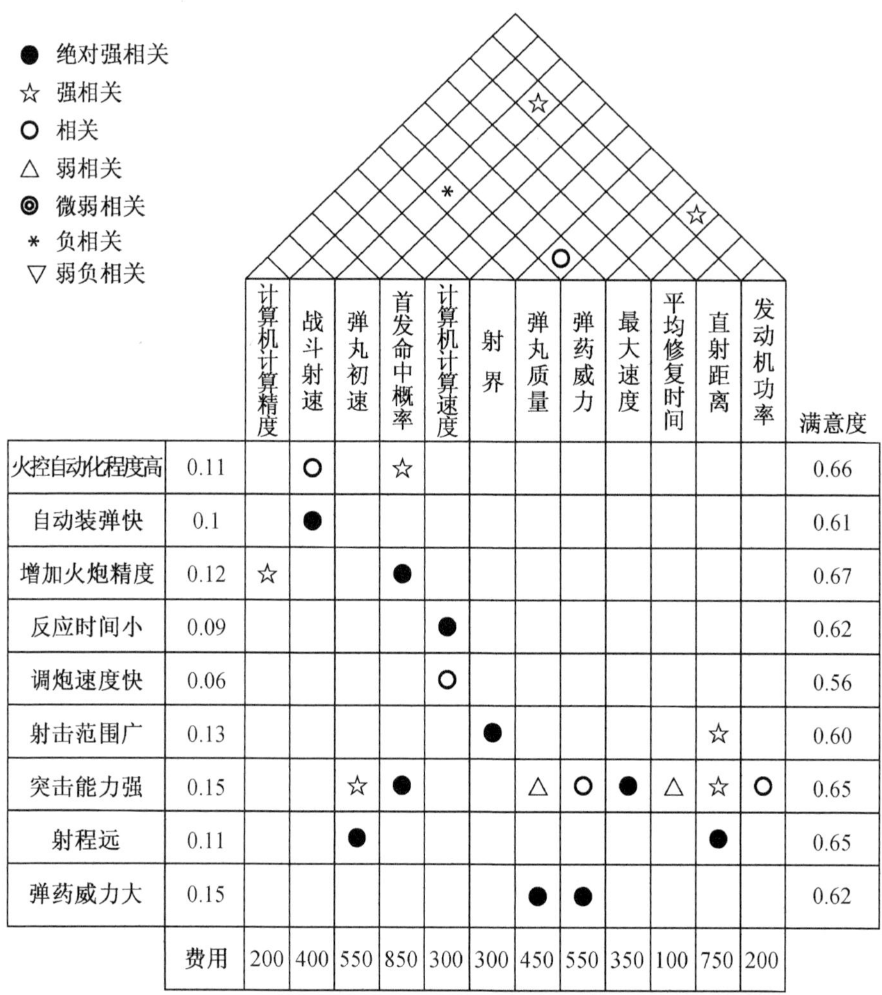

		计算机计算精度	战斗射速	弹丸初速	首发命中概率	计算机计算速度	射界	弹丸质量	弹药威力	最大速度	平均修复时间	直射距离	发动机功率	满意度
火控自动化程度高	0.11		○		☆									0.66
自动装弹快	0.1		●											0.61
增加火炮精度	0.12	☆			●									0.67
反应时间小	0.09					●								0.62
调炮速度快	0.06					○								0.56
射击范围广	0.13						●					☆		0.60
突击能力强	0.15			☆	●			△	○	●	△	☆	○	0.65
射程远	0.11			●								●		0.65
弹药威力大	0.15							●	●					0.62
	费用	200	400	550	850	300	300	450	550	350	100	750	200	

图 9－17　某型坦克打击能力性能指标展开质量屋 1

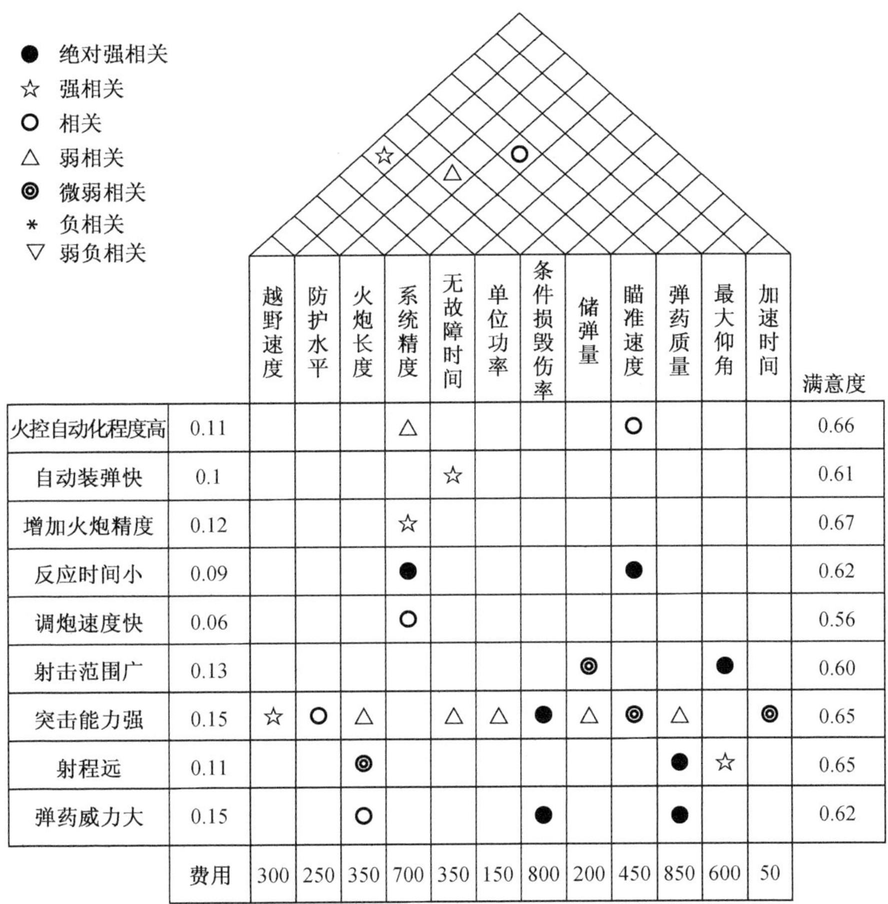

		越野速度	防护水平	火炮长度	系统精度	无故障时间	单位功率	条件损毁伤率	储弹量	瞄准速度	弹药质量	最大仰角	加速时间	满意度
火控自动化程度高	0.11				△					○				0.66
自动装弹快	0.1					☆								0.61
增加火炮精度	0.12				☆									0.67
反应时间小	0.09				●					●				0.62
调炮速度快	0.06				○									0.56
射击范围广	0.13								◎			●		0.60
突击能力强	0.15	☆	○	△		△	△	●	△	◎	△		◎	0.65
射程远	0.11			◎							●	☆		0.65
弹药威力大	0.15			○				●			●			0.62
	费用	300	250	350	700	350	150	800	200	450	850	600	50	

图 9－18　某型坦克打击能力性能指标展开质量屋 2

(1)计算某型主战坦克战技术性能指标权重

利用公式(9－18)并结合图 9－17、图 9－18 可得某型主战坦克战技术性能指标权重分别为

$$W_{zb}=(w_{zb1},w_{zb2},\cdots,w_{zbm})$$
$$=(0.04,0.08,0.11,0.17,0.06,0.06,0.09,0.11,0.07,0.02,0.15,0.04)$$

$$W'_{zb}=(w'_{zb1},w'_{zb2},\cdots,w'_{zbm})$$
$$=(0.06,0.05,0.07,0.14,0.07,0.03,0.16,0.04,0.09,0.17,0.12,0.01)$$

(2)某型主战坦克战技术性能指标自相关处理

由图 9 - 17、图 9 - 18 可知,性能指标的自相关矩阵 Q_f、Q_f'为

$$
\boldsymbol{Q}_f=\begin{bmatrix}
1 & & & & & & & & & & & \\
 & 1 & & & & & & & & & & \\
 & & 1 & & & & -7 & & & & 7 & \\
 & & & 1 & & & & & & & & \\
 & & & & 1 & & & & & & & \\
 & & & & & 1 & & & & & & \\
 & & -7 & & & & 1 & 5 & & & & \\
 & & & & & & 5 & 1 & & & & \\
 & & & & & & & & 1 & & & 7 \\
 & & & & & & & & & 1 & & \\
 & & 7 & & & & & & & & 1 & \\
 & & & & & & & & 7 & & & 1
\end{bmatrix}
$$

$$
\boldsymbol{Q}_f'=\begin{bmatrix}
1 & & & & & 7 & & & & & & \\
 & 1 & & & & & & & & & & \\
 & & 1 & & & & 3 & & & & & \\
 & & & 1 & & & & & 5 & & & \\
 & & & & 1 & & & & & & & \\
7 & & & & & 1 & & & & & & \\
 & & 3 & & & & 1 & & & & & \\
 & & & & & & & 1 & & & & \\
 & & & 5 & & & & & 1 & & & \\
 & & & & & & & & & 1 & & \\
 & & & & & & & & & & 1 & \\
 & & & & & & & & & & & 1
\end{bmatrix}
$$

3. 某型主战坦克质量需求费用展开

对于图 9 - 17 来说,为了提高用户对质量需求的满意度,决定对该型主战坦克指标进行改进,分别为计算机计算精度、战斗射速、弹丸初速、首发命中概率、计算机计算速度、射界、弹丸质量、弹丸威力、最大速度、平均修复时间、直射距离、发动机功率。

其中,战斗射速、弹丸初速、首发命中概率、计算机计算速度、射界、弹丸质量、弹丸威力、最大速度、直射距离、发动机功率,属于越大越满意型指标。提高比费用函数分别为$f_2(x)=x^2$、$f_3(x)=x^{3.1}$、$f_4(x)=x^{2.9}$、$f_5(x)=x^{1.6}$、$f_6(x)=x^{2.2}$、

$f_7(x)=x^{1.9}$、$f_8(x)=x^{2.5}$、$f_9(x)=x^{2.1}$、$f_{11}(x)=x^{2.4}$、$f_{12}(x)=x^{2.2}$。

其中，计算机计算精度、平均修复时间属于越小越满意型指标。其费用函数分别为$f_1(x)=x^{1.8}$、$f_{10}(x)=x^{1.6}$。

假设投入 5 000 万元对该型主战坦克进行改进，以提高用户对火力能力需求的满意度，可求得每项指标投入分别为 200 万元、400 万元、122 万元、850 万元、300 万元、300 万元、200 万元、800 万元、506 万元、100 万元、1 178 万元、44 万元。

对于图 9－18 来说，改进的指标分别为越野速度、防护水平、火炮长度、火控系统精度、无故障时间、单位功率、条件毁伤率、储弹量、瞄准速度、弹药质量、最大仰角、加速时间。

其中，除了火控系统精度与加速时间属于越小越满意型指标，其费用函数为$f_4(x)=x^{2.9}$、$f_{12}(x)=x^{2.2}$。

其余指标均为越大越满意型指标，其费用函数分别为$f_1(x)=x^{2.2}$、$f_2(x)=x^2$、$f_3(x)=x^{2.8}$、$f_5(x)=x^{1.6}$、$f_6(x)=x^{2.2}$、$f_7(x)=x^{2.7}$、$f_8(x)=x^{2.5}$、$f_9(x)=x^{2.1}$、$f_{10}(x)=x^{2.6}$、$f_{11}(x)=x^{2.4}$。

假设投入 5 000 万元对该型主战坦克进行改进，以提高用户对火力能力需求的满意度，同理，求得每项指标投入分别为 383 万元、250 万元、233 万元、950 万元、350 万元、67 万元、917 万元、200 万元、200 万元、850 万元、600 万元、50 万元。

4. 某型主战坦克质量需求满意度规划

在图 9－17 中，该型主战坦克的 12 项指标现值分别为 0.1 密位、6 发/分、1 740 m/s、0.75、4 次/秒、18°、21 kg、500 mm、59 km/h、12MTTR、2 100 m、580 kW。

由以上分析，建立质量需求满意度规划模型，并利用 LINGO 软件编程求解，计算指标需求分别如下：

(1)计算机计算精度缩小比:18.48%

(2)战斗射速提高比:20.98%

(3)弹丸初速提高比:4.89%

(4)首发命中概率提高比:10.58%

(5)计算机计算速度提高比:37.50%

(6)射界提高比:13.96%

(7)弹丸质量提高比:17.09%

(8)弹丸威力提高比:11.09%

(9)最大速度提高比:20.30%

(10)平均修复时间缩小比:18.87%

(11)直射距离提高比:19.81%

(12)发动机功率提高比:5.83%

在图9－18中,该型主战坦克的12项指标现值分别为越野速度(土路)为35km/h、防护水平(车首,防穿甲弹)380 mm、火炮长度为6 000 mm、火控系统精度为0.1密位、炮控分系统无故障时间65 h、单位功率为588 kW、条件毁伤率为60%、自动装单机储弹量22发、瞄准速度10°/s、弹药质量为21 kg、最大仰角为14°、加速时间为13 s。

由以上分析,建立质量需求满意度规划模型,并利用LINGO软件编程求解,计算指标需求分别如下:

(1)越野速度提高比:15.60%;

(2)防护水平提高比:16.58%;

(3)火炮长度提高比:7.25%;

(4)火控系统精度缩小比:9.27%;

(5)无故障时间提高比:41.3%;

(6)单位功率提高比:7.06%;

(7)条件毁伤率提高比:12.96%;

(8)自动装弹机储弹量提高比:6.97%;

(9)瞄准速度提高比:13.04%;

(10)弹药质量提高比:13.89%;

(11)最大仰角提高比:14.96%;

(12)加速时间缩小比:1.41%。

(六)某型主战坦克质量需求备选方案构建

由此可得满足火力性能需求的一个备选方案为计算机计算精度0.08密位、战斗射速为7.3发/分、弹丸初速为1 825 m/s、首发命中概率为0.83、计算机计算速度为5.5次/秒、射界为20.5°、弹丸质量为24.6 kg、弹丸威力为555 mm、最大速度为71 km/h、平均修复时间为9.7MTTR、直射距离为2 516 m、发动机功率为614 kW。

具体方案形式见表9－31。

表 9－31　需求备选方案 1

需求备选方案名称	具体需求项	对应改进项目	具体改进指标值	序号	具体措施	备注
打击能力需求方案（1）	火控系统自动化 自动装弹快 调炮速度快 反应时间短 增加火炮精度	火控系统	计算机计算精度 0.08 密位	1	××	
			战斗射速 7.3 发/分	2	××	
			计算机计算速度 5.5 次/秒	3	××	
			首发命中概率 0.83	4	××	
	射击范围广 射程远 突击能力强	火炮	射界 20.5°	5	××	
			直射距离 2 516 m	6	××	
			弹丸初速 1 825 m/s	7	××	
			平均修复时间 9.7MTTR	8	××	
	弹药威力大	弹药	弹丸质量 24.6 kg	9	××	
			弹丸威力 555 mm	10	××	

另一个方案为越野速度（土路）为 40 km/h、防护水平（车首，防穿甲弹）443 mm、火炮长度为 6 435 mm、火控系统精度为 0.09 密位、炮控分系统无故障时间 92 h、单位功率为 630 kW、条件毁伤率为 68%、自动装单机储弹量 23 发、瞄准速度 11°/s、弹药质量为 24 kg、最大仰角为 16°、加速时间为 12 s。

具体方案形式见表 9－32。:

表 9－32　需求备选方案 2

需求备选方案名称	具体需求项	对应改进项目	具体改进指标值	序号	具体措施	备注
打击能力方案（2）	火控系统自动化 自动装弹快 调炮速度快 反应时间短 增加火炮精度	火控系统	火控系统精度 0.09 密位	1	××	
			条件毁伤率 68%	2	××	
			瞄准速度 11°/s	3	××	
		装填装置	自动装弹机储弹量 23 发	4	××	
	射击范围广 射程远 突击能力强	火炮	火炮长度 6 435 mm	5	××	
			最大仰角 16°	6	××	
		炮控系统	炮控分系统 无故障时间 92 h	7	××	
	弹药威力大	弹药	弹药质量 24 kg	8		

由于质量需求可以展开成不同的性能指标,从而形成不同的需求备选方案,这里只简单地以火力性能需求的一种展开情况为例,对具体过程进行详细说明。

对图 9 – 15、图 9 – 16 中的其他定性需求分别利用上述方法进行相关展开,从而得到多种不同性能指标的具体改进项目。对于其他需求的具体展开情况,这里不再赘述。

由于在需求过滤环节,根据不同的约束情况可以筛选出不同的需求项,聚类环节产生不同类别的需求集,而每对需求冲突根据 TRIZ 理论又可以有不同的创新解,相同的质量需求又可以展开成不同的性能指标。因此,通过综合过滤、聚类、冲突处理及展开的具体需求项,便得到关于某型主战坦克的多种全部相关指标改进数据,从而形成关于某型主战坦克质量需求的多个改进需求备选方案,总体方案见表 9 – 33。

表 9 – 33 装甲战斗车辆质量需求备选方案

<table>
<tr><th>方案名称</th><th>具体各项需求方案</th><th>方案序号</th><th>对应改进项目</th><th>具体改进指标</th><th>具体措施</th><th>备注</th></tr>
<tr><td rowspan="13">装甲战斗车辆质量需求备选方案</td><td rowspan="10">机动能力需求方案</td><td rowspan="4">方案(1)</td><td>动力系统</td><td>××</td><td>××</td><td></td></tr>
<tr><td>操纵系统</td><td>××</td><td>××</td><td></td></tr>
<tr><td>传动系统</td><td>××</td><td>××</td><td></td></tr>
<tr><td>……</td><td>××</td><td>××</td><td></td></tr>
<tr><td rowspan="4">方案(2)</td><td>行动系统</td><td>××</td><td>××</td><td></td></tr>
<tr><td>动力系统</td><td>××</td><td>××</td><td></td></tr>
<tr><td>传动系统</td><td>××</td><td>××</td><td></td></tr>
<tr><td>……</td><td>××</td><td>××</td><td></td></tr>
<tr><td>……</td><td>……</td><td>××</td><td>××</td><td></td></tr>
<tr><td>方案(n)</td><td>……</td><td>××</td><td>××</td><td></td></tr>
<tr><td>打击能力需求方案</td><td>……</td><td>……</td><td>××</td><td>××</td><td></td></tr>
<tr><td>防护能力需求方案</td><td>……</td><td>……</td><td>××</td><td>××</td><td></td></tr>
<tr><td>……</td><td>……</td><td>……</td><td>××</td><td>××</td><td></td></tr>
</table>

得到的几个需求备选方案可进一步通过定量的优化、评价与决策,最后确定最佳方案。

本章为装备需求综合提供了研究分析的可行方法与思路,第三节中创造性地为装备需求备选方案的构建提供了有效的方法和模型,进一步丰富并完善了装备需求领域相关方向的理论研究。此外,需求综合是装备需求活动中评价和决策的基础。因此,本章内容还是后续章节理论研究的基础。

第十章　装备需求评价

依据一定的方法可以得出装备需求。但是,在得出装备需求的过程中由于不同人员的知识结构、专业技能、工作经历,以及使用习惯的不同,得出来的装备需求与军方对装备的真实期望之间往往存在着误差。如果这个误差大于允许的范围,就会影响到装备研制,进而造成严重损失。因此,在装备研制前必须进行需求评价,确保装备需求能够满足军方对装备的真实期望,确保装备需求的科学性,这一点对装备建设与发展至关重要。

第一节　装备需求评价的研究动态

一、需求评价在民用领域的研究现状

需求评价的研究在民用领域开展较多,主要集中在软件工程中。此外,在经济管理中也有需求评价研究存在。相关书籍如美国人 Karl E. Wiegers 的《软件需求》一书中系统介绍了如何保证开发出的程序与客户的需要相一致;英国人 Suzanne Robertson 和 James Robertson 的《掌握需求过程》一书中对软件验收标准、质量关的把握进行了说明;科学出版社出版的《软件需求工程》一书中,介绍了软件需求验证的目的、任务、内容与方法,等等。在经济管理领域中,对需求评价的研究主要集中在市场需求、人员需求等方面。但是,软件需求评价、市场需求评价与装备需求评价之间因客体本身的差异而有着很大的区别。比如装备需求评价过程中,不仅要考虑装备自身,更要侧重考虑其军事使命与作战任务,有时还要考虑与其他装备系统的兼容,这些因素使得装备需求评价成为一个极其复杂的过程。因此,虽然软件需求评价在思想、程序上能给装备需求评价提供一些借鉴与启示,但在具体方法的应用等方面,两者之间的通用性并不强。

在需求评价技术方面主要出现了需求文档的评价、形式化需求评价、原型法评价等相关技术。需求文档的评价技术通过对需求文档的多次扫描,找出文档中不符合标准的用词,并提出相应的修改意见。这种技术已被证明是一种有效的需求评价工具,但它只能适用于用英语编写的需求文档。同时,它对以自然语

言书写的非形式化的需求规格说明书难以评价,特别是在目标系统规模庞大、规格说明书篇幅很长的时候,审查的效果是没有保证的。冗余、遗漏和不一致等问题可能没有被发现而继续保留下来;形式化需求评价技术一般都是形式化需求方法的一部分。比较具有代表性的有 PSL/PSA(问题陈述语言/问题陈述分析程序)系统、VDM 语言、Z 语言等。这种技术能够对需求的正确性进行证明,并且在一定程度上解决了需求的二义性问题。但是形式化的需求检验技术具有极大的局限性。直到现在为止,形式化方法还不能完全支持需求验证及评价的全过程,而且目前还没有需求的一致性检查工具;原型法评价技术是用于需求抽取的一种方法。通过使用原型,可以评价目标系统的需求是否满足其特性,可以更加准确地确定需求。比较著名的原型开发方法有螺旋模型、渐增模型两种。利用原型法对需求进行评价时,评价过程内含于软件或系统的开发过程,它并不是一个独立的过程,并且评价的范围比较狭窄,不能够对需求进行全方位的分析与评价,这些不足也使得它在实际的应用中受到极大限制。

二、需求评价在军事领域的研究现状

当前,针对军事需求的研究已经有了一定的开展。但是,军事需求评价特别是军事装备需求评价尚处于起步阶段,相关研究主要是以简要说明为主,离真正的装备需求评价方法体系的建立还有着很大的距离。如余滨等人的《军事需求工程技术之需求评价》一文中,只是对需求评价的定义、方法等进行简略的探讨。罗军、游宁主编的《军事需求研究》一书中,对军事需求的质量评价进行了研究,分析了评价要素、指标、方法、程序,虽然对装备需求评价有一定的借鉴意义,但两者之间还是有明显的区别。同时,《军事需求研究》一书中并没有对需求评价进行明确定义,在军事需求质量评价方法上也只是进行了一些常用的方法说明,对相关方法应用的时机、区域,以及如何去运用等并没有阐述。

本章尝试对装备需求评价进行研究,明确装备需求评价的概念,并给出装备需求评价的相关方法。

第二节　装备需求评价的概念

要进行客观科学的装备需求评价,首要要对装备需求评价进行科学的定义。

一、评价的定义

《汉语大词典》中对评价一词有三种解释:①衡量、评定其价值;②评定的价值;③购物时讲价钱。

《辞海》中,评价的定义是有两种:①评定货物的价格;②评论价值高低。

本书的研究重点在于装备需求的评价,评价的对象为需求,并不是实际事物。因此,在评价概念的表述上应该引申到或者说偏重于较为抽象的方面,如数学符号、事物性质等。针对以上分析给出评价的定义:评价是依据一定的标准或准则对客体进行分析、判断、衡量的过程,以及得出的结果。

二、装备需求评价的定义

根据评价的定义,结合装备需求的实际,给出装备需求评价的定义:装备需求评价是依据一定的标准或准则,对得出的装备需求方案与军方或者使用方实际期望的符合程度及装备需求方案本身的科学性(如一致性、可行性等)性质进行分析、判断、衡量的活动,最后得出结果。

三、军事需求评价的内容

从装备需求评价的定义,我们已经可以基本明确装备需求评价的内容。装备需求评价的内容主要包含两个方面:一是装备需求方案(严格地讲,这里所说的"装备需求方案"是初步得到但尚未经过评价的,但为了方便表述,下文中也称之为装备需求方案)与军方或者使用方实际期望符合程度的评价;二是装备需求方案自身的科学性评价,如一致性评价、可行性评价,等等。

(一)装备需求方案与实际期望符合程度的评价

装备需求方案与军方或者使用方实际期望符合程度,衡量的是装备需求方案是否真正反映了军方或者使用方的实际需要和期望。评价的含义可以简要地通过图 10-1 表示。A 表示军方或者使用方的实际期望,B 表示待评价的装备需求方案,重叠部分 C 表示装备需求方案与实际期望符合程度,C 占比越大,符合程度则越高。当然,由于需求传递及实现过程中的种种制约,待评价的装备需求方案不可能完全符合军方或者使用方的实际期望。可以设定为某个标准值,如果符合程度大于这个标准值,就可以认为其达标。为了增强评价的操作性,可以将装备需求方案和军方或者使用方实际期望符合程度进一步细分,细分为完备性评价、正确性评价等。

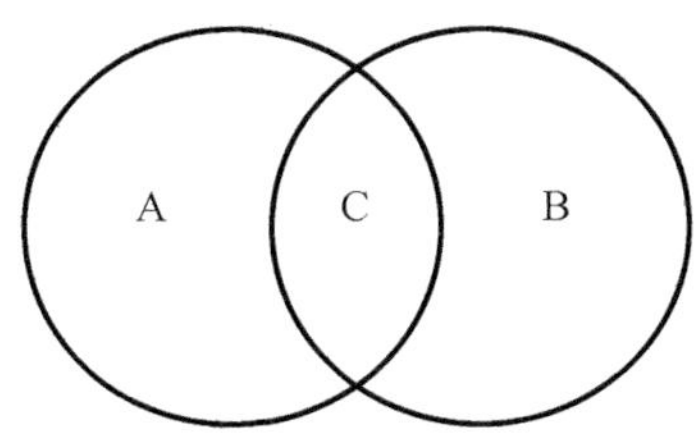

图 10－1　装备需求方案与实际期望符合程度

1. 完备性评价

完备性评价的目的是分析检验装备需求方案是否对军方或者使用方的欲望与需要进行了完整的、不遗漏的描述，即验证装备需求方案是否完全覆盖了特定装备系统的功能要求。完备性是最基本的要求，若它不能被满足，其他任何需求质量问题都无从谈起。如果需求表述的不完全，即使后面的设计与实现再好，也不能满足军方或者使用方的要求。同时，在装备系统开发后期增加或更改军方或者使用方需求，将会成倍地增加开发代价。因此，完备性评价是装备需求评价的关键。同时，完备性评价还应该能够保证需求方案无冗余，因为冗余会导致装备需求的不一致性，从而给装备需求方案的实现和维护工作带来困难。

2. 正确性评价

正确性评价的目的是分析检验装备需求方案在功能、行为、性能、质量方面和军方或者使用方欲望与需要的符合程度，即验证装备需求方案中所描述的每一项需求是否都准确地反映了军方或使用方的真实要求。

(二)装备需求自身的科学性评价

装备需求的完备性与正确性可以用来衡量军方或者使用方的期望，但装备需求仅仅满足完备性与正确性还是不够的。在完备性与正确性达成的同时，装备需求方案本身可能还会出现无效需求、重复需求、需求冲突等情况。因此，装备需求评价还应该包含对装备需求方案自身科学性进行评价的内容。

1. 一致性评价

在装备需求方案中，各种需求之间有可能产生矛盾或冲突，这些矛盾或冲突的存在将严重影响整个装备需求方案的质量。因此，必须对装备需求方案进行一致性评价，以检验装备需求方案中各需求之间的矛盾性及冲突性。当然，扩展来说，不同的装备需求方案之间也可能存在直接或者间接的矛盾，当需要时也可以在装备需求方案之间进行一致性评价。

2. 可行性评价

可行性是指装备需求方案可以在规定的时间、经费预算和项目的技术等约束条件下实现的程度。实际上，按照本书对装备需求的定义，不能实现的装备需要，本身就不能成为装备需求。但在得出装备需求方案的过程中，因为种种原因会导致一些不切实际或者是在当前条件下不能实现的需要被错误地列入装备需求方案。装备需求可行性评价的目的，就是将这些不切实际的需要排除在装备需求方案之外。

3. 适应性评价

装备需求方案应是可维护的。适应性就是反映了装备需求方案可维护的程度，也就是说装备需求方案中的需求能够简便、完整、一致地进行变更，同时保持已存在的需求方案的结构和风格。适应性是装备需求评价的关键因素之一，但在实际开发中往往不被重视。很多需求分析人员就事论事，以完成装备系统的基本功能为目标，而忽略了其功能扩充或改变的可能性，这将会给系统维护与改进造成困难。特别是军事装备随科技进步在不断改进中，装备进步必然造成军事需求方案的经常变更。如果装备需求方案不可维护，那么当前需求方案所描述的需求可能在几个星期或几个月就变得过时、无效。但由于装备系统未来可能发生的变化较难预测，所以装备需求适应性评价有一定困难。

4. 理解性评价

顾名思义，理解性是指需求方案的结构和描述被易于理解。只有通俗易懂，才能更好地进行交流。如果军方或者使用方很难理解需求方案的内容，他们就不可能检验装备需求方案是否已经完全准确地表达了他们实际的需求。另外，应用、开发人员对装备需求方案的理解也至关重要，因为他们负责装备系统的设计与实现，不充分理解装备系统的需求，会使提出或实现的需求同使用方要求出现偏差。因此，装备需求理解性评价应主要从应用开发人员和使用人员是否理解需求方案中的需求、是否能从总体上理解装备系统等方面来进行评价。

5. 跟踪性评价

如果军事需求方案中的各个需求来历都是清晰的，并且存在一种机制使得在未来的开发工作中引用该需求是可行的，那么需求方案就是可跟踪的。装备需求跟踪性评价可以帮助我们更好地理解装备系统并在更高程度上保证实现完成所有的需求，使得需求来源可查、依据可知、变更可见，并为后续的系统设计、系统测试、系统改造提供准绳。

6. 验证性评价

需求方案必须是可测试的。一个装备被研制出来时，测试工作就是测试人员和质量保证人员的责任了。在装备需求验证性评价中，可以根据“需求方案总体上是可测试的且仅当它所包含的各个需求组件都是可测试的”这个原则来进行。

7. 优先级评价

军方或者使用方往往认为军事需求方案的各个需求组件都是必要的，因此表面上看评价军事需求方案中各需求的优先级是困难并且不必要的。但是，由于装备需求随时间的不断变化，装备改进时对装备需求方案中各需求组件的优先级逐渐产生要求。同时，评价装备方案的优先级有助于确定哪些功能应易于修改，可以将它们分成不同的模块，并为接下来的改进提供帮助。优先级评价可以为装备需求方案内部关系的构建提供依据。因此，对装备需求进行优先级评价也是必要的。

以上就是装备需求评价包含的各项内容。需要指出的是，装备需求评价各内容并不是相互独立的，而是相互关联、相互制约的。例如，装备需求方案正确性提升可以相应提高方案适应性。因为需求方案结构越复杂就越难以适应改变，实现需求方案所需的代价也就会越大。又比如装备需求方案完备性提高可能会降低方案的可行性和理解性，因为完备性强的需求方案实现的难度较高，结构复杂，不利于实现和使用方理解。可见，如何准确把握这些需求评价内容的度，仍然是今后需求工程要研究的核心问题。

第三节　装备需求评价方法

装备需求方案包含的装备需求组件是多种多样的，有功能性需求组件，也有非功能性需求组件；有定量描述的需求组件，也有定性描述的需求组件；有可以清晰表述的需求组件，也有只能模糊说明的需求组件；有表述某件限制、约束的需求组件，也有表示物体属性的需求组件，等等。装备需求组件的多样性对装备需求评价方法提出了很高的要求。因为装备需求评价方法用必须具有很强的适应性，以实现对不同类型的装备需求组件进行评估。具体的解决方案：一是由专家根据实践经验进行主观上的评价，即定性评价；二是根据需求组件的性质有针对性地采用不同的方法进行评价，而后对结果进行综合。

一、装备需求定性评价方法

(一)装备需求定性评价的一般方法

对于各种类的需求评价，当前所使用的最为普遍，同时也是实用性最强的方法还是定性方法。常用的需求定性评价方法有以下几种：

1. 经验对比法

经验对比法又称“回溯法”，即通过研究总结以往的实际经验，找出规律性的东西，并以此为参照，评估当前装备需求的方法。这种“以史为镜”的办法，可以使人们从正反两个方面得到借鉴，从而对评价需求方案提供某种意义上的合理指导。经验对比法使用起来简单快捷，只要熟悉装备、经验丰富，几乎不受什么客观条件的限制。但怎样根据当前的形势和特点，恰当、巧妙地活用经验，而不局限于过去的成功经验，需要评估者具有深厚的理论功底和丰富的实践经验。

2. 征求意见法

通过征求大量相关人员意见，综合大面积的意见与看法，而后对这些看法进行相应的统计与总结，得出具体意见。这种方法可以在大体方向上保证需求评价的质量，但由于征求对象较多，时间、资金的耗费较大。采用这种方法时，在对征求人员的选择上，应注意保持较强的专业性与针对性，一般集中在以下几类人中：一是高层决策者；二是相关领域专家；三是研发人员；四是装备使用人员。

3. 德尔菲法

德尔菲法的基本程序是每个参与者递交他们的个人估计值，然后审查其他参与者的估计值。这样，他们就会照顾到不同意见而重新考虑和修改他们的原始数值。参加者应该背对背，不能相互碰面。在一般情况下，他们把预测值邮寄或送到组织者手中，由组织者汇总各人的看法后再返还给他们。他们可以在不受别人干涉的情况下，客观地分析手中的数据。这样反复几次，答案就会趋于一致。这样在通过多轮有控制的反馈后，最后集中起来的专家意见较为科学可靠。

采用德尔菲咨询法应有统一的评估内容、评估准则和评估方法。制订统一的评估内容咨询表，并分发给参加咨询的专家，请他们独立地就每个指标给出判断，然后用统计方法集中专家的意见，经过几轮结果的反馈和判断，最终产生一致的评估结论。

4. 综合意见法

就是依靠评估人员的集体智慧和经验，通过博采众长，互相启发的方式对装备需求活动的各项内容形成比较一致的看法，从而得出评估结论的方法。这种方法通常是在参加评估的人员较多、权威性较高的情况下使用。为了确保评估的准确性和权威性，参加评估的人员在具有广泛的代表性的同时，应包括各方面的权威专家和学者。

5. 主观概率法

主观概率是人们根据经验和对事物的认识，对事物发生的可能性的估计，不同于经过反复实验得到的概率值。采用主观概率法应首先确定主观概率，比如需求方案的可行性和正确性,应根据事物相互影响和相互依存关系,通过主观分析与客观认识后给出估计值。但是,仅用主观概率法得到的主观预期,有很大的或然性,应结合其他评估方法一起确定评估值。

(二)装备需求的会议评价方法

以上给出了一些常用的需求定性评价方法。但在实际的装备需求评价中,为了保证评价结果的权威与犒赏,常常以评价会议的方式来进行装备需求评价,这就是装备需求的会议评价法。

需求评价的实施往往较为困难。这是由装备需求表述、沟通、交流等环节上的客观限制,以及需求评价本身涉及的因素过多等原因造成的。如装备需求的完备性需要从军方或使用方的大量人员的共同观点中获得的,这些观点难以量化,同时观点之间也可能是矛盾或冲突的。实际上这个问题不仅在需求评价时造成影响,而是在需求产生及描述的初始环节就已经存在;再如装备需求可行性评价,涉及的科技、战术、经济等各个方面,并且各个方面的制约并没有具体的量化标准,很多时候还是取决于专家的意见。采用会议评价方法可以较好地克服装备需求评价面临的这些困难。

1. 装备需求会议评价过程

较为通用的装备需求会议评价过程如下。

Step. 1　会议前的规划。规划的主要任务是规划内容、人员,会议重点和范围。确定评价范围之后,则可确定参会人员及其角色。参加的人员主要包括以下几种:装备项目管理人员、军方或者使用方、需求开发人员、需求开发过程中的协调人员、需求测试人员、装备研制人员、装备经费管理人员,以及会议主持人、评审专家组成员、记录员、会议工作人员等。

Step. 2　召开协调会。协调会在召开正式的评价会议之前召开的,召集参加评价会议的所有成员参加,目的是明确评价的内容、要点,确认评价时所需资料、错误检查表等相关会议材料。错误检查表可进一步细化为一致性检查表、完备性检查表、相似性检查表、可行性检查表等。

Step. 3　会前准备。准备工作做得好不好直接关系到评价会议的质量。在专家没有提前准备的情况下,让他们在现场提出有价值的、完整的建议是不可能的。因此应为每位参与评价会议的专家提前提供相关资料,提供相应时间做相关阅读、查找错误。专家可将阅读时发现的无争议的错误直接告知相关人员,无须在会议上讨论,以便节省会议时间,提高会议质量。

Step. 4　召开评价会议。专家在评价会议上根据需求评价的要求与内容对装备需求逐项进行分析,发现问题所在,根据问题就各自的意见与看法进行讨论，逐一分析问题，给出结论，并讨论解决方案。评价会议可以以装备需求评价的内容为主线，比如按完备性评价→相似性评价→一致性评价→可行性评价的顺序对装备需求方案进行梳理，首先发现可能被遗漏的需求，找出表述不清的需求。然后在此基础上，找到需求之间发生的冲突及不一致之处。在可能的情况下，也可以让专家给出相应问题的解决方案。最后，将技术、经济上难以实现的需求组件剔除出需求方案，达成装备需求的可行性。

Step. 5　对评价会议上给出的问题及方案进行处理，并及时反馈。问题的处理应及时，处理完成后尽快反馈给评价专家，以听取专家对处理结果的意见。需要说明的是，由于各需求评价内容是相关的，比如对完备性评价错误的修改可能会影响装备一致性、可行性、相似性评价的结果。因此，在方案处理完成并反馈后，应再次召开评价会议，以消除这种相互影响。根据问题的严重程度，评价会议可以多次召开，直到达到一个理想的结果。

Step. 6　需求方案输出及跟踪。当需求方案评价完成后，对需求方案的应用情况应进行跟踪，对未能发现的问题应反馈并进行分析总结，在可能的情况下进行错误更正。同时，明确未能发现问题的原因，以利于提高以后评价会议效率，避免同类问题再次出现。

会议评价流程图如图 10 – 2 所示。

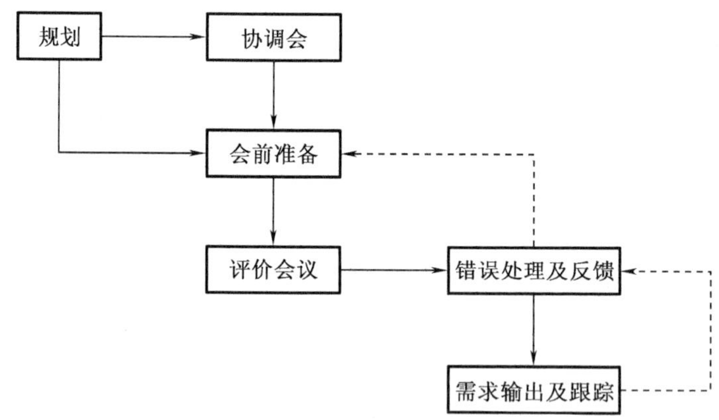

图 10 – 2　装备需求会议评价流程

2. 装备需求会议评价可以采用的方法

(1) 通用方法

①全体评价

全体评价是最为正式的评价方式，是指由全部会议专家对相关的需求评价问题进行集体讨论和评价,并给出结论与建议。

②小组评价

小组评价和全体评价比较接近,但参与人员要少于全体评价。优点是可以同时进行多种需求问题的评价,利于提高评价效率。小组评价的规范要求程度低于全体评价。

③走查

走查,即要遍历需求方案(文档)。通常是项目组内发起,由需求方案开发者按顺序向参加会议的人员介绍需求方案内容,然后大家发表自己的看法与意见。

④同级桌查、轮查

同级桌查、轮查属于个人级的评价方法,通常私下进行,即需求方案开发人员之间私下进行交叉的复查。桌查是两位需求人员之间进行相互评价,互相提出意见;而轮查则是多位需求人员之间交叉轮换进行评价,互相提出意见。

⑤临时评价

临时评审是在沟通过程中由信息的接受者向信息的传达者做简要的、概括性的回顾,以达成共识。最常见的类型包括使用方访谈、团队交流两种。

(2)理解性评价常用方法

①使用方审阅

即直接让使用方审阅需求,从而从使用方意见中得到装备需求方案的理解性。这是检验装备需求方案理解性最常用的一种方法。但这种方法有一个缺点,使用方可能只关心他们所熟悉的业务操作,而没有充分理解整个装备需求方案所表达的含义。

②装备研制开发人员审阅

虽然装备研制开发人员不像需求分析人员那样熟悉使用方的业务要求,但他们能有针对性地找出哪些地方描述得不清楚。同时,这一步也是研制开发人员认识需求方案的过程,有利于他们即将进行的研制工作,保证整个装备设计阶段的平稳过渡。

(3)可行性评价常用方法

①装备研制开发人员审阅

装备研制开发人员应重点审查需求方案实现的一些潜在问题,从技术和经济角度分析系统实现的可行性,发现问题及早修改。

②开发代价估计

这是对需求方案的可行性进行定量测量的方法,通常装备质量越好代价越大,降低代价就要牺牲装备质量。只有权衡两者的关系,才能使装备需求方案可行性达到最佳。总之,可行性是需求评价中重要的因素之一,可行性小的需求方案，其他评价得分再高也无用。

(4)适应性评价常用方法

①高层管理者评价

因为适应性评价涉及装备发展的战略目标，一般的业务工作人员无能为力，只有高层决策者才能把握装备未来的发展方向。

②技术专家评审

技术专家应该是装备技术或学术专家，他们能更好地把握装备的发展方向，能够对潜在的军事条件变化及其可能性做出预测分析。有经验的技术专家可以基于系统结构对装备需求适应性做出评估，虽然他们并不一定熟悉装备研制过程，但是可以从需求分析的技术角度评价装备需求的适应性。

(5)一致性评价常用方法

①比较法

通过需求集内部不同模块之间的比较，以及模块与整体之间的比较，发现需求冲突和结构冲突。

②样例分析

在可能的情况下，可以选取需求方案中较为独立且较为复杂的部分模块，提前进行开发应用，以开发应用过程的顺利程度来检验需求集的一致性。

二、装备需求定量评价方法

(一)总体思路

装备需求定量评价总体思路如下。

Step.1　装备需求方案整理。在需要的情况下，根据评价要求等具体情况对给出的装备需求方案进行归一、量化等相应处理，为接下来进行的装备需求评价做好准备。

Step.2　装备需求评价指标体系的建立。装备的种类不同以及装备需求组件的多样性，造成了不同种类装备的需求评价指标体系区分很大。因此，具体的装备需求评价指标体系的构建必须结合具体装备特点与使用方的要求，按照指标体系的构建原则科学进行。

Step.3　装备需求评价。针对具体装备的特点及装备需求评价中各项分内容的特点，选用适当的方法进行一致性、完备性、相似性、可行性等各种类评价。这一步是装备需求定量评价的重点。装备需求组件的多样性对方法的选择造成了很大的困难。因此，装备需求各项内容的评价方法可能各不相同。在某些时候，甚至可能会采用多种方法对一个装备需求评价内容(如需求正确性)进行评价的情况。

装备需求评价整体思路如图 10 - 3 所示。

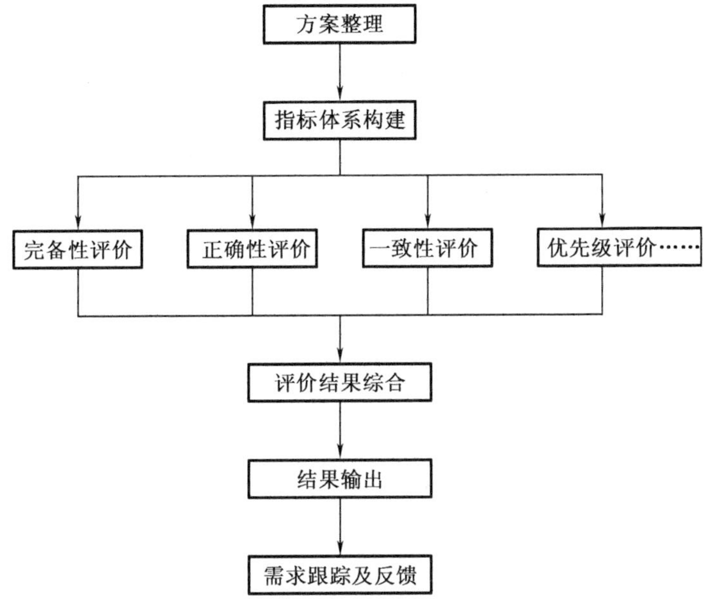

图 10 - 3　评价总体思路

Step. 4　评价结果综合。在各项需求评价内容完成后，根据具体要求和权重对评价结果进行综合，得到最终的评价结果。实际上，评价结果的综合不只在 Step. 4 中出现，在 Step. 3 中对正确性、一致性等进行评价时，也涉及由底层指标向上层指标层层递进与综合。

Step. 5　评价结果输出。

Step. 6　需求跟踪及反馈。在装备需求评价完成后，在可能的情况下，应该对装备需求运行情况进行跟踪，并通过实际运行情况来对需求评价的结果进行检验，进而根据检验结果对评价方法进行改进。这个环节实际上为装备需求评价方法的自我完善环节。

(二)装备需求评价指标体系的构建

在本章第二节中，我们分析了装备需求评价的内容体系。装备需求评价可以分为装备需求与军方或者使用方实际期望符合程度评价与装备需求自身科学性评价两大部分。同时，这两部分评价又可以分别进一步划分为完备性评价、正确性评价、一致性评价、可行性评价、跟踪性评价、验证性评价、适应性评价、理解性评价、优先级评价。因此，装备需求评价指标体系的最上面两级指标实际上已经确定，如图 10 -4 所示。二级指标下可以划分为三级指标、四级指标等。具体的指标体系构建，根据装备特点和评价内容的不同有相应所区分。

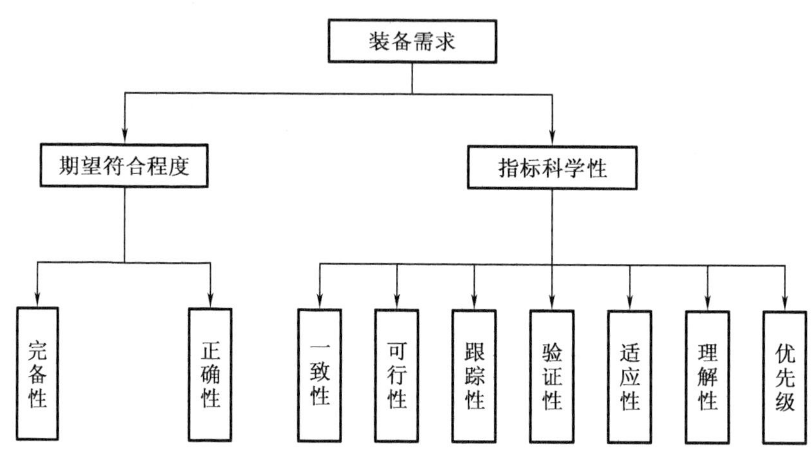

图 10 -4 装备需求评价指标部分示例

1. 指标体系的构建原则

关于建立指标体系的原则，目前有 2 种典型表述：一种侧重于全面、不重叠（或交叉、或冗余）和指标易于取得；第二种侧重于科学性、合理性和适用性。两种方法各有侧重。第一种方法在指标体系制定时侧重操作方法更加明确，第二种方法强调指标体系的科学性和适用性。在综合这两种方法的优点的基础上，针对装备需求评价指标体系的构建制定了科学性、系统优化、全面性与实用性四条原则。

（1）科学性原则

科学性原则主要体现在理论和实践相结合，以及所采用的科学方法等方面。在理论上要站得住脚，同时又能反映评价对象的客观实际情况。设计评价指标体系时，首先要有科学的理论做指导。使评价指标体系能够在基本概念和逻辑结构上严谨、合理，抓住评价对象的实质，并具有针对性。同时，评价指标体系是理论与实际相结合的产物，无论采用什么样的方法，建立什么样的模型，都必须是客观的抽象描述，抓住最重要的、最本质的和最具有代表性的东西。对客观实际抽象描述得越清楚、越简练、越符合实际，科学性就越强。

（2）系统优化原则

评价对象必须用若干指标进行衡量，这些指标是互相联系和互相制约的。

有的指标之间有横向联系,反映不同侧面的相互制约关系;有的指标之间有纵向关系,反映不同层次之间的包含关系。同时,同层次指标之间尽可能界限分明,体现出很强的系统性。

①指标数量的多少及其体系的结构形式以系统优化为原则,即以较少的指标(数量较少,层次较少)较全面地反映评价对象的内容,既要避免指标体系过于庞杂,又要避免单因素选择,追求的是评价指标体系的总体最优或满意。

②评价指标体系要统筹兼顾各方面的关系,由于同层次指标之间存在制约关系,在设计指标体系时应该兼顾到各方面的指标。

③设计评价指标体系的方法应采用系统的方法,由总指标分解成次级指标,再由次级指标分解成次次级指标(通常人们把这三个层次称为目标层、准则层和指标层),并组成树状结构的指标体系,使体系的各个要素及其结构都能满足系统优化要求。也就是说,通过各项指标之间的有机联系方式和合理的数量关系,体现出对上述各种关系的统筹兼顾,达到评价指标体系的整体功能最优,从而客观的、全面的评价系统的输出结果。

(3)完备性原则

完备性原则是指指标体系必须能够反映评估对象的客观实际,能够从指标体系中得出对评估对象的全面认识。同时,各指标之间应该具有独立性,尽量避免信息的重叠。

(4)实用性原则

指标要保证一定的全面性也要实用,不能一味求全、求细,无视指标数据取得的难易程度,从而造成指标实际应用价值的降低。

①指标要简化,方法要简便。评价指标体系要繁简适中,计算评价方法简便易行。即评价指标体系不可设计得太烦琐,在能基本保证评价结果的客观性、全面性的条件下,尽可能简化一些对评价结果影响甚微的指标。

②数据要易于获取。评价指标所需的数据易于采集,无论是定性评价指标还是定量评价指标,其信息来源渠道必须可靠,并且容易取得。否则,评价工作难以进行或代价太大。

③整体操作要规范。各项评价指标及其相应的计算方法,各项数据都要标准化、规范化。

④要严格控制数据的准确性。能够实行评价过程中的质量控制,即对数据的准确性和可靠性加以控制。

2. 装备需求评价指标的分类

装备需求评价指标一般可划分为以下六类:

（1）政策性指标

政策性指标包括国家、政府和军队的方针、政策、法令，以及法律约束和发展规划等方面的要求。在涉及国防全局的重大项目或大型装备发展规划中，这类指标极为重要。

（2）技术性指标

技术性指标是针对装备系统的技术性能、功能、寿命、可靠性、可维修性、安全性，以及项目条件、设备、场地、运输、保障等方面的具体要求。

（3）经济性指标

经济性指标是装备需求实现的成本、投入、效益等方面的指标。在装备需求可行性评估中，首要的就是考虑制造成本、使用成本和维修成本的全寿命经济指标。

（4）资源性指标

资源性指标是重大项目或重大系统中的物资、人力、能源、土地等资源性指标。有些需求评价需要此类指标，有些可不设置。

（5）时间性指标

时间性指标是对装备需求实现的时间要求，包括项目的进度、时间控制、建设周期等。

（6）影响性指标

影响性指标是指装备需求的实现中对国家安全、国家发展、国防和军队建设，以及其他装备发展的综合性影响评价指标。

上述六个方面的指标是指在一般情况下可能要求考虑的指标大类。在具体条件下，可以有所增减。这六个方面的指标就构成了评价指标体系的基础。

3. 指标体系的构建程序

在此我们采用频度统计法、理论分析法、专家咨询法设置、筛选指标，以满足科学性和完备性原则。频度统计法是对目前有关资料进行频度统计，选择那些使用频度较高的指标；理论分析法是对装备需求的内涵、特征进行分析综合，选择重要的特征指标；专家咨询法是在初步提出评价指标的基础上，征询有关专家的意见，对指标进行调整。如此建立的指标体系称为一般指标体系。为使指标体系具有实用性与系统性，需进一步对指标体系进行成分分析和实用性、系统性检验，选择内涵丰富又相对独立的指标构成最终的评价指标体系。具体的指标构建及筛选过程如图 10－5 所示。

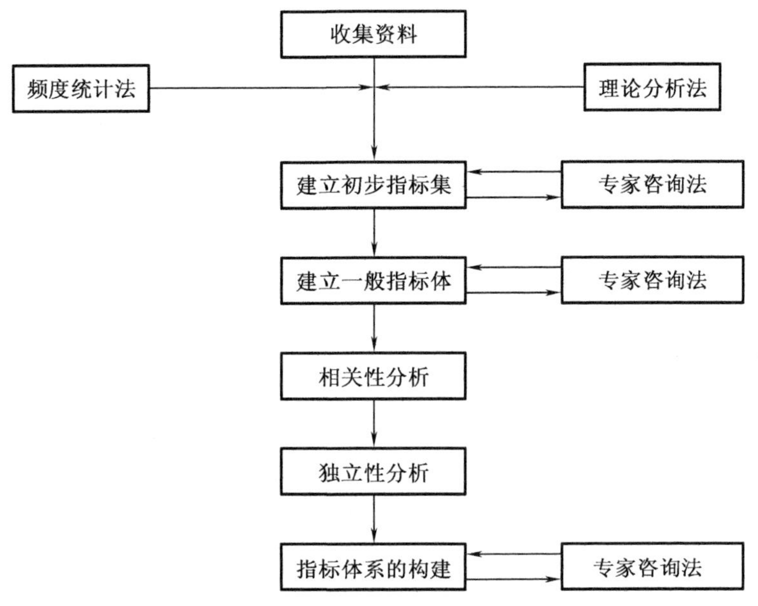

图 10－5　指标体系构建程序

（三）装备需求评价

这里所说的装备需求评价，实际上是指对一致性、完备性、相似性、可行性等各项分内容的评价。

1. 装备需求评价的函数解析法

函数解析法是用函数的方法构建模型来表达事物的内部联系，从而得出最优解的方法。因此，函数解析法求解的关键，是找到具体的函数模型来表达具体对象的内部联系。这里我们以装备完备性评价为例进行方法说明。

从装备需求完备性评价的定义可以看出，装备需求完备性评价实际上包含了两方面的评价内容，一是验装备需求方案是否对军方或者使用方的真实需求进行了全面的、不遗漏的描述，也就是装备需求方案在广度上对使用方真实需求的满足程度；另一个是装备需求方案自身的冗余状况。因此，装备需求完备性评价的函数解析也分为全面性解析与冗余度解析。

（1）全面性解析

将装备需求方案（只考虑需求广度，不考虑需求质量）用需求集表示为 $F=\{f_1,f_2,\cdots,f_m\}$，军方或者使用方的真实需求（只考虑需求广度，不考虑需求质量）用需求集表示为 $Z=\{z_1,z_2,\cdots,z_n\}$，如图 10－6 所示。

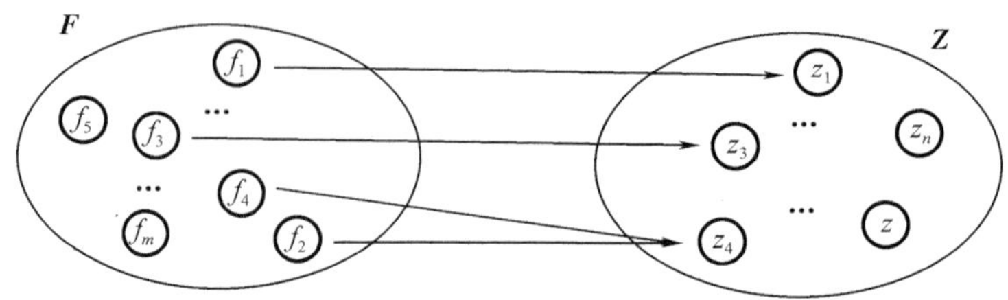

图 10-6 需求集 F、Z

在需求集 $Z=\{z_1,z_2,\cdots,z_n\}$ 的全部元素中，被需求集 $F=\{f_1,f_2,\cdots,f_m\}$ 中元素反映的元素集合为 $M=\{m_1,m_2,\cdots,m_k\}$，在不考虑权重的情况下，需求集 $F=\{f_1,f_2,\cdots,f_m\}$ 的全面性可以表示为

$$P_q=\frac{k}{n} \tag{10-1}$$

在大多数情况下，$Z=\{z_1,z_2,\cdots,z_n\}$ 中的元素重要性不相同，也就是有相应的权重区分。设 $Z=\{z_1,z_2,\cdots,z_n\}$ 对应的权重集为 $S=\{s_1,s_2,\cdots,s_n\}$，其中对应于 $M=\{m_1,m_2,\cdots,m_k\}$ 的权重集为 $T=\{t_1,t_2,\cdots,t_k\}$。需求集 $F=\{f_1,f_2,\cdots,f_m\}$ 的全面性可以表示为

$$P_{qc}=\sum_{i=1}^{k}t_i/\sum_{j=1}^{n}s_j \tag{10-2}$$

从上式可以看出，需求方案全面性评价的结果位于[0,1]区间上，结果越接近于1，全面性越好。

(2)冗余度解析

在需求集 $F=\{f_1,f_2,\cdots,f_m\}$ 中，冗余元素有两种：第一种是本身未对应 $Z=\{z_1,z_2,\cdots,z_n\}$ 中的任何元素，如 f_5；第二种是多个元素对应 $Z=\{z_1,z_2,\cdots,z_n\}$ 中的同一个元素，如 f_2 与 f_4（图中仅表示了二对一，实际上可能存在多对一的情况）。设 $F=\{f_1,f_2,\cdots,f_m\}$ 中第一种元素的集合为 $D=\{d_1,d_2,\cdots,d_c\}$，第二种元素的集合为 $H=\{h_1,h_2,\cdots,h_v\}$，$Z=\{z_1,z_2,\cdots,z_n\}$ 中被 $H=\{h_1,h_2,\cdots,h_v\}$ 中元素反映的所有元素集合为 $B=\{b_1,b_2,\cdots,b_l\}$。在不考虑权重的情况下，需求集 $F=\{f_1,f_2,\cdots,f_m\}$ 的冗余度可以表示为

$$P_r=\frac{c+v-l}{m} \tag{10-3}$$

设 $F=\{f_1,f_2,\cdots,f_m\}$ 对应的权重集为 $E=\{e_1,e_2,\cdots,e_m\}$，其中对应于 $D=\{d_1,d_2,\cdots,d_c\}$ 的权重集为 $O=\{o_1,o_2,\cdots,o_c\}$，对应于 $H=\{h_1,h_2,\cdots,h_v\}$ 的权重集为 $X=\{x_1,x_2,\cdots,x_v\}$。对应于 $B=\{b_1,b_2,\cdots,b_l\}$ 的权重集为 $G=\{g_1,g_2,\cdots,g_l\}$。o_i 与 x_i 的值直接取 E 中的相应值，g_i 用以下方法确定：

若 b_i 在 F 中的 t 个对应元素组成的元素集为 $Fb_i=\{fb_{1i},fb_{2i},\cdots,fb_{ti}\}$，$Fb_i$ 的权重集为 $Eb_i=\{eb_{1i},eb_{2i},\cdots,eb_{ti}\}$，则

$$g_i=\max\{eb_{1i},eb_{2i},\cdots,eb_{ti}\} \tag{10-4}$$

需求集 $F=\{f_1,f_2,\cdots,f_m\}$ 的全面性可以表示为

$$P_{rc}=1-(\sum_{i=1}^{c}o_i+\sum_{j=1}^{v}h_j-\sum_{k=1}^{l}g_i)/\sum_{a=1}^{m}e_a \tag{10-5}$$

需求方案冗余度评价结果位于[0,1]区间上，结果越接近于1，冗余现象越少。

以上，我们给出了需求方案全面性评价与冗余度评价的解析方法，这两种评价结果可以综合为全面性评价结果，具体的综合方法我们在接下来的内容中讨论。

2. 装备需求模糊综合评价方法

(1)模糊综合评价方法的基本思想

模糊综合评价法是一种基于模糊数学的综合评标方法。由于评价因素的复杂性、评价对象的层次性、评价标准中存在的模糊性，以及评价影响因素的模糊性或不确定性、定性指标难以定量化等一系列问题，使得人们难以用绝对的“非此即彼”来准确地描述客观现实，经常存在着“亦此亦彼”的模糊现象，其描述也多用自然语言来表达，而自然语言最大的特点是它的模糊性，而这种模糊性很难用经典数学模型统一量度。因此，建立在模糊集合基础上的模糊综合评判方法，从多个指标对被评价事物隶属等级状况进行综合性评判，把被评判事物的变化区间做出划分，一方面可以顾及对象的层次性，使得评价标准、影响因素的模糊性得以体现；另一方面在评价中又可以充分发挥人的经验，使评价结果更客观，符合实际情况。模糊综合评判可以做到定性和定量因素相结合，扩大信息量，使评价数得以提高，评价结论可信。该综合评价法根据隶属度理论把定性评价转化为定量评价，具有结果清晰，系统性强的特点，能较好地解决模糊的、难以量化的问题，适合各种非确定性问题的解决。

(2)评价模型的建立

装备需求本身是极其复杂的，装备需求本身的复杂性导致了装备需求评价的复杂性。装备需求评价主体无法对装备需求质量进行一个完全的，明确的认识。在很多分内容的评价上，如理解性评价、优先级评价，其评价结果在很大程度上就取决于主体的认识，具有很强的主观性。而模糊综合评价对于这种主观性较强、难以量化的问题具有很大的适应性，所以选用模糊综合评价方法对装备需求进行评价是可行的。

①因素集的确定

在指标体系构建完成后，根据指标体系建立因素集 $\boldsymbol{U}$。因素集 $\boldsymbol{U}$ 与指标体系一样包含各个层级。

$$\boldsymbol{U}=\{U_1,U_2,\cdots,U_n\}$$

$$\boldsymbol{U}_1=\{U_{11},U_{12},\cdots,U_{1n}\},\cdots,\boldsymbol{U}_n=\{U_{n1},U_{n2},\cdots,U_{nn}\}$$

$$\boldsymbol{U}_{11}=\{U_{111},U_{112},\cdots,U_{11n}\},\cdots$$

权重集的确定精度直接影响到模糊综合评价结果的正确与否。因此，在权重集的确定方法的选择上，应尽可能地从结果的科学性、准确性出发。目前，对权重集的确定方法已经较为成熟，经常采用的方法主要有层次分析法、Delphi法、经验数据法、统计法，等等。多数方法还是要借助于专家的经验，或者是以往的数据结果。在这些方法中，Delphi 法把专家的主观想法与数据的定量分析相结合，能够在从很多专家的观点中找到某种共性，在确定权重集方面行之有效。但当需要确定权系数的指标非常多时，专家们往往难以对所有各项的重要程度有把握和准确的判断。此时，专家对两项数据相对重要程度做出判断就相对比较容易。为进一步提高方法的科学性，首先请各专家分别对各级指标权重进行两两比较，得到关系判断矩阵，而后通过最小二乘法或最大特征向量法求解，即得权重值，而后按 Delphi 法将结果反馈给专家，并重新给出比较值，反复这个过程直至各指标权数与其均值的离差不超过预先给定的标准。

假设有 n 项指标 $x_1,x_2,\cdots,x_n$。利用两两比较法进行指标间重要程度的比较，可得到 $n\times n$ 阶矩阵 $\boldsymbol{A}=(a_{ij})$。

$$\boldsymbol{A}=\begin{bmatrix} a_{11} & a_{12} & \cdots & a_{1n} \\ a_{21} & a_{22} & \cdots & a_{2n} \\ \vdots & \vdots & & \vdots \\ a_{n1} & a_{n2} & \cdots & a_{nn} \end{bmatrix} \tag{10-6}$$

$$a_{ij}=\frac{w_i}{w_j} \tag{10-7}$$

式中 a_{ij}——第 i 个指标相对于第 j 个指标的重要程度（比较尺度）；

w_i——第 i 个指标的重要程度；

w_j——第 j 个指标的重要程度。

显然，$a_{ii}=1$，$a_{ij}=1/a_{ji}$。

各指标对目标的特征向量为

$$\boldsymbol{W}=[w_1,w_2,\cdots,w_n]^{\mathrm{T}} \tag{10-8}$$

若 $\sum_{i=1}^{n}w_i=1$，则矩阵 $\boldsymbol{A}$ 满足：

$$a_{ij} = a_{ik}/a_{jk}, i,j,k = 1,2,\cdots,n \tag{10-9}$$

若 A 为一致阵，A 的秩为 1，A 的唯一非零特征根为 n，对应于特征根 n 并归一的特征向量表示各指标对目标（或上层指标）的权重，即权向量。

若 A 不是一致阵，但在不一致允许的范围内，则对应 A 的最大特征根 $\lambda_{\max}$ 归一化后的特征向量 $\boldsymbol{W}$ 满足：

$$A\boldsymbol{W} = \lambda_{\max}\boldsymbol{W} \tag{10-10}$$

$\boldsymbol{W}$ 的分向量 $(w_1, w_2, \cdots, w_n)$ 就是各指标对目标的权向量。

②评价集及隶属度函数的确定

以 $\boldsymbol{N}$ 个等级的评价建立评价级 $V = (v_1, v_2, \cdots, v_n)$。

对隶属度函数的确定，可以采用模糊统计法、经验法、二元对比排序法、综合加权法、指派法等方法进行。根据不同的需求性质，可以选用不同的确定方法。这里以指派法为例进行说明，选用的模糊分布为梯形分布。函数一般形式如下：

$$Q_S(x) = \begin{cases} 0 & x < a \\ \dfrac{x-a}{b-a} & a \leqslant x < b \\ 1 & x \geqslant b \end{cases} \tag{10-11}$$

$$Q_z(x) = \begin{cases} 0 & x < a \\ \dfrac{x-a}{b-a} & a \leqslant x < b \\ 1 & b \leqslant x < c \\ \dfrac{d-x}{d-c} & c \leqslant x < d \\ 0 & x \geqslant d \end{cases} \tag{10-12}$$

$$Q_j(x) = \begin{cases} 1 & x < a \\ \dfrac{b-x}{b-a} & a \leqslant x < b \\ 0 & x \geqslant b \end{cases} \tag{10-13}$$

③装备需求的模糊评价

根据评价指标体系，由下级向上级低次进行模糊评价。同一上级指标下属的各分指标，根据评判集中的等级指标进行模糊评判，可得到评判矩阵：

$$\boldsymbol{R} = \begin{bmatrix} r_{11} & r_{12} & \cdots & r_{1m} \\ r_{21} & r_{22} & \cdots & r_{2m} \\ \vdots & \vdots & & \vdots \\ r_{n1} & r_{n2} & \cdots & r_{nm} \end{bmatrix} \tag{10-14}$$

依据模糊线性变换的公式，可得各指标的模糊评价结果：

$$B_i = A_i \cdot R_i \tag{10-15}$$

根据得到的各 B_i 值，可以得到新的上一级的评判矩阵，依此循环，可以得到装备需求评价的各层次结果。

④评价结论地给出

依照上文给出的装备需求模糊综合评价方法，所得到的评价结果是数值向量。在某些情况下，还需要对这些数值向量进行分析，才能得到最终的结论。通常采用的分析方法有加权平均、最大隶属度、级别特征值等。具体的方法选择根据评价要求和需求性质进行确定。

以上，给出了装备需求综合评价方法。显然，这种方法结果的精确性在很大程度上受到最底层指标的影响。因此，底层指标的确定可以看作是装备需求综合评价的关键所在。但由于装备需求的区分很大，如定性需求与定量需求、功能性需求与非功能性需求等，导致底层装备需求的描述多样化。这种多样化进一步导致了对最底层指标的求解方法的多样化，有些指标（如比率等）可以直接用公式求解，有些反映主观因素的指标可以用德尔菲法求解，等等。在实际求解中应根据具体情况灵活选用相应方法。

(3)示例分析

根据上文给出的方法进行装备需求理解性评价，其主要目的是说明方法在实际中的使用。

装备需求理解性评价指标用因素集表述如下：

$$U = \{U_1, U_2\} = \{\text{使用方理解性,研制方理解性}\}$$

$$U_1 = \{U_{11}, U_{12}\} = \{\text{描述通俗程度,说明完善程度}\}$$

$$U_2 = \{U_{21}, U_{22}, U_{23}, U_{24}, U_{25}, U_{26}, U_{27}\}$$

$$= \{\text{规范性,无歧义性,逻辑性,整体性,内部关系明确程度,参数意义明确程度,接口功能明确程度}\}$$

为了便于计算与说明，假定已经得到了各项底层指标的评价值，以百分制给出，如下所示：

$$U_1 = \{U_{11}, U_{12}\} = \{92, 86\}$$

$$U_2 = \{U_{21}, U_{22}, U_{23}, U_{24}, U_{25}, U_{26}, U_{27}\}$$

$$= \{90, 80, 75, 83, 90, 70, 80\}$$

以四个等级的评价建立评价级 $V = (v_1, v_2, v_3, v_4) =$（优秀、良好、及格、差）。

根据经验及四级制通常划分习惯，确定隶属度函数：

$$Q_1(x) = \begin{cases} 0 & x < 75 \\ \dfrac{x-75}{10} & 75 \leqslant x < 85 \\ 1 & x \geqslant 85 \end{cases} \tag{10-16}$$

$$Q_2(x)=\begin{cases}0 & x<60\\ \dfrac{x-60}{15} & 60\leqslant x<75\\ 1 & 75\leqslant x<85\\ \dfrac{100-x}{15} & x\geqslant 85\end{cases} \tag{10-17}$$

$$Q_3(x)=\begin{cases}\dfrac{60}{x} & x<60\\ 1 & 60\leqslant x<75\\ \dfrac{85-x}{10} & 75\leqslant x<85\\ 0 & x\geqslant 85\end{cases} \tag{10-18}$$

$$Q_4(x)=\begin{cases}1 & x<60\\ \dfrac{75-x}{15} & 60\leqslant x<75\\ 0 & x\geqslant 75\end{cases} \tag{10-19}$$

分别建立判断矩阵：

$$\boldsymbol{U}=\begin{bmatrix}1 & 13/7\\ 7/13 & 1\end{bmatrix}$$

$$\boldsymbol{U}_1=\begin{bmatrix}1 & 9/11\\ 11/9 & 1\end{bmatrix}$$

$$\boldsymbol{U}_2=\begin{bmatrix}1 & 9/8 & 7/5 & 8/5 & 7/6 & 17/15 & 3/2\\ 8/9 & 1 & 3/2 & 9/7 & 17/14 & 9/8 & 8/5\\ 5/7 & 2/3 & 1 & 1 & 15/16 & 13/15 & 11/9\\ 5/8 & 7/9 & 1 & 1 & 10/11 & 11/12 & 4/3\\ 6/7 & 14/17 & 16/15 & 11/10 & 1 & 14/15 & 7/5\\ 15/17 & 8/9 & 15/13 & 12/11 & 15/14 & 1 & 4/3\\ 2/3 & 5/8 & 9/11 & 3/4 & 5/7 & 3/4 & 1\end{bmatrix}$$

分别求取特征向量并归一化处理，得到权重集：

$$A=\{A_1,A_2\}=\{0.65,0.35\}$$

$$A_1=\{A_{11},A_{12}\}=\{0.45,0.55\}$$

$$\begin{aligned}A_2&=\{A_{21},A_{22},A_{23},A_{24},A_{25},A_{26},A_{27}\}\\&=\{0.17,0.17,0.13,0.13,0.14,0.15,0.11\}\end{aligned}$$

将底层指标的值分别代入各自的隶属度函数进行计算，得到评判矩阵：

$$\boldsymbol{R}_1=\begin{bmatrix}1 & 0.53 & 0 & 0\\ 1 & 0.93 & 0 & 0\end{bmatrix}$$

$$\boldsymbol{R}_2 = \begin{bmatrix} 1 & 0.67 & 0 & 0 \\ 0.5 & 1 & 0.5 & 0 \\ 0 & 1 & 1 & 0 \\ 0.8 & 1 & 0.2 & 0 \\ 1 & 0.67 & 0 & 0 \\ 0 & 0.67 & 1 & 0.33 \\ 0.5 & 1 & 0.5 & 0 \end{bmatrix}$$

进行一级模糊评价：

$$B_1 = A_1 R_1 = \{1, 0.75, 0, 0\}$$

$$B_2 = A_2 R_2 = \{0.554, 0.8482, 0.446, 0.0495\}$$

由此，可进行二级模糊评价：

$$B = A\boldsymbol{R} = A\begin{bmatrix} B_1 \\ B_2 \end{bmatrix}$$

$$\begin{aligned} B &= \{0.65, 0.35\}\begin{bmatrix} 1 & 0.75 & 0 & 0 \\ 0.554 & 0.8482 & 0.446 & 0.0495 \end{bmatrix} \\ &= \{0.8439, 0.7488, 0.1561, 0.0173\} \end{aligned}$$

从计算过程中可以看出，该需求方案理解性评价的描述通俗程度、说明完善程度、规范性、内部关系明确程度等几项指标的评价得分较高，同时这几项评价的重要性也较高，因此需求方案的理解性较好。如果用最大隶属度原则进行结果分析，可以将该装备需求方案理解性判定为优，这与以上分析也是一致的。

以上给出了装备需求评价的两种常用方法。除了这两种方法外，装备需求评价根据不同的评价主体可能会用到更多的方法，如以灰色关联分析理论为指导的灰色综合评价方法，等等。具体的方法选择要根据评价实际进行选择和改进，在此不做更多的表述。

（四）需求评价结果综合

1. 量纲的统一

要将各种不同类型指标的综合，首先必须达成量纲的统一。由于评价值是一个单纯衡量优劣的量值，因此，将用来综合计算的所有评价值在[0,1]区间上进行量化就可以达成量纲的统一。实际上，从我们装备需求完备性评价解析法中可以看到，方法本身已经保证了量纲的统一，此时可以直接进行后续计算。但当量纲不统一时，就需要进行相应的处理。下面给出两种量纲统一方法，一种是上文用到的模糊评价结果的量纲统一，另一种是区间限制型评价结果的量纲统一。

(1)模糊评价结果的量纲统一

上文给出的模糊综合评价,其结果 $B=\{b_1,b_2,\cdots,b_n\}$ 是一个集合,n 为评价等级数。将[0,1]区间等分为 n 个量值区间,每个区间从低到高相应的对应一个评价等级,按由评价等级从低到高排列,第 i 个评价等级量值区间为 $[(i-1)/n, i/n]$。

①取值区间的确定

由最大隶属度确定区间,也就是说若在 $B=\{b_1,b_2,\cdots,b_n\}$ 的所有元素中,若 $\max\{b_1,b_2,\cdots,b_n\}=b_k$,则最终值落在 b_k 对应的量值区间内。

②最终值的确定

具体取值由下式获得:

$$Z=\frac{b_k}{n\times\sum_{i=1}^{n}b_i}+(k-1)/n \tag{10-20}$$

上文模糊综合评价结果按评价等级从低到高排列为

$$B=\{0.017\,3,0.156\,1,0.748\,8,0.843\,9\}$$

评价等级为 4,$\max\{b_1,b_2,b_3,b_4\}=b_4$,可以确定最终值落在 b_4 对应的区间[3/4,1]内。最终值通过下式计算为

$$Z=\frac{0.843\,9}{4\times\sum_{i=1}^{n}b_i}+3/4=0.869\,4$$

(2)区间限制型评价结果的量纲统一

很多评价结果的取值都是有区间限制的。对于这一类指标,可以根据取值区间将其分为三类:区间越大越好型、区间越小越好型和区间中值最优型。各种类型评价结果的归一化可以参考下列公式:

①大越好型

$$Z_i=\frac{(x_i-x_{\min})}{(x_{\max}-x_{\min})} \tag{10-21}$$

式中,$x_{\max}$ 与 $x_{\min}$ 分别为区间的最大值、最小值。

②越小越好型

$$Z_i=\frac{(x_{\max}-x_i)}{(x_{\max}-x_{\min})} \tag{10-22}$$

③区间中值最优型

当 $x_i\in[x_{\min},x_{avg}]$ 时:

$$Z_i=\frac{(x_i-x_{\min})}{(x_{avg}-x_{\min})} \tag{10-23}$$

当 $x_i \in [x_{avg}, x_{max}]$ 时：

$$Z_i = \frac{(x_i - x_{max})}{(x_{avg} - x_{max})} \tag{10-24}$$

2. 需求评价结果综合

由于各评价结果均达成了量纲的统一，即用[0,1]区间内的某一具体值来表示评价优劣，因此对评价结果的综合可以直接采用加权平均法完成。

假设指标 K 有 n 个下属指标$\{K_1, K_2, \cdots, K_N n\}$，$\{K_1, K_2, \cdots, K_n\}$的值分别为$\{ZK_1, ZK_2, \cdots, ZK_n\}$，其权重集$\{WK_1, WK_2, \cdots, WK_n\}$。

则评价综合结果用下式计算：

$$PJ = \sum_{i=1}^{N} (ZK_i \times WK_i) \tag{10-25}$$

显然，需求评价综合结果仍然保持了量纲的统一，如果需要的话，可以直接用来进行后续计算。

至此，我们给出了装备需求评价方法的全部环节。在允许的情况下，还应该完成评价方法的后续环节——需求跟踪与反馈，以实现装备需求评价方法的自我完善与改进。

第十一章　装备需求决策

第一节　装备需求决策的研究动态

装备需求决策是装备发展需求论证至关重要的环节,是装备研制开发立项的重要依据和前提。装备需求决策是否科学,不仅直接关系到待研装备的效能、研制进度和研制风险,而且影响待研装备整个寿命周期的费用、列装后的使用、维修和保障,进而影响到相关部队的战斗力。

当前,在国内外的文献中虽然还没有检索到有关装备需求决策的专题研究,但关于武器装备发展方案论证的研究为本章内容的研究奠定了一定的理论基础。其中,1999 年解放军出版社出版的《装甲兵武器装备论证概论》,重点介绍了武器装备论证的概念、方法、程序,以及在论证工作中常用的评价、决策方法。在第四章中介绍了几种典型装备作战使用性能以及战术技术指标论证的主要内容,为装备需求决策提供了理论参考。2005 年,张宝书编写出版的《陆军武器装备作战需求论证概述》,书中给出了武器装备需求方案的定义;将武器装备作战需求方案按性质区分为需求目标方案、体系需求方案、需求重点方案、结构需求方案等;介绍了作战需求方案评价的目的、作用,以及一般过程;建立了作战需求方案综合评估指标体系;最后就需求目标方案、体系需求方案、需求重点方案、结构需求方案的评价举出示例予以证明。2007 年,王凯、孙万国等编著的《武器装备需求论证》在第九章详细阐述了武器装备军事需求论证形成方案与方案评价的方法。在方案评价方面主要介绍了指标体系分析方法、指标权重确定方法、指标量化方法和综合评价法,在综合评价法中又介绍了灰色理论、神经网络等多种评估方法。以上研究,都为装备需求决策奠定了很好的理论研究基础、提供了多种可行的研究方法。但同时我们也可以发现,这些理论研究成果更关注的是宏观的方向指导,没有具体的决策过程研究,例如需求方案评价指标体系的建立、需求方案的约束条件检验,以及决策示例的具体分析等。

因此,本章内容在以上研究的基础上,对装备需求决策做了进一步的完善和补充。

第二节　装备需求决策的概念

装备需求决策的基本概念是整个装备需求决策理论和方法的基石。不弄清这些基本概念，就无法进行后续的研究。因此，研究装备需求决策理论，就首先要对装备需求决策的基本概念进行界定。

装备需求决策的基础是有装备需求方案可以进行评价优选，因此，装备需求决策实际上就是装备需求方案的决策。

一、装备需求方案的概念

装备需求方案是指为了提高装备的性能而制订的具体规划。主要包括了装备各项性能指标的需求情况，用数学公式表述如下：

$$P = \{r_1, r_2, \cdots, r_n\}$$

其中，$r_1, r_2, \cdots, r_n$ 表示装备的 n 个性能指标需求，$r_i(i = 1, 2, \cdots, n)$ 可以分为 $m(m \geqslant 1)$ 个下属的性能指标需求，即 $r_i = \{r_{i1}, r_{i2}, \cdots, r_{im}\}$。

二、决策的概念

就决策的含义来讲，不同的人有不同的看法，如诺贝尔经济学奖获得者、科学管理的创始人西蒙（H. A. Simon）在他的著作《管理决策新科学》中提出："管理就是决策"；而中国著名经济学家于光远则认为，"决策就是做决定"；还有人认为，决策指的是人类社会中与确定行动目标有关的一种重要活动。

为了对决策做出最为准确、全面的定义，参考当前文献资料中对决策的定义后，本章将研究的"决策"定义如下：决策是指决策者及辅助人员为实现预定的目标，在一定的约束条件下，依据一定的决策准则，对备选方案进行排序选优的活动过程。

三、装备需求方案决策的概念

结合上文对决策的定义，我们把装备需求方案决策定义如下：

装备需求方案决策是指装备需求方案的决策者及辅助人员为实现预定的目标，在一定的约束条件下，依据一定的决策准则，对备选的装备需求方案进行排序选优的活动过程。

第三节　装备需求决策方法

一、决策的目标、约束条件及准则

任何一个决策问题都有其决策目标、约束条件与决策准则，整个决策过程都是围绕着这三个要素进行的。但是，通过对现行的多目标属性决策方法进行研究，可以发现现行的多目标属性决策大多是通过计算方案的属性值并对这些方案属性进行赋权，然后运用一定的集结方法来计算方案的综合属性值，比较方案综合属性值的大小来判断方案的优劣。这种决策方法有其自身的优点，但也存在着一定的不足：第一，在决策过程中没有明确体现出各决策目标被达成的程度，只是通过一个综合属性值来衡量方案的优劣；第二，在决策过程中没有考虑各方案属性之间的非线性关系；第三，对方案的属性值在没有进行约束条件下检验就直接带入集结公式进行计算，计算量较大。针对以上三个问题，本章在研究多目标决策方法的基础上，把多目标优化决策的思想运用到多目标属性决策中，提出一种改进的多目标属性决策方法，并将其运用到装备需求方案决策中。通过构建的装备需求方案决策目标函数来反映决策目标之间的非线性关系以及决策目标的整体被满足程度；通过确定的约束条件来对方案的属性值进行检验，从而能够剔除无效方案，减少工作量；通过制订的决策准则来实现方案的排序和选优。

（一）装备需求决策目标

装备需求决策目标是指决策者通过对需求方案的决策以及决策方案的实施所期望达到的最终状态。决策目标为整个决策活动指明了方向，并作为标准可以用来衡量方案的优劣。因此，确定装备需求决策的目标是整个装备需求决策过程中最基础的活动。

那么，对于装备需求决策来说，它的决策目标可以描述为用尽量少的钱、尽量少的时间、承担尽量小的风险来最大限度地提高装备的性能。其有四个决策目标，因此是一个多目标决策问题，本章所研究的装备需求决策都是在决策开始之前，需求方案就已经给出，所以本章研究的装备需求决策就是一个多目标属性决策问题。

1. 装备需求决策属性

为了用一个可测量的度来反映装备需求决策目标被达到的程度，对于每一个决策目标设定一个或一组可量化的属性，这些属性称为装备需求决策属性。

所有属性和决策目标之间都有着直接或者间接的关系，例如，用每平方米多少钱这个属性可以度量“房子价格低”这一目标被达到的程度，用房子的总面积多少平方米这个属性可以度量“使用面积大”这一目标被达到的程度。那么，对于装备需求的决策目标来说，本章决定采用需求方案对应的待研装备的全寿命周期费用这一属性来度量“用尽量少的钱”这一目标被达到的程度；用研制时间这一属性来度量“尽量少的时间”这一目标被达到的程度；用研制风险这一属性来度量“承担尽量小的风险”这一目标被达到的程度；用性能改进值这一属性来度量“最大可能地提高装备的性能”这一目标被达到的程度。其中，全寿命周期费用又可以细化为采购费用和使用保障费用两个子属性，性能改进值又可以细化为火力性能改进值、机动性能改进值、防护性能改进值、通信指挥性能改进值、可靠性及维修性能改进值、人机环境适应性能改进值等六个子属性。在这些属性中，采购费用、使用保障费用、研制时间、研制风险为成本型属性，即决策者总希望这些属性值是越小越好的，火力性能改进值、机动性能改进值、防护性能改进值、通信指挥性能改进值、可靠性及维修性能改进值、人机环境适应性能改进值为效益型属性，即决策者总希望这些属性值是越大越好的。

2. 装备需求决策目标函数

通过对装备需求决策目标的研究，可以看出装备需求决策的四个目标之间存在着不可公度和相互矛盾的问题。比如说研制时间是以单位“年”来计算的，而全寿命周期费用却是用单位“元”来计算的，各个目标没有统一的度量标准，因而难以比较，而且这四个目标之间存在着矛盾性，即要最大可能地提高装备的性能就必须付出更多的钱、更长的时间、承担更大的风险。那么，如何解决这两个问题，让选择的方案能够最大限度地使每个决策目标达到最优？本章受决策分析中效费比的启发，给出装备需求决策的广义效费比目标函数。

广义效费比中的“效”是指所有效益型属性值和其各自权重乘积的和，本书即为火力性能改进值、机动性能改进值、防护性能改进值、通信指挥性能改进值、维修性及可靠性能改进值、人机环境适应性能改进值与其各自权重乘积的和；广义效费比中“费”是指所有成本型属性值和其各自权重乘积的和，即为采购费用、使用保障费用、研制时间、研制风险和其各自权重乘积的和。为了解决属性值之间因量纲不同而导致的不可公度问题，采用如下公式对属性值进行无量纲化。

$$r_{ij} = \frac{x_{ij}}{\sum_{i=1}^{n} x_{ij}} \tag{11-1}$$

式中 r_{ij}表示无量纲化后的属性值，x_{ij}表示第 i 个需求方案中第 j 个属性的属性值，n 表示需求方案的个数。

基于以上分析，给出装备需求方案决策广义效费比目标函数如下：

$$F(i) = \frac{\sum_{j=1}^{m} \omega_j a_{ij}}{\sum_{k=1}^{n} \omega_k b_{ik}} \tag{11-2}$$

式中 $F(i)$表示第 i 个需求方案的决策目标函数值；a_{ij}表示第 i 个需求方案中的第 j 个效益型属性的属性值；ω_j 表示效益型属性的权重；m 表示效益型属性的个数；b_{ik}表示第 i 个需求方案中的第 k 个成本型属性的属性值，ω_k 表示成本型属性的权重，k 表示成本型属性的个数，a_{ij}、b_{ik}都是无量纲化后的属性值。

如果方案的属性值是以区间数的形式给出的话，式(11－2)将变化为

$$\widetilde{F}(i) = \frac{\sum_{j=1}^{m} \omega_j \widetilde{a}_{ij}}{\sum_{k=1}^{n} \omega_k \widetilde{b}_{ik}} \tag{11-3}$$

式中，$\widetilde{F}(i) = [F(i)^L, F(i)^U]$，$F(i)^L$ 为区间数的下限值，$F(i)^U$ 为区间数的上限值，$\widetilde{a}_{ij} = [a_{ij}^L, a_{ij}^U]$，$\widetilde{b}_{ik} = [b_{ik}^L, b_{ik}^U]$。

实际决策过程中，决策者在进行方案选择的时候，都会存在着个人偏好，每一个决策者的个人偏好是不一样的，这就导致了不同决策者在面临相同的方案时做出的选择也可能是不一样的，基于此情况，对式(11－3)进行完善，引入决策者的效益偏好因子 θ，得到带有决策者个人偏好的装备需求方案决策广义效费比目标函数如下：

$$\widetilde{F}(i) = \frac{\theta_i \times \sum_{j=1}^{m} \omega_j \widetilde{a}_{ij}}{\sum_{k=1}^{n} \omega_k \widetilde{b}_{ik}} \tag{11-4}$$

对于不同的方案，决策者的效益偏好因子 θ 的值是不一样的，下面结合决策者的不同类型，对决策者的效益偏好因子 θ 进行具体分析。

把决策者大体分为三种类型，即冒进型、稳健型、保守型。

对于冒进型的决策者来讲，他追求的是效益的最大化，敢于进行先期大量的资金投入并承担很大风险，这样的决策者在进行方案选择的时候，倾向于选择效益最大且投入也为最大的方案。那么对于效益最大的方案，该型决策者的效益偏好因子 θ 也是最大的，其他方案的 θ 值根据方案效益值的大小将呈递减的趋势。假设现有 n 个备选的需求方案，可以计算得到这些需求方案各自的效益值，

对这些效益值进行排序，排序第一的给 θ 赋一个值为 1，排序第二的给 θ 赋一个值为$\frac{n-1}{n}$，排序第三的给 θ 赋一个值为$\frac{n-2}{n}$，依次递减，排序最后的给 θ 赋一个值为$\frac{1}{n}$。

对于稳健型的决策者来讲，他追求的是一定的效益，同时也能进行一定的费用投入并承担一定的风险，这样的决策者在进行方案选择的时候，倾向于选择效益中等且投入也为中等的方案。在对 θ 进行赋值时，效益值排序居中的那个方案 θ 值取 1，其他方案的 θ 值按照$\frac{n-1}{n}$，$\frac{n-2}{n}$，…，$\frac{1}{n}$的顺序向两端递减。

对于保守型的决策者来讲，他追求的是投入和风险的最小化，即使效益最小也是可以接受的，这样的决策者在进行方案选择的时候，倾向于选择效益较小且投入也较小的方案。在对 θ 进行赋值时，效益值排序最后的那个方案 θ 值取 1，其他方案的 θ 值按照$\frac{n-1}{n}$，$\frac{n-2}{n}$，…，$\frac{1}{n}$的顺序向前递减。

通过以上分析，可以发现本书建立的目标函数能够反应装备需求方案决策目标之间的相互关系，而且可以用来衡量需求方案从整体上满足决策目标的程度，同时考虑了决策者的个人偏好对决策的影响，因此将该目标函数用于装备需求方案决策是可行的。

（二）装备需求方案决策约束条件

每一个决策问题都有着其自身的约束条件，比如人们在购买房子的时候，首先会衡量一下自己的积蓄情况，而后给出一个标准，即所要买的房子价格不能超过多少万元，当有一套房子虽然符合购买者的标准，但其价格却超过了购买者的购买能力时，该购买者只能放弃，上面提到的“所要买的房子价格不能超过多少万元”就是该购买者在做出购买房子这一决策时的一个约束条件。正因为这些约束条件的存在才使得决策者在做方案决策的时候不能够选到一个“十全十美”的方案，这同时也是一直以来大量的国内外学者致力于研究决策问题的原因和意义所在。

那么，对于装备需求方案决策来说，决策者在确定决策目标的时候一般都会对决策的约束条件有一个大致的描述，例如：在一定的经费条件下、预计在几年之内、能承担多大的风险、将装备的性能提高到什么程度。那么，“一定的经费”“预计在几年之内”“能承担多大的风险”“ 将装备的性能提高到什么程度”即装备需求方案决策的约束条件。基于以上分析，列出装备需求方案决策的约束条件如下：

$$\text{s.t.}\begin{cases}c\leqslant c^* \\ t_1\leqslant t\leqslant t_2 \\ r\leqslant r^* \\ p\geqslant p^*\end{cases} \tag{11-5}$$

式中，c 表示需求方案对应的待研装备的全寿命周期费用，c^* 表示预算的经费，单位为万元；t 表示研制时间，t_1，t_2 分别表示预定时间区间的下限值和上限值，单位为年；r 表示研制风险，r^* 为 0 ~ 1 的一个实数，0 表示没有风险，1 表示风险极大；p 表示装备的性能改进值，p^* 为 0 ~ 1 的一个实数，0 表示没有改进，1 表示改进极大。c^*，t_1，t_2，r^*，p^* 的确定一般由决策者综合当前的各种情况，给出一个大体的数值。

在装备需求方案决策前期，明确约束条件是为了在后面计算出方案的各属性值以后能够对其进行检验，剔除那些超过约束条件的无效方案，从而能够减少工作量，同时也能达到整体方案集的优化效果。

（三）装备需求方案决策准则

装备需求方案决策准则是指决策者在对需求方案进行选择的过程中，用于判别各需求方案优劣的标准。

现行的多目标属性决策中常用的决策准则有：利用加性加权的方法求解方案的综合属性值，通过比较方案综合属性值的大小对方案做出决策；利用基于理想解的方法求得各方案与理想解之间的距离，通过比较距离的大小对方案做出决策。本章结合建立的决策目标函数制定决策准则如下：

$$DR = btf.\,F(i) = \frac{\theta\times\sum_{j=1}^{m}\omega_j a_{ij}}{\sum_{k=1}^{n}\omega_k b_{ik}} \tag{11-6}$$

式中，DR 表示决策准则，btf（Big To Front）表示数值大的排序在前。具体来讲就是计算各需求方案带有决策者个人偏好的广义效费比，广义效费比最大的需求方案排序第一，其余的需求方案按照广义效费比的大小依次往下排列，取排序第一的方案作为最终的决策方案。

二、方案的属性值模型

装备需求方案决策的属性值主要包括性能改进值、全寿命周期费用、研制时间、研制风险 4 个方面，下面逐一给出这 4 个方案属性值的计算模型，以供参考。

(一)性能改进值的计算模型

装备性能改进值是指在提出了性能指标需求以后新的性能值与原有性能值的差值。为了方便研究,在综合各型装备性能的基础上,认为装备性能主要包括了火力性能、机动性能、防护性能、通信指挥性能、可靠性及维修性能,以及人机环境适应性能等六项性能。这些性能又通过自身的一些指标来衡量,例如火力性能又可以通过战斗射速、火控系统的反应时间、首发命中概率等指标来进行衡量;机动性能又可以通过单位功率、0 ~32 km 的加速时间、最大爬坡度等指标来进行衡量。在提出需求方案以后,这些性能指标可能全部得到改进或者部分得到改进,从而装备的各项性能也将得到改进。

1. 性能改进值计算的基本原理

用 Z 表示装备的性能改进值,$X=(x_1,x_2,\cdots,x_n)$ 表示原有性能的 n 项指标的数值,$X'=(x'_1,x'_2,\cdots,x'_n)$ 表示提出需求以后新性能的 n 项指标的数值,则有:

$$Z=\sum_{i=1}^{n}\omega_i(x'_i-x_i) \tag{11-7}$$

ω_i 表示装备性能的第 i 个评价指标的权重,满足 $\sum\limits_{i=1}^{n}\omega_i=1$。

对式(11 -7)进行研究,发现其存在两个问题,一是性能的各项指标量纲不一致,而且有的指标类型也不一样,比如说火力性能的评价指标中战斗射速是以“发/分”计算的,其是效益型指标,即数值越大代表火力性能越好,而火控系统反应时间是以 s 计算的,其是成本型指标,即数值越小代表火力性能越好,那么,在这种情况下就会出现 $x'_i-x_i<0$ 的情况;二是在需求方案中,有些性能指标是以区间数的形式给出的,比如说原来的火控系统反应时间为 7 s,在提出需求以后,要求达到 3 ~5 s,这 3 ~5 s 即为一区间数,那么在指标数值含有区间数的情况下又如何进行计算?

针对以上两个问题,引入区间数的概念及其运算法则来进行区间数的运算,引入区间数的规范化公式对指标进行规范化处理。

记 $\tilde{a}=[a^L,a^U]=\{x\mid a^L\leqslant x\leqslant a^U,a^L,a^U\in R\}$,称 $\tilde{a}$ 为一个区间数,若 $a^L=a^U$,则 $\tilde{a}$ 退化为一个实数。

区间数的运算法则:

设 $\tilde{a}=[a^L,a^U]$ 和 $\tilde{b}=[b^L,b^U]$,其中 $a^L>0,b^L>0$,得出:

(1)$\tilde{a}+\tilde{b}=[a^L+b^L,a^U+b^U]$

(2)$\tilde{a}-\tilde{b}=[a^L-b^U,a^U-b^L]$

(3) $\beta\tilde{a}=[\beta a^{L},\beta a^{U}]$，其中 $\beta>0$。

(4) $\tilde{a}\div\tilde{b}=\left[\frac{a^{L}}{b^{U}},\frac{a^{U}}{b^{L}}\right]$

区间数的规范化公式：

对于效益型的指标为

$$\begin{cases} r_{ij}^{L}=\dfrac{a_{ij}^{L}}{\sum\limits_{i=1}^{n}a_{ij}^{U}} \\ r_{ij}^{U}=\dfrac{a_{ij}^{U}}{\sum\limits_{i=1}^{n}a_{ij}^{L}} \end{cases} \tag{11-8}$$

对于成本型的指标为

$$\begin{cases} r_{ij}^{L}=\dfrac{(1/a_{ij}^{U})}{\sum\limits_{i=1}^{n}(1/a_{ij}^{L})} \\ r_{ij}^{U}=\dfrac{(1/a_{ij}^{L})}{\sum\limits_{i=1}^{n}(1/a_{ij}^{U})} \end{cases} \tag{11-9}$$

式中：r_{ij}^{L}，r_{ij}^{U}表示规范化后的区间数的下限值和上限值；a_{ij}^{L}，a_{ij}^{U}表示原有区间数的下限值和上限值。

为了统一计算法则，根据区间数的定义，把原来指标数值也转化为区间数进行计算，例如原来的火控系统反应时间为 7 s，那么它就可以用这样一个区间数来表示。基于以上分析，对式(11－7)进行完善，得到完善的性能改进值计算模型如下：

$$\tilde{Z}=\sum_{i=1}^{n}\omega_{i}(\tilde{r}'_{i}-\tilde{r}_{i}) \tag{11-10}$$

式中，$\tilde{Z}$ 表示性能的改进值，是一个区间数；$\tilde{r}'_{i}$，$\tilde{r}_{i}$ 表示规范化以后的指标数值，都为区间数；ω_{i} 表示装备性能的第 i 个评价指标的权重，满足 $\sum\limits_{i=1}^{n}\omega_{i}=1$。

对各项性能指标数值进行了规范化以后，对于式(11－10)的求解，关键在于如何求得性能指标的权重。

目前，求解指标权重的方法很多，主要分为主观赋权法、客观赋权法和组合赋权法。本节重点介绍利用改进的层次分析法来计算装备的性能指标权重。

传统的层次分析法需要计算判断矩阵的最大特征根 $\lambda_{\max}$，并与判断矩阵的阶

数 n 比较，以此判断矩阵是否具有一致性，若判断矩阵的一致性不满足要求时，就需要靠人工不断地去逐个分析、调整判断矩阵，然后再检验一致性，必然费时、费力且带有一定盲目性。本书采用改进的层次分析法主要利用最优传递矩阵的性质对判断矩阵进行变换，使之自然满足一致性要求，直接求出相对权重，不需要进行一致性检验，这样更容易操作，结果更为客观准确，具体方法请见参考文献，本书仅列出计算步骤如下：

(1)建立判断矩阵 $\boldsymbol{A}=(a_{ij})_{n\times n}$，方法与传统层次分析法一致；

(2)利用公式 $u_{ij}=\lg a_{ij}$ 对判断矩阵 $\boldsymbol{A}$ 进行变换，使之变成反对称阵和传递阵 $\boldsymbol{U}$；

(3)进行如下变换：对于任意的 i、j，$v_{ij}=\dfrac{1}{n}\sum\limits_{k=1}^{n}(u_{ik}-u_{jk})$，求最优传递阵 $\boldsymbol{V}$；

(4)依据公式 $\boldsymbol{A}^{*}=10^{V}$，求 $\boldsymbol{A}$ 的一致阵 $\boldsymbol{A}^{*}$；

(5)通过方根法求出 $\boldsymbol{A}^{*}$ 的特征向量。若调整后的判断矩阵为 $\boldsymbol{A}^{*}=(A_{ij}^{*})_{n\times n}$，先按照公式 $\overline{a}_i^{+}=\sqrt[n]{\prod\limits_{j=1}^{n}a_{ij}^{+}}\ (i=1,2,\cdots,n)$ 计算出每行所有元素的几何平均值，然后将 $\overline{a}_i^{+}$ 归一化处理，即

$$a_i^{*}=\frac{\overline{a}_i^{+}}{\sum\limits_{i=1}^{n}\overline{a}_i^{+}}$$

$\boldsymbol{A}^{*}=(a_1^{*},a_2^{*},\cdots,a_n^{*})^{\mathrm{T}}$ 为所求特征向量的近似值，也就是各指标的相对权重。

2. 性能改进值的计算步骤

通过以上分析，归纳出计算装备性能改进值的基本步骤如下：

(1)确定影响装备性能的各项指标；

(2)运用区间数规范化公式将原有的和改进的性能指标值进行规范化；

(3)运用改进的层次分析法求出所有指标的权重；

(4)将规范化后的性能指标数值和指标权重代入公式(11－10)中，求得装备的性能改进值。

为了更直观地理解装备性能改进值的计算模型，下面以火力性能改进值的计算为例对模型进行验证。

首先构建表 11－1，为了简化计算，表中的性能指标都是有改进的，没有改进的性能指标在表中没有列出。

表 11－1　原有性能指标和改进的性能指标数据表

	火控系统反应时间/s	战斗射速/(发·分$^{-1}$)	直射距离/m	首发命中概率/%	弹丸威力/mm
原有的指标数值	7	5	2 000	0.8	1 700
改进后的指标数值	3～5	6～7	2 500～3 000	0.85～0.9	2 000

表 11－1 中,原有的性能指标值都是以确定值的形式给出的,改进后的性能指标值有的是以区间数的形式给出的,有的是以确定值的形式给出的,为了统一计算,本章把确定值转化为区间数进行计算,得到表 11－2。

表 11－2　原有性能指标和改进的性能指标区间数数据表

	火控系统反应时间/s	战斗射速/(发·分$^{-1}$)	直射距离/m	首发命中概率/%	弹丸威力/mm
原有的指标数值	[7,7]	[5,5]	[2 000,2 000]	[0.8,0.8]	[1 700,1 700]
改进后的指标数值	[3,5]	[6,7]	[2 500,3 000]	[0.85,0.9]	[2 000,2 000]

表 11－2 中,战斗射速、直射距离、首发命中概率、弹丸威力为效益型指标,火控系统反应时间为成本型指标,利用公式(11－8)、式(11－9)对这些指标进行规范化得到表 11－3。

表 11－3　规范化后的原有性能指标和改进的性能指标区间数数据表

	火控系统反应时间/s	战斗射速/(发·分$^{-1}$)	直射距离/m	首发命中概率/%	弹丸威力/mm
原有的指标数值	[3/10,5/12]	[5/12,5/11]	[2/5,4/9]	[8/17,16/33]	[17/37,17/37]
改进后的指标数值	[21/50,35/36]	[1/2,7/11]	[1/2,2/3]	[1/2,18/33]	[20/37,20/37]

下面利用改进的层次分析法求解这五项性能指标的权重。

首先构建这五项性能指标的判断矩阵。

$$A=\begin{bmatrix}1 & 3 & 4 & 3 & 7\\ 1/3 & 1 & 1/3 & 1 & 3\\ 1/4 & 3 & 1 & 1/3 & 2\\ 1/3 & 1 & 3 & 1 & 2\\ 1/7 & 1/3 & 1/2 & 1/2 & 1\end{bmatrix}$$

利用公式 $\boldsymbol{U}=\lg \boldsymbol{A}$ 得到矩阵。

$$U=\begin{bmatrix}0 & 1.0986 & 1.3863 & 1.0986 & 1.9459\\ -1.0986 & 0 & -1.0986 & 0 & 1.0986\\ -1.3863 & 1.0986 & 0 & -1.0986 & 0.6931\\ -1.0986 & 0 & 1.0986 & 0 & 0.6931\\ -1.9459 & -1.0986 & -0.6931 & -0.6931 & 0\end{bmatrix}$$

利用公式 $v_{ij}=\frac{1}{n}\sum_{k=1}^{n}(\mu_{ik}-\mu_{jk})$ 得到矩阵。

$$V=\begin{bmatrix}0 & 0.5752 & 0.5398 & 0.4198 & 0.8642\\ -0.5752 & 0 & -0.0354 & -0.111 & 0.289\\ -0.5398 & 0.0354 & 0 & -0.12 & 0.324\\ -0.4198 & 0.111 & 0.12 & 0 & 0.444\\ -0.8642 & -0.289 & -0.324 & -0.444 & 0\end{bmatrix}$$

利用公式 $A^*=10^V$ 得到矩阵。

$$A^*=\begin{bmatrix}1 & 3.76 & 3.46 & 2.63 & 7.3\\ 0.266 & 1 & 0.927 & 0.77 & 1.95\\ 0.29 & 1.08 & 1 & 0.76 & 2.11\\ 0.38 & 1.8 & 1.32 & 1 & 2.78\\ 0.137 & 0.51 & 0.47 & 0.36 & 1\end{bmatrix}$$

利用 MATLAB 7.0 软件求得矩阵 $\boldsymbol{A}^*$ 的最大特征值对应的特征向量 $\boldsymbol{W}=[0.87,0.24,0.25,0.32,0.12]^{\mathrm{T}}$，对其进行归一化处理即得到这五项性能指标的权重 $\omega=(0.49,0.13,0.12,0.18,0.08)$。

将计算得到的各项指标的权重以及表 11－3 中的数据带入公式（11－10）中得到火力性能的改进值：

$$\widetilde{Z}=\sum_{i=1}^{n}\omega_i(\tilde{r}'_i-\tilde{r}_i)$$

$$= 0.49 \times \left\{\left[\frac{21}{50},\frac{35}{36}\right] - \left[\frac{3}{10},\frac{5}{12}\right]\right\} + 0.13 \times \left\{\left[\frac{1}{2},\frac{7}{11}\right] - \left[\frac{5}{12},\frac{5}{11}\right]\right\} +$$

$$0.12 \times \left\{\left[\frac{1}{2},\frac{2}{3}\right] - \left[\frac{2}{5},\frac{4}{9}\right]\right\} + 0.18 \times \left\{\left[\frac{1}{2},\frac{18}{33}\right] - \left[\frac{8}{17},\frac{16}{33}\right]\right\} +$$

$$0.08 \times \left\{\left[\frac{20}{37},\frac{20}{37}\right] - \left[\frac{17}{37},\frac{17}{37}\right]\right\}$$

$$= [0.093, 0.3616]$$

其他性能的改进值均可参考火力性能改进值的计算方法来进行计算。

(二)全寿命周期费用的计算模型

人们平时在购买商品时的基本要求都是“物美价廉”,对于军事装备来说,“物美”是指能够长时间保持良好性能,具有要求的作战适应性,能够发挥其效能;“价廉”就是指最佳的全寿命周期费用。

全寿命周期费用(LCC,Life Cycle Cost)是指在预期的装备寿命周期内,为装备的论证、研制、生产、保障、退役所付出的一切费用之和。

全寿命周期费用最简单的数学模型可表述为

$$\mathrm{LCC} = \mathrm{AC} + \mathrm{SUC}$$

式中,LCC 代表全寿命周期费用;AC 代表采购费用;SUC 代表使用保障费用。

下面就从采购费用(AC)和使用保障费用(SUC)两个方面对装备全寿命周期费用的计算模型进行具体分析。

1. 采购费用的计算模型

装备的采购费用是指该型装备的货币表现,即军队对装备承制单位提供的产品或劳务,通过交换形式支付货币。装备采购费用的估算受各种复杂因素的相互交叉影响和制约。现在,对装备采购费用的估算方法主要有参数法、类比法、神经网络法等。神经网络法可以模拟对费用影响较大的性能指标或结构参数与采购费用之间的非线性函数关系,从而完成费用估算。因此,本书决定采用 BP 神经网络法对装备的采购费用进行估算。

为了简化不同环境对装备采购费用的影响,假设用于分析的所有装备都是同一时期,由同一生产厂家所生产。在上述假设条件下,造成装备采购费用不同的主要因素就是其性能参数的高低。在采购费用预测过程中,总是希望费用估算关系中的自变量(预测参数)尽量减少,这些自变量应当是对采购费用影响大的那些关键性参数。采用坦克作为装备采购费用计算模型的代表,选取火炮口径、直射距离、火控系统反应时间、单位功率、装甲防护能力、通信距离、激光压制距离、定位导航精度作为影响采购费用的主要因素（其他类型装备影响因素不尽相同，但都大同小异），建立 BP 神经网络模型如下：

网络由一个输入层、一个输出层和一个隐含层组成，根据影响装备采购费用的主要因素的个数确定输入层神经元的个数为 8 个，模型的输出对应着该装备的采购费用，因此输出单元的神经元个数为 1 个，隐含层节点的个数可由下面的经验公式来确定，并在实践中不断优化调整。

$$n_1 = \sqrt{n+m} + a \tag{11-11}$$

式中，n_1 为隐含层神经元个数；n 为输入层神经元个数；m 为输出层神经元个数；a 为 1 ~ 10 中的常数。本书将隐含层神经元个数定为 10 个，隐含层和输出层都使用对数 S 形函数即 $f(x) = \dfrac{1}{1+e^{-x}}$ 作为传递函数，由此建立 BP 神经网络模型结构。

网络训练的算法步骤：

(1) 输入学习样本 p。

(2) 对样本 p，计算隐含层的输出状态

$$a_1 = f(\boldsymbol{\omega}_1 p + \boldsymbol{b}_1)$$

式中，$\boldsymbol{\omega}_1$ 为输入单元到隐节点的连接权重向量；$\boldsymbol{b}_1$ 为隐含层的偏置值向量。

(3) 对样本 p，计算输出层的输出状态

$$a_2 = f(\boldsymbol{\omega}_2 a_1 + \boldsymbol{b}_2)$$

式中，$\boldsymbol{\omega}_2$ 为隐节点到输出单元的连接权重向量；$\boldsymbol{b}_2$ 为输出层的偏置值向量。

(4) 计算网络的均方误差

$$F = E[(t-a_2)^2]$$

式中，t 为目标输出。

(5) 判断是否 $F \leqslant \varepsilon$，ε 为设定的误差期望值，若是则转步骤(7)，若否则转步骤(6)。

(6) 对网络权值和偏置值进行迭代：

$$\omega_m(k+1) = \omega_m(k) - \alpha \frac{\partial F}{\partial \omega_m}$$

$$b_m(k+1) = b_m(k) - \alpha \frac{\partial F}{\partial b_m}$$

式中，α 为学习速率；k 为迭代的次数；m 代表是第几层的权值或偏置值，本书中 m 只能取 1 或 2，转步骤(2)；

(7)结束。

要想使建立的神经网络模型能够准确地进行采购费用的预测,就必须让其进行学习,不断地完善自己,给出的学习样本见表11－4。

表11－4　学习样本数据表

型号	火炮口径/mm	初速/(m·s^{-1})	火控系统反应时间/s	单位功率/kW	装甲防护能力/mm	通信距离/km	激光压制距离/m	定位导航精度/m	采购费用/万元
A	100	1 000	10	12.38	200	10	0	1 000	800
B	105	1 200	8	14.57	300	15	0	1 000	1 000
C	125	1 500	7	17.88	400	20	3 000	20	1 500
D	125	2 000	5	19.24	500	25	4 000	100	2 500

由于神经网络只能处理在[0,1]区间之内的数,所以要对学习样本中的数据进行处理。设x_{kmin}、x_{kmax}分别为第k个指标参数的最小值、最大值,如果指标值越大采购费用越多,取

$$x_k' = \frac{x_k - x_{kmin}}{x_{kmax} - x_{kmin}} \tag{11－12}$$

如果指标值越小采购费用越高,则取

$$x_k' = \frac{x_{kmax} - x_k}{x_{kmax} - x_{kmin}} \tag{11－13}$$

对于输出向量,把采购费用的数值除以10 000得到范围在[0,1]区间的实数。

利用公式(11－12)、公式(11－13)把学习样本数据进行规范化处理,得到规范化后的学习样本数据见表11－5。

表11－5　规范化的学习样本数据表

型号	火炮口径/mm	初速/(m·s^{-1})	火控系统反应时间/s	单位功率/kW	装甲防护能力/mm	通信距离/km	激光压制距离/m	定位导航精度/m	采购费用/万元
A	0	0	0	0	0	0	0	0	0.08
B	0.4	0.2	0.4	0.35	0.33	0.33	0	0	0.1
C	1	0.5	0.6	0.8	0.67	0.67	0.75	1	0.15
D	1	1	1	1	1	1	1	0.92	0.25

将规范化的学习样本数据输入网络,用 trainlm 函数(Levenberg - Marquardt 训练规则)对网络进行反复训练,将期望误差定为0,学习速率通过库中函数自动调整,显示频率为10,最大训练步数设为1 000,其他参数为默认。图 11 -1 显示经过 12 步训练后,训练误差基本控制在要求范围内,网络输出如图 11 -2 所示。

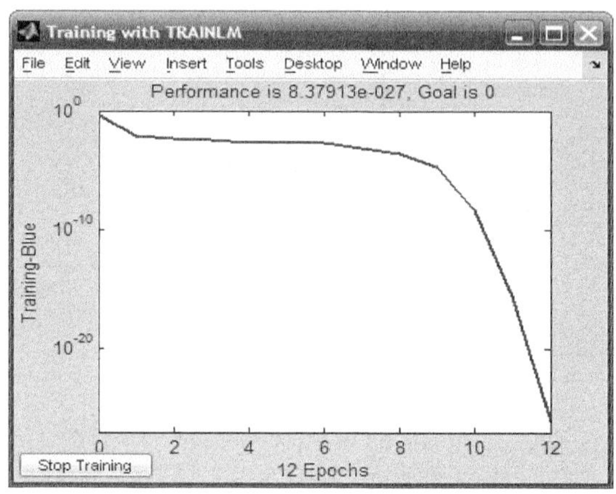

图 11 -1 误差平方和随训练次数变化曲线

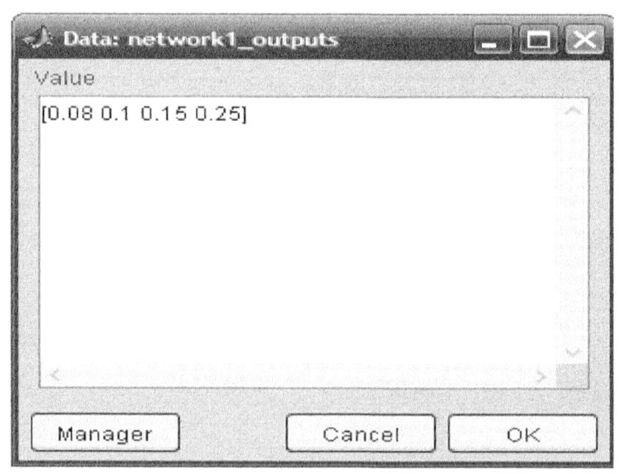

图 11 -2 网络输出

此时网络已经达到训练精度的要求,可对装备的采购费用进行估算。

一般的预测模型到此就结束了,但我们都知道,原材料价格的上涨也是影响采购费用的重要因素,所以在采购费用的预测中还需要考虑物价上涨因素。

首先引入通货膨胀这个概念,当货币的发行量超过市场商品流通所需要的货币数量时,就会引起货币贬值,物价上涨,这种经济现象就是通货膨胀,一般用物价上涨指数来反映通货膨胀的程度。

国内一般用 CPI(居民消费价格指数)和 PPI(工业生产者价格指数)的涨幅来衡量当前的物价上涨幅度。

那么,对装备采购费用进行估算时,本书主要考虑 PPI 的上涨对采购费用的影响。取近 10 年来 PPI 的上涨幅度作为统计数据,算出其在 10 年内的平均上涨幅度 z 作为本书所要考虑的物价上涨因子。得到如下公式:$B = A\ (1+z)^n$。式中 B 表示要支付的采购费用,A 表示现在估算出的采购费用,z 表示本书所计算出的物价上涨因子,n 表示装备实际交付使用的年份与当前年份的差值。

下面给出一个算例来验证模型的可行性。

现有四个备选的装备需求方案,在提出需求后,其对应的装备性能指标数值见表 11 - 6。

表 11 - 6　需求方案对应的装备的性能指标数值表

型号	火炮口径/mm	初速/$(\mathrm{m \cdot s^{-1}})$	火控系统反应时间/s	单位功率/kW	装甲防护能力/mm	通信距离/km	激光压制距离/m	定位导航精度/m
A	125	2 000	5	19.2	550	35	4 000	50
B	130	2 500	5	18.34	650	35	5 000	40
C	125	2 800	3	24.66	400	35	4 500	30
D	125	3 000	3	21.43	500	35	4 000	20

利用公式(11 - 12)、公式(11 - 13)对表 11 - 6 的数据进行规范化后得到的数据见表 11 - 7 所示。

表 11 - 7　规范化后的数据表

型号	火炮口径/mm	初速/$(\mathrm{m \cdot s^{-1}})$	火控系统反应时间/s	单位功率/kW	装甲防护能力/mm	通信距离/km	激光压制距离/m	定位导航精度/m
方案 1	0	0	0	0.14	0.6	1	0	1
方案 2	1	0.5	0	0	1	1	1	0.67
方案 3	0	0.8	1	1	0	1	0.5	0.33
方案 4	0	1	1	0.49	0.4	1	0	0

将表 11－7 中的数据输入训练好的网络进行仿真，得到输出结果如图 11－3 所示。

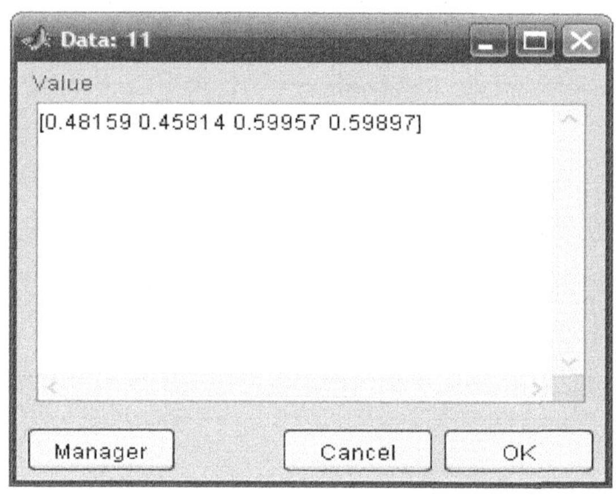

图 11－3　仿真输出结果

将输出结果乘以 10 000 可以得到四个需求方案对应的装备采购费用大约为 4 815.9 万元、4 581.4 万元、5 995.7 万元、5 989.7 万元。

将预测出的数据带入公式 $B = A(1 + z)^n$，取 $z = 5\%$，$n = 8$，计算得到 $B_1 = 7\ 127.5$，$B_2 = 6\ 780.4$，$B_3 = 8\ 873.6$，$B_4 = 8\ 864.7$，即这四个需求方案对应的装备采购费用在考虑涨价因素的情况下分别为 7 127.5 万元、6 780.4 万元、8 873.6 万元、8 864.7 万元。

2. 使用保障费用的计算模型

装备的使用保障费用是指部队验收、接受装备后，在整个服役期中使用、维修及保障方面所需的费用总和。根据数据统计，在装备的寿命周期内，使用保障费用一般约为装备采购费用 3～20 倍。可见，使用保障费用是构成武器装备寿命周期费用的主要组成部分。

(1)使用保障费用的影响因素

装备的使用保障费用主要取决于装备本身的设计水平、性能指标、使用特性和后期的管理保障措施等。在需求方案决策阶段，很难较为准确地计算出待研装备的使用保障费用，只能根据类似装备的使用保障费用再结合装备需求预测得出。影响装备使用保障费用的因素很多，选取单位功率 x_1、采购费用 x_2、平均故障间隔时间 x_3、物价指数 x_4、使用环境的平均温度 x_5 作为影响装备使用保障费用的主要因素。

(2)使用保障费用的改进型偏最小二乘回归预测模型

目前对装备使用保障费用的估算方法主要有偏最小二乘回归法(PLS 法)、

BP 神经网络法、灰色理论法等。偏最小二乘回归法在处理样本容量小、自变量多、变量间存在多重相关性问题方面具有独特的优势，而在需求方案决策阶段来预测装备的使用保障费用正存在着样本数据少且各自变量之间存在着多重相关性的问题，因此，偏最小二乘回归法比较适合解决装备使用保障费用的预测问题。

在传统的偏最小二乘回归法中，提取成分后需要分别实施 Y 和 X 在提取成分上的回归，然而还有一种更为简洁的计算方法只需对自变量 X 进行回归计算，而不必再对 Y 进行回归计算，使得计算过程大为简化，具体计算步骤如下：

根据上文的分析，影响装备使用保障费用的因素有 5 个，从而构成自变量数据表 $X=\{x_1,x_2,x_3,x_4,x_5\}_{n\times 5}$，$n$ 表示类似装备使用保障费用的样本数，用 Y 来表示装备的使用保障费用，则因变量数据表为 $Y=(y)_{n\times 1}$。

①对 X 和 Y 进行标准化处理，得到标准化后的自变量矩阵 $\boldsymbol{E}_0$ 和因变量矩阵 $\boldsymbol{F}_0$。

$$x_{ij}^{*}=\frac{x_{ij}-\bar{x}_j}{s_j},(i=1,2,\cdots,n;j=1,2,\cdots,5) \tag{11-14}$$

$$\boldsymbol{E}_0=(x_{ij}^{*})_{n\times 5} \tag{11-15}$$

$$\boldsymbol{F}_0=\left(\frac{y_i-\bar{y}}{s_y}\right)_{n\times 1},(i=1,2,\cdots,n) \tag{11-16}$$

式中，$\bar{x}_j$ 为 X_j 的均值；s_j 为 X_j 的标准差；$\bar{y}$ 为 Y 的均值；s_y 为 Y 的标准差。

②从 $\boldsymbol{E}_0$ 中提取一个成分，解出矩阵 $\boldsymbol{E}_0^{\mathrm{T}}$、$\boldsymbol{F}_0$、$\boldsymbol{F}_0^{\mathrm{T}}$、$\boldsymbol{E}_0$ 最大特征值对应的特征向量 $\boldsymbol{\omega}_1$，即可求得成分 t_1。

$$t_1=\boldsymbol{E}_0\boldsymbol{\omega}_1 \tag{11-17}$$

③实现 $\boldsymbol{E}_0$ 在 t_1 上的回归（此时不需要对 $\boldsymbol{F}_0$ 进行回归计算，简化了计算量）。

$$\boldsymbol{E}_1=\boldsymbol{E}_0-t_1p_1^{\mathrm{T}} \tag{11-18}$$

式中，p_1 为回归系数，$p_1=\dfrac{\boldsymbol{E}_0^{\mathrm{T}}t_1}{\|t_1\|^2}$。

④检查收敛性，如果 Y 对回归方程已经达到预设的精度，则进行下一步，否则，令 $\boldsymbol{E}_0=\boldsymbol{E}_1$，回到第二步进行新的成分提取和回归分析。

⑤若方程满足设定的精度，这时得到 m 个提取的成分，即 $t_1,t_2,\cdots,t_m(m\leqslant n)$，实现 $\boldsymbol{F}_0$ 在 $t_1,t_2,\cdots,t_m$ 上的回归，得

$$\hat{F}_0=r_1t_1+r_2t_2+\cdots+r_mt_m \tag{11-19}$$

式中，r_m 为回归系数，$r_m=\dfrac{\boldsymbol{F}_0^{\mathrm{T}}t_m}{\|t_m\|^2}$。

因为 $t_1, t_2, \cdots, t_m$ 是 $\boldsymbol{E}_0$ 的线形组合，$\boldsymbol{E}_0$ 又是由 $x_1^*, x_2^*, x_3^*, x_4^*, x_5^*$ 组成的，因此，最后可以得到

$$\hat{Y} = a_1 x_1^* + a_2 x_2^* + a_3 x_3^* + a_4 x_4^* + a_5 x_5^* \tag{11-20}$$

式中，$a_i = \sum_{h=1}^{m} r_h \prod_{j=1}^{h-1} (\boldsymbol{I} - \boldsymbol{\omega}_j \boldsymbol{p}_j^{\mathrm{T}}) \omega_i$；$\boldsymbol{I}$ 为单位矩阵。

⑥按照标准化的逆过程，将 $\hat{F}_0 = (\hat{y})$ 的回归方程还原为 Y 对 X 的回归方程。

⑦把影响装备（用于预测的）使用保障费用的各因素的具体数值带入到 Y 对 X 的回归方程中，即可预测出该型装备的使用保障费用。

（三）研制时间的计算模型

装备的研制时间是指从方案论证到完成设计定型的时间间隔，一般以年计算。

1. 研制时间的影响因素

装备的研制时间通常受国家发展战略、武器装备的发展规划、车辆自身的先进性和复杂性、车辆的战技性能水平、经济实力、科技水平，以及现行的工艺加工水平等因素的影响，这些因素中以装备设计的先进性和复杂性以及现行的工艺加工水平为主要影响因素。

2. 研制时间的计算

研制时间的影响因素有很多是无法定量计算的，据已掌握的资料，现在还没有一个较好的办法能够在方案论证阶段对装备的研制时间做出准确估算，往往都是采用参考国内外类似装备的研制经验，并结合专家的意见预测得出一个相对准确的区间范围。

为了估算出较为准确的研制时间，可以让多个专家对研制时间进行预测，得到多个预测的时间范围，再对参与预测的专家进行赋权，将多个专家预测的时间和专家各自的权重进行集结，求得的集结值作为装备的研制时间。这一方法能够综合多个专家的意见，使得估算的研制时间更为客观、准确。具体计算公式表述如下：

$$t = \omega_1 \times [a_1^L, a_1^U] + \omega_2 \times [a_2^L, a_2^U] + \cdots + \omega_n \times [a_n^L, a_n^U] \tag{11-21}$$

式中，t 表示装备的研制时间；ω_n 表示参与预测的第 n 个专家的权重，满足 $\sum_{i=1}^{n} \omega_i = 1$，$[a_n^L, a_n^U]$ 表示第 n 个专家估算的研制时间，其为一个区间数。

在确定了参与预测的专家的权重后，利用上文中介绍的区间数运算法则，即可求得装备的研制时间。

(四)研制风险的计算模型

在装备性能指标需求方案的决策过程中,如何应用系统、有效的方法识别和评估需求方案对应的待研装备的研制风险,是判别方案优劣一个重要依据。

目前被广泛认可的风险定义是:对在规定的费用、进度和技术的约束条件下不能实现整个项目目标的可能性的一种度量,它包括不能实现具体目标的概率和因不能实现该目标所导致的后果两个方面的含义。因此,风险可以表示为 $R_f=f(P_f,C_f)$,其中 R 代表风险,P_f 是指失败的概率,即所研制的系统、分系统、部件或者元件工作不成功的概率;C_f 是指失败后果,即由于所研制的系统、分系统、部件或者元件工作不成功所造成的损失。

1. 研制风险的影响因素

装备的研制风险可以分为技术风险、费用风险和进度风险,这些风险又对应着一定的技术后果、费用后果和进度后果。在这些风险中以技术风险的影响最为重要,费用风险和进度风险经常是技术风险的反应,技术风险为决定性因素,主宰着装备研制的费用风险和进度风险。因此,可以从技术风险着手,来进行装备研制风险的预测。

影响装备研制技术风险的因素主要有:提出的指标需求过高难以实现,例如在一需求方案中要求火控系统反应时间要控制在 3s 以内,另一个方案中只要求控制在 5s 以内,那么这两个方案承担的风险肯定是不一样的;第二,准备在装备研制过程中应用的新技术没有经过充分检验,在需求方案中会有一些指标需求是以前没有的,那么要实现这一需求就需要运用当今的一些新技术,这些新技术的成熟程度将成为研制成功的关键;第三,现行的工艺加工水平不能达到装备的设计水平;第四,装备的整体设计水平存在缺陷,会出现技术上的瓶颈问题。基于以上分析,给出装备研制风险分解结构如图 11 -4 所示。

2. 基于 PRA 的装备研制风险模糊评估法

目前,常规的风险分析方法采用概率风险分析(PRA)方法。用 R_f 表示装备的研制风险,P_f 表示在研制过程中风险事件的发生概率,C_f 表示风险事件的后果损失,则有装备的研制风险:

$$R_f=P_f+C_f-P_f\times C_f \tag{11-22}$$

对于公式(11 -22)的求解关键在于如何求得风险事件的发生概率和风险事件的后果损失。一般来讲,在风险预测阶段,专家很难给出风险事件发生概率以及风险事件后果损失的确定值,专家对这些评估指标的评判都具有一定的模糊性。例如在对风险事件发生概率的评估中,专家往往会给出很小、较小、小、一般、较大、大、很大这样的语言型评估值,对风险事件造成的后果往往会给出影响很小、影响一般、较为严重、严重、很严重这样的语言型评估值。基于这种情况，引入三角模糊数的方法将这些语言型的评估值转化为确定的数值。

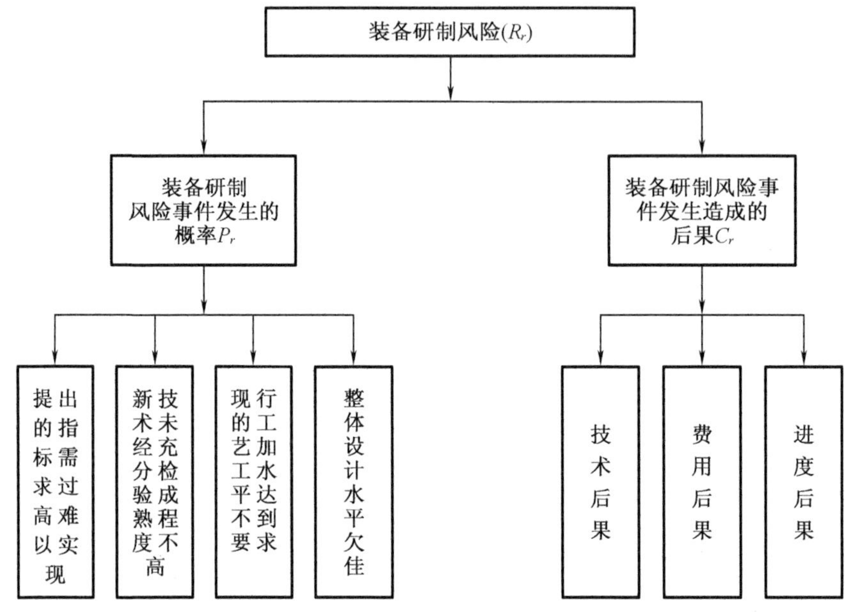

图 11－4　装备研制风险分解结构图

3. 研制风险的计算步骤

Step. 1：建立装备研制风险评估指标体系；

Step. 2：评估专家结合需求方案和个人工作经验对评估指标给出语言型评估值，并将其转化为对应的三角模糊数，见表 11－8。

表 11－8　语言值评估集合及其对应的三角模糊数

模糊比率刻度	评估语言变量	三角模糊数
$\tilde{1}$	很小	(0,0,1/6)
$\tilde{2}$	较小	(0,1/6,1/3)
$\tilde{3}$	小	(1/6,1/3,1/2)
$\tilde{4}$	一般	(1/3,1/2,2/3)
$\tilde{5}$	大	(1/2,2/3,5/6)
$\tilde{6}$	较大	(2/3,5/6,1)
$\tilde{7}$	很大	(5/6,1,1)

Step. 3：利用模糊层次分析法分别求得各评估指标的权重；

Step. 4：将装备研制风险事件发生概率 P_f 的评估指标数值和指标的权重进行模糊运算，得到风险事件发生概率 P_f 评估结果的三角模糊数；

风险事件发生概率 P_f 评估结果的三角模糊数为

$$\widetilde{P}_f = \frac{1}{m}\sum_{i=1}^{m}(\widetilde{A}_i \otimes W_i) = \frac{1}{m}(\widetilde{A}_1 \otimes W_1 \oplus \cdots \oplus \widetilde{A}_m \otimes W_m) \quad (11-23)$$

式中 $\widetilde{A}_i$ 表示评估专家对第 i 个评估指标给出的三角模糊数值，W_i 表示第 i 个评估指标的权重，m 表示评估指标的个数，符号“$\otimes$”和“$\oplus$”分别表示模糊数运算的乘法和加法。

Step. 5：利用相同的方法可以求得风险事件后果的三角模糊数值 $\widetilde{C}_f$；

Step. 6：将 $\widetilde{P}_f$ 和 $\widetilde{C}_f$ 代入式（11－22），得到装备研制风险 R_f 的综合评估结果三角模糊数：

$$\widetilde{R}_f = \widetilde{P}_f \oplus \widetilde{C}_f - \widetilde{P}_f \otimes \widetilde{C}_f \quad (11-24)$$

Step. 7：对评估结果三角模糊数 $\widetilde{R}_f$ 去模糊值，转化为确定值后即可得到装备研制风险的评估值。

下面给出一个算例来验证方法的可行性。

现有一备选的装备需求方案，风险评估专家结合需求方案和多年的经验认为 $\widetilde{P}_f$ 中四个风险因素发生的概率分别为较小、一般、大、小，这些风险事件发生造成的技术后果、费用后果、进度后果分别为严重、影响一般、较为严重。用三角模糊数的方法将这些语言型评估值转化为三角模糊数得到（0，1/6，1/3）、（1/3，1/2，2/3）、（1/2，2/3，5/6）、（1/6，1/3，1/2）、（0.5，0.75，1）、（0，0.25，0.5）、（0.25，0.5，0.75）。

用 0.1～0.9 九标度法构建风险事件发生概率 $\widetilde{P}_f$ 的评估指标模糊判断矩阵

$$\boldsymbol{A} = \begin{bmatrix} 1 & 0.6 & 0.8 & 0.6 \\ 0.4 & 1 & 0.5 & 0.6 \\ 0.2 & 0.5 & 1 & 0.4 \\ 0.4 & 0.4 & 0.6 & 1 \end{bmatrix}$$

利用公式

$$r_{ij} = \frac{r_i - r_j}{2(n-1)} + 0.5 \quad (11-25)$$

把模糊判断矩阵 $\boldsymbol{A}$ 转换为模糊一致性矩阵，式中 r_i 为矩阵 $\boldsymbol{A}$ 第 i 行元素的和，r_j 为矩阵 $\boldsymbol{A}$ 第 j 列元素的和，n 为评估指标的个数。

$$R = \begin{bmatrix} 0.67 & 0.58 & 0.52 & 0.47 \\ 0.58 & 0.5 & 0.43 & 0.48 \\ 0.37 & 0.28 & 0.22 & 0.27 \\ 0.57 & 0.48 & 0.42 & 0.47 \end{bmatrix}$$

利用 MATLAB7.0 软件求得矩阵 $\boldsymbol{R}$ 最大特征值对应的特征向量 $\boldsymbol{W} = [0.5949, 0.5314, 0.3088, 0.5180]^{\mathrm{T}}$，对其进行标准化后得到评估指标的权重 $\omega = (0.305, 0.272, 0.158, 0.265)$；利用式(11－23)计算，得到风险事件发生概率的三角模糊数 $\widetilde{P}_f = (0.07, 0.13, 0.17)$；同理可求得风险事件发生造成后果的三角模糊数 $\widetilde{C}_f = (0.21, 0.13, 0.08)$；将求出的 $\widetilde{P}_f$ 和 $\widetilde{C}_f$ 代入公式(11－25)可求得该型装备研制风险的三角模糊数 $\widetilde{R}_f = (0.2653, 0.2431, 0.2364)$；

将该三角模糊数 $\widetilde{R}_f$ 去模糊值得到该型装备的研制风险 $R_f = 0.25$。

三、方案约束条件检验及排序优选

(一)方案的约束条件检验

利用上文给出的方案属性值的计算模型，结合具体的需求方案就可以计算得到需求方案各自的属性值，将这些属性值与预先确定好的约束条件进行比对，剔除那些不满足约束条件的方案，从而在减少工作量的同时还能够对需求方案集进行优化，所以在装备需求方案决策阶段进行方案属性值的约束条件检验是很有必要的。

(二)方案的排序优选

经过约束条件检验以后，接下来就可以对剩余的备选方案进行排序选优了。那么，要对方案进行排序选优的话，首先还要计算出方案属性的权重。

1.方案属性权重计算

装备需求方案属性的权重反映了各方案属性之间的相对重要程度，合理准确地确定这些方案属性的权重是进行方案排序选优的基础。

在装备需求方案排序选优阶段，一般都是由多个专家参与进行的，每个专家对每一项方案属性重要性的个人偏好是不一样的，这就导致了在确定方案属性权重的过程中会出现专家意见不一致的情况。那么，如何解决这一问题？试想，能不能把每个专家对方案属性重要性的个人偏好集结成专家群体对方案属性重要性的群体偏好，这样的话就可以解决专家对方案属性的重要性意见不一致的情况,从而可以求得能够让每一个专家都满意的方案属性权重。在此设想下,本节内容构建了方案属性权重计算的相对熵模型来求解方案属性权重。

(1)方案属性权重计算的相对熵模型

限于篇幅,本书只引述有关相对熵离散形式定义及主要性质。设 $\Omega=\{0,1,2,\cdots\}$,x_i,y_i 是 Ω 上两个概率测度,$i=1,2,\cdots,n$,且 $1=\sum_{i=1}^{n}x_i\geqslant\sum_{i=1}^{n}y_i$,则称 $h(X,Y)=\sum x_i\log\frac{x_i}{y_i}\geqslant 0$ 为 X 相对于 Y 的相对熵,其中:

$$\boldsymbol{X}=(x_1,x_2,\cdots,x_n)^{\mathrm{T}},\boldsymbol{Y}=(y_1,y_2,\cdots,y_n)^{\mathrm{T}}$$

如果函数 $h(X,Y)$ 为 X、Y 的相对熵,则其具有以下性质:

①
$$\sum_i x_i\log\frac{x_i}{y_i}\geqslant 0 \tag{11-26}$$

②
$$\sum_i x_i\log\frac{x_i}{y_i}=0,\text{当且仅当 } x_i=y_i,\forall i \tag{11-27}$$

由上述性质可知,当 X、Y 为离散分布时,相对熵可用于度量二者符合程度。

设装备需求方案属性集合为 $A=\{a_j\}$,$j=1,2,\cdots,n$;用 $E=\{e_i\}$,$i=1,2,\cdots,m$ 表示参与方案排序选优的专家集合;用集合 $W=\{\omega_i\}$,$i=1,2,\cdots,m$ 表示专家的权重集合,其中 ω_i 对应于第 i 个专家的权重,满足 $\sum_{i=1}^{m}\omega_i=1$;每个专家根据自己的偏好对集合 A 中的所有方案属性的重要性给出评判值,评判值越大表示该专家认为这一方案属性越重要,用 x_{ij} 表示专家 e_i 对目标属性 a_j 重要性的评判值;用 $\boldsymbol{W}_g=[\omega_{g1},\omega_{g2},\cdots,\omega_{gn}]^{\mathrm{T}}$ 表示专家群体对方案属性重要性的群偏好向量。

依据上述分析,要想得到专家群体对方案属性集合 A 的群偏好向量 $\boldsymbol{W}_g$,就要最小化它与每一个专家给出的方案属性重要性偏好向量的相对熵,结合相对熵的概念,建立装备需求方案属性权重计算的相对熵模型如下:

$$(P)\begin{cases}\min Q(\boldsymbol{W}_g)=\sum_{i=1}^{m}\omega_i\sum_{j=1}^{n}\left(\log\omega_{gj}-\log\dfrac{x_{ij}}{\sum_{j=1}^{n}x_{ij}}\right)\omega_{gj}\\ \text{s.t. }\sum_{j=1}^{n}\omega_{gj}=1,\omega_{gj}>0\end{cases} \tag{11-28}$$

由上式可以看出,通过计算各个专家对方案属性重要性的个人偏好向量与群偏好向量之间偏离值的最小值,使得各个专家对方案属性重要性的个人偏好与群偏好之间进行比较,最后通过解此模型,可以得到专家群体对方案属性集合 A 的群偏好向量 $\boldsymbol{W}_g$ 即为方案属性的权重向量。

(2)相对熵模型的求解

设上述模型公式(11－28)中群偏好向量有最优解：

$$\boldsymbol{W}_g^* = (\omega_{g1}^*,\omega_{g2}^*,\cdots,\omega_{gn}^*)^{\mathrm{T}},\text{令 } b_{ij} = \frac{x_{ij}}{\sum_{j=1}^{n} x_{ij}} \tag{11-29}$$

构造 Lagrange 函数

$$L(\boldsymbol{W}_g,\lambda) = Q(\boldsymbol{W}_g) - \lambda g(\boldsymbol{W}_g) \tag{11-30}$$

式中，λ 为 Lagrangian 乘子，$g(\boldsymbol{W}_g) = 1 - \sum_{j=1}^{n}\omega_{gj}, j = 1,2,\cdots,n$。

由必要条件可令$\nabla L(X_g,\lambda) = 0$，即$\begin{cases}\nabla_{W_g} L = 0 \\ \nabla_{\lambda} L = 0\end{cases}$，得到

$$\begin{cases} \sum_{i=1}^{m} \omega_i \left(\frac{1}{\omega_{gj}}\omega_{gj} + \log\omega_{gj} - \log \frac{x_{ij}}{\sum_{j=1}^{n} x_{ij}} \right) + \lambda = 0 \\ \sum_{j=1}^{n} \omega_{gj} = 1 \end{cases} \tag{11-31}$$

把公式(11－30)代入方程组公式(11－32)中，解得方程组式(11－32)的唯一的驻点

$$\omega_{gj}^* = \frac{\prod_{i=1}^{m} (b_{ij})\omega_i}{\sum_{j=1}^{n} \prod_{i=1}^{m} (b_{ij})\omega_i} \quad j = 1,2,\cdots,n \tag{11-32}$$

(3)基于统计数据的专家权重计算法

对于式(11－32)的求解还需要计算专家的权重 ω_i。假设参与此次需求方案决策的专家有 n 个，将这 n 个专家以往参与的所有需求方案决策过程中对方案属性重要性的评判值作为统计样本。

在一次需求方案的决策过程中，设方案有 m 个属性，n 个专家对 m 个方案属性的重要性进行评判，得到评判矩阵

$$\boldsymbol{A} = \begin{bmatrix} a_{11} & a_{12} & \cdots & a_{1m} \\ a_{21} & a_{22} & \cdots & a_{2m} \\ \vdots & \vdots & & \vdots \\ a_{n1} & a_{n2} & \cdots & a_{nm} \end{bmatrix}$$

矩阵中 a_{nm} 表示第 n 个专家对第 m 个方案属性重要性的评判值，a_{nm} 值越大表示该专家认为这个方案属性越重要。

利用公式(11－29)将矩阵 $\boldsymbol{A}$ 标准化，得到标准化后的评判矩阵

$$\boldsymbol{R}=\begin{bmatrix} r_{11} & r_{12} & \cdots & r_{1m} \\ r_{21} & r_{22} & \cdots & r_{2m} \\ \vdots & \vdots & & \vdots \\ r_{n1} & r_{n2} & \cdots & r_{nm} \end{bmatrix}$$

矩阵 $\boldsymbol{R}$ 中的每一行元素即代表着每一个专家对方案属性权重的赋值，比如说专家 1 对方案属性权重的赋值即为 $\omega_{zj1}=(r_{11},r_{12},\cdots,r_{1m})$。

假设这次方案决策最终选择了方案 1 作为实施方案，那么这个方案对应的方案属性的权重为 $\omega^*=(\omega_1^*,\omega_2^*,\cdots,\omega_m^*)$，$\omega^*$ 是已知的。

下面通过计算各专家对方案属性权重的赋值与 ω^* 的离差来判别各专家的重要性，如果离差越小则表明该专家的估计越准，那么，他在整个专家小组中的权重就应该越大。

以专家 1 为例，计算他的离差：

$$l_1=\sum_{i=1}^{m}\left|r_{1i}-\omega_i^*\right| \tag{11-33}$$

同理可求得其他专家的离差 $l_2,l_3,\cdots,l_n$，比较这些离差的大小，便可得到 n 个专家在这次决策过程中的重要性排序。假设在这次决策过程中，n 个专家的重要性排序为专家 1 > 专家 2 > … > 专家 n，排序第一的专家一个得分为$\frac{1}{n}\times n$，排序第二的专家得分为$\frac{1}{n}(n-1)$，以此类推，排序最后的专家得分为$\frac{1}{n}(n-(n-1))$。这些分值构成了专家的得分向量 $\boldsymbol{p}=\left[1,\frac{n-1}{n},\frac{n-2}{n},\cdots,\frac{1}{n}\right]$，将得分向量 $\boldsymbol{p}$ 标准化即得到 n 个专家在这次决策过程中的权重向量 $\boldsymbol{\omega}=[\omega_1,\omega_2,\cdots,\omega_n]$。

这是在以往的一次决策过程中的权重情况，假设专家 1 在参与这次方案决策前已经参加过类似的决策 k 次，那么他的权重就应该是：

$$\overline{\omega}_1=\frac{\omega_1^1+\omega_1^2+\cdots+\omega_1^k}{k} \tag{11-34}$$

同理，可求得其他专家各自的权重$\overline{\omega}_2,\overline{\omega}_3,\cdots,\overline{\omega}_n$。

那么，$\overline{\omega}_1,\overline{\omega}_2,\overline{\omega}_3,\cdots,\overline{\omega}_n$ 就可以作为这一次方案决策中各专家的权重。

该方法是建立在以往统计数据基础上的，而且通过多次计算专家权重再取平均值的方法避免了一次判断的误差，所以，该方法具有较强的真实性和准确性。

下面举例来验证方法的可行性。

假设在一次需求方案决策过程中，有 4 个专家参与，方案的属性也为 4 个，这4个专家对方案属性的重要性进行评判得到评判矩阵：

$$A=\begin{bmatrix}0.4 & 0.4 & 0.6 & 0.5\\ 0.4 & 0.5 & 0.3 & 0.6\\ 0.3 & 0.6 & 0.8 & 0.6\\ 0.4 & 0.4 & 0.6 & 0.6\end{bmatrix}$$

利用公式(11－30)对其进行标准化，得到标准化矩阵：

$$R=\begin{bmatrix}0.21 & 0.21 & 0.32 & 0.26\\ 0.22 & 0.28 & 0.17 & 0.33\\ 0.13 & 0.26 & 0.35 & 0.26\\ 0.2 & 0.2 & 0.3 & 0.3\end{bmatrix}$$

这次决策过程中 $\omega^*=(0.24,0.26,0.3,0.2)$，利用公式(11－34)求得各专家的离差 $l_1=0.16, l_2=0.3, l_3=0.22, l_4=0.2$。各专家的离差排序为 $l_1<l_4<l_3<l_2$，所以专家重要性的排序为专家1>专家4>专家3>专家2，专家1的得分为1，专家4的得分为0.75，专家3的得分为0.5，专家2的得分为0.25，得到专家的得分向量 $\boldsymbol{p}=(1,0.25,0.5,0.75)$，将其标准化得到这4个专家在这一次决策过程中的权重为 $\omega=(0.4,0.1,0.2,0.3)$。

同理可求得在以往的多次决策过程中各专家的权重，这里就不再一一计算。最后，利用公式(11－34)可求得各专家历次的决策过程中权重的平均值即为本次方案决策中专家的权重。

计算出专家的权重后，代入公式(11－32)就可以求得专家群体对方案属性重要性的群偏好，W_g 即为方案属性的权重。

2. 方案目标函数值的计算

在计算得到装备需求方案属性值和方案属性的权重以后，带入公式(11－4)来求解各方案的目标函数值。θ 的值可根据决策者的类型以及各方案广义效益的大小来确定。

在计算过程中，由于方案的属性值存在有确定值同时又有区间数的情况，首先把确定值也转化为区间数来进行计算，同时利用上文介绍的区间数的除法运算法则，计算得到各方案的目标函数值为一区间数 $\widetilde{F}(i), i=1,2,\cdots,n$。$n$ 为需求方案的个数。

3. 目标函数值两两比较的可能度、可能度矩阵及排序向量

在计算得到各需求方案的目标函数值以后，比较目标函数值的大小就可以对方案进行排序，然后运用决策准则选择最优方案作为最终的实施方案。

针对计算得到的方案的目标函数值是区间数这一情况，因为无法直接进行比较，所以本书引入可能度、可能度矩阵，以及排序向量这三个概念。

(1)目标函数值两两比较的可能度

设需求方案 i 和需求方案 j 的目标函数值分别为

$$\widetilde{F}(i)=[F(i)^L,F(i)^U]\text{和}\widetilde{F}(j)=[F(j)^L,F(j)^U]$$

记 $l_a=F(i)^U-F(i)^L$,$l_b=F(j)^U-F(j)^L$,则$\widetilde{F}(i)\geqslant\widetilde{F}(j)$的可能度定义为

$$p(\widetilde{F}(i)\geqslant\widetilde{F}(j))=\frac{\min(l_a+l_b,\max(F(i)^U-F(j)^L,0))}{l_a+l_b}\qquad(11-35)$$

且记 $\widetilde{F}(i)$ 与 $\widetilde{F}(j)$ 的次序关系为 $\widetilde{F}(i)\underset{p}{\geqslant}\widetilde{F}(j)$。

(2)目标函数值两两比较的可能度矩阵

对于计算出的装备需求方案的目标函数值 $\widetilde{F}(i)$,$i=1,2,\cdots,n$。n 为需求方案的个数,利用公式(11-36)将它们进行两两比较,求得相应的可能度 $p(\widetilde{F}(i)\geqslant\widetilde{F}(j))$,简记为 p_{ij},$i=1,2,\cdots,n$;$j=1,2,\cdots,n$。由此得到装备需求方案目标函数值两两比较的可能度矩阵为

$$\boldsymbol{P}=[p_{ij}]_{n\times n}=\begin{bmatrix}p_{11}&p_{12}&\cdots&p_{1n}\\p_{21}&p_{22}&\cdots&p_{2n}\\\vdots&\vdots&&\vdots\\p_{n1}&p_{n2}&\cdots&p_{nn}\end{bmatrix}$$

该矩阵包含了所有需求方案目标函数值两两比较的全部可能度信息,因此对目标函数值 $\widetilde{F}(i)$,$i=1,2,\cdots,n$ 的排序可用可能度矩阵 $\boldsymbol{P}$ 的排序向量进行。

(3)目标函数值可能度矩阵的排序向量

设装备需求方案目标函数值的可能度矩阵 $\boldsymbol{P}$ 的排序向量为

$$\boldsymbol{v}=(v_1,v_2,\cdots,v_n)$$

式中第 i 个分量的计算公式为

$$\boldsymbol{v}_i=\frac{1}{n(n-1)}\left(\sum_{j=1}^{n}p_{ij}+\frac{n}{2}-1\right),(i=1,2,\cdots,n)\qquad(11-36)$$

利用公式(11-36)可以求出装备需求方案目标函数值可能度矩阵的排序向量,利用这个排序向量就可以对方案的目标函数值进行排序,进而得到方案的排序。

最后,按照决策准则选取排序第一的需求方案作为最终的实施方案。至此,整个装备需求决策过程结束。

(三)装备需求方案决策示例

下面利用一个示例来阐述装备需求方案决策的过程,并以此检验文中所提

出的决策方法的可行性和实用性。

随着新军事变革的深入，战争形态正在由机械化条件下的协同作战向基于信息系统的体系作战转变。在基于信息系统的体系作战条件下，武器装备所处的战场环境发生了重大变化，具有陆、海、空、天、电多维一体的特点。军事装备不仅面临各类压制武器的威胁，而且还处在一个复杂的电磁环境中，电子干扰、光电对抗、信息对抗始终伴随作战行动的全过程；武器装备间的协同方式将通过网络实现；作战效能也由各作战单元的效能叠加转变为体系对抗的整体效能。因此，基于信息系统的体系作战对武器装备的性能提出了更高、更新的要求。

基于以上分析，决策者根据当前的作战背景和主要作战对手装备的发展情况，提出要较大幅度地提高现行某型武器装备的性能，初步决定在 8 ~ 10 年之内，用 2 亿元的经费，将风险控制在 0.7 以内（以 1 代表风险最大，0 代表风险最小），以对现行的某型武器装备进行改进。

首先给出装备需求方案 $a_1 \sim a_4$。（由于资料有限及保密的原因，文中给出的需求方案为笔者自己所拟定，肯定会存在数据和结构不合理的情况，但本书旨在通过该示例来验证文中所提决策方法可行性。）

装备需求方案 a_1：

（1）火力性能指标需求：初速由 2 000 m/s 提高到 3 000 m/s；战斗射速由 5 ~ 7 发/分提高到 6 ~ 8 发/分；火控系统反应时间由 7s 减少到 3 ~ 5 s；火控系统精度由 0.5 提高到 0.9；其他性能指标与改进前基本一致。

（2）机动性能指标需求：单位功率由 14.1 kW/t 提高到 17.2 kW/t；通过障碍能力由 0.5 提高到 0.7，其他性能指标与改进前基本一致。

（3）防护性能指标需求：装甲防护能力由 400 mm 提高到 425 mm；激光压制距离由 2 000 m 提高到 3 200 m；其他性能指标与改进前基本一致。

（4）通信指挥性能需求：通信距离由 25 km 提高到 30 ~ 35 km；其他性能指标与改进前基本一致。

（5）可靠性及维修性指标需求：平均故障间隔时间由 100 h 增加到 100 ~ 110 h 之内，发动机的拆装时间由 5 h 减少到 3 ~ 4 h，其他性能指标与改进前基本一致。

根据不同的发展思路，我们可以得到该型武器装备不同的需求方案 a_2、a_3、a_4 见表 11 - 6 至表 11 - 12 所示。

表 11－9 装备需求方案 a_1

火力性能指标	初速 3 000 m/s
	战斗射速 6～8 发/分
	火控系统反应时间 3～5 min
	火控系统精度 0.9
机动性能指标	单位功率 17.2 kW/t
	通过障碍能力 0.7
防护性能指标	装甲防护能力 425 mm
	激光压制距离 3 200 m
通信指挥性能指标	通信距离 30～35 km
可靠性及维修性能指标	平均故障间隔时间 100～110 h
	发动机拆装时间 3～4 h

表 11－10 装备需求方案 a_2

火力性能指标	初速 2 500 m/s
	战斗射速 6～8 发/分
	火控系统反应时间 4～5s
	火控系统精度 0.8
机动性能指标	单位功率 19.2 kW/t
	通过障碍能力 0.9
防护性能指标	装甲防护能力 450 mm
	激光压制距离 3 200 m
通信指挥性能指标	通信距离 30～35 km
	跳频速率 600～700 跳/秒
	定位导航精度需求为 80 m
可靠性及维修性能指标	平均故障间隔时间 100～110 h
	发动机拆装时间 3～4 h

表 11－11　装备需求方案 a_3

火力性能指标	初速 2 500 m/s
	战斗射速 6－8 发/分
	火控系统反应时间 5～6s
	火控系统精度 0.7
机动性能指标	单位功率 14.1 kW/t
	通过障碍能力 0.5
防护性能指标	装甲防护能力 600 mm
	激光压制距离 5 000 m
通信指挥性能指标	通信距离 30～35 km
	跳频速率 700～800 跳/秒
	定位导航精度需求为 80 m
可靠性及维修性能指标	平均故障间隔时间 100～110 h
	发动机拆装时间 3～4 h

表 11－12　装备需求方案 a_4

火力性能指标	初速 2 800 m/s
	战斗射速 6～8 发/分
	火控系统反应时间 4～5s
	火控系统精度 0.6
机动性能指标	单位功率 17.2 kW/t
	通过障碍能力 0.7
防护性能指标	装甲防护能力 500 mm
	激光压制距离 3 200 m
通信指挥性能指标	通信距离 40～45 km
	跳频速率 800～1 000 跳/秒
	定位导航精度需求为 20 m
可靠性及维修性能指标	平均故障间隔时间 100～110 h
	发动机拆装时间 3～4 h

需求方案 a_1、a_2、a_3、a_4 分别对应武器装备 A 的四种改进型 A_1、A_2、A_3、A_4。

(1)性能改进值的计算

下面用上文介绍的性能改进值的计算模型来计算上述四种改进型武器装备的火力性能改进值。在通常情况下,武器装备的火力性能受口径、初速、直射距离、战斗射速、首发命中概率、火控系统反应时间、弹丸威力、辅助武器作战能力等因素的影响,其中,初速基本能够反映口径和直射距离,下面给出武器装备 A 原有火力性能指标数值和改进型 A_1、A_2、A_3、A_4 性能指标数值见表 11－13 所示。

表 11－13　火力性能指标数值

型号	初速/$(m\cdot s^{-1})$	战斗射速/(发·分$^{-1}$)	首发命中概率	火控系统反应时间/s	弹丸威力/mm	辅助武器作战能力	火控系统精度
A	2 000	5～7	90	5～7	1 720	0.5	0.5
A_1	3 000	6～8	90	3～5	1 720	0.5	0.9
A_2	2 500	6～8	90	4～6	1 720	0.5	0.8
A_3	2 500	6～8	90	4～6	1 720	0.5	0.7
A_4	2 800	6～8	90	4～6	1 720	0.5	0.6

上表所给出的性能指标中,有的是属于效益型指标(即越大越好型)如初速、战斗射速等;有的是属于成本型指标(即越小越好型)如火控系统反应时间,这些指标数值有的是以确定值的形式给出,有的是以区间数的形式给出,所以,在计算之前先将确定值转化为区间数,再利用公式对其进行规范化。

规范化后的武器装备 A 原有火力性能指标数值和改进型 A_1、A_2、A_3、A_4 性能指标数值表 11－14 所示。

表 11－14　规范化的火力性能指标数值

型号	初速/$(m\cdot s^{-1})$	战斗射速/(发·分$^{-1}$)	首发命中概率	火控系统反应时间/s	弹丸威力/mm	辅助武器作战能力	火控系统精度
A	[0.16,0.16]	[0.13,0.24]	[0.2,0.2]	[0.11,0.24]	[0.2,0.2]	[0.2,0.2]	[0.14,0.14]
A_1	[0.23,0.23]	[0.15,0.28]	[0.2,0.2]	[0.16,0.40]	[0.2,0.2]	[0.2,0.2]	[0.26,0.26]
A_2	[0.20,0.20]	[0.15,0.28]	[0.2,0.2]	[0.13,0.30]	[0.2,0.2]	[0.2,0.2]	[0.23,0.23]
A_3	[0.20,0.20]	[0.15,0.28]	[0.2,0.2]	[0.13,0.30]	[0.2,0.2]	[0.2,0.2]	[0.20,0.20]
A_4	[0.22,0.22]	[0.15,0.28]	[0.2,0.2]	[0.13,0.30]	[0.2,0.2]	[0.2,0.2]	[0.17,0.17]

运用上文中介绍的改进的层次分析法计算各性能指标的权重为

$$\omega = (0.14、0.16、0.12、0.20、0.09、0.09、0.20)$$

将表11－14中的数据以及指标的权重代入公式11－11中，可以求得4种改进型武器装备的火力性能改进值分别为[0.05,0.07]，[0.03,0.04]，[0.02,0.036]，[0.02,0.033]。

同理，运用相同的方法我们可以计算得到4种改进型武器装备的机动性能、防护性能、通信指挥性能、可靠性及维修性的改进值见表11－15至表11－19所示（表中的数据在进行计算时都需经过规范化处理）。

表11－15　机动性能改进值

型号	单位功率 /($kW \cdot t^{-1}$)	越野速度 /($km \cdot h^{-1}$)	加速性能 /s	涉水深 /m	爬坡度 /°	过垂直强高 /m	转向能力	通过障碍能力	机动性能值	机动性能提高值
A	14.1	32	10	1.1	32	1	1	0.5	0.775 0	
A_1	17.2	37	7	1.1	34	1.1	1	0.7	0.921 7	0.146 7
A_2	19.2	40	5	1.1	35	1.2	1	0.9	1	0.225 0
A_3	14.1	32	10	1.1	32	1	1	0.5	0.775 0	0
A_4	17.2	37	7	1.1	34	1.1	1	0.7	0.921 7	0.146 7
权重	0.322	0.180 1	0.165 4	0.086 2	0.062 6	0.046 3	0.055 7	0.135 1		

表11－16　防护性能改进值

型号	装甲防护能力 /mm	伪装防护	三防能力	抑制目标特征能力	激光压制距离 /m	光电干扰能力	来袭导弹探测距离 /m	防护性能值	防护性能提高值
A	400	0.3	0.5	0	2 000	0	2 000	0.657 4	
A_1	425	0.3	0.5	0.4	3 200	0.2	2 000	0.798 9	0.141 5
A_2	450	0.3	0.5	0.4	3 200	0.2	2 000	0.831 4	0.174
A_3	600	0.3	0.5	0.4	5 000	0.2	2 000	1	0.342 6
A_4	500	0.3	0.5	0.4	3 200	0.2	2 000	0.941 6	0.284 2
权重	0.252 6	0.086 4	0.062 5	0.126 3	0.251 8	0.086 4	0.134 0		

表 11－17　通信指挥性能改进值

型号	数据共享能力	定位导航精度/m	敌我识别能力	跳频次数/(跳·秒$^{-1}$)	通信距离/km	频率范围/khz	通信指挥性能值	通信指挥性能提高值
A	0.2	100	0.1	500	25	0.6	[0.47,0.48]	
A_1	0.2	100	0.1	500	[30,35]	0.6	[0.48,0.49]	[0,0.02]
A_2	0.2	80	0.1	[600,700]	[30,35]	0.6	[0.48,0.50]	[0,0.03]
A_3	0.2	80	0.1	[700,800]	[30,35]	0.6	[0.49,0.51]	[0.01,0.04]
A_4	0.2	20	0.1	[800,1 000]	[35,40]	0.6	[0.50,0.53]	[0.02,0.06]
权重	0.125 8	0.247 6	0.156 7	0.292 8	0.100 6	0.080 2		

表 11－18　可靠性及维修性能改进值

型号	主要系统和组件使用寿命/h	平均故障时间间隔/h	平均修复时间/h	主要部件拆装时间/h	主要部件更换率	故障自动诊断能力	可靠性及维修性能值	可靠性及维修性提高值
A	500	100	10	5	0.4	0.2	[0.800 8, 0.804 8]	[0.002, 0.022]
A_1	500	[100,110]	10	[3,4]	0.4	0.2	[0.806 8, 0.822 8]	[0.002, 0.022]
A_2	500	[100,110]	10	[3,4]	0.4	0.2	[0.806 8, 0.822 8]	[0.002, 0.022]
A_3	500	[100,110]	10	[3,4]	0.4	0.2	[0.806 8, 0.822 8]	[0.002, 0.022]
A_4	500	[100,110]	10	[3,4]	0.4	0.2	[0.806 8, 0.822 8]	[0.002, 0.022]
权重	0.256 2	0.148 3	0.156 7	0.080 9	0.160 4	0.197 5	[0.806 8, 0.822 8]	[0.002, 0.022]

把表 11－14 至表 11－18 进行综合，我们可以得到表 11－19。

表 11－19 装备性能改进值

型号	火力性能	机动性能	防护性能	通信指挥性能	可靠性及维修性
A_1	[0.05,0.07]	0.146 7	0.141 5	[0,0.02]	[0.002,0.022]
A_2	[0.03,0.04]	0.225 0	0.174	[0,0.03]	[0.002,0.022]
A_3	[0.02,0.036]	0	0.342 6	[0.01,0.04]	[0.002,0.022]
A_4	[0.02,0.033]	0.146 7	0.284 2	[0.02,0.06]	[0.002,0.022]

(2)全寿命周期费用的计算

①采购费用的计算

结合具体的需求方案，得到采购费用影响因素的具体数值见表 11－20 所示。

表 11－20 采购费用的影响因素表

型号	火炮口径/mm	初速/(m·s^{-1})	火控系统反应时间/s	单位功率/kW	装甲防护能力/mm	通信距离/km	激光压制距离/m	定位导航精度/m
A_1	125	3 000	3	17.2	425	35	3 200	100
A_2	125	2 500	4	19.2	400	35	3 200	80
A_3	125	2 500	4	14.1	600	35	5 000	80
A_4	125	2 800	4	17.2	500	40	3 200	20

根据公式(11－12)(11－13)将表 11－20 规范化,得到表 11－21。

表 11－21 规范化后的影响因素表

型号	火炮口径/mm	初速/(m·s^{-1})	火控系统反应时间/s	单位功率/kW	装甲防护能力/mm	通信距离/km	激光压制距离/m	定位导航精度/m
A_1	1	1	1	0.59	0.125	0	0	0
A_2	1	0	0	1	0	0	0	0.25
A_3	1	0	0	0	1	0	1	0.25
A_4	1	0.4	0	0.59	0.5	1	0	1

把表 11－21 中的数据输入训练好的神经网络，得到仿真结果如图 11－5 所示。

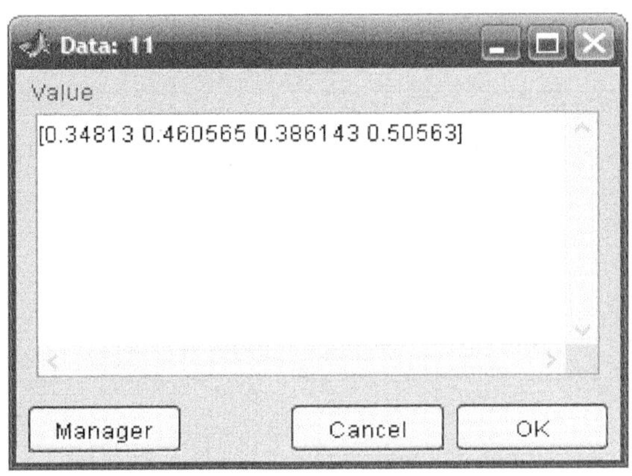

图 11－5　仿真结果

将输出结果乘以 10 000 得到四种改进型装甲战斗车辆 A_1、A_2、A_3、A_4 的采购费用分别为 3 481.3 万元、4 605.6 万元、3 861.4 万元、5 056.3 万元。

将所得采购费用分别代入公式 $B = A(1+z)^n$，取 $z = 5\%$，由于不同类型的装备在研制过程需要的时间也是不一样的，所以，取 $n_1 = 4, n_2 = 6, n_3 = 4, n_4 = 7$，得到

$$B_1 = 4\ 231.5, B_2 = 6\ 171.9, B_3 = 4\ 693.5, B_4 = 7\ 114.7$$

即四种改进型装备 A_1, A_2, A_3, A_4 的采购费用在考虑涨价因素的情况下分别为 4 231.5 万元、6 171.9 万元、4 693.5 万元、7 114.7 万元。

②使用保障费用的计算

首先给出类似武器装备使用保障费用及影响指标的数值见表 11－22 所示。

表 11－22　类似装备使用保障费用及影响因素

型号	单位功率 /kW	采购费用 /万元	平均故障间隔时间 /h	物价指数 /%	使用环境的平均温度 /℃	使用保障费用 /万元
A	14.3	480	143.2	98.4	18.6	2 046.8
B	13.1	840	172.5	102.5	18.6	2 687.3
C	18.6	1 768	165.4	101.2	18.6	3 067.5
D	20.3	1 496	178.6	102.4	18.6	32 22.4

运用第三节中介绍的偏最小二乘回归预测法，提取所有自变量 $x_i(i=1,2,\cdots,5)$ 的主成分 $t_i(i=1,2,\cdots,5)$，并进行回归，得到 y 与 $x_1,x_2,\cdots,x_5$ 的回归方程为

$$y=0.227x_1+0.301x_2+0.154x_3+0.235x_4-0.224x_5-26.15 \qquad (11-37)$$

把表 11－22 中的数据代入公式(11－37)，可以计算得到 A、B、C、D 装备的预测使用保障费用，见表 11－23。将使用保障费用的模型预测值和实际值进行比较，表 11－23 给出了使用保障费用预测值与实际值之间的残差及预测误差百分比。

表 11－23　使用保障费用误差分析表

	A	B	C	D
实际值/万元	2 046.8	2 687.3	3 067.5	3 222.4
预测值/万元	2 093	2 738	2 994.2	3 175.4
拟合残差/万元	46.2	50.7	73.3	47
相对误差	2.25%	1.88%	2.38%	1.45%

从表 11－23 中看出，最大的预测误差为 2.38%，模型的预测效果是理想的，可以用于实际预测。

结合具体的需求方案，利用公式(11－37)，计算得到 4 种改进型武器装备预测的使用保障费用如下表所示。

表 11－24　预测的使用保障费用

型号	单位功率/kW	采购费用/万元	平均故障间隔时间/h	物价指数/%	使用环境的平均温度/℃	使用保障费用/万元
A_1	17.2	4 230	132.2	99.2	18.6	10 989
A_2	19.2	6 170	125.5	99.2	18.6	13 429
A_3	14.1	4 690	145.6	99.2	18.6	13 269
A_4	17.2	7 110	124.8	99.2	18.6	13 751

将求得 4 种改进型武器装备的采购费用和使用保障费用相加即可得到四种改进型武器装备的寿命周期费用分别为 15 219 万元、19 599 万元、17 959 万元、20 861 万元。

(3)研制时间的计算

请4个长期从事装备研制工作的专家,让他们估计出各个方案大概需要的研制时间。专家1结合自身的工作经验和对未来的判断,估计4个方案大约需要[5,6]年、[8,10]年、[6,8]年、[7,8]年;专家2估计4个方案大约需要[3,4]年、[6,8]年、[5,6]年、[6,8]年;专家3估计4个方案大约需要[4,6]年、[5,7]年、[6,7]年、[8,10]年;专家4估计这四个方案大约需要年[5,6]、[6,8]年、[4,6]年、[7,8]年。对4个专家进行赋权:0.22,0.28,0.31,0.19。

将这4个专家估算的时间和其各自的权重代入公式(11-21)中,我们可以求得这4个需求方案对应的待研装甲战斗车辆的研制时间大约为[4.13,5.44]年、[6.13,8.13]年、[5.34,6.75]年、[7.03,8.62]年。

(4)研制风险的计算

根据上文介绍的研制风险的计算模型,参与方案决策的专家结合自身的工作经验以及具体的需求方案,对各需求方案的风险事件发生概率及这些风险事件发生后造成的后果进行评判,给出语言型的评判值,再结合三角模糊数理论和模糊层次分析法求得这四个需求方案对应的待研装甲战斗车辆的研制风险分别为0.42、0.68、0.54、0.84。

根据以上的计算,把四个需求方案属性值的计算情况进行综合,见表11-25所示。

表11-25　方案属性值计算情况综合

方案	火力性能提高值	机动性能提高值	防护性能提高值	通信指挥性能提高值	可靠性及维修性提高值	寿命周期费用/万元	研制时间/年	研制风险
方案 a_1	[0.05,0.07]	0.146 7	0.141 5	[0,0.02]	[0.002,0.022]	15 219	[4.13,5.44]	0.42
方案 a_2	[0.03,0.04]	0.225 0	0.174	[0,0.03]	[0.002,0.022]	19 599	[6.13,8.13]	0.68
方案 a_3	[0.02,0.036]	0	0.342 6	[0.01,0.04]	[0.002,0.022]	17 959	[5.34,6.75]	0.54
方案 a_4	[0.02,0.033]	0.146 7	0.284 2	[0.02,0.06]	[0.002,0.022]	20 861	[7.03,8.62]	0.84

2. 方案的约束条件检验

把计算出来的方案属性值与决策者在方案决策之前初步规定的约束条件进行比较，决策者要求在8~10年之内，用2亿元的经费，风险控制在0.7以内(以1代表风险最大，0代表风险最小)较大幅度地提高武器装备A的性能，那么，针对这四个需求方案，发现方案4的风险超过了约束条件，作为无效方案剔除，其余三个方案都满足约束条件，可以进入到接下来的方案的排序和选优过程中去。

3. 方案属性权重的计算

根据前文的分析，本书所研究的装备需求方案的属性有火力性能改进值 a_1，机动性能改进值 a_2，防护性能改进值 a_3，通信指挥性能改进值 a_4，可靠性及维修性能改进值 a_5，全寿命周期费用 a_6，研制时间 a_7，研制风险 a_8。根据装备需求方案属性权重的计算模型，在此次决策过程中有4个专家参与，让这些专家对方案属性的重要性进行打分，得到方案属性重要性的评判矩阵

$$\boldsymbol{A}=\begin{bmatrix}0.4 & 0.2 & 0.3 & 0.4 & 0.3 & 0.4 & 0.2 & 0.4\\ 0.6 & 0.4 & 0.3 & 0.6 & 0.3 & 0.2 & 0.3 & 0.6\\ 0.4 & 0.8 & 0.6 & 0.3 & 0.2 & 0.2 & 0.2 & 0.2\\ 0.3 & 0.6 & 0.8 & 0.4 & 0.3 & 0.2 & 0.4 & 0.2\end{bmatrix}$$

利用公式11-3-29将矩阵 $\boldsymbol{A}$ 标准化，得到标准化的矩阵

$$\boldsymbol{R}=\begin{bmatrix}0.17 & 0.09 & 0.13 & 0.16 & 0.13 & 0.17 & 0.08 & 0.17\\ 0.18 & 0.12 & 0.09 & 0.18 & 0.09 & 0.06 & 0.09 & 0.18\\ 0.14 & 0.27 & 0.21 & 0.10 & 0.07 & 0.07 & 0.07 & 0.07\\ 0.09 & 0.19 & 0.25 & 0.125 & 0.10 & 0.06 & 0.125 & 0.06\end{bmatrix}$$

把这4个专家的历次决策过程中对方案属性权重的评判数据作为统计数据，根据上文中介绍的基于统计数据的专家权重计算方法，求得这四个专家的权重为0.22，0.24，0.33，0.21。

把专家的权重和矩阵 $\boldsymbol{R}$ 中的数据代入公式(11-33)，求得方案属性的权重为

$$\omega^*=(0.131,0.124,0.126,0.201,0.08,0.098,0.116,0.124)$$

4. 方案目标函数值的计算

在完成方案属性值的约束条件检验后得到剩余方案的属性值，见表11-26所示。

表 11－26 剩余方案的属性值

方案	火力性能提高值	机动性能提高值	防护性能提高值	通信指挥性能提高值	可靠性及维修性提高值	寿命周期费用/万元	研制时间/年	研制风险
方案 a_1	[0.05, 0.07]	0.146 7	0.141 5	[0,0.02]	[0.002, 0.022]	15 219	[4.13, 5.44]	0.42
方案 a_2	[0.03, 0.04]	0.225 0	0.174	[0,0.03]	[0.002, 0.022]	19 599	[6.13, 8.13]	0.68
方案 a_3	[0.02, 0.036]	0	0.3426	[0.01, 0.04]	[0.002, 0.022]	17 959	[5.34, 6.75]	0.54

利用公式(11－1)对表 11－26 中的数据进行无量纲化,得到无量纲化后的属性值见表 11－27 所示。

表 11－27 无量纲化后的方案属性值

方案	火力性能提高值	机动性能提高值	防护性能提高值	通信指挥性能提高值	可靠性及维修性提高值	寿命周期费用/万元	研制时间/年	研制风险
方案 a_1	[0.34, 0.7]	0.39	0.22	[0,0.2]	[0.03, 3.7]	29	[0.2, 0.35]	0.26
方案 a_2	[0.21, 0.4]	0.61	0.26	[0,0.3]	[0.03, 3.7]	39	[0.3, 0.52]	0.41
方案 a_3	[0.14 ,0.36]	0	0.92	[0.11, 0.4]	[0.03, 3.7]	32	[0.26, 0.43]	0.33

所以,方案属性的权重 $\omega^* = (0.131, 0.124, 0.126, 0.201, 0.08, 0.098, 0.116, 0.124)$。

首先,计算各方案的广义效益和广义费用。

方案 a_1 的广义效益:

$$\begin{aligned} XY_1 &= 0.131 \times [0.34, 0.7] + 0.124 \times 0.39 + 0.126 \times 0.22 + 0.201 \times \\ &\quad [0, 0.2] + 0.08 \times [0.03, 3.7] \\ &= [0.11, 0.55] \end{aligned}$$

方案 a_1 的广义费用:

$FY_1 = 0.098 \times 0.29 + 0.116 \times [0.2, 0.35] + 0.124 \times 0.26 = [0.08, 0.1]$

方案 a_2 的广义效益：

$$XY_2 = 0.131 \times [0.21, 0.4] + 0.124 \times 0.61 + 0.126 \times 0.26 + 0.201 \times [0, 0.3] + 0.08 \times [0.03, 3.7] = [0.25, 0.75]$$

方案 a_2 的广义费用：

$FY_2 = 0.098 \times 0.39 + 0.116 \times [0.3, 0.52] + 0.124 \times 0.41 = [0.12, 0.15]$

方案 a_3 的广义效益：

$$XY_3 = 0.131 \times [0.14, 0.36] + 0.124 \times 0 + 0.126 \times 0.92 + 0.201 \times [0.11, 0.4] + 0.08 \times [0.03, 3.7] = [0.26, 0.64]$$

方案 a_3 的广义费用：

$FY_3 = 0.098 \times 0.32 + 0.116 \times [0.26, 0.43] + 0.124 \times 0.33 = [0.11, 0.12]$

为了对方案的广义效益进行排序，引入上文介绍的可能度和排序向量。得到三个方案的广义效益排序为 $XY_2 \underset{0.56}{\geqslant} XY_3 \underset{0.63}{\geqslant} XY_1$。

因此，当决策者是冒进型时，$\theta_1 = 0.33$，$\theta_2 = 1$，$\theta_3 = 0.67$，

代入公式（11－4），得到

$$\tilde{F}(1) = \frac{0.33 \times [0.11, 0.55]}{[0.08, 0.1]} = [0.363, 2.268]$$

$$\tilde{F}(2) = \frac{1 \times [0.25, 0.75]}{[0.12, 0.15]} = [1.67, 6.25]$$

$$\tilde{F}(3) = \frac{0.67 \times [0.26, 0.64]}{[0.11, 0.12]} = [1.45, 3.89]$$

当决策者是稳健型时，$\theta_1 = 0.67$，$\theta_2 = 0.67$，$\theta_3 = 1$，

代入公式（11－4），得到

$$\tilde{F}(1) = \frac{0.67 \times [0.11, 0.55]}{[0.08, 0.1]} = [0.737, 4.6]$$

$$\tilde{F}(2) = \frac{0.67 \times [0.25, 0.75]}{[0.12, 0.15]} = [1.12, 4.19]$$

$$\tilde{F}(3) = \frac{1 \times [0.26, 0.64]}{[0.11, 0.12]} = [2.17, 5.82]$$

当决策者是保守型时，$\theta_1 = 1$，$\theta_2 = 0.33$，$\theta_3 = 0.67$，

代入公式（11－4），得到

$$\tilde{F}(1) = \frac{1 \times [0.11, 0.55]}{[0.08, 0.1]} = [1.1, 6.875]$$

$$\widetilde{F}(2)=\frac{0.33\times[0.25,0.75]}{[0.12,0.15]}=[0.55,2.06]$$

$$\widetilde{F}(3)=\frac{0.67\times[0.26,0.64]}{[0.11,0.12]}=[1.45,3.89]$$

5. 方案的排序与选优

在计算出方案的目标函数值以后，就可以进行方案的排序与选优了。但是方案的目标函数值是以区间数的形式给出的，而且这些区间数还相互交叉，不能够直接对它们进行比较，对此，运用可能度排序向量的方法来对方案的目标函数值进行排序，进而实现对方案的排序。

当决策者是冒进型的，三个方案的目标函数值为$\widetilde{F}(1)=[0.363,2.268]$、$\widetilde{F}(2)=[1.67,6.25]$、$\widetilde{F}(3)=[1.45,3.89]$。

利用公式（11－35），计算各方案目标函数值两两比较的可能度：

$$p(\widetilde{F}(1)\geqslant\widetilde{F}(2))=0.09$$

$$p(\widetilde{F}(1)\geqslant\widetilde{F}(3))=0.19$$

$$p(\widetilde{F}(2)\geqslant\widetilde{F}(3))=0.68$$

$$p(\widetilde{F}(2)\geqslant\widetilde{F}(1))=0.91$$

$$p(\widetilde{F}(3)\geqslant\widetilde{F}(1))=0.81$$

$$p(\widetilde{F}(3)\geqslant\widetilde{F}(2))=0.32$$

得到目标函数值两两比较的可能度矩阵为

$$\boldsymbol{P}=\begin{bmatrix}0.5 & 0.09 & 0.19\\0.91 & 0.5 & 0.68\\0.81 & 0.32 & 0.5\end{bmatrix}$$

利用公式（11－36），求得可能度矩阵 $\boldsymbol{P}$ 的排序向量 $\boldsymbol{v}=(0.213,0.43,0.355)$。

由排序向量得到方案目标函数值的排序为$\widetilde{F}(2)\underset{0.68}{\geqslant}\widetilde{F}(3)\underset{0.81}{\geqslant}\widetilde{F}(1)$。

最后按 $\widetilde{F}(i)$ 的排序对方案进行排序为 $a_2\underset{0.68}{\geqslant}a_3\underset{0.81}{\geqslant}a_1$。

同理可求得，当决策者是稳健型时，方案的排序为 $a_3\underset{0.76}{\geqslant}a_1\underset{0.502}{\geqslant}a_2$；当决策者是保守型时，方案的排序为 $a_1\underset{0.66}{\geqslant}a_3\underset{0.85}{\geqslant}a_2$。

可以看出，由于决策者的个人偏好不同，导致方案的排序出现了不同的情况，因此在实际装备需求决策过程中，不能仅仅考虑方案的属性值和属性的权重，还需要把决策者的个人偏好体现到决策过程中去，本书所提出的决策目标函数正是实现了这一要求，因此，相对于一般的决策方法，本书的决策方法具有较大的优越性。

最后，假设这次装备需求决策过程中，决策者是稳健型的，按照决策准则，选择方案 a_3 作为最终的实施方案。

第四节　多型号装备需求重点筛排决策

在前三节的内容中，我们实际上研究的是对同一种类型的装备需求进行决策。但是在实际装备研制和定型过程中，还牵涉这样一个问题，就是在某一时期有多种类型的装备（例如坦克、两栖突击车、隐形战机乃至航空母舰等）需要进行研制或者进行升级改造，那么，在军费一定的情况下，如何来确定哪种型号的装备优先发展？哪种型号的装备暂缓发展呢？这就是我们所要研究的多型号装备需求重点筛排决策。

多型号装备需求重点筛排决策，有利于促进多型号装备需求决策工作的科学化，减少该工作中的盲目性和主观性，避免或减小失真和偏差，从而避免或减少武器装备发展资源的浪费以及其他重大损失；可为装备的发展资源分配、体制系列论证和规划计划论证提供新的理论和方法基础；进而可对装备的发展决策提供新而有力的支撑。

多型号装备需求重点筛排决策理论与方法的核心思想是通过深入分析多型号装备需求重点筛排决策的本质特征，在规范化描述装备发展对象的基础之上，构建以重要性函数为核心的多型号装备需求重点筛排决策的衡量标准，并运用此标准确定重点优先发展的装备。其关键技术是构建一个衡量装备发展对象重要性的函数和提供一套可以具体确定多型号装备需求重点筛排决策的方法。其应用时机是装备发展对象业已给定，且各对象的关键特性是确定的（即不考虑随机性、模糊性、灰色性和不确知性）。

一、多型号装备需求重点筛排决策的基本概念

要对多型号装备需求重点进行筛排决策，必须首先弄清筛排重点及其特性和多型号装备需求重点筛排决策的内涵和外延，否则筛排和决策将无法进行。因此，首先要研究多型号装备需求重点筛排决策的基本概念。

(一)筛排

筛排,是筛选和排序的综合过程,其主要阶段是筛选。

1. 筛选

筛选,即利用筛子进行选拣,泛指通过淘汰的方法挑选。筛选的基本思路是根据一定的标准从对象集中挑选出符合一定目的的目标集。目的、标准、对象集和目标集构成了筛选的四要素,其中对象集是筛选的前提和基础,标准是筛选的依据和参照,目标集是筛选的意愿和结果,而目的则决定着标准的具体选取和目标集的具体结果。同样的对象集,目的不同选取的标准就会不同,相应的目标集的结果也就不同。在对象集和目的确定的情况下,目标集的具体结果取决于筛选的标准。筛选的标准可以是一个属性,也可以是多个属性。因对象集有连续对象集和离散对象集之分,筛选也就有基于连续对象集的筛选和基于离散对象集的筛选两种情况。这里着重给出基于离散对象集的筛选的数学定义。

2. 排序

排序,即按某个标准对特定事物的顺序重新排列。筛排中的排序是在筛选的基础上完成的。

3. 决策

决策的定义可以参考本章第一节内容中决策的定义。

(二)重点

1. 重点的概念

重点,即同类事物中重要的或主要的对象。重要,即具有重大的意义、作用和影响。主要,即有关事物中最重要的、起决定作用的部分。主要的哲学含义是主要矛盾。主要矛盾,指在复杂事物发展过程中起领导、决定作用的矛盾。因此,从哲学角度讲,重点就是主要矛盾。因为主要矛盾是相对次要矛盾而言的,所以,重点也是一个相对概念,重点是相对轻点而言的。

“同类中”和“重要的”是重点的两个本质属性,其中“同类中”指出了重点的“生存环境”,“重要的”概括了重点的“存在资本”,二者缺一不可。确定重点的基本步骤概括起来有两大步:一是“同类”的保证,二是“重要”的评判。前者是基础,后者是关键。确定重点的基本方法是比较方法。比较方法,即确定研究对象及其相关事物的现象或过程的共同点和差异点的一种逻辑方法。比较方法运用的一般规则有两个:一是可比性,二是本质性。对确定重点而言,“同类中”满足了比较方法运用的“可比性”规则,“重要的”满足了比较方法运用的“本质性”规则。这里从集合的角度给出重点的数学定义。

定义：若以 $Q=\{q_1,q_2,\cdots,q_m\}$ 表示某一特定的对象数有限的类，$I(\cdot)$ 表示可以衡量对象重要性的函数，I^0 表示可以区分对象重要与否的阈值，则使下式的成立对象 q_i 成为是重点：

$$I(q_i)\geqslant I^0 \tag{11-38}$$

如所有满足公式(11－38)的对象所组成的集合为 Q_1，即

$$Q_1=\{q_i \mid q_i\in Q, I(q_i)\geqslant I^0, i=1,2,\cdots,m\} \tag{11-39}$$

则称 Q_1 为重点集。重点集 Q_1 与类集 Q 的关系为 $Q_1\subseteq Q$。

在给定类集 Q 的情况下，重点集 Q_1 的大小与阈值 I^0 的大小有关。一般而言，I^0 值越大，Q_1 集合越小；相反，I^0 值越小，Q_1 集合越大。在极限情况下，Q_1 为空集和全集。

对决策者而言，有时不仅仅需要在类集中确定出重点，而且还需要知道各个重点之间重要性的相对次序，这就涉及对重点集 Q_1 进行排序的问题。

2. 重点的性质

(1)重点的内在属性

①重要性

按照系统科学的理论，现实世界不存在没有任何内在相关性的事物群体，凡群体中的事物必定以某种方式相互联系着，数学意义上的孤立元是不存在的。因此，上述提到的对象集 Q 作为一个特殊的事物群体，其中的对象也必定以某种方式相互联系着。为了准确反映这种特性，这里引入对象系的概念。

定义：若一个对象集中至少有两个可以区分的对象，所有对象按照可以辨认的特有方式相互联系在一起，就称这个对象集为对象系。

对象系具有两个重要的特点：一是多元性，二是相关性。它们都是对象系"生命力"的重要源泉。

令 Q 记对象系 S 中全部对象构成的集合(即上述提到的对象集 Q)。S 中把所有对象关联在一起的那些特有方式用数学中的关系概念来表述，以 r 记对象之间的关系，R 记所有这种关系的集合，则对象系 S 可形式化地表示如下：

$$S=\langle Q,R\rangle \tag{11-40}$$

从决策全面性和准确性的角度考虑，决策者或决策分析人员在分析、解决问题时均不应忽略对象间的相互关系，而应将问题的对象集拓展到与其对应的对象系的框架之内。

据此，提出对象的重要性 I 由两部分构成，一部分是基于对象集 Q 的单元重要性 I_q，一部分是基于关系集 R 的关联重要性 I_r，即下式成立：

$$I=I_q\oplus I_r \tag{11-41}$$

式中："$\oplus$"号表示"或综合"，即只要对象在其中一个方面比较重要，对象就可能

成为重点。下面分别给出 I_q 和 I_r 的数学定义。

②可行性

除了重要性外,可行性也是重点的重要属性。如果说重要性是对象“需要”的方面,那么可行性则是对象“可能”的方面。没有“可能”规定的“需要”,不能称其为“需要”。同样,没有“可行性”制约的“重要性”,也不能称其为“重要性”。重点筛排的过程实际上是一个在对象可行性满足的前提下权衡其重要性的过程。

可行性通常可分为费用可行性和技术可行性两个方面。若记对象的费用可行性为 P_v、技术可行性为 P_t,则对象的可行性 P 为

$$P = P_v \otimes P_t \tag{11-42}$$

式中:“⊗”号表示“与综合”,即只要对象在其中一个方面不可行,对象就不可能成为重点。在不引起误解的情况下,符号 P、P_v 和 P_t 也分别用来表示对象的可行度、费用可行度和技术可行度。

(2)重点的外在特性

①级性

由于类具有级性,如由个体构成的类叫作一级类,由一级类构成的类叫作二级类,而由二级类构成的类叫作三级类,以此类推,可定义任何级类。因此,重点也具有级性,其级别与其所在类的级别具有相关性。一般而言,重点的级数要比其所在类的级数低一级。以图 11-6 为例,二级类的海、空军和二炮武器装备体系是三级类全军武器装备体系的重点;一级类的装甲兵武器装备体系和炮兵武器装备体系是二级类陆军武器装备体系的重点,等等。

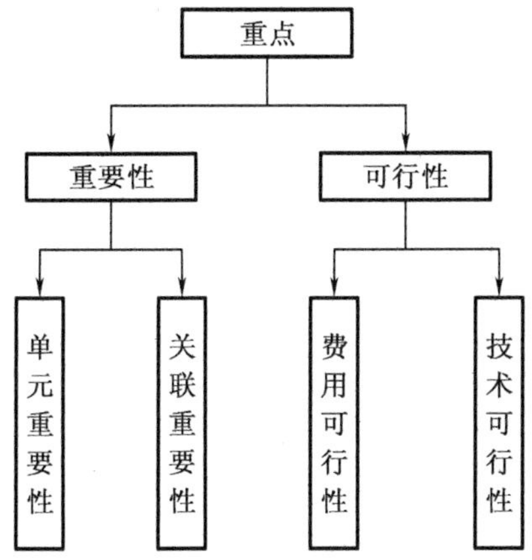

图 11-6　重点的层次结构

重点的级性表现与问题中个体的范围大小有关。同一对象在不同的问题状况中，其级性表现可能不尽相同。仍以图 11 －7 为例，若将个体定位在装甲兵武器装备体系和其他兵种武器装备体系的层次上，一级类定位在陆军和其他军种武器装备体系的层次上，其他类推，那么就会得到与前面分析不同的结果，即个体的装甲兵武器装备体系和炮兵武器装备体系将是一级类陆军武器装备体系的重点等。问题个体范围的确定受主客观条件共同的影响，如受科技发展水平所决定的人们认知水平的影响，受对象间实际作用关系的影响和受研究目的的影响等。因此，重点的级性具有相对性。

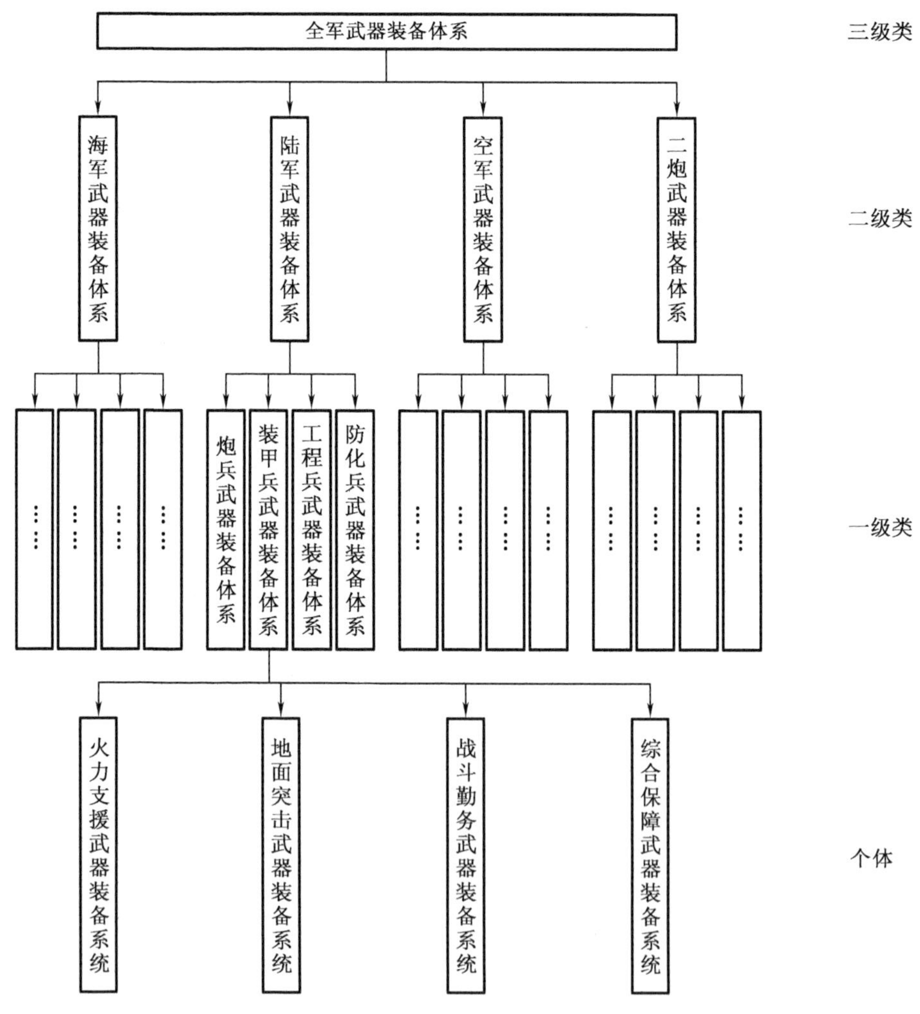

图 11 －7　全军武器装备体系层次结构图

②序性

重要性是重点集 Q_1 中每个对象 q_i 的重要特性。依据决策理论，重点集中各个重点的重要程度具有不等同性，而是呈现出一定的序性，具体有以下三种情况：

(a)强序"$>$"

$q_i > q_j$ 的含义是 q_i 比 q_j 绝对重要。

(b)等序"$\approx$"

$q_i \approx q_j$ 的含义是 q_i 与 q_j 同等重要。

(c)弱序"$\geqslant$"

$q_i \geqslant q_j$ 的含义是 q_i 不次于 q_j。

重点具有序性是重点可以筛排的必要条件。

(三)多型号装备需求重点筛排决策

基于上述分析，给出多型号装备需求重点筛排决策的概念。多型号装备需求重点筛排决策是以部队未来一定时期内特定的武器装备发展对象集为基础，以武器装备的重要性和可行性为标准，经过筛选重要度和可行度均超过给定阈值的发展对象。其数学定义如下：

定义：若以 $Q=\{q_1,q_2,\cdots,q_m\}$ 表示部队未来一定时期内特定的武器装备发展对象集，S 表示与该对象集相对应的对象系，$I(\cdot)$ 表示建立在 S 上的可以衡量武器装备重要性的函数，I^0 表示可以区分武器装备重要与否的阈值，$P(\cdot)$ 表示可以衡量武器装备可行性的函数，P^0 表示可以区分武器装备可行与否的阈值，则使下式成立的对象 q_i 是多型号装备需求重点筛排决策：

$$\begin{cases} I(q_i) \geqslant I^0 \\ P(q_i) \geqslant P^0 \end{cases} \tag{11-43}$$

记所有满足式(11-43)的对象所组成的集合为 Q_1，即

$$Q_1=\{q_i \mid q_i \in Q, I(q_i) \geqslant I^0, P(q_i) \geqslant P^0, i=1,2,\cdots,m\}$$

则称 Q_1 为多型号装备需求重点筛排决策集。Q_1 与 Q 之间的关系如前，这里不再赘述。

通过以上分析，可以得出如下结论：

(1)多型号装备需求重点筛排决策与战略期限相关。因多型号装备需求重点筛排决策是以部队未来一定时期内特定的武器装备发展对象集为筛选基础的，多型号装备需求重点筛排决策与战略期限相关。因此，不同的战略期限，将会有不同的武器装备发展对象集，也就有不同的武器多型号装备需求重点筛排决策。

(2)多型号装备需求重点筛排决策与发展目标相关。发展目标是战略活动的方向,即实施单项发展战略活动所要达到的境界、水平或得到的结果。发展目标总体上是武器装备发展质的规定与量的要求两个方面的统一。不同的发展目标,将会有不同的武器装备发展对象集,也就有不同的武器多型号装备需求重点筛排决策。

(3)多型号装备需求重点筛排决策与发展资源相关。发展资源既是武器装备发展的基础,也限制了武器装备的发展。武器装备发展资源影响着可行性阈值的设定。一般而言,发展资源比较充分的话,可行性阈值相对较低,成为重点的发展对象也就相对较多。实际上,在一定时期内武器装备的发展资源是不充分的,是有限的,这也正是要确定多型号装备需求重点筛排决策的实践意义——使有限的资源得到合理利用。

二、多型号装备需求重点筛排决策的对象

从筛排的完整过程 $Q \xrightarrow{Y} Q_1 \xrightarrow{Y'} Q'_1$ 可以看出,对象集是筛排的起点,任何筛排过程都是建立在某一特定对象集的基础之上。对象集不同,筛排标准就会不同,筛排所采取的方法也就不同。因此,对多型号装备需求重点筛排决策的对象,即装备发展对象集的特殊性进行分析成为整个多型号装备需求重点筛排决策过程的首要步骤。

装备发展对象集是装备体系中拟发展的部分,其中每一个发展对象均是能够实现一定功能、完成一定任务的装备系统。为了准确、全面地对它们进行分析,首先需要对整个装备体系作以规范化的描述。

(一)装备体系的描述

装备体系是为完成一定作战任务,而由功能上互相联系、相互作用的各种装备系统组成的更高层次系统。装备体系的最底层是各种装备系统,包括已定型、生产或列装的装备系统和拟发展的装备系统。如果将已定型、生产或列装的装备系统一并归入“已定武器装备”类,记为Ⅰ类,而把拟发展的装备系统归入“拟定装备”类,记为Ⅱ类,那么装备体系就由这两类武器装备组成,即

$$WSS = \text{I} + \text{II} \tag{11-44}$$

因此,装备体系的描述包括对Ⅰ类的描述和对Ⅱ类的描述两个部分。对Ⅰ类的描述,采用了层次结构图法。对Ⅱ类的描述,即对装备发展对象集的描述,采用了三维空间图法。重点是对Ⅱ类的描述。

(1) Ⅰ类的描述

层次结构图法，即通过逐步分类的方法，将描述对象分解成处于不同级别和不同位置的各部分，并用层次框图表示出来。分类是层次结构图法运用的关键步骤。分类，即根据事物的本质属性或显著特征对事物所做的划分是划分的特殊形式。分类所得的子项应具有相当的稳定性。分类通常由三个部分组成：分类的母项、分类的子项和分类的标准。把一个大类（或属）分成几个小类（或种），前者叫作分类的母项，后者叫作分类的子项。把一个母项划分为几个子项，必须根据一个标准来进行。分类时所根据的标准，叫作分类标准。因层次结构图法的运用过程中涉及逐步分类的问题，也就是分类母项逐步改变的问题，为了增强描述的有效性，提出用一个包括类级号 LJ 和类别名 LM 的二维向量来动态表示各个分类母项。一级类及以上级别的类可作为分类母项，个体只能作为分类子项。

(2) Ⅱ类的描述

三维空间图法，即通过建立三个维度，使描述对象与三维空间的点一一对应，并在三维图上准确标绘出表示该对象点的具体位置。维度选取是三维空间图法运用的关键步骤。三个维度在表征对象特性时必须相互独立且完备。

武器装备体系是一个在已定装备基础上不断增加拟定装备（即发展装备）的动态结构。若要描述清楚一个发展对象，不外乎描述它"叫什么""干什么"和"要什么"三个方面。因任何发展对象均承担着一定的能力"负载"，其值等于需求论证阶段所得出的对其能力需求的质与量。而且，任何发展对象都需要一定的基础条件。因此，提出可用族谱维 P、能力维 A 和条件维 C 三个维度来表示发展对象，它们分别反映发展对象"叫什么""干什么"和"要什么"。

假设装备发展对象集 Q 中有 m 个发展对象，即 $Q=\{q_1,q_2,\cdots,q_m\}$，则任一发展对象 q_i 均可用一个三维坐标来表示：

$$q_i=(P,A,C) \tag{11-45}$$

式中　P——族谱值；

A——能力值；

C——条件值。

（二）装备发展对象的分析

同一般三维图不同的是，PAC 三维图的每一维均不是单一数值，而是一组数值。下面分别对其做具体分析，重点是对能力维 A 的分析，如图 11-8 所示。

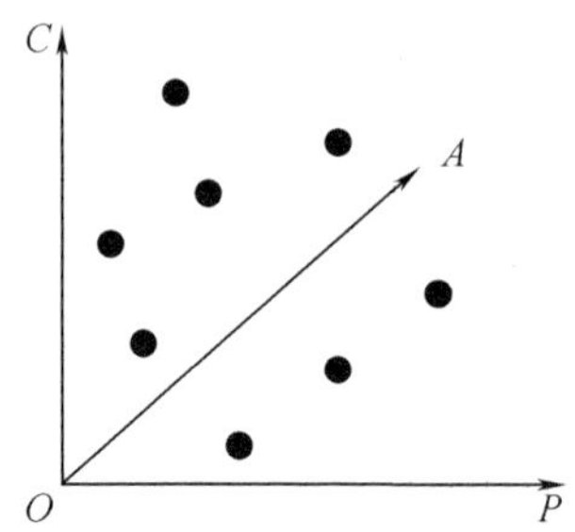

图 11－8　装备发展对象集的描述图

1. 族谱分析

发展对象的族谱值 P 可以用一个包含各级装备的类级号和类别名以及它自身的名称的序列来表示，即

$$P = ((\mathrm{LJ3},\ \mathrm{LM3}),(\mathrm{LJ2},\ \mathrm{LM2}),(\mathrm{LJ1},\ \mathrm{LM1}),\mathrm{ZB}) \qquad (11-46)$$

式中　$\mathrm{LJ}_i(i=1,2,3)$——类级号；

$\mathrm{LM}_i(i=1,2,3)$——类别名；

ZB——装备名。

如要发展一种新型坦克 TK1，那么它的族谱值 $P=(3,\mathrm{ZJB}),(2,\mathrm{DMTJ}),(1,\mathrm{TK}),\mathrm{TK1}$，若要发展一种新型装甲抢救车 QJC1，那么它的族谱值 P = ((3,ZJB), (2,ZHBZ), (1, QJC), QJC 1)，等等。

可以预见，在未来一段时期内，装备发展对象属于新的二级类的可能性很小，有属于新的一级类的可能性，也就是当产生了新的品种的时候，绝大部分情况是在属于已有一、二、三级类的情况下产生了新的车型。

确定族谱值的过程实质上是一个为发展对象“安家落户”的过程。通过族谱值可以清楚地看出发展对象的发展轨迹。

2. 能力分析

装备作为一个特殊的系统，同其他任何系统一样，也具有结构特征、行为特征和功能特征。对装备的发展决策部门而言，主要关注的是它的功能特征。因发展问题时间上的将来性，发展对象的功能特征主要表现为功能需求，即作战能力需求（简称能力需求）。能力需求包括能力种类需求（简称能种需求）和能力强度需求（简称能强需求）两个方面。装备主要有火力、机动力、防护力、信息力和保障力五种能力。但具体到不同种类的装备，五种能力的强度及其影响因素有很大差别。能力强度差别上，如地面突击类武器装备的火力比较强，而综合保障类武器装备的保障力比较强。影响因素差别上，如坦克的火力主要受火炮类型、火炮口径和火炮威力等的影响，而反坦克导弹发射车的火力主要受导弹型号、制导方式和导弹数量等的影响。

发展对象的能力值 A 可以用其所具有的能种和相应能力的能强两部分来表示，即

$$A = (AZ, AQ) \tag{11-47}$$

式中　$AZ = (az_1, az_2, \cdots, az_n)$——能种；

$AQ = (aq_1, aq_2, \cdots, aq_n)$——能强；

$az_i (i = 1, 2, \cdots, n)$——第 i 种能力的名称；

$aq_i (i = 1, 2, \cdots, n)$——第 i 种能力的强度。

下面分别介绍各种装备在五种能力上比较共性的特征和发展对象能强表示的方法。

①发展对象的能种分析

(a)火力。火力是装备对目标构成的毁伤能力，包括火力威力和火力机动性两个方面。影响火力的主要因素有火炮威力、主要弹种、弹药基数及配比、射击密集度、首发命中率、直射距离、战斗射速、射界、火炮旋转速度、火控系统精度、火控系统反映时间、夜间作战能力和辅助武器等。火力的毁伤效果一般有两种：一种是对敌进行的直接毁伤，包括人员伤亡率、单发弹药毁伤范围和敌我损失交换率等；另一种是对敌造成的间接毁伤，包括迟滞对方的进攻速率、推进速率和完成任务的概率等。

(b)机动力。机动力是装备从一个地方运动到另个一地方的能力，包括直线行驶快速性、转向灵活性、越野通过性和最大行程等。影响机动力的主要因素有单位功率、最大速度、平均速度、加速时间、转向半径、制动距离、最大行程、最大爬坡度、最大侧倾行驶坡度、越壕宽和百公里耗油量等。

(c)防护力。防护力是装备对其自身的内部乘员、各种机件和设备所具有的保护能力，包括形体防护性能、装甲防护性能、伪装防护性能、防后效性能和“三防”(防核、化学和生物武器)性能。

(d)信息力。信息力是装备所具有的信息获取、传输、处理和利用等能力。影响信息力的主要因素有信息获取概率、信息获取时间、信息获取精度、信息获取准确率、信息传输速度、信息传输误码率、信息传输时间、信息分发交换率、信息处理速度、信息处理精度、信息处理存储量、信息利用密度、信息利用速度、信息利用时间和信息利用准确率等。

(e)保障力。保障力是装备为遂行各项任务而采取的各项保证性措施以及采取相应活动的能力。保障力是装备战斗力有效发挥的制约因素。影响保障力的主要因素有零部件使用寿命、持续工作时间、平均故障间隔时间、平均故障修复时间、主要零部件更换率、底盘通用化、底盘系列化和底盘标准化等。

②发展对象的能强表示

能强,即能力的强度。能强的主要表示方法是指数法。指数法的实质是用统一的尺度(标准)去度量各种类别和型号的武器装备相对某一武器装备的作战能力,从而得出各种武器装备的"能力指数"。它是个相对数量指标。指数法在表征已定装备的能力时较为可行。然而,对于发展对象而言,因其各种性能参数的不完全确定性,单纯依靠指数法就不再是一个行得通的办法。为了解决这个问题,引入能力提高比的概念。

定义:设某一级类有 n 种能力,对第 i 种能力,令

$$\Delta Ab_i = \frac{\text{发展车的 } i \text{ 能力} - \text{基准车的 } i \text{ 能力}}{\text{基准车的 } i \text{ 能力}} \tag{11-48}$$

则称 ΔAb_i 为发展车的能力 i 相对基准车的提高比。

能力提高比是发展车的能力在基准车基础上的提高幅度,是一个相对值,没有量纲。能力提高比,与能强需求的定义是一致的,比较适合武器装备发展战略论证阶段对发展对象能强需求的描述要求。

基准车的选定是能力提高比计算的前提条件。基准车要选择能够代表当前发展水平的同类中比较典型的武器装备。

假设武器装备的综合能强 AQ 是其各单项能强的加权积,即

$$AQ = \prod_{i=1}^{n} \mu aq_i w_i \tag{11-49}$$

式中 w_i——单项能力的权重;

μ——类适配系数。

则该一级类基准车的综合能强 AQ_0 可表示为

$$AQ_0 = \prod_{i=1}^{n} \mu aq_{i0}^{w_i} \tag{11-50}$$

由式(11-48)、式(11-49)和式(11-50)可得,该一级类发展车的综合能强 AQ 可表示为

$$\begin{aligned} AQ &= \prod_{i=1}^{n} \mu\,(aq_{i0} + aq_{i0} \times \Delta Ab_i)w_i \\ &= \prod_{i=1}^{n} \mu aq_{i0}^{w_i}\,(1 + \Delta Ab_i)w_i \\ &= AQ_0 \prod_{i=1}^{n}\,(1 + \Delta Ab_i)w_i \end{aligned} \tag{11-51}$$

3. 条件分析

任何发展对象都需要一定的支持条件,无条件的发展对象是不存在的。武器装备发展对象需要的支持条件主要是费用和技术两个方面,即费用上能否承

担得起和技术上是否可行。费用是指全寿命周期费用,技术是指所依赖的关键技术。

发展对象的条件值可以用其所需要的费用和技术来表示,即

$$C=(CV,CT) \tag{11-52}$$

式中 CV——费用;

CT——技术。

CT 可以用发展对象所需关键技术的列表来表示,较为简单。传统上 CV 常用货币来表示。货币表示有它独到的好处,易于统一,便于比较,但货币表示在揭示发展对象的费用变动规律方面有欠缺。提出用费用增量法来表示发展对象的费用。

设某一级类基准车的费用为 CV_0,则该一级类的发展对象的费用 CV 可表示为

$$CV = CV_0 + \sum_{i=1}^{n} G_i(\Delta Ab_i) \tag{11-53}$$

式中 $G_i(x)$——费用函数,表示发展对象的费用增加量与能力 i 的提高比之间的关系。

显然,$G_i(x)$递增,且增长速度不断加快,即 $G_i'(x)>0$,$G_i''(x)>0$。而且,$G_i(x)$经过点(0,0),即能力提高比为0时,费用增加量为0。据此,认为 $G_i(x)$可能是幂指数大于1的幂函数,即 $G_i(x)=x^k(k>1)$。$G_i(x)$的准确形式只有通过拟合大量历史数据和预测数据方能得到。

综上,发展对象 q_i 可用下式来表示:

$$q_i=(P:LJ,LM,ZB;A:AZ,AQ;C:CV,CT) \tag{11-54}$$

三、多型号装备需求重点筛排决策的标准

虽然对象集是筛排的基础,但从决策全面性和准确性的角度考虑,在分析、解决问题时又需要将问题的对象集拓展到与其对应的对象系的框架之内。对象系与对象集的主要区别是对象系不仅仅考虑对象本身,而且还考虑对象间的关系。只有当对象间完全独立或不相关时,对象系才等同于对象集,也就是说,对象集只是对象系的特殊情况。因此,在确定多型号装备需求重点筛排决策的标准时,不仅需要考虑发展对象本身,而且需要考虑发展对象间的关系。

确定多型号装备需求重点筛排决策的标准时需遵循以下五条原则:

(1)需求牵引原则。多型号装备需求重点筛排决策应以作战需求为主导,满足未来作战需要,满足主要作战方向、主要战区部队的需要。

(2)战斗力提高原则。多型号装备需求重点筛排决策应有利于提高部队的

战斗力,有利于尽快形成战斗力。战斗力提高原则,也叫军事效益增加原则。

(3)装备配套原则。装备发展既要考虑高精尖,还要考虑装备配套。在着重发展主战装备时,要兼顾保障装备的发展。

(4)资源优化原则。在有限经费支持下,使经费得到最佳利用、资源得到最佳配置,以确保未来战场急需和军事效益明显的武器装备能够得到优先发展。

(5)技术可行原则。发展装备应考虑技术上的可行性和成熟性,优先发展那些技术上成熟的武器装备,避免少走弯路,切忌发展那些带有大量基础技术攻关的型号装备。

依据上述五条原则,结合多型号装备需求重点筛排决策确定的实际情况,下面从可行性和重要性两个方面来详细分析多型号装备需求重点筛排决策的标准。

(一)发展对象的可行性分析

在影响发展对象可能成为发展重点的费用和技术基础条件中,只要有一项不可行,该发展对象就不应成为发展重点。这里的不可行指的是经过各种努力仍然不可能达到要求。对发展对象进行可行性分析主要考虑的是发展对象在PAC空间中的条件维度,它是判别发展对象成为发展重点的首要内容。

1. 费用可行性分析

费用可行性分析,即分析该发展对象的全寿命周期费用能否承担得起。如果该发展对象的全寿命周期费用非常高,在整个装备费用中占有比较大的份额,则该发展对象将不应成为发展重点。费用可行性分析的主要工作是费用估算。装备的全寿命周期费用主要由三部分构成:研制费、采购费和使用维修费。研制费通常包括军内论证费用、方案论证费用、设计与试制费用、设计定型费用和生产定型费用等,它的估算可以采用各种方法,如果有较充足的统计数据作基础,可以采用参数法。如果缺少统计数据可采用类比法或与工程相结合的方法。采购费,即产品价格,主要由计划成本和产品利润两大部分组成,它的估算可采用"经验曲线理论"法。在已有数据的基础上,用统计回归的方法,估算待发展车辆的采购费。使用维修费包含的因素较多,而且涉及不同的领域,如人员费用、编制原理,供应标准等。而且各种费用的性质很不相同,它的估算可采用工程估算法,对主要组成部分分别估算。

装备全寿命周期费用的估算公式为

$$V = YZF + CGF + SWF \tag{11-55}$$

式中 V——全寿命周期费用的估计值;

YZF——研制费的估计值;

CGF——采购费的估计值；

SWF——使用维修费的估计值。

费用估计是一个比较复杂的系统工程。因研究精力的问题，仅给出如下的费用可行性的评判公式：

$$P_v = \begin{cases} 1, & V \leqslant V_{max} \\ 0, & V > V_{max} \end{cases} \tag{11-56}$$

式中　P_v——费用可行度；

V_{max}——单件装备费用的最高限额。

2. 技术可行性分析

技术可行性分析，即分析支持装备发展的各项关键技术在特定战略期限内能否实现。如果该发展对象所依赖的关键技术具有极高的难度，在短时期内不可能达到的话，那么该发展对象将不应成为发展重点。这里所说的技术既包括引进的技术，也包括独创的技术。技术可行性分析，主要是利用技术轨道理论，探究技术演进规律，来预测技术实现的可行程度。目前，技术可行性分析的常用方法是专家打分法。各个专家依据表 11－28 所列出的评分标准和量化得分对装备各项能力在技术实现上的可行程度打分，然后根据下式计算出总分：

表 11－28　技术可行性评判表

评分标准	注释	量化得分
可行性很高	完全具备相关技术，在研究计划期内可以拿出研究成果	90～100
可行性较高	具备大部相关技术，在研究计划期内可以拿出大部分成果	70～90
可行性一般	具备部分相关技术，在研究计划期内可以取得部分成果	50～70
可行性较差	具备较少相关技术，在研究计划期内可取得较少部分成果	30～50
可行性很差	具备少量相关技术，在研究计划期内可取得少部分成果	0～30

$$F_i = \frac{1}{N}\sum_{j=1}^{N} f_{ij} \tag{11-57}$$

式中　F_i——发展对象能力 i 的总得分；

f_{ij}——专家 j 对能力 i 的评分；

N——参加评分的专家人数。

令 $F'_i = F_i/100$，表示发展对象能力 i 的相对得分值。

发展对象的技术可行度 P_t 可用下式来计算：

$$P_t = \min(F'_i)\ (i=1,2,\cdots,m) \tag{11-58}$$

式中　m——发展对象的能种数。

公式(11－58)意指，只有当发展对象各项能力的技术可行性均通过时，该发展对象的整体技术可行性才算通过。

(二)发展对象的重要性分析

可行性分析是使发展对象成为发展重点的首要步骤。发展对象经可行性分析后需经重要性分析才能进一步判别其是否为发展重点。对发展对象进行重要性分析主要考虑的是发展对象在PAC空间中的能力维度，它是判别发展对象成为发展重点的必要内容。

1.单元重要性分析

单元重要性属于效果型特征，它的衡量必须通过一些可测度的指标。传统上衡量武器装备发展对象的单元重要性主要以效费比为依据。通过费用——效能分析，选择效费比较大的发展对象为发展重点，这对于评价同类发展对象，如都是坦克或都是反坦克导弹发射车具有一定的合理性，或者说对于评价效能原理相同或相近的发展对象较为合适。但对于评价效能原理不同的发展对象，如坦克和反坦克导弹发射车之间谁是发展重点就显得力不从心了。为了解决这个问题，构建了一个较为全面的用以评价发展对象单元重要性的函数：

$$I_q(q_i)=F(XQ,JP,TS,YX) \tag{11-59}$$

式中　XQ——稀缺性因子；

JP——紧迫性因子；

TS——特适性因子；

YX——有效性因子。

下面分别介绍这些因子的含义，以及它们与单元重要性之间的相互关系。

①XQ与I_q的关系

稀缺，即稀少而且必要。若与可能作战对象所拥有的武器装备及我方已拥有的武器装备相比，该发展对象较为稀少而且必要，那么它的稀缺性就比较强。稀缺性属于从质量角度对发展对象提出的要求。发展对象的单元重要性与其稀缺性成正相关的关系，即

$$I_q \propto XQ \tag{11-60}$$

发展对象稀缺性的程度，即稀缺度(也用XQ来表示，下同)可用下式来计算：

$$XQ=\sum_{i=1}^{n}\frac{ZAZ_i-ZAZ_{i0}}{ZAZ_{i0}} \tag{11-61}$$

式中　n——发展车的能种数；

ZAZ_i——发展车能力 i 的子能种数；

ZAZ_{i0}——基准车能力 i 的子能种数。

在计算 ZAZ_i 的过程中会涉及一个比较重要的问题，那就是如何来划分一种能力的子能种。用差异寻找法来确定发展对象各种能力的子能种数，该法的主要思路是逐步分解基准车和发展车的同一种能力，并将各分解阶段所得结果进行比对，寻找差异。若分解结果相同，则以之为分解母体，转入下个分解阶段，直至分解结果出现不同。届时记录所有不同的子能种，即为发展车该能力的子能种数。这里以坦克类的机动力为例对上述过程进行说明。

假设坦克的基准车为所设定的96式坦克。从机动力的作用空间来划分的话，96式坦克只能在陆上使用，如果某个发展对象不仅能在陆上使用，而且能在水上使用，同时还具备一定的空降性能，那么此分解活动结束，所得结果为发展车机动力的子能种数是3，基准车机动力的子能种数是1。如果该发展对象也只能在陆上使用，则需要继续进行分解。若从驱动装置来划分的话，96式坦克是柴油驱动，如果该发展对象不仅可以柴油驱动，而且可以电力驱动，那么分解活动结束，所得结果为发展车机动力的子能种数是2，基准车机动力的子能种数是1。若发展车和基准车仍然没有不同点的话，则需要继续分解下去。

需要说明一点的是，这里在进行分解结果的比对时，主要是基于发展装备“多能”的角度考虑的，即发展车的能力种类相对基准车是增加的趋势。因此，如果发展车确实没有基准车的相应能力的话，在计算发展车该能力的子能种数时需将基准车所具备的子能种数包含在内，而这一做法不影响发展对象稀缺度的计算结果。

一般而言，发展对象的稀缺性越强，成为发展重点的可能性就越大。撒手锏武器装备之所以成为发展重点就是由于它的稀缺性比较强。

②JP 与 I_q 的关系

紧迫，即时间要求上比较紧急。若某发展对象可能肩负的主要作战使命在时间要求上比较紧急，则该发展对象的紧迫性就比较强。紧迫性属于从时间角度对发展对象提出的要求。发展对象的单元重要性与其紧迫性成正相关的关系，即

$$I_q \propto JP \tag{11-62}$$

发展对象的紧迫度常通过量化专家的定性判断来给出具体数值，主要做法是：两两比较不同发展对象的相对紧迫程度，从而得出每个发展对象的紧迫度。

现假设有3个发展对象，它们的紧迫度分别为 $JP1$、$JP2$ 和 $JP3$。以表11-29为判断依据，若得出如下的判断矩阵：

$$\begin{bmatrix} 1 & 3 & 5 \\ 1/3 & 1 & 7 \\ 1/5 & 1/7 & 1 \end{bmatrix}$$

则根据这个判断矩阵利用本征向量法可以求出它们的紧迫度,结果如下:

$$JP1=0.62, JP2=0.33, JP3=0.05$$

表 11-29 相对紧迫程度判断表

相对紧迫程度	具体情况
1	对象 A 与对象 B 无差异
3	对象 A 比对象 B 略微紧迫
5	对象 A 比对象 B 明显紧迫
7	对象 A 比对象 B 非常紧迫
9	对象 A 比对象 B 极端紧迫

说明:当对象 B 比对象 A 紧迫时,可分别取 1/3、1/5、1/7、1/9 等标度或其中间值。

一般而言,紧迫性强的发展对象应成为发展重点。急需装备之所以成为发展重点就是由于它的紧迫性比较强。

③TS 与 I_q 的关系

特适,即适合特殊环境,这里着重考虑地形环境。机动力因其起着其他能力正常发挥所依托的"平台"的作用,受地形环境的制约最大,故这里特适性的权衡仅考虑机动力受地形环境的影响。特适性属于从任务角度对发展对象提出的要求。发展对象的单元重要性与其特适性成正相关的关系,即

$$I_q \propto TS \tag{11-63}$$

以装甲兵部队为例进行分析,装甲兵部队未来可能担负的作战任务是渡海登岛作战、边境反击作战和反恐维和行动等,这决定了装甲兵武器装备的机动力可能将受到东南沿海和西南山地等特殊地形环境的制约。因此,部分装甲兵武器装备在机动能力上需要具备"过海""趟滩"和"爬山"等特殊能力,使得这些装备能够"过得去""趟得过"和"爬得上",以适应特殊地形环境下的作战。

若记 TS_h、TS_t 和 TS_s 分别表示发展对象适合"过海""趟滩"和"爬山"的强弱程度,则该发展对象的特适度 TS 为

$$TS=f(TS_h, TS_t, TS_s) \tag{11-64}$$

TS_h、TS_t、TS_s 及 TS 的计算方法分别如下。

TS_h 的计算主要以发展对象的最大航程为依据。最大航程,即装甲车辆在战

斗全重状态下，一次加满规定数量的燃油，按规定的速度在规定的水面上航行的最大里程。最大航程与作战使用要求、燃油消耗率和水上推进方式等因素有关。TS_h 可用该发展对象的预计最大航程与现有主要装甲车辆的平均最大航程的相对差来计算，公式如下：

a. TS_h

$$TS_h = \frac{ZHC - ZHC_0}{ZHC_0} \tag{11-65}$$

式中　ZHC——该发展对象的预计最大航程（km）；

ZHC_0——现有主要装甲车辆的平均最大航程（km）。

目前 ZHC_0 值可取 98。世界主要装甲车辆的最大航程见表 11－30（部分装备性能涉及军事秘密，所以统一用装备 X 代替，下同）。

表 11－30　世界主要装甲车辆的最大航程

装甲车辆	装备 1	装备 2	装备 3	装备 4	装备 5
最大航程/km	120	61	150	60～70	92.6

b. TS_t

TS_t 的计算主要以发展对象的涉水深为依据。涉水深，即装甲车辆在不用任何辅助设备、器材的情况下，能安全通过规定宽度水障碍的最大深度。涉水深与进出气百叶窗的位置高度和悬挂形式等有关。TS_t 可用该发展对象的预计涉水深与现有主要装甲车辆的平均涉水深的相对差来计算，公式如下：

$$TS_t = \frac{SSS - SSS_0}{SSS_0} \tag{11-66}$$

式中　SSS——该发展对象的预计涉水深（m）；

SSS_0——现有主要装甲车辆的平均涉水深（m）。

目前 SSS_0 值可取 1.2。世界主要装甲车辆的涉水深见表 11－31。

表 11－31　世界主要装甲车辆的涉水深

装甲车辆	装备 1	装备 2	装备 3	装备 4	装备 5
涉水深/m	1.0	1.07	1.30	1.38	1.4

c. TS_s

TS_s 的计算主要以发展对象的最大爬坡度为依据。最大爬坡度，即装甲车辆在战斗全重状态下，在规定的直线坡道上不用惯性冲坡所能通过的最大纵向坡道角度。最大爬坡度与战斗全重、发动机功率和地面附着条件等因素有关。TS_s 可用该发展对象的预计最大爬坡度与现有主要装甲车辆的平均最大爬坡度的相对差来计算，公式如下：

$$TS_s = \frac{PPD - PPD_0}{PPD_0} \tag{11-67}$$

式中 PPD——该发展对象的预计最大爬坡度(°)；

PPD_0——现有主要装甲车辆的平均最大爬坡度(°)。

目前 PPD_0 值可取 31。世界主要装甲车辆的最大爬坡度见表 11-32。

表 11-32 世界主要装甲车辆的最大爬坡度

装甲车辆	主战坦克				
	装备 1	装备 2	装备 3	装备 4	装备 5
最大爬坡度/°	31	31	30	30	31
装甲车辆	步战车				
	装备 1	装备 2	装备 3	装备 4	装备 5
最大爬坡度/°	30	31	31	31	31
装甲车辆	轮式车辆				
	装备 1	装备 2	装备 3	装备 4	装备 5
最大爬坡度/°	31	31	31	35	27

d. TS

发展对象特适度的计算公式如下：

$$TS = f(TS_h, TS_t, TS_s) = TS_h + TS_t + TS_s \tag{11-68}$$

当发展对象不具备上述三种能力的某一种或某几种时，可视其相应的特适度为 0。

一般而言，特适性强的发展对象应成为发展重点。两栖装甲车辆为今后一个时期内的发展重点，是源于它在上述三方面均表现出较强的特适性。

④YX 与 I_q 的关系

有效，即效费比比较高。“有效”中的效与“效费比”中的效是两个不同的概念，前者指效能与费用的比值比较高，属形容词，而后者则仅指效能，属名词。传统上衡量武器装备发展对象的单元重要性主要以它的效费比为依据，以有效性为标准。有效性属于从效益（即投入—产出）角度对发展对象提出的要求。发展

对象的单元重要性与其有效性成正相关的关系,即

$$I_q \propto YX \tag{11-69}$$

一般而言,有效性强的发展对象应成为发展重点,这也是确定发展重点的主要依据。现给出发展对象有效度 YX 的计算公式。

由式(11-67)和式(11-69)知,发展对象的综合能强值 AQ 和全寿命费用值 CV 分别为

$$AQ = AQ_0 \prod_{i=1}^{n} (1 + \Delta Ab_i) w_i$$

$$CV = CV_0 + \sum_{i=1}^{n} G_i(\Delta Ab_i)$$

因此,发展对象的效费比 XF 可用下式来计算:

$$XF = \frac{AQ}{CV} = \frac{AQ_0 \prod_{i=1}^{n} (1 + \Delta Ab_i) w_i}{CV_0 + \sum_{i=1}^{n} G_i(\Delta Ab_i)} = \frac{\frac{AQ_0}{CV_0} \prod_{i=1}^{n} (1 + \Delta Ab_i) w_i}{1 + \frac{\sum_{i=1}^{n} G_i(\Delta Ab_i)}{CV_0}}$$

令

$$XF' = \frac{\frac{AQ_0}{CV_0} \prod_{i=1}^{n} (1 + \Delta Ab_i) w_i}{\frac{\sum_{i=1}^{n} G_i(\Delta Ab_i)}{CV_0}} = \frac{AQ_0 \prod_{i=1}^{n} (1 + \Delta Ab_i) w_i}{\sum_{i=1}^{n} G_i(\Delta Ab_i)} \tag{11-70}$$

可以看出 XF' 与 XF 在表征发展对象有效性的趋向上具有一致性。

对某个一级类而言,能种间的权重,即 $w_i (i=1,2,\cdots,n)$ 是确定的,费用函数 $G_i(x)$ 的形式是确定的。同时,在基准车确定以后,基准车的综合能强 AQ_0 也是确定的。

因此,可得出如下的关系式:

$$XF' \propto \left(\frac{\prod_{i=1}^{n} (1 + \Delta Ab_i) w_i}{\sum_{i=1}^{n} G_i(\Delta Ab_i)} \right)$$

即 XF' 与发展对象能力提高比的一个表达式成正相关的关系。

因此,可认为 XF 也与上述表达式成正相关的关系,即有

$$XF \propto \left(\frac{\prod_{i=1}^{n} (1 + \Delta Ab_i) w_i}{\sum_{i=1}^{n} G_i(\Delta Ab_i)} \right)$$

据此,可用 $\dfrac{\prod_{i=1}^{n} (1 + \Delta Ab_i) w_i}{\sum_{i=1}^{n} G_i(\Delta Ab_i)}$ 来表征发展对象的有效度,即

$$YX = \frac{\prod_{i=1}^{n} (1 + \Delta Ab_i) w_i}{\sum_{i=1}^{n} G_i(\Delta Ab_i)} \tag{11-71}$$

式(11 -71)对属于同一一级类的不同发展对象是成立的。当各发展对象不属于同一类时,可利用下面定理对它们的有效度进行相互换算。

定理:若两个一级类的费用函数和能种数分别相同,则属于这两个一级类的不同发展对象的有效度可以相互换算。这一定理也叫有效度可换算定理。

证明过程如下:

假设有两个一级类,A 类和 B 类,其中 A 类叫作基准类,B 类叫作转换类。它们的基准车在某个参照系下的综合能强分别为 $AQ_0{}^{(1)}$ 和 $AQ_0{}^{(2)}$,且 $AQ_0{}^{(2)} = \mu AQ_0{}^{(1)}$($\mu$ 为两基准车的综合能强之比,也叫类适配系数)。它们的能种权重分别为 $w_i{}^{(1)}$($i=1,2,\cdots,n_1$)和 w_i (2)($i=1,2,\cdots,n_2$)。

那么由式(11 -71)可得,

$$XF'^{(1)} = \frac{AQ_0{}^{(1)} \prod_{i=1}^{n_1} (1 + \Delta Ab_i) w_i^{(1)}}{\sum_{i=1}^{n_1} G_i\,(1)(\Delta Ab_i)}$$

$$XF'^{(2)} = \frac{AQ_0{}^{(2)} \prod_{i=1}^{n_2} (1 + \Delta Ab_i) w_i^{(2)}}{\sum_{i=1}^{n_1} G_i{}^{(2)}(\Delta Ab_i)}$$

如果它们的费用函数和能种数分别相同的话，即 $G_i^{(1)}(x)=G_i^{(2)}(x)$，$n_1=n_2$，可统一记为 $G_i(x)$ 和 n，那么当属于这两个一级类的不同发展对象的能力提高比相同时，则下式成立：

$$\frac{XF'^{(2)}}{XF'^{(1)}}=\frac{AQ_0^{(2)}\prod_{i=1}^{n_2}(1+\Delta Ab_i)^{w_i^{(2)}}}{\sum_{i=1}^{n_2}G_i^{(2)}(\Delta Ab_i)}\times\frac{\sum_{i=1}^{n_1}G_i^{(1)}(\Delta Ab_i)}{AQ_0^{(1)}\prod_{i=1}^{n_1}(1+\Delta Ab_i)^{w_i^{(1)}}}$$
$$=\frac{AQ_0^{(2)}}{AQ_0^{(1)}}\times\prod_{i=1}^{n}(1+\Delta Ab_i)^{w_i^{(2)}-w_i^{(1)}}$$
$$=\mu\prod_{i=1}^{n}(1+\Delta Ab_i)^{w_i^{(2)}-w_i^{(1)}}$$

推出：

$$\frac{YX^{(2)}}{YX^{(1)}}=\mu\prod_{i=1}^{n}(1+\Delta Ab_i)^{w_i^{(2)}-w_i^{(1)}} \tag{11-72}$$

令 $\Delta w_i=w_i^{(2)}-w_i^{(1)}$，表示两一级类的能种权重之差，则式 11－72 又可写为：

$$\frac{YX^{(2)}}{YX^{(1)}}=\mu\prod_{i=1}^{n}(1+\Delta Ab_i)^{\Delta w_i} \tag{11-73}$$

定理得证。

由上述定理知，若将某个一级类定为基准类，则其他一级类的发展对象的有效度均可以换算到用基准类的标准来度量。据此，可以比较属于不同一级类的各个发展对象的有效度的大小。相对基准类，其他一级类均可称为转换类。

由上面分析知，在比较不同发展对象有效度的大小时，只要保证 $G_i(x)$ 的形式在整个计算过程中保持不变即可，而与 $G_i(x)$ 具体是什么形式无关。$G_i(x)$ 形式改变，只是度量发展对象有效度的“零点”改变，但不同发展对象之间有效度大小的关系不变。有效度的这一重要性质，叫作标度无关性。

式(11－73)中的 μ 值，即两基准车综合能强之比，可用它们的战斗效能指数的比值来计算。表 11－33 是所列出的基准车的战斗效能指数。

若将坦克类定为基准类，则部分转换类的类适配系数可见表 11－34。显然，基准类的类适配系数为 1。

表 11－33　基准车的战斗效能指数

基准车	战斗效能指数
坦克	2 100.100
步兵战车	455.600
装甲输送车	36.579
反坦克导弹发射车	127.350
自行榴弹炮	463.185
自行火箭炮	856.231
自行高射炮	143.229
防空导弹发射车	316.351

表 11－34　类适配系数

一级类	类适配系数
坦克	1
步兵战车	0.216 9
装甲输送车	0.017 4
反坦克导弹发射车	0.060 6
自行榴弹炮	0.220 6
自行火箭炮	0.407 7
自行高射炮	0.068 2
防空导弹发射车	0.150 6

⑤XQ、JP、TS 和 YX 与 Iq 的关系

发展对象的单元重要性主要与它的稀缺性、紧迫性、特适性和有效性等有关，但对于稀缺度、紧迫度、特适度和有效度都相同的发展对象，不同决策者所给出的发展对象的单元重要度却不一定相同，原因是发展对象的单元重要性不仅与上述“四性”有关，而且还与决策者的主观认同，也就是决策者的效用观念有关。决策者是以发展对象的“四性”的综合效用来最终衡量它的单元重要性。提出用效用综合法来统一“四性”对单元重要性的影响差异，进而综合确定发展对象的单元重要度。设发展对象的稀缺性、有效性、特适性和紧迫性分别为准则 C_1、C_2、C_3 和 C_4。效用综合法的主要步骤如下：

(a)确定各准则的效用函数

针对准则 $C_i(i=1,2,3,4)$,首先寻找各发展对象所获得的最佳得分值 x_i^* 和最劣得分值 x_i^0。因上述四准则均为效益型准则,最大得分值就是最佳得分值,而最小得分值就是最劣得分值。对决策者而言,得分值越大越好。

确定了某一准则 C_i 下各发展对象可能获得的最佳和最劣得分值后,分别设最佳得分值 x_i^* 和最劣得分值 x_i^0 所对应的效用值为 1 和 0。然后,便可以通过论证人员与决策者的对话,确定该准则下当决策者认为效用值是 0.5 时各发展对象应具有的所谓"中庸"得分值 x_i^m。因此,相对于该中庸得分值的线性效用函数的效用值 m_i 可由下式计算:

$$m_i=\frac{x_i^m-x_i^0}{x_i^*-x_i^0} \tag{11-74}$$

称 m_i 为相对中庸值。

根据相对中庸值,便可以通过曲线拟合,获得准则 C_i 所对应的效用函数曲线。可用下式进行效用函数曲线的拟合:

$$u_i(x_i)=a_i\left(1-e^{c_i\left(\frac{x_i-x_i^0}{x_i^*-x_i^0}\right)}\right) \tag{11-75}$$

式中,参数 c_i 及 a_i 可分别由式(11-76)及式(11-77)求得:

$$\frac{1-e^{c_im_i}}{1-e^{c_i}}=0.5 \tag{11-76}$$

$$a_i=\frac{1}{1-e^{c_i}} \tag{11-77}$$

针对各个准则,重复上述分析步骤,便可以得到决策者对于各准则的效用函数曲线。当获得了各准则的效用函数后,便可以分别根据发展对象 q_j 的得分值 x_{ij},来计算其在相应准则 C_i 下的效用值。

(b)确定各准则的权值

可以通过决策者对发展对象之间的比较来获得准则之间的相对重要程度。设有决策准则 C_r 及 C_i,可取其中 C_r 为参照准则,C_i 为被比较的准则。设参照准则的权值为 1,即 $v_r=1$。为了导出准则 C_i 对应于 C_r 的所谓"绝对权值",可按下述途径进行:

①产生两随机方案

在准则 C_r 及 C_i 下,以及各发展对象相应的得分值区域内随机地生成两个方案 A 和方案 B。设方案 A 所对应的状态为 (x_r', x_i'),方案 B 所对应的状态为 (x_r'', x_i''),如图 11-9 所示。

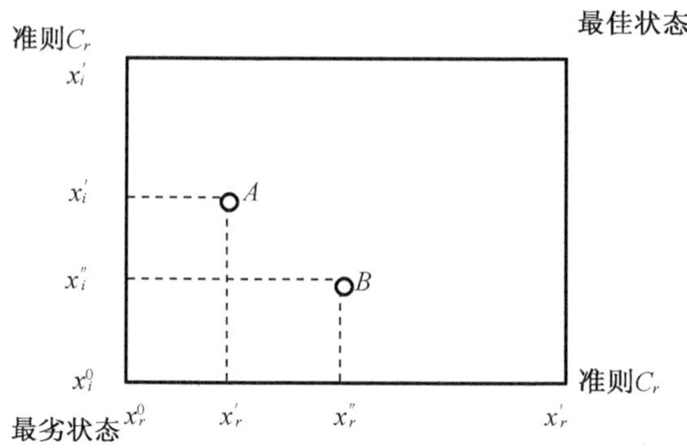

图 11－9　两随机方案

②决策者对两随机方案进行得失权衡

当决策者在对两随机方案 A 和 B 的状态优劣进行判断时,可以用表 11－35 所示的标度来描述其偏好程度 P。

表 11－35　偏好程度判断表

偏好程度 P	比较情况
1	方案 A 与方案 B 无差异时
3	方案 A 略优于方案 B
5	方案 A 明显优于方案 B
7	方案 A 非常优于方案 B
9	方案 A 极端优于方案 B
说明:当决策者偏好 B 时,P 值可分别取 1/3、1/5、1/7、1/9 等标度或其中间值。	

由此,便可以根据下式计算准则 C_i 的绝对权值 v_i:

$$\frac{v_i}{v_r}=\frac{u_r(x_r')-Pu_r(x_r'')}{Pu_i(x_i'')-u_i(x_i')} \tag{11-78}$$

式中　$u_r(x_r')$——方案 A 对应于准则 C_r 的效用值;

$u_i(x_i')$——方案 A 对应于准则 C_i 的效用值;

$u_r(x_r'')$——方案 B 对应于准则 C_r 的效用值;

$u_i(x_i'')$——方案 B 对应于准则 C_i 的效用值。

针对其他的准则,重复上述过程,便可以导出所有准则与参照准则 C_r 相比较的绝对权值。从而,可以利用下式求出各准则的相对权值:

$$w_s = \frac{v_s}{\sum_{i=1}^{n} v_i} \tag{11-79}$$

式中　w_s——第 s 个准则的相对权值。

(c)确定发展对象的综合效用

发展对象 $q_j(j=1,2,\cdots,m)$ 的综合效用可用下式来计算：

$$U(q_j) = \lambda \sum_{i=1}^{4} (w_i u_i(x_{ij})) \tag{11-80}$$

式中　λ——相关调整系数，其值为 $0<\lambda\leqslant 1$。

设置 λ 的理由为因四准则在度量发展对象单元重要性时具有一定的相关性，使得利用上述方法所得结果要比实际情况偏大，故需要做一定调整。λ 的具体取值应视准则间的相关程度而定。一般而言，准则间的相关程度越强，λ 的取值越小；反之，准则间的独立程度越强，λ 的取值越大。当它们相互独立时，λ 的取值为 1。

至此，利用效用综合法所得出的发展对象的单元重要性函数的形式为

$$I_q(q_j) = U(q_j) = \lambda \sum_{i=1}^{4} (w_i u_i(x_{ij})) \tag{11-81}$$

显然，公式(11－81)所给出的单元重要性函数的形式满足上文所要求的构造单元重要性函数的条件。

2. 关联重要性分析

对象的重要性包括单元重要性和关联重要性两个方面。一个对象单元重要或关联重要，均可能使其在相应的对象集中成为重点。与基于对象集的单元重要性不同的是，关联重要性是建立在与该对象集相对应的对象系的基础之上。有些装备虽然自身能力不强，即单元重要性不强，然而它们也可能成为发展重点，原因是它们与其他发展对象间的“关系”多或强，也就是它们的关联重要性强，这些装备也应成为发展重点。

四、多型号装备需求重点筛排决策的方法

在这一部分内容中，拟通过一个具体示例(以装甲兵多型号装备需求重点筛排决策为例)来说明多型号装备需求重点筛排决策方法的具体操作步骤。多型号装备需求重点筛排决策的方法主要步骤有基础数据的设定、发展对象的确定和发展重点的筛排三步，其中的关键是发展重点的筛排。

(一)基础数据的设定

1. 筛排阈值的设定

发展对象最终被确定为发展重点需经过可行性分析和重要性分析两个阶段,其间必然要涉及一个至关重要的问题,那就是如何来判定一个发展对象到底可行不可行或重要不重要,这就是阈值的设定问题。

依据前文所做的分析,多型号装备需求重点筛排决策过程中可能涉及的各种阈值的设定情况和设定理由见表 11 -36。

表 11 -36　阈值的设定情况和设定理由

筛排标准	阈值	理由
费用可行性 P_v	1.0	发展对象全寿命周期费用不能超过单项装备费用的最高限额
技术可行性 P_t	0.7	发展对象各项能力需求的技术可行性都要至少比较高
单元重要性 I_q	0.2	发展对象的综合效用应不低于 0.2
关联重要性 I_r	0.2	发展对象的综合关系强度应不低于 0.2

2. 能种权值的设定

装甲兵武器装备类别和品种的差别主要体现在其能种权值的差别上。不同种类的武器装备,其各种能力的权重是不一样的。利用最小二乘法或本征向量法,通过构造判断矩阵,可得出各类武器装备的能种权值。

例如,若记基准类(即坦克类)的五种能力——火力、机动力、防护力、信息力和保障力分别为能力 az_1、az_2、az_3、az_4、az_5,并构造如下的判断矩阵:

$$
\begin{array}{c} \\ az_1 \\ az_2 \\ az_3 \\ az_4 \\ az_5 \end{array}
\begin{array}{c} \begin{array}{ccccc} az_1 & az_2 & az_3 & az_4 & az_5 \end{array} \\
\left[\begin{array}{ccccc} 1 & & 5 & 3 & 7 \\ 1/3 & 1 & 3 & 1 & 5 \\ 1/5 & 1 & 1 & 1/2 & 3 \\ 1/3 & & 2 & 1 & 6 \\ 1/2 & & 1/3 & 1/6 & 1 \end{array}\right] \end{array}
$$

那么可根据以上判断矩阵使用 Mathematics 程序来求解基准类武器装备的能种权值,结果输出如下:

$\{\{w_1 \to 0.473\ 684, w_2 \to 0.210\ 526, w_3 \to 0.094\ 736\ 8, w_4 \to 0.189\ 474, w_5 \to 0.031\ 578\ 9\}\}$

即基准类的能种权重为

$w_{tk}=(0.473\ 684,0.210\ 526,0.094\ 736\ 8,0.189\ 474,0.031\ 578\ 9)$

同理,可求出其他各转换类的能种权重。这里给出下面将要用到的另外两类武器装备的能种权重:

步战车:

$w_{bzc}=(0.364\ 497,0.298\ 197,0.131\ 987,0.175\ 985,0.029\ 330\ 9)$

自行火箭炮:

$w_{hjp}=(0.553\ 544,0.238\ 311,0.081\ 448,0.108\ 597,0.018\ 099\ 5)$

3. 费用函数的设定

$G_i(x)$——费用函数,表示发展对象相对基准车的费用增加量与第 i 项能力的提高比之间的关系。显然,$G_i(x)$ 递增,且增长速度不断加快,即 $G_i'(x)>0$,$G_i''(x)>0$。而且 $G_i(x)$ 经过点 $(0,0)$。满足以上条件的可能的函数形式为 $G_i(x)=x^k(k>1)$。同时,由上文内容可知,有效度具有标度无关性。在衡量不同发展对象有效度的大小时,与费用函数 $G_i(x)$ 的具体形式无关。据此,设定 $G_i(x)$ 为幂指数大于 1 的幂函数,即 $G_i(x)=x^k(k>1)$。

根据目前装甲兵武器装备发展的实际情况,认为发展对象各种能力提高相同的提高比所花费的经费由多到少依次为防护力、机动力、火力、保障力和信息力。因此,设定火力、机动力、防护力、信息力和保障力五种能力的费用函数的形式依次为

$$G_1(x)=x^{2.8}$$
$$G_2(x)=x^{3.0}$$
$$G_3(x)=x^{3.2}$$
$$G_4(x)=x^{2.4}$$
$$G_5(x)=x^{2.6}$$

(二)发展对象的确定

为了验证装甲兵多型号装备需求重点筛排决策理论的正确性和可操作性,设定了一个由 10 个发展对象所组成的对象集作为筛排对象,即 $q=\{q_1,q_2,\cdots,q_{10}\}$,它们分属于两个二级类中的三个一级类。各个发展对象的描述参数见表 11-36。表中没有列举发展对象的条件值。

(三)发展重点的筛排

根据重点的层次结构模型,结合装甲兵武器装备发展的实际情况,装甲兵武器多型号装备需求重点筛排决策筛排的主要流程,如图 11-10 所示。下面给出其中几个关键环节的处理办法。

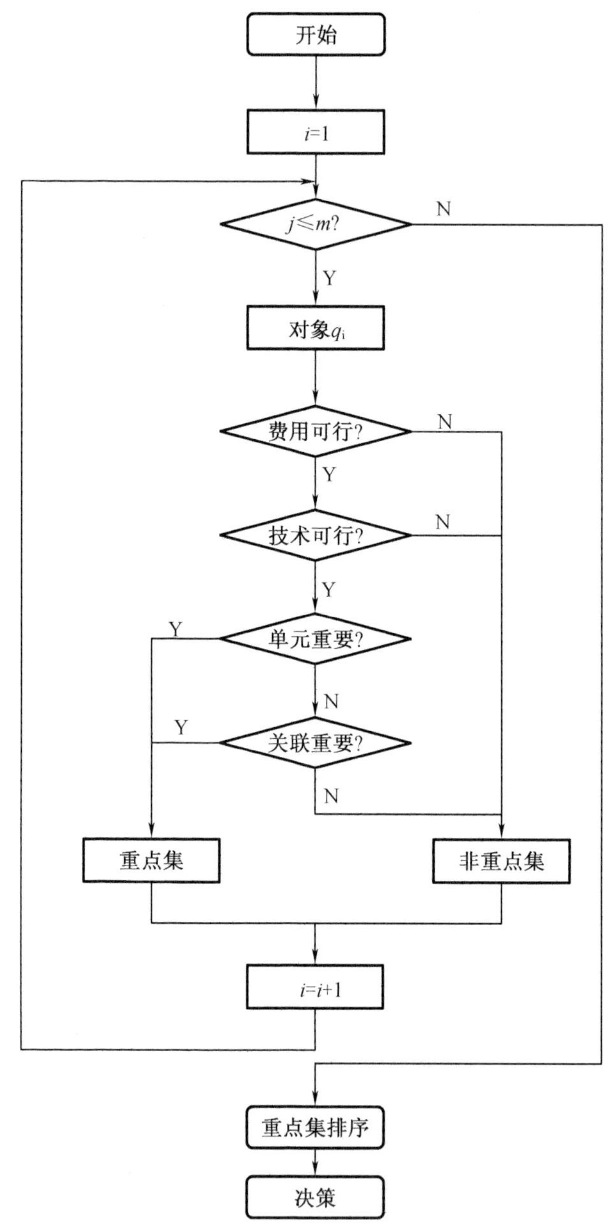

图 11－10　装甲兵多型号装备需求重点筛排决策的流程

1. 可行度的计算

发展对象可行度的计算包括费用可行度的计算和技术可行度的计算两个方面。

依据上文的内容,费用可行度计算的一个重要依据是单项装备的最高费用限额。考虑到装甲兵武器装备发展对象可能的费用需求,认定每个发展对象预计的费用总额均不超过单项装备的最高费用限额。也就是说,每个发展对象的费用可行度 Pv 均等于 1。

技术可行度计算的主要方法是专家评判法。一般而言,发展对象的能力需求越高,其对技术的要求也就越高。下面以表 11 -37 中的对象2 为例,根据上文的内容,具体说明发展对象技术可行度计算的主要步骤。

(1)专家选择。专家选择时要注意全面性和权威性。尽可能多地选择一些发展对象

选择可能需要的关键技术方面的比较权威的专家。假设有 5 组(每组 5 人,共计 25 人)装备火力、机动、防护、信息和保障等方面的技术专家参与了对象 2 的技术可行性的评估活动。

(2)专家打分。各组专家通过对已有技术的分析,参照上文所给定的技术可行性评判表,分别就各自领域对发展对象的技术可行程度打分。假设打分结果见表 11 -38 所示。

表 11 -37　筛排对象的描述参数

编号	族谱值	能力值									
		一般值					特适值			紧迫值	稀缺值
		火力	机动力	防护力	信息力	保障力	过海	趟滩	爬山		
1	(…,TK1)	0.30	0.25	0.15	0.35	0.20	0.05	0.25	0.10	0.9	0.25
2	(…,TK2)	0.25	0.30	0.35	0.30	0.15	0.20	0.20	0.10	0.8	0.33
3	(…,TK3)	0.35	0.20	0.25	0.40	0.25	0.10	0.10	0.05	0.6	0.50
4	(…,TK4)	0.25	0.35	0.15	0.35	0.20	0.25	0.10	0.20	0.8	0.67
5	(…,BZC1)	0.30	0.25	0.15	0.35	0.20	0.20	0.05	0.10	0.9	0.25
6	(…,BZC2)	0.20	0.25	0.30	0.40	0.25	0.25	0.05	0.10	0.5	0.20
7	(…,BZC3)	0.25	0.15	0.20	0.25	0.10	0.05	0.05	0.15	0.3	0.33
8	(…,HJP1)	0.30	0.25	0.15	0.35	0.20	0	0	0	0.9	0.25
9	(…,HJP2)	0.25	0.30	0.35	0.30	0.15	0	0	0	0.8	0.40
10	(…,HJP3)	0.35	0.20	0.30	0.35	0.25	0	0	0	0.9	0.20

说明:1. 族谱值省略了一、二、三级的类级号和类别名;2. 一般值是发展对象相对本类基准车能力提高比;3. 特适值、紧迫值和稀缺值分别是发展对象的特适度、紧迫度和稀缺度。

表 11－38　发展对象技术可行性得分表

能力	得分				
火力	80	75	70	80	85
机动力	85	80	90	95	90
防护力	65	60	70	70	65
信息力	95	90	85	90	95
保障力	85	80	70	80	85

(c)技术可行度计算。以表 11－37 为依据，经过一定的计算便可得出对象 2 的技术可行度 Pt 为 0.66。

发展对象的技术可行度主要取决于它的能力提高比的大小。一般而言，能力提高比越大，技术可行度越低。因发展对象的技术可行度还与专家的判断结果有关，所以为了提高结论的准确性，应适当增加相关专家的数量。重复上述步骤，当所有发展对象的技术可行度均计算完毕，发展对象集的可行性分析便宣告结束。发展重点的筛排工作转入下一阶段：发展重点的初次筛选。

发展重点初次筛选的主要标准是发展对象的可行度。通过比较各个发展对象的可行度与可行度阈值之间的大小，将那些不超过阈值的发展对象剔除掉。

假设通过上述步骤，只有表 11－36 中的对象 2，即族谱值为(…，TK_1，TK2)的坦克因可行性不通过而被剔除掉，其他对象均可进入下一环节。

2. 重要度的计算

因示例中的发展对象均属于地面突击类或火力支援类武器装备，在计算它们的重要度时无须考虑关联重要性。重要度的计算只包括单元重要度计算一个方面。

发展对象的单元重要性主要由它的稀缺性、紧迫性、特适性和有效性四个方面所决定，其中的重点是有效性。有效度的计算是发展对象单元重要度计算的主要工作。

(1)有效度的计算

发展对象有效度的计算包括基准类发展对象有效度的计算和转换类发展对象有效度的计算。

上文所设定的费用函数，可编制 Mathematics 程序来求解基准类(即坦克类)的各个发展对象的有效度，结果输出见表 11－38 中的第 5 列。

(2)效用函数的建立

将初次筛选后所剩余的各个发展对象的稀缺度、紧迫度、特适度和有效度制成表格见表 11－39 所示,提供给决策者,作为建立决策者效用函数的基础和二次筛选的对象。

表 11－39　二次筛选的对象

编号	稀缺度	紧迫度	特适度	有效度
1	0.25	0.9	0.40	8.65
3	0.50	0.6	0.25	6.23
4	0.67	0.8	0.55	7.91
5	0.25	0.9	0.35	1.86
6	0.20	0.5	0.40	1.47
7	0.33	0.3	0.25	3.84
8	0.25	0.9	0.0	3.52
9	0.40	0.8	0.0	3.58
10	0.20	0.9	0.0	2.81

经过决策分析人员与决策者之间的对话,分别获得当效用值为 0.5 时决策者所认为的对应于各准则的中庸值。设决策者认为稀缺性为 C_1、紧迫性为 C_2、特适性为 C_3和有效性为 C_4的"中庸"得分值分别为 0.45、0.7、0.3 和 5.5,则可获得各准则所对应的效用函数分别为

准则 $C_1:u_1(x_1) = -3.678\,0\left(1 - e^{0.240\,5\left(\frac{x_1-0.20}{0.47}\right)}\right)$

准则 $C_2:u_2(x_2) = -0.295\,6\left(1 - e^{1.477\,6\left(\frac{x_2-0.3}{0.6}\right)}\right)$

准则 $C_3:u_3(x_3) = -2.016\,7\left(1 - e^{0.402\,7\left(\frac{x_3}{0.55}\right)}\right)$

准则 $C_4:u_4(x_4) = -1.309\,2\left(1 - e^{0.567\,5\left(\frac{x_4-1.47}{7.18}\right)}\right)$

(3)重要度的计算

由各准则的效用函数可以计算表 11－40 中各发展对象在单项准则下的效用值,结果见表 11－41 所示。

表 11－40 发展对象在单项准则下的效用值

	对象 1	对象 3	对象 4	对象 5	对象 6	对象 7	对象 8	对象 9	对象 10
准则 C_1(稀缺性)	0.10	0.61	1.0	0.10	0.0	0.25	0.10	0.40	0.0
准则 C_2(紧迫性)	1.0	0.32	0.72	1.0	0.19	0.0	1.0	0.72	1.0
准则 C_3(特适性)	0.69	0.41	1.0	0.59	0.69	0.41	0.0	0.0	0.0
准则 C_4(有效性)	1.0	0.61	0.89	0.04	0.0	0.28	0.24	0.24	0.15

依据上文介绍的公式,求得各准则的权值为

$$w_1 = 0.2185$$

$$w_2 = 0.0945$$

$$w_3 = 0.0859$$

$$w_4 = 0.6011$$

从所求得的各准则的权值中,可以判断出在现实条件下决策者做出决策时的主观愿望。决策者非常重视发展对象的有效性,其权值远远大于其他准则的权值,这与决策实际是相符的,有效性是衡量发展对象单元重要性的主要依据。

至此,可求得各发展对象的综合效用值,也就是它们的单元重要度,结果见表 11－41 所示,其中相关调整系数 λ 的值为 0.9。

表 11－41 发展对象的单元重要度

发展对象	1	3	4	5	6	7	8	9	10
单元重要度	0.70	0.51	0.82	0.17	0.07	0.23	0.24	0.27	0.16

(四)发展重点的排序

在得到各个发展对象的重要度以后,即可将它们与相应阈值进行比较,超过阈值的发展对象即为发展重点。同时,按重要度的大小将各个发展重点进行排序,提供给决策者。

据此,表 11－40 中将有 6 个发展对象发展为重点,且它们重要性的次序为 4 >1 >3 >9 >8 >7,即 TK4 > TK1 > TK3 > HJP2 > HJP1 > BZC3。

至此,最终的筛排决策结果如图 11－11 所示。

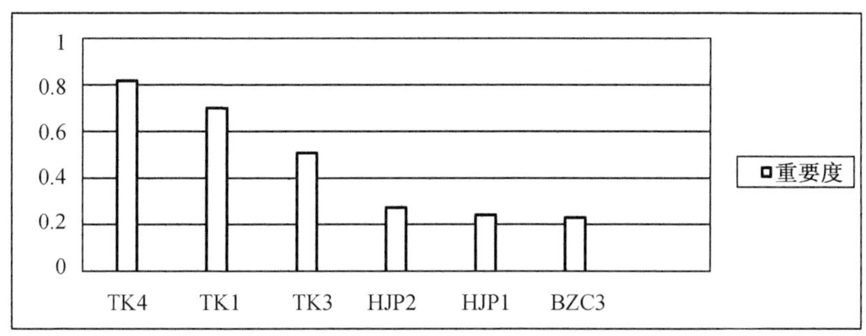

图 11－11　筛排结果图

最后,决策者便可根据重点筛排结果进行决策,选择 TK4 作为当前最需要进行研制和发展的装备。

第十二章　装备需求管理

本书第四章研究得出的装备需求管理定义是:“装备需求管理是军方或使用方与研制方联合对装备需求信息进行存储、检索、变更控制和循环跟踪的一阶装备需求活动和对一阶装备需求活动所进行的计划、组织、指挥、协调和控制的二阶装备需求活动。”

由此可见,装备需求管理既含一阶装备需求管理又含二阶装备需求管理,处于装备需求原动模式图(图4－1)的中心位置,对各一阶装备需求活动都具有重大影响。一旦装备需求管理出现错误或偏差,势必导致各一阶装备需求活动出错或跑偏。然而,怎样进行装备需求管理,才能避免出现错误或偏差呢?这正是本章所要研究的问题。

本章先研究一阶装备需求管理,然后研究二阶装备需求管理。

第一节　一阶装备需求管理

一、装备需求存储

(一)装备需求存储的概念

1. 装备需求存储的定义

装备需求存储是将装备需求开发(生成、获取、描述、分析、综合、评价和决策)及相关活动中生成的装备需求及相关信息及其变化真实有序地记录在载体上的一阶装备需求管理活动。

本定义有以下六个要点:

(1)装备需求存储的核心特征

装备需求存储的核心特征是记录。如果没有记录,也就没有存储。可以说,记录是存储的等价词。

(2)装备需求存储信息内容

装备需求存储信息内容是:装备需求及相关信息及其变化。

装备需求及相关信息定义为下列信息的总称(以下若不特别申明则都按此理解):

①装备问题的性态和数量;

②装备需要的性态和数量;

③装备需求的性态和数量;

④装备问题之间的关系;

⑤装备需要之间的关系;

⑥装备需求之间的关系;

⑦装备问题与对应装备需要之间的关系;

⑧装备需要与对应装备需求之间的关系;

⑨装备需求与装备产品之间的关系;

⑩装备需求与实用装备之间的关系。

(3)装备需求存储的信息来源

装备需求存储的信息来源是:装备需求开发(生成、获取、描述、分析、综合、评价和决策)及相关活动。分为以下四项:

①装备问题开发活动;

②装备需要开发活动;

③装备需求开发活动;

④装备需求实现活动。

在这四项活动中,装备需求开发活动是装备需求存储的主要信息来源。

(4)装备需求存储介质

装备需求存储介质是载体。载体形式不受任何限制,只要能满足装备需求存储的要求即可。

(5)装备需求存储约束

装备需求存储约束有两点:一是真实;二是有序。

(6)装备需求存储所属

装备需求存储属于一阶装备需求管理活动。

2. 装备需求存储的类型

(1)按照装备需求存储信息内容划分:

按装备需求存储信息内容划分,装备需求存储可分为

①装备问题的性态和数量存储;

②装备需要的性态和数量存储;

③装备需求的性态和数量存储;

④装备问题之间的关系存储;

⑤装备需要之间的关系存储；

⑥装备需求之间的关系存储；

⑦装备问题与对应装备需要之间的关系存储；

⑧装备需要与对应装备需求之间的关系存储；

⑨装备需求与装备产品之间的关系存储；

⑩装备需求与实用装备之间的关系存储。

(2)按照装备需求存储信息来源划分

按照装备需求存储信息来源划分,装备需求存储可分为：

①装备问题开发活动生成信息存储；

②装备需要开发活动生成信息存储；

③装备需求开发(生成、获取、描述、分析、综合、评价和决策)活动生成信息存储；

④装备需求实现活动生成信息存储。

(3)按照装备需求存储介质形式划分

按照装备需求存储介质形式划分,装备需求存储可分为：

①装备需求纸质文件(档)存储

②装备需求磁盘信息存储

③装备需求光盘信息存储

(4)按照装备需求信息形式划分

按照装备需求信息形式划分,装备需求存储可分为：

①装备需求文字信息存储

②装备需求图像信息存储

③装备需求表格信息存储

④装备需求音频信息存储

⑤装备需求视频信息存储

(二)装备需求存储的目的

装备需求存储的目的有两个：一是保护和保存装备需求信息的价值和使用价值;二是使用或利用装备需求信息。

1. 保护和保存装备需求信息的价值和使用价值

任何装备需求信息都有其一定的价值和使用价值,即使装备需求已经实现,也不例外。正是为了保护和保存装备需求信息的价值和使用价值,军方或使用方与研制方才把装备需求信息存储起来。这和人们平时存储生活用品、收藏珍品和文物的目的是一样的,就是保护其价值和使用价值。当然,当被存储对象毫无使用价值时，人们就会放弃对它的存储。

2. 使用或利用装备需求信息

研发装备必须使用装备需求信息，即完全按照装备需求信息来研发装备。开发某一装备需求信息，需要利用（参考借鉴）有关的装备需求信息。开发同一装备需求的过程中，还要使用先前已开发的需求信息。如果没有装备需求存储作为前提和条件，这一切都是空谈。因此，装备需求存储的直接目的就是为了使用或利用装备需求信息。

（三）装备需求存储的作用

1. 装备需求检索的必要条件和前提

众所周知，没有装备需求存储，就根本不可能有装备需求检索。所以，装备需求存储是装备需求检索的必要条件和前提。装备需求存储的好坏，直接影响装备需求检索的质量和效率。

2. 装备需求变更控制的依据和窗口

装备需求变更是在必要且可能的条件下，将原来存储的装备需求，变更为新的装备需求并存储之。由此可见，原来的装备需求存储就是装备需求变更的依据，而新的装备需求存储则是装备需求变更的窗口。

3. 装备需求循环跟踪的表尺和镜子

在装备需求实现之前，因要用所存储的装备需求恒量各装备需求之间的关系和已实现部分的装备实物的质量和水平。所以，装备需求存储是装备需求循环跟踪的表尺。而在装备需求实现之后，要将所存储的装备需求与所实现的装备在其使用过程中进行互相对照，以便发现新问题（既可能是装备问题，也可能是原装备需求问题）。这时，装备需求存储就成了装备需求循环跟踪的镜子。

（四）装备需求存储的原则

1. 真实性原则

装备需求存储的真实性原则规定装备需求存储的信息必须真实，不能虚假。否则不但达不到装备需求存储的目的，失去装备需求存储的作用和意义，而且容易酿成重大损失。所以，装备需求存储必须真实。

2. 有序性原则

装备需求存储的有序性原则规定装备需求存储的信息必须有序，而且有序性越高越好。因为，装备需求存储的信息有序性越高，就越有利于装备需求信息的检索、变更控制、循环跟踪和使用。

3. 清晰性原则

装备需求存储的清晰性原则规定装备需求存储的信息必须清晰，不能模糊。因为装备需求存储的信息如果模糊不清，会给装备需求的变更控制、循环跟踪，以及使用和利用都带来麻烦、危害，甚至损失。所以，装备需求存储的信息越清晰越好。

4. 无歧义性原则

装备需求存储的无歧义性原则规定装备需求存储的信息必须有唯一的语义，不能有两种或多种不同的意义，也不能有两种或多种可能的解释。否则，在装备需求检索、变更、跟踪使用和利用的过程中就容易出现误解、偏差和错误。这是装备需求存储所不允许的。

5. 规范性原则

装备需求存储的规范性原则规定装备需求存储的信息必须遵循军方或使用方与研制方共识一致且领域内统一的标准或规范。否则，轻则影响装备需求检索、变更、跟踪、使用和利用的效率，重则可能带来不应有的损失。

6. 同步一致性原则

装备需求存储的同步一致性原则规定军方或使用方与研制方必须同步一致进行装备需求存储。否则，容易出现差错或造成各种损失。

7. 系统性原则

装备需求存储的系统性原则要求装备需求的存储要具有系统性，不能零乱或离散存储，至少要在装备需求管理系统中设计构建装备需求存储子系统。这样才能与装备需求检索、变更控制、循环跟踪，以及装备需求二阶管理协调一致。

8. 安全保密性原则

装备需求存储的安全保密性原则规定装备需求存储的信息必须具有足够的安全性和保密性。不仅要防毒、防损、防黑、防丢、防漏、防盗、防窃、防泄密，而且要强健系统自身，严格各种权限和制度。

二、装备需求检索

（一）装备需求检索的概念

1. 装备需求检索的定义

装备需求检索是在已存储的所有装备需求及相关信息源中搜寻查找所需装备需求及相关信息的一阶装备需求管理活动。

装备需求检索定义有如下四个要点：

(1)装备需求检索的核心特征

装备需求检索的核心特征是搜寻查找。在本定义中,搜寻查找是检索的释义词。

(2)装备需求检索的内容(对象)

装备需求检索的内容(对象)是检索者所需的装备需求及相关信息,可以是前述装备需求及相关信息十项内容集合的任何非空子集。

(3)装备需求检索的信息源

装备需求检索的信息源是已存储的所有装备需求及相关信息。既可以是来自本型号装备需求开发及相关活动的已存装备需求及相关信息,也可是已存储的其他型号装备需求开发及相关活动生成的装备需求及相关信息,当然也包括已经实现了的装备需求及相关信息。

(4)装备需求检索所属

装备需求检索属于一阶装备需求管理活动。

2. 装备需求检索的类型

(1)按照装备需求检索信息内容划分

按照装备需求检索信息内容划分,装备需求检索可分为

①装备问题的性态和数量信息及其变化检索;

②装备需要的性态和数量信息及其变化检索;

③装备需求的性态和数量信息及其变化检索;

④装备问题之间的关系信息及其变化检索;

⑤装备需要之间的关系信息及其变化检索;

⑥装备需求之间的关系信息及其变化检索;

⑦装备问题与对应装备需要之间的关系信息及其变化检索;

⑧装备需要与对应装备需求之间的关系信息及其变化检索;

⑨装备需求与装备产品之间的关系信息及其变化检索;

⑩装备需求与实用装备之间的关系信息及其变化检索。

(2)按照装备需求检索信息源划分

按照装备需求检索信息源划分,装备需求检索可分为

①本型号装备需求开发及相关活动已存装备需求及相关信息检索,此类型又可细分为

a. 装备问题开发活动生成信息检索;

b. 装备需要开发活动生成信息检索;

c. 装备需求开发(生成、获取、描述、分析、综合、评价和决策)活动生成信息检索;

d. 装备需求实现活动生成信息检索。

②已存储的其他型号装备需求开发及相关活动生成的装备需求及相关信息检索。

(3)按照装备需求信息形式划分

按照装备需求信息形式划分,装备需求检索可分为

①装备需求文字信息检索;

②装备需求图像信息检索;

③装备需求表格信息检索;

④装备需求音频信息检索;

⑤装备需求视频信息检索。

(4)按照装备需求存储介质形式划分

按照装备需求存储介质形式划分,装备需求检索可分为

①装备需求纸质文件(档)信息检索;

②装备需求磁盘信息检索;

③装备需求光盘信息检索。

(5)按照装备需求检索方式划分

按照装备需求检索方式划分,装备需求检索可分为

①装备需求手工检索;

②装备需求计算机检索。

(二)装备需求检索的目的和意义

1. 装备需求检索的目的

装备需求检索的目的是使用或利用装备需求及其相关信息。

2. 装备需求检索的意义

(1)便于装备需求开发活动深入开展

装备需求生成、装备需求获取、装备需求描述、装备需求分析、装备需求综合、装备需求评价和装备需求决策。这七项装备需求开发活动都不是一次就能完成,总要反复进行多次。这样,就必须对装备需求进行反复多次检索。换言之,如果不进行装备需求检索,上述七项装备需求开发活动就无法深入开展。由此可见,装备需求检索为上述七项装备需求开发活动的深入开展提供了便利。

(2)为装备需求变更控制提供支持

因为每进行一次装备需求变更,至少要进行一次装备需求检索,所以,装备需求检索为装备需求变更控制提供了支持。

(3)利于装备需求循环跟踪

如果装备需求循环跟踪离开装备需求检索,就无法进行。所以,装备需求检索为装备需求循环跟踪提供了支持和便利。

(4)为装备需求复用提供了窗口

装备需求复用就是对装备需求的重复利用。每进行一次装备需求复用,至少要进行一次装备需求检索。否则,根本无法进行装备需求复用。这表明,装备需求检索为装备需求复用提供了窗口。

(三)装备需求检索的原则

1. 针对性原则

装备需求检索的针对性原则是指进行装备需求检索必须具有针对性,按需检索。即针对装备需求开发活动或其他工作的需要进行有目的的检索。针对性原则可避免盲目搜寻,胡乱查找现象,可在一定程度上避免信息资源或时间资源的浪费或重要需求信息受损或泄密等损失。

2. 准确性原则

装备需求检索的准确性原则是指装备需求检索要确保所检索的装备需求及其相关信息是准确无误的。这一原则是为了确保所用的装备需求及其相关信息是真实无误的,以免给后续的装备需求活动带来差错。

3. 高效性原则

装备需求检索的高效性原则是指装备需求检索必须尽可能做到快速、省时且大信息量。

4. 规范性原则

装备需求检索的规范性原则是指装备需求检索必须遵循有关标准、法规和制度。

5. 安全保密性原则

装备需求检索的安全保密性原则是指装备需求检索必须确保装备需求及其相关信息安全保密。

(四)装备需求检索的一般步骤

装备需求检索的一般步骤如图 12 –1 所示。

Step. 1 明确检索目的

明确装备需求检索的目的,就是要明确所检索的装备需求及其相关信息内容是干什么用的? 解决什么问题? 即明确检索装备需求的需要是什么。

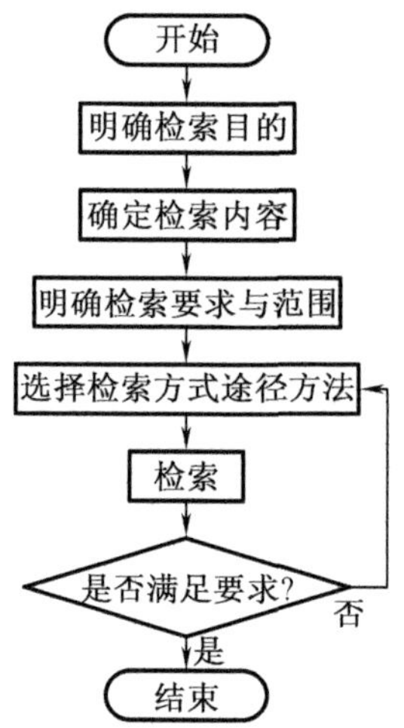

图 12－1 装备需求检索步骤

Step. 2 确定检索内容

根据检索目的,确定所要检索的装备需求及其相关信息内容。简而言之,就是确定查找什么内容。

Step. 3 明确检索要求与范围

在明确检索目的和内容之后,要明确装备需求检索的要求与检索的信息源范围。所谓检索要求,就是所检索的装备需求及其相关信息内容应达到的标准;而检索范围则是将要检索的装备需求及其相关信源边界以内的信息域。

Step. 4 选择检索方式途径方法

根据现有已存储的装备需求及其相关信息源情况、检索目的、检索内容、检索要求和检索范围,恰当选择装备需求检索的方式、途径和方法。

Step. 5 检索

实施检索,查找所需装备需求及其相关信息内容。

Step. 6 判断

阅览所检索内容,判断其是否满足检索要求,是则到 Step. 7;否则返回 Step. 4。

Step. 7 检索结束

三、装备需求循环跟踪

早在 1980 年,美国洛克希德导弹和空间公司(LMSC, Lockheed Missiles & Space Company, Inc.)就开始了装备需求跟踪的研究,研发了一种自动化的需求跟踪系统 ARTS(Automated Requirements Traceability System)。ARTS 是一个对需求及其属性组成的数据库系统进行操作运算的簿记程序(bookkeeping program)。它可对分级结构的需求进行前向和后向跟踪,并能对使用者选择的任何需求关系属性进行数据库管理操作运算。此后,对需求跟踪的研究在软件需求和需求工程领域逐渐走向高潮,进展迅速,各类文献如雨后春笋,层出不穷。这些文献在需求跟踪方法、技术和工具方面的研究,如百花齐放,为需求跟踪的研究和实践做出了很大贡献。而对需求跟踪理念的研究成果主要有两种:一是基线双向需求跟踪;二是全程双向需求跟踪。所谓基线双向需求跟踪,是在划定需求基线后,以需求基线为准,从基线开始向前进行前向需求跟踪到客户,向后进行后向需求跟踪到产品。这种理念后向需求跟踪明确可行,但前向需求跟踪可能因信息资料不全、遗漏、变更等原因容易受阻难行,甚至不可能。所谓全程双向需求跟踪是指从需求产生到需求实现的全过程,可进行正向(从需求到产品)需求跟踪,也可进行逆向(从产品到需求)需求跟踪。这种理念在需求决策后即需求开始实现以后明确可行,但在需求实现开始以前还没有产品时,这阶段的需求跟踪无论是正向还是逆向,都无法进行。只能跟踪需求关系,监视需求变更。两种需求跟踪理念的共同局限是它们都被限定在了产品的研发过程之内,即从需求产生到产品实物的过程。这一方面忽略或轻视了需求产生之前的问题信息和需要信息的跟踪,特别容易使后期开发的需求偏离问题和需要;另一方面,在产品投入使用后的使用期,特别是使用的初期,仍会出现两类问题:一是产品未能完全实现需求的问题,简称产品问题;二是由于环境或任务等变化,产品不能满足新的需求,即原需求落后的问题,简称需求问题。为了解决这些问题,本书研究一种新理念的装备需求跟踪——装备需求循环跟踪。

什么是装备需求循环跟踪呢?

(一)装备需求循环跟踪的定义

装备需求循环跟踪是军方或使用方与研制方联合,在装备问题开发期(装备实际使用期)→装备需要开发期→装备需求开发期→装备需求实现期→装备实际使用期(装备问题开发期)的一个循环之内,采集装备需求及相关信息,建立和标识装备需求及相关信息系统,适时准确监测、捕获、标识、记录并报告装备需求及相关信息变化及变化结果的一阶装备需求管理活动。

本装备需求循环跟踪定义有如下四个要点:

1.装备需求循环跟踪的主体

装备需求循环跟踪的主体是军方或使用方与研制方的联合体。即装备需求循环跟踪是由军方或使用方与研制方联合进行,仅靠任何一方都不能完全实现装备需求循环跟踪。这一点和某些软件需求跟踪文献中“以需求跟踪需求”的说法不同。

2. 装备需求循环跟踪的对象

装备需求跟踪的对象是装备需求及相关信息。具体包括:

(1)装备问题的性态和数量信息;

(2)装备需要的性态和数量信息;

(3)装备需求的性态和数量信息;

(4)装备问题之间的关系信息;

(5)装备需要之间的关系信息;

(6)装备需求之间的关系信息;

(7)装备问题与对应装备需要之间的关系信息;

(8)装备需要与对应装备需求之间的关系信息;

(9)装备需求与装备产品之间的关系信息;

(10)装备需求与实用装备之间的关系信息。

3. 装备需求循环跟踪的循环

装备需求循环跟踪的循环如图 12－2 所示。

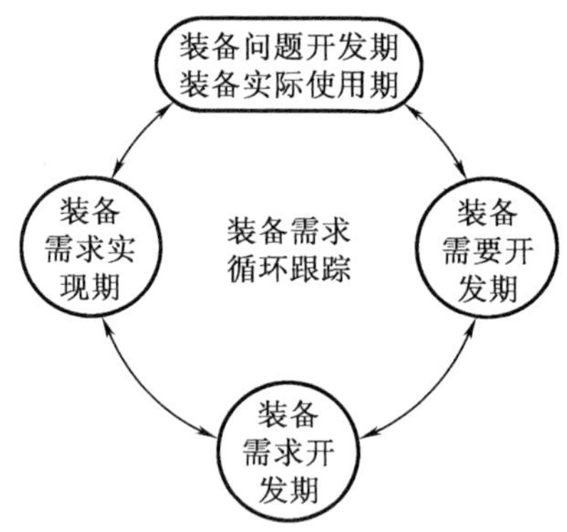

图 12－2　装备需求循环跟踪的循环

装备需求循环跟踪的循环由四个环节组成一个封闭回路:装备问题开发期(装备实际使用期)→装备需要开发期→装备需求开发期→装备需求实现期→装备实际使用期(装备问题开发期)。可在一个循环之内的任意两个环节之间进行双向跟踪。

4. 装备需求循环跟踪的活动

装备需求循环跟踪是一阶装备需求管理活动。其本质特征如下:

(1)采集装备需求及相关信息;

(2)建立和标识装备需求及相关信息系统；

(3)适时准确监测、捕获、标识、记录并报告装备需求及相关信息变化及变化结果。

(二)装备需求循环跟踪的目的

(1)提高装备需求开发的质量和效益；

(2)提高装备需求实现的质量和效益。

(三)装备需求循环跟踪的作用

(1)能提高装备需求及相关信息的动态系统性、完整性、准确性、正确性和一致性；

(2)可避免或减少装备需求及相关信息的歧义、误解、遗漏、偏差和矛盾等错误,以避免或减少返工和损失；

(3)为装备需求变更控制提供基础和便利；

(4)可及时捕获新产生的装备需求；

(5)为装备需求开发和事先的审核或检验提供依据和便利；

(6)为装备需求重复使用和利用提供便利；

(7)降低装备需求开发和事先的风险。

(四)装备需求循环跟踪的原则

1. 真实性原则

装备需求循环跟踪的真实性原则是指在装备需求循环跟踪活动中,要始终确保所跟踪的装备需求及相关信息是完全真实的。具体说来,就是既要确保所采集的装备需求及相关信息完全真实,也要确保所建立和标识的装备需求及相关信息系统完全真实,还要确保所监测、捕获、标识、记录并报告的装备需求及相关信息的变化及变化结果完全真实。

2. “三确”性原则

“三确”是正确、准确和明确的简称,正确既无错无误,准确是无偏无差,而明确是不模糊且无歧义。

装备需求循环跟踪的“三确”性原则是指在装备需求循环跟踪活动中,要始终确保所跟踪的装备需求及相关信息是正确、准确和明确的。为此,一要确保所采集的装备需求及相关信息正确、准确和明确；二要确保所建立和标识的装备需求及相关信息系统正确、准确和明确；三要确保所监测、捕获、标识、记录并报告的装备需求及相关信息的变化及变化结果正确、准确和明确。

3. 适时性原则

装备需求循环跟踪的适时性原则是指装备需求循环跟踪的各项活动都要选择在最佳(最恰当合适)时机进行。本原则表明,采集装备需求及相关信息要选择最佳时机,建立和标识装备需求及相关信息系统也要选择最佳时机,监测、捕获、标识、记录和报告装备需求及相关信息的变化和其变化结果更要选择最佳时机。

4. 系统性原则

装备需求循环跟踪的系统性原则是指在装备需求循环跟踪的各项活动中都要尽量提高装备需求及相关信息系统的整体性、结构性、层次性、开放性、协调一致性和有序性。这一原则表明,在采集装备需求及相关信息过程中就应当遵循系统性原则,在建立和标识装备需求及相关信息系统的过程中也要遵循系统性原则,而在监测、捕获、标识、记录和报告装备需求及相关信息的变化及变化结果过程中还要遵循系统性原则。

5. 完备性原则

装备需求循环跟踪的完备性原则是指在装备需求循环跟踪活动中,要始终确保所跟踪的装备需求及相关信息既无增生(增生是指装备需求及相关信息以外的多余内容被植入到装备需求及相关信息中的现象)又无遗漏。为此,一要确保所采集的装备需求及相关信息既无增生又无遗漏;二要确保所建立和标识的装备需求及相关信息系统既无增生又无遗漏;三要确保所监测、捕获、标识、记录并报告的装备需求及相关信息的变化及变化结果既无增生又无遗漏。

6. 灵敏性原则

装备需求循环跟踪的灵敏性原则是指在装备需求循环跟踪的各项活动中,对装备需求和相关信息及其变化和变化结果,都要感知敏捷、反应快速和处理恰当。

7. 循环性原则

装备需求循环跟踪的循环性原则是指装备需求循环跟踪的各项活动,可在一个循环之内的任意两个环节之间进行双向跟踪,但最终必须完成一个完整循环(封闭回路)跟踪,不留缝隙、漏洞和死角。

8. 效益性原则

装备需求循环跟踪的效益性原则是指装备需求循环跟踪必须在可能的条件下使装备需求循环跟踪效益最大化,也就是使装备需求开发和装备需求实现的总体质量和效益与装备需求跟踪的总成本之比最大化。

（五）装备需求循环跟踪的方法

1. 采集装备需求及相关信息的方法

（1）实时捕获法

所谓实时捕获法是指在装备需求一个循环之内的活动中，当装备需求及相关信息产生时，实时将其捕获的方法。

实时捕获法又可分为实时录音捕获法、实时声像捕获法和实时文档记录法。

①实时录音捕获法

实时录音捕获法就是在装备需求一个循环之内的活动中，当装备需求及相关信息产生时，实时对其进行录音从而将其捕获的方法。

②实时声像捕获法

实时声像捕获法就是在装备需求一个循环之内的活动中，当装备需求及相关信息产生时，实时对其进行声像录制从而将其捕获的方法。

③实时文档记录法

实时文档记录法就是在装备需求一个循环之内的活动中，当装备需求及相关信息产生时，运用文字和图表对其实时记录从而将其捕获的方法。

（2）检索法

所谓检索法是对已经产生并存储的装备需求及相关信息进行检索以采集装备需求及相关信息的方法。

检索法又可分为系统检索法和按需检索法。

①系统检索法

系统检索法是对已经产生并存储的装备需求及相关信息完整有序地进行检索以采集装备需求及相关信息的方法。

②按需检索法

按需检索法是对已经产生并存储的装备需求及相关信息按检索者需要进行检索以采集装备需求及相关信息的方法。

2. 建立和标识装备需求及相关信息系统的方法

（1）建立装备需求及相关信息系统的方法

①原生进化法

所谓原生进化法，是指在装备需求循环跟踪的一个循环之内，按照装备需求及相关信息的生成规律、原生结构和进化规律逐步建立并完善装备需求及相关信息系统的方法。

原生进化法适用于没有可重复使用或借鉴的装备需求及相关信息资料，无法构建装备需求及相关信息系统框架的情况。

原生进化法的关键步骤:

a. 确定装备需求及相关信息的基本单元

装备需求及相关信息的基本单元就是装备需求及相关信息不能再分解的最小的装备需求及相关信息项。如最基本的性能指标就是装备需求及相关信息的基本单元。本要点就是要确定有哪些装备需求及相关信息的基本单元,这些单元的内容是什么,各处于什么状态。

b. 建立装备需求及相关信息各基本单元之间的关系

关于建立装备需求及相关信息各基本单元之间的关系方法,可以借鉴软件需求管理和需求工程研究成果。如需求跟踪矩阵、交叉引用、超链接、集成文档、关键语依赖、丰富需求跟踪、利用语义模型的需求跟踪、动态需求跟踪等。

c. 绘制装备需求及相关信息系统图

根据图论知识和前两个步骤的结果,绘制出装备需求及相关信息系统图。这个图就是装备需求及相关信息系统的系统模型。这一步也可叫作构建装备需求及相关信息系统的系统模型。

d. 构建装备需求及相关信息系统的计算机辨识处理模型

在 c 步的基础上,将装备需求及相关信息系统模型变换为计算机能够辨识和处理的模型,即可得到装备需求及相关信息系统的计算机模型。

e. 编制调试装备需求及相关信息系统的程序

编制调试装备需求及相关信息系统的程序,直到满意为止。

②框架充改法

框架充改法是依据已实现的同类可借鉴重用的装备需求及相关信息的生成规律、系统结构和进化规律,先构建出本型装备需求及相关信息系统的框架,再在装备需求循环跟踪的一个循环之内分阶段逐步填充和改进,从而建立装备需求及相关信息系统的方法。

框架充改法适用于有可重复使用或可借鉴的装备需求及相关信息资料,可构建装备需求及相关信息系统框架的情况。

框架充改法的关键步骤:

a. 检索已实现的同类可借鉴重用的装备需求及相关信息资料

根据有限的本型装备需求及相关信息特点,在已存装备需求信息数据资料库中,检索已实现的同类可借鉴重用的装备需求及相关信息资料。

b. 分析研究检索资料的生成规律、系统结构和进化规律

对检索得到的同类可借鉴重用的装备需求及相关信息资料进行研究分析,得出其生成规律、系统结构和进化规律。

c. 构建本型装备需求及相关信息系统框架

依据同类可借鉴重用的装备需求及相关信息资料的生成规律、系统结构和进化规律,结合本型装备需求及相关信息特点,构建本型装备需求及相关信息系统框架。

d. 在一个循环之内分阶段逐步填充和改进

在装备需求循环跟踪的一个循环之内,分阶段逐步填充和改进,直到建成一个完整的装备需求及相关信息系统。

(2)标识装备需求及相关信息系统的方法

①状态标识

状态标识是对装备需求及相关信息的每一项和单元所处的实际状态实时进行标记的活动。

在一般情况下,应进行如下状态标识:

a. 装备问题状态标识

应标识的装备问题状态有提出、分析、确立、放弃、注销、待转、已转;待解决、部分解决、完全解决。

各状态定义见表12－1。

表12－1　装备问题状态标识

状态	定义
提出	该装备问题已被有相应权限的人或组织提出。
分析	该装备问题处于被分析的状态。
确立	该装备问题已被确定成立。
放弃	该装备问题已被放弃。
注销	该装备问题已被注销。
待转	该装备问题待转变为对应装备需要。
已转	该装备问题已经转变为对应的装备需要。
待解决	该装备问题正待解决。
部分解决	该装备问题已部分解决,还有另一部分未解决。
完全解决	该装备问题已经完全解决。

b. 装备需要状态标识

应标识的装备需要状态是:产生、提出、分析、确定、否决、注销、待转、议修、已转。

各状态定义见表12－2。

表 12 –2　装备需要状态标识

状态	定义
产生	该装备需要已经产生,即由对应的装备问题转变而来
提出	该装备需要已被有相应权限的人或组织提出
分析	该装备需要处于被分析的状态
确定	该装备需要已被确定
否决	该装备需要已被否决
注销	该装备需要已被注销
待转	该装备需要待转变为对应装备需求
议修	该装备需要处于被商议修改的状态
已转	该装备需要已经转变为对应的装备需求

c.装备需求状态标识

应标识的装备需求状态有:产生、提出、分析、综合、评价、批准、否决、注销、未实现,部分实现、完全实现;未实验验证、部分实验验证、完全实验验证、未实用验证、部分实用验证、完成实用验证。

各状态定义见表 12 –3。

表 12 –3　装备需求状态标识

状态	定义
产生	该装备需求已经产生,即由对应的装备需要转变而来
提出	该装备需求已被有相应权限的人或组织提出
分析	该装备需求处于被分析的状态
综合	该装备需求处于被综合的状态
评价	该装备需求处于被评价的状态
批准	该装备需求已经被批准
否决	该装备需求已被否决
注销	该装备需求已被注销
未实现	该装备需求未实现
部分实现	该装备需求已经部分实现

表 12－3(续)

状态	定义
完全实现	该装备需求已经完全实现
未实验验证	该装备需求未实验验证
部分实验验证	该装备需求已部分实验验证
完全实验验证	该装备需求已完全实验验证
未实用验证	该装备需求未实用验证
部分实用验证	该装备需求已部分实用验证
完成实用验证	该装备需求已完成实用验证

②关系标识

关系标识是对装备需求及相关信息各项关系和各单元的关系实时进行标记的活动。

由前述装备需求循环跟踪对象可知,需要标识的关系有装备问题之间的关系、装备需要之间的关系、装备需求之间的关系、装备问题与对应装备需要之间的关系、装备需要与对应装备需求之间的关系、装备需求与装备产品之间的关系和装备需求与实用装备之间的关系。这些关系可概括为五种:同族辈分关系、族间对应关系、定量函数关系、检验关系和验证关系。

a. 同族辈分关系标识

同族(包括装备问题族、装备需要族和装备需求族)辈分关系,可用族辈码关系符进行标识。

所谓族辈码关系符就是由两个族辈码之间加短线"－"构成的符号。

每一个族辈码由一个族代码和填在各对应辈位的一组辈代码组成。族代码可用一个英文字母表示。例如,可设装备问题族、装备需要族和装备需求族的族代码分别为 W、Y 和同 Q。族代码后的第 1 位表示第 1 辈,第 2 位表示第 2 辈……第 i 位表示第 i 辈……第 n 位表示第 n 辈。位数越少辈分越高。只有一位的就是最高辈分。填在第 i 位辈代码 j 表示该辈的第 j 个装备问题(或装备需要,或装备需求),当同辈最大分支个数小于 10 时,辈代码可用数字表示,如果同辈最大分支个数大于等于 10 而小于等于 26 时,辈代码可用英文字母表示。

例如,族辈码关系符 Q13－Q13252 表示装备需求族的第 1 辈的第 1 个装备需求下一辈的第 3 个装备需求与其下一辈的第 2 个装备需求的下一辈的第 5 个装备需求的下一辈的第 2 个装备需求之间的关系。其中 Q13 辈分较高,而 Q13252 辈分较低。

族辈码关系符标识法适用于标识装备问题之间的关系、装备需要之间的关系和装备需求之间的关系。

b. 族间对应关系标识

族间(装备问题族与装备需要族之间、装备需要族和装备需求族之间)对应关系,可用族间码关系符进行标识。

所谓族间码关系符,就是由一个族的族辈码与另一个与之有对应关系族的族辈码之间加波浪线“~”构成的符号。

在任一族间码中,每个族辈码的意义都如前所述,而波浪线“~”表示对应关系。

例如,族间码关系符 Y12432~Q12432 表示装备需要族的第 1 辈的第 1 个装备需要,下一辈(第 2 辈)的第 2 个装备需要,下一辈(第 3 辈)的第 4 个装备需要,下一辈(第 4 辈)的第 3 个装备需要,下一辈(第 5 辈)的第 2 个装备需要,与装备需求族的第 1 辈的第 1 个装备需求,下一辈(第 2 辈)的第 2 个装备需求,下一辈(第 3 辈)的第 4 个装备需求,下一辈(第 4 辈)的第 3 个装备需求,下一辈(第 5 辈)的第 2 个装备需求具有对应关系。

族间码关系符标识法适用于标识装备问题与装备需要之间的对应关系和装备需要与装备需求之间的对应关系。

c. 定量函数关系标识

当某两个装备性能指标需求相关时,如果可建立其相关函数,则可用该函数作为其定量函数关系标识符。

d. 检验关系标识

检验关系标识主要用于装备需求实现阶段装备需求与装备产品之间的关系标识。因为对应装备产品不便写或画在需求信息系统之中,所以,此类标识可转换为装备需求状态标识。见前述装备需求状态标识中的“未实现”“部分实现”和“完全实现”。

e. 验证关系标识

验证关系标识主要用于装备实验和装备实用阶段装备需求与实用装备之间的关系标识。与检验关系情况相同,此类标识也可转换为装备需求状态标识。见前述装备需求状态标识中的“未实验验证”“部分实验验证”“完全实验验证”“未实用验证”“部分实用验证”和“完全实用验证”。

3. 跟踪装备需求及相关信息变化及变化结果的方法

(1)实时跟踪法

实时跟踪法是在装备需求循环跟踪的一个循环之内的各一阶装备需求活动中,实时准确地监测、捕获、标识、记录并报告装备需求及相关信息的变化及变化结果。

关于变化及变化结果有两点需要特别注意：一是变化和变化结果，是指装备需求及相关信息内容、关系和状态三方面的变化和变化结果；二是变化及变化结果既包括装备需求决策批准颁行前装备需求开发过程中装备需求的演化，也包括装备需求决策批准颁行后装备需求实现过程中的装备需求的变更。

(2)检索跟踪法

检索跟踪法是在装备需求循环跟踪的一个循环之内，对已经产生并存储的装备需求及相关信息变化及变化结果进行检索的跟踪方法。

四、装备需求变更控制

(一)装备需求变更控制的概念

1. 装备需求变更

(1)装备需求变更的定义

装备需求变更是经决策批准后的装备需求内容被改变或被变动的现象。

例表 12 - 1，军方或使用方因装备问题变化，或者是在研制方启发建议之下，提出申请并经审核批准后，使装备需求某些内容发生的改变或变动，就是装备需求变更。

例表 12 - 2，研制方工程技术人员出于好心，未经允许或批准就改动了决策批准后的装备需求，或者是不经意地增加或遗漏了某项装备需求，也是装备需求变更。

必须注意的是，装备需求变更与装备需求变化是两个既有联系又有区别的不同概念。装备需求变更属于装备需求变化，是特殊的装备需求变化。不是所有的装备需求变化都是装备需求变更。在决策批准之前的装备需求的变化不是装备需求变更，是正常的装备需求演化。

(2)装备需求变更的种类

①按照装备需求变更是否符合装备需求变更规定划分，装备需求变更可分为正规装备需求变更和违规装备需求变更。

正规装备需求变更是指遵循装备需求变更规定并被批准执行的装备需求变更。如表 12 - 1 所述装备需求变更就是正规装备需求变更。违规装备需求变更是违反或不符合装备需求变更规定的装备需求变更。如表 12 - 2 所述装备需求变更就是违规装备需求变更。

②按照装备需求变更效益划分，装备需求变更可分为正效装备需求变更、零效装备需求变更和负效装备需求变更。

任一装备需求变更,总会带来收益,同时也要支付成本费用并带来损失,这两项加在一起称为支出。如果所获收益大于支出,则称为正效装备需求变更;若所获收益等于支出,则称为零效装备需求变更;如果所获收益小于支出,则称为负效装备需求变更;

(3)装备需求变更的特点

①必然性

装备需求变更的必然性是指装备需求变更是必然、不可避免和不能回避的。

之所以装备需求变更具有必然性,一是因为装备问题环境和装备问题在装备需求决策批准后会发生变化;二是军方或使用方的人员的感知能力和水平,以及对装备需求对象的期望性态和数量也会发生变化;三是研制方人员对装备需求的感知和认识会发生变化;四是研制方人员在实现装备需求的过程中会发现可实现的装备需求性态与决策批准的不同(或高或低,或多或少);五是研制方人员会在不经意间增生、遗漏或改变决策批准的装备需求。

②间歇突变性

装备需求变更的间歇突变性是指装备需求变更不是连续渐变,而是每间隔一段时间突然变化一次。

装备需求变更具有间歇突变性的根本原因有两个:一是装备问题的变更是间歇突变的;二是研制方人员实现装备需求的问题也是间歇突发的。

③关联性

装备需求变更的关联性是指每一次的装备需求变更都不是孤立的,总是要引起与其直接和间接相关联的装备需求发生相应变更。

理由很简单,因为装备需求是互相联系的,所以,装备需求的变更也必然互相关联。

④益损性

装备需求变更的益损性是指任何一次装备需求变更,都会在带来一定收益的同时带来一定的损失。而且损失总是随着装备需求实现的进度越来越大。

装备需求变更与开发阶段的装备需求变化不同,因为装备需求的实现工作已经展开,每一次装备需求的变更都会导致一系列的装备需求实现工作作废,并且要重新再做。所以,不仅变更装备需求本身的成本增高,而且所带来的损失也很大。这一点与软件需求变更不同,软件需求变更的损失相对较小,而每型装备需求的实现,都要投入巨额资金才能得以实现。如果到装备需求实现的后期,还要进行装备需求的变更,则必然带来巨大的损失。正因如此,装备需求的变更必须严加控制。

⑤两极性

装备需求变更的两极性是指装备需求变更既有正规装备需求变更，也有违规装备需求变更；既有正效装备需求变更，也有零效装备需求变更；还有负效装备需求变更。

切不可认为所有的装备需求变更都是好的、对的，或都是不好的、错的。正因装备需求变更具有两极性，才显出装备需求变更控制的必要性和重要性。装备需求变更控制就是要尽量使所有的装备需求变更都成为正规装备需求变更，最大限度杜绝违规装备需求变更；尽量使每一次装备需求变更都是正效且高效的装备需求变更，尽可能杜绝零效、负效和低效的装备需求变更。

⑥不可预测性

装备需求变更的不可预测性是指任何一次装备需求变更的时间、内容、结果都是不可能预测的。

正因装备需求变更具有不可预测性，才有装备需求变更的必然性。如果装备需求变更可以或可能预测，则所有的装备需求变都可以避免。因为无论是军方或使用方还是研制方，主观上都因为装备需求变更会带来损失而不希望进行装备需求变更。

⑦可控性与难控性

装备需求变更可控性与难控性是指装备需求变更是既可以控制，又难以控制的。

之所以说装备需求变更是可控的，理由一是正规装备需求变更都是由军方或使用方与研制方的相关人员提出、分析、审核、评估和决定的，且装备需求变更的影响范围、程度、收益和支出是可以分析的；理由二是违规装备需求变更渠道和现象是可以尽量减少或避免的。

装备需求变更之所以难控，是因为违规装备需求变更的杜绝是很难的，而且正规装备需求变更的影响分析、收益和损失分析也是很难的。所以装备需求变更是既可以控制的，又难以控制的。

2. 装备需求变更控制

(1)装备需求变更控制的定义

装备需求变更控制是指装备需求变更控制者为使装备需求变更正规高效，对装备需求变更进行监测、分析权衡、评价审核并筛正止违的一阶装备需求管理活动。

(2)装备需求变更控制的特点

①装备需求变更控制的主体

装备需求变更控制的主体是装备需求变更控制者，既可以是一个集体(组织机构),也可以是一个群体。一般由军方或使用方与研制方的装备需求决策者和有关专业人员组成。当然也可仿照软件需求变更控制,成立所谓"变更控制委员会"。装备需求变更控制的主体,对装备需求变更控制应当具有专业性、预见性和权威性。

②装备需求变更控制的目标

装备需求变更控制的目标是"使装备需求变更正规高效"。很明显,在装备需求变更不可避免的条件下,最优的选择就是使装备需求变更既正规又高效。究竟效益达到多少才算高效,由军方或使用方与研制方合组的变更控制者研究、权衡和商议,达成共识才能决定。

③装备需求变更控制的对象

装备需求变更控制的对象是"装备需求变更"。

④装备需求变更控制的活动

装备需求变更控制的活动是"对装备需求变更进行监测、分析权衡、评价审核并筛正止违"。这是装备需求变更控制的关键或核心。

a. 监测

对装备需求变更的监测,是获取装备需求变更信息的活动。一方面要监测正规的装备需求变更;另一方面,也是更重要的方面是要监测违规的装备需求变更,以便把违规的装备需求变更消灭在萌芽状态。

b. 分析权衡

首先应进行的是装备需求变更性质分析,即判断该装备需求变更是正规的还是违规的。如果是违规的则转筛正止违法活动处置;如果是正规的,再对其影响范围、程度,以及收益和损失进行分析权衡。

c. 评价审核

在分析权衡的基础上,对正规装备需求变更进行综合评价审核。判断其效益高低,确定预期高效范围,并判定该变更是负效、零效、还是高效(在预期高效范围之内),或者得出其在与不在预期高效范围的概率,最后决定其是否高效装备需求变更。

d. 筛正止违

所谓筛正止违,是对正规装备需求变更进行筛分,若装备需求变更高效则允许或放行;而装备需求变更低效则否决或堵截。对违规装备需求变更则进行防止、堵截、叫停并适当处罚。

⑤装备需求变更控制的所属

装备需求变更控制属于一阶装备需求管理活动。既然是一阶装备需求管理活动,就必然是一个一阶装备需求管理过程。

(二)装备需求变更控制的作用

(1)可最大限度减少损失

因为装备需求变更不可避免,且每一装备需求变更必然带来损失,如果不进行装备需求变更控制,则随意的装备需求变更势必带来巨大损失。这是已被软件需求变更和装备需求变更实践证明了的事实。而装备需求变更控制的目标是使装备需求变更正规高效,因此,装备需求变更控制可以最大限度减少损失。

(2)可最大限度减少进度拖延

如果不进行装备需求变更控制,则所有可能的装备需求变更都会无休止无限制的发生,这样不仅会带来巨大的损失,而且会使装备研制(装备需求实现)的进度一拖再拖,甚至无限期拖延。而装备需求变更控制可视情否决那些不必要和应该的装备需求变更,所以,可最大限度减少装备研制进度拖延。

(3)可最大限度降低新增风险

随着装备需求变更的增加,由新装备需求理解偏差和新装备需求实现偏差等造成的新的研制风险也随之增加。因装备需求变更控制可以否决那些风险大的装备需求变更,因而可以最大限度降低新增风险。

(三)装备需求变更控制原则

1. 正规原则

装备需求变更控制的正规原则是指要尽量杜绝和禁止一切违规装备需求变更,使装备需求变更只有唯一的通道:正规装备需求变更。

2. 高效原则

装备需求变更控制的高效原则是只批准通过正规高效的装备需求变更,否决禁止任何低效、零效或负效的装备需求变更。

3. 预测防控原则

装备需求变更控制的预测防控原则是在提前预测的基础上对装备需求变更进行防控的原则。一方面要尽量在装备需求决策批准之前进行研究预测装备需求决策后可能出现的新情况、新问题、新变化,以及由此而引发的可能的装备需求变更,并将其纳入装备需求信息,从而防止或减少装备需求决策批准后的正规装备需求变更;另一方面,对违规装备需求变更,也要提前预测,层层设防。

预测防控实质上是一种前馈控制,体现的是防重于治的思想。

4. 及时果断原则

装备需求变更控制的及时果断原则是进行装备需求变更控制必须及时而果断。一方面,杜绝和禁止违规装备需求变更要及时果断;另一方面,正规装备需求变更控制也要及时果断。

因为如果装备需求变更控制不及时果断,就会因拖延而带来不应有的损失。所以,装备需求变更控制必须遵循及时果断原则。

5. 警戒带控制原则

多年来的软件需求实践和理论研究所得出的成功经验是:基线控制,或版本控制。这对软件需求的变更控制是十分有效的,但对装备需求变更控制而言,就不合适了。首先,装备需求不存在版本,只有型号;其次,装备需求不只是软件,既有软件,也有硬件。而且硬件比例特别大,改动变更难度大,时间长,费用多,损失大;再次,装备需求对应的实物装备系统层次多,结构复杂,其论证、设计、研制、试验等既费时,又费力,还费钱,一旦半途而废,其损失巨大。所以,基线控制原则不适用于装备需求变更。本书针对装备需求变更的特点,经长期研究,提出警戒带控制原则。

所谓警戒带控制原则,是将装备需求实现(装备研制)全过程内的论证或准备、方案、工程研制、设计定型和生产定型五个阶段分别对应设置为灰色、蓝色、黄色、橙色和红色五个级别的警戒控制带,从而对装备需求变更进行分级严控的原则。

警戒带控制示意图如图 12 -3 所示。

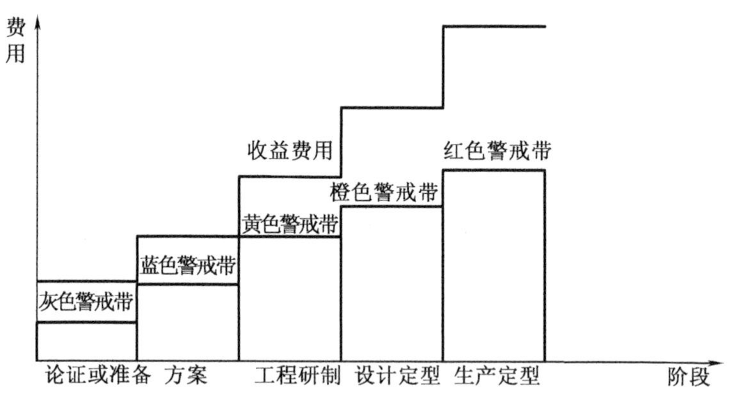

图 12 -3 警戒带控制示意图

图中各色警戒带上沿横线表示该阶段变更造成的可能成本加损失的最高费用。黑线表示对应变更收益费用。收益费用必须远高于成本加损失费用的正规装备需求变更才能批准通过。由图可知,装备需求变更造成的成本加损失最高费用随着装备需求实现(装备研制)的进度逐阶段跃增,对应正规装备需求变更的批准通过门槛(装备需求变更收益或效用)也相应增高。这警示那些有装备需求变更愿望者,达不到门槛就不要申请;同时也表明,大量低于相应批准通过门槛的装备需求变更将被否决。这表明警戒带控制原则是专门为装备需求变更控制量身定制的。

6. 激励奖惩原则

装备需求变更控制的激励奖惩原则是对所有装备需求工作人员及相关人员进行各种激励;对那些在装备需求变更控制过程中做出贡献的人员进行适当奖励;对在装备需求变更控制过程中酿成损失的人员进行必要地惩罚。

(四)装备需求变更控制规定

(1)在装备需求经决策批准之后,任何人未向装备需求变更控制机构(如装备需求变更控制委员会)申请并获得批准,不得变更装备需求任何内容。有违反者,根据其所酿成的损失给予相应处罚。

(2)在装备需求经决策批准之后,任何人员要更改装备需求内容,必须向装备需求变更控制机构(如装备需求变更控制委员会)提出申请,经批准通过后方可进行相应装备需求变更。

(3)装备需求变更控制机构(如装备需求变更控制委员会)必须坚持经常对装备需求变更信息进行监测,及时捕获装备需求变更信息,及时果断禁止并处置一切违规装备需求变更。

(4)装备需求变更控制机构(如装备需求变更控制委员会)在接到装备需求变更申请之后,必须及时对该装备需求变更的影响范围、影响程度、预期效益或效用、所需求成本和造成的损失等进行认真慎重分析权衡,在此基础上组织有关专家和权威人员进行评价审核,最后,根据评价审核的结果进行裁决。裁决的结果有两种:批准或否决。若经否决后仍然进行了装备需求变更,按违规装备需求变更论处。

(5)凡在装备需求变更控制过程中做出贡献(即避免了重大损失或带来重大效益)的人员,根据其贡献大小给予相应的奖励。

(五)装备需求变更控制流程

装备需求变更控制流程如图 12 -4 所示。

(1)变更信息监测;

(2)判断是否监测到变更信息,是则转 3;否则返回 1;

(3)判断是否为正规变更,是则转 6;否则转 4;

(4)禁止变更;

(5)处罚警示;

(6)变更申请；
(7)分析权衡；
(8)评价审核；
(9)判断变更是否高效，是则转12；否则转10；
(10)变更否决；
(11)变更取消；
(12)变更批准；
(13)变更执行。

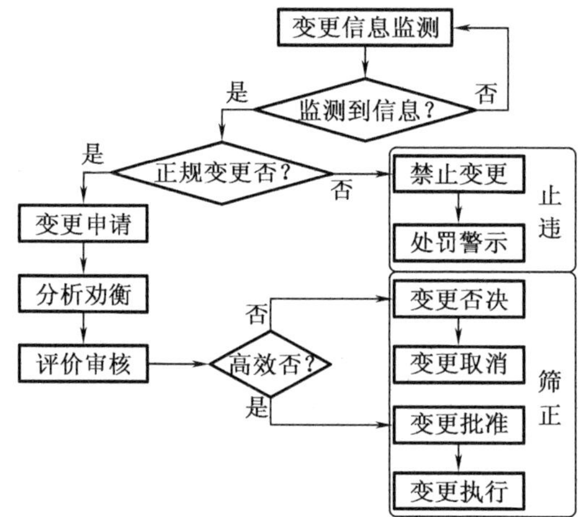

图12－4　装备需求变更控制流程图

第二节　二阶装备需求管理

由本书第四章已知，二阶装备需求管理是军方或使用方与研制方联合对一阶装备需求活动所进行的计划、组织、指挥、协调和控制的二阶装备需求活动。因此，本节研究内容分为装备需求活动计划、装备需求活动组织、装备需求活动指挥、装备需求活动协调和装备需求活动控制五个部分。

一、装备需求活动计划

(一)装备需求活动计划的概念

1. 装备需求活动计划的定义

装备需求活动计划是指装备需求活动管理者预先策划设计一阶装备需求活动方案的二阶装备需求管理活动。

例如,军方或使用方与研制方的装备需求管理人员联合讨论研究,预先策划设计了某型新装备的装备需求获取活动方案。这一二阶装备需求管理活动就是装备需求活动计划。

2. 装备需求活动计划的特性

(1)目的性

所谓目的性是指任一装备需求活动计划都具有目的,且整个计划都是为了实现目的而策划设计的。没有目的的装备需求活动计划是不存在的。

一般情况下,装备需求活动计划的目的都是一个目的系统。因为任一装备需求活动计划都是一个事件系统。其中每一事件都有其相应的目标。装备需求活动整体的总目标就对应该装备需求活动计划的总目的;各事件的目标对应该装备需求活动某一子计划的目的。

装备需求活动计划的目的性可用来检验一个计划的好坏。如果一个装备需求活动计划偏离其目的,这个计划就不是一个好计划。如果一个计划背离其目的,就是一个差的计划。背离越远,就越差。

(2)预先性

预先性是指任一装备需求活动计划的策划设计都是在该装备需求活动之前预先进行的。

预先性包括预测性、预筹性、预设计性和预备性。

①预测性

预测性是指凡是装备需求活动计划都必然要对将来的装备需求活动(目标、任务、方法、手段、人员、环境、资源、时间、进度、费用和效果等)进行预先估计和测量。

法国著名管理学家亨利·法约尔说过:“管理应当预见未来”,“预测,即表示对未来的估计,也表示为未来做准备。因此,预测本身已经是开始行动了。”中国人也都知道:“凡事豫(预)则立,不豫(预)则废。”这既说明了计划的重要,也揭示了预测的重要。

②预筹性

预筹性是指凡是装备需求活动计划都必然要对将来的装备需求活动方案进行预先运筹和谋划。

预测是对客观情况的预先估计和测量，而预筹则是在预测的基础上，发挥主观能动性，预先运筹和谋划将来的装备需求活动方案。预筹性所有装备需求活动计划普遍存在的。但预筹的效果，因预筹的能力和水平等差异而各不相同。

③预设计性

预设计性是指任何装备需求活动计划都必然要对将来的装备需求活动方案进行预先设计。

预设计是在预筹的基础上，将预筹的思想、智慧、谋略、方法、手段等详细、明确且准确地以文件形式预先落实形成将来的装备需求活动方案。预设计一般都要形成相应的装备需求活动计划文件，而预筹则不形成计划文件。

④预备性

预备性是指任何装备需求活动计划都应当对将来装备需求活动可能发生的变化进行预先的准备。

预备性要求的是：在预测的基础上既要预备足够的资源（人、财、物、信息等），也要预备必要的方法和工具等，有时还要预备必要的预案。

（3）策划设计性

策划设计性是指任一装备需求活动计划所进行的活动都是策划设计。这是装备需求活动计划的本质特性。

策划就是运筹、筹划和谋划。设计的含义同上述预设计。

（4）系统性

系统性是指任何装备需求活动计划所形成的方案都具有系统的时空性、层次性、多元性、相关协同性和有序性。

时空性是指任何装备需求活动计划方案必然包含各项基本活动的时间和空间信息，也就是何时做、在哪做的信息。

层次性是指任何装备需求活动计划方案必然具有若干层次。

多元性是指任何装备需求活动计划方案的整体或一项基本活动所包含的因素都是有限多个。如一项基本活动的因素都包括目标、任务、方法、手段、人员、环境、资源、时间、进度、费用和效果等。

相关协同性是指任何装备需求活动计划方案的各项基本活动之间具有相互关联和互相协同的关系。

有序性是指任何装备需求活动计划方案的各项基本活动都是按预定进程和顺序进行的。

(5)引导约束性

引导约束性是指任何装备需求活动计划方案对相应的装备需求活动具有引导和约束作用。即活动是在计划的引导下展开进行,同时,活动又受到计划的约束,不能随意改变计划。

(6)应变性

应变性是指任何装备需求活动计划都应当在预测相应活动和环境变化的基础上,策划设计出应对这些变化的手段、措施、方法和资源等。有时应变性也可称为弹性。

3. 装备需求活动计划的类型

(1)按一阶装备需求活动类型划分

装备需求活动计划可分为

①一阶装备需求开发活动计划;

②一阶装备需求管理活动计划。

一阶装备需求开发活动计划又可细分为

a. 装备需求生成计划;

b. 装备需求获取计划;

c. 装备需求描述计划;

d. 装备需求分析计划;

e. 装备需求综合计划;

f. 装备需求评价计划;

g. 装备需求决策计划。

一阶装备需求管理活动计划也可细分为

a. 装备需求存储计划;

b. 装备需求检索计划;

c. 装备需求循环跟踪计划;

d. 装备需求变更控制计划。

(2)按一阶装备需求活动层次划分

按一阶装备需求活动层次划分,装备需求活动计划可分为装备需求活动总计划,第一分层装备需求活动计划,第二分层装备需求活动计划……装备需求基本活动计划。

(二)装备需求活动计划的结构

装备需求活动计划的结构是装备需求基本活动各元素及其相互关系和各装备需求活动之间的相互关系。

所谓装备需求基本活动是只含一个不能再分解事件的装备需求活动。它不能再分解成两个或两个以上的装备需求活动。

装备需求基本活动各元素及其相互关系是对应装备需求基本活动的结构。

在以往的管理学文献中,都将计划内容概括为"5W1H",即 What(做什么?目标与内容)、Why(为什么做?原因)、Who(谁去做?人员)、Where(在哪里做?地点)、When(何时做?时间)和 How(怎样做?方式、手段)。其实,"5W1H"表达的是管理基本活动计划的六个基本元素,不是内容。但其后的每个注解中,都有一个"做"字。这个"做"本应是该管理基本活动计划结构的核心和灵魂,因为只有"做"是体现活动性质的动词,且又是 6 个基本元素之间的关系。没有它,"5W1H"只是 6 个基本元素,形不成结构;"5W1H"与它结合,就不仅仅是 6 个基本元素,而是形成了管理基本活动计划的结构。但"做"却没有出现在"5W1H"的案面上,只是隐藏在每个元素的注解中。本书为"做(Do)"正名复位,把其放在"5W1H"之中,将其变为"5W－D－H",表示装备需求基本活动计划的结构。如图 12－5 所示。

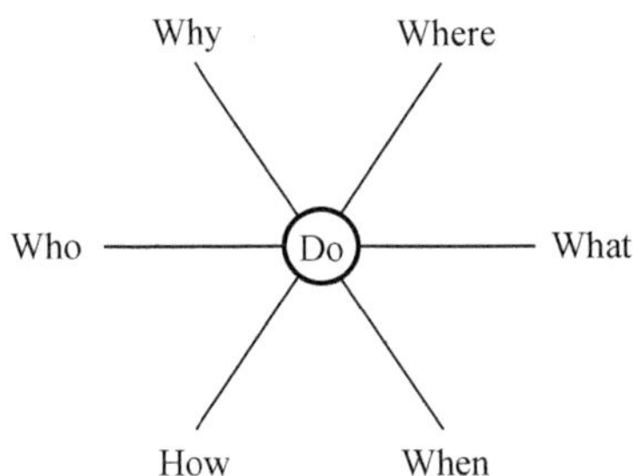

图 12－5　装备需求基本活动计划的"5W－D－H"结构

装备需求基本活动计划的"5W－D－H"结构中,各单词的含义如下:

Do 表示做。对于具体的某一装备需求基本活动计划,它应当演变为具体的活动名称,如"讨论""分析""商议"等。演变后的活动名称一定要明确活动的性质和类型。

What 表示装备需求基本活动任务内容、目标和要求。

Who 表示从事活动的主体,即人员。对于具体的某一装备需求基本活动计划,应明确到每一个人员,既要明确每个人的任务分工和责任,又要建立这些人员在这次活动中的组织,明确协同关系,形成一个人员结构,并应指定负责人。

Why 表示装备需求基本活动的动因或必要性。

Where 表示装备需求基本活动的环境。包括自然空间环境、社会环境、物资、材料、信息和经费等资源环境。不要再单纯理解成地点了!

When 表示装备需求基本活动的时间域。即包括开始时间、结束时间和时间间隔。

How 表示装备需求基本活动的方式、方法步骤、措施、途径、手段、设备、工具等。

一个装备需求活动计划的结构是由若干不同的“5W－D－H”结构组成的树。如图 12－6 所示。

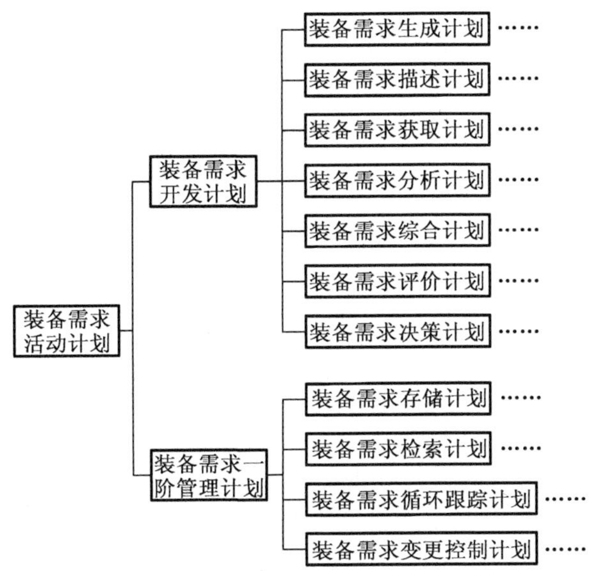

图 12－6　装备需求活动计划树

（三）装备需求活动计划的原则

1. 目标牵引原则

所谓目标牵引原则是指在策划设计装备需求活动计划过程中和所策划设计的方案都要以装备需求活动的目标为牵引。即首先明确活动目标、内容、预期效果、标准指标和要求，然后以目标牵引其他。

2. 动机激励原则

动机是“激发和维持有机体的行动，并使该行动朝向一定目标的心理倾向或内部驱力。美国心理学家伍德沃斯 1918 年最早应用于心理学，被认为是决定行为的内在动力。具有三方面功能：(1)激发功能，激发个体产生某种行为；(2)指向功能，使个体的行为指向一定的目标；(3)维持和调节功能，使个体的行为维持一定的时间，并调节行为的强度和方向。”

动机激励原则是指在策划设计装备需求活动计划过程中和所策划设计的方案必须注重激发该活动主体人员的动机,并激励主体人员为实现目标而齐心协力。

3. 宏微循环原则

宏微循环原则是指装备需求活动计划的策划设计要按照从宏观→微观→宏观的顺序循环进行,多次修改完善,保证全局、局部和微观细节都不出纰漏。

4. 周密有序原则

周密有序原则是指装备需求活动计划的策划设计和所策划设计的装备需求活动方案都必须周密有序。

周密就是要在时间上,要总结过去,把握现在,预测和应对未来;在空间上,不漏掉任何一点、任何一面和任何一个区域;在元素上,做到一个元素都不能少。有序就是要使各项活动按部就班,动静有序。

5. 优效配置原则

优效配置原则是在策划设计装备需求活动计划过程中对所拥有的有限资源进行效益或效用最优化配置。即在所有各项资源配置方案中,选择全局效益或效用最优化的方案。

6. 分工协同原则

分工协同原则是装备需求活动计划既要对装备需求活动的主体(人员)进行科学分工,又要使其在装备需求活动期间密切协同,团结协作,形成合力。

7. 方法恰当原则

方法灵活原则是指在装备需求活动计划的策划设计方法和所策划设计的活动方案中各项装备需求活动的方式、方法、手段、途径等都必须恰当灵活。

8. 军研联合原则

军研联合原则是指装备需求活动计划的策划设计和方案中的各项装备需求活动都需要军方或使用方与研制方联合进行。

9. 弹性应变原则

弹性应变原则是指装备需求活动计划要具有必需足够的弹性,确保其能适应未来情况的变化。

(四)装备需求活动计划的流程

1. 选择层数

选择所策划设计计划的层数。依据宏微循环原则,一般是先宏观,后微观,再宏观……直到满意为止。首次一般都是先选顶层的装备需求活动总计划。之所以称为选择层数,一方面是为了遵循宏微循环原则,以便从顶层到底层之后,再返回到顶层;另一方面,方便策划设计者在特殊情况下,可按自己的意愿返回到某一层检索或修改。

2. 总结过去、调研当前、预测未来

总结过去与本次装备需求活动有关的历史经验和教训,调查研究当前有关人员、物资、信息、资金、环境等情况,预测相关的未来情况,为下一步确立目标做好充分准备、奠定基础。

3. 确立目标

在上一步的基础上,确立本层装备需求活动目标,制订相应标准、指标和要求。并反复检查,循环修改,直到满意,再转下一步。

4. 确定活动

根据本层目标,确定实现该目标所必须进行的本层各项活动。并反复检查,循环修改,直到满意,再转下一步。

5. 策划设计备选方案

根据目标和实现目标的各项活动,遵循装备需求活动计划原则,策划设计本层装备需求活动方案。其中,每一项活动计划都应按"5W－D－H"结构进行策划设计。策划设计过程中要反复检查、研究和修改,直到满意再转下一步。

6. 备选方案评审

对本层装备需求活动方案进行全面评价审查,并对方案进行反复修改,直到满意,再转下一步。

7. 优先方案

在评审通过的各项方案中,择优选定最佳方案。

8. 转层选择

如果要转层设计,返回到第 1 步,选层;否则(策划设计完毕或想要暂停),转下一步。

9. 结束

装备需求活动计划的流程图如图 12－7 所示。

二、装备需求活动组织

(一)装备需求活动组织的概念

1. 装备需求活动组织的定义

装备需求活动组织是装备需求活动管理者为实现预期目标和实施装备需求活动计划方案而真实构建、运行和改进实际一阶装备需求活动系统的二阶装备需求管理活动。

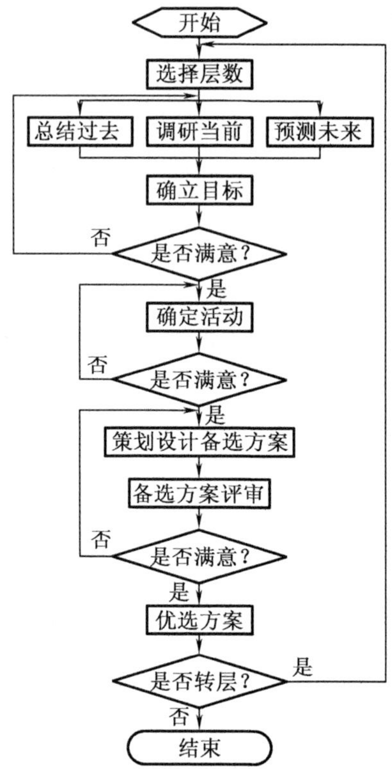

图 12－7　装备需求活动计划流程图

在不致误解的情况下,有时也把真实构建、运行和改进的实际一阶装备需求活动系统称为装备需求活动组织。

2. 装备需求活动组织的特性

(1)目标导向性

目标导向性是指任何装备需求活动组织都是以实现预期目标为方向向导的。没有目标的组织是不存在的,偏离预期目标的组织是失败的,背离目标的组织是反动的。

(2)计划实施性

计划实施性是指任何装备需求活动组织都是装备需求活动计划方案的实施活动,即将预先策划设计的方案转变为现实的行动。因此,装备需求活动组织必然以对应的计划为指导,同时也受到对应计划的约束。

(3)真实活动性

真实活动性是指任何装备需求活动组织都是真实(不是预想、意向和方案)

的二阶装备需求管理活动:构建、运行和改进。

所谓构建就是按计划真实建立一个由人员、设备、工具、资料、信息、任务等组成的实际一阶装备需求活动系统。如同建造一台大型复杂的机器。

这个系统是开放的,其结构是以人为核心的,往往还有若干子系统。在这个系统中,不同的人员可能有不同的分工,但又为了实现共同的目标而具有互相协作的关系。

运行就是使所构建的实际一阶装备需求活动系统为了实现预期目标按预先策划设计的计划方案协调有序行动起来。就如同开动一台大型复杂的机器一样。

改进就是为了适应环境变化、实现预期目标、强化功能和提高效益而改变实际一阶装备需求活动系统的结构。

构建、运行和改进是装备需求活动组织的本质属性,是装备需求活动组织的灵魂。

(4)实际系统性

实际系统性是指装备需求活动组织所构建、运行和改进的是以人为核心的实际一阶装备需求活动系统。该系统不仅具有整体性、开放性、层次性、动态有序性、分工协作性,而且具有一定的自适应性(权变性)。

3.装备需求活动组织的类型

(1)按一阶装备需求活动类型划分

装备需求活动组织可分为

①一阶装备需求开发活动组织;

②一阶装备需求管理活动组织。

一阶装备需求开发活动组织又可细分为

a.装备需求生成组织;

b.装备需求获取组织;

c.装备需求描述组织;

d.装备需求分析组织;

e.装备需求综合组织;

f.装备需求评价组织;

g.装备需求决策组织。

一阶装备需求管理活动组织也可细分为

a.装备需求存储组织;

b.装备需求检索组织;

c.装备需求循环跟踪组织;

d.装备需求变更控制组织。

(2)按一阶装备需求活动层次划分

按一阶装备需求活动层次划分,装备需求活动组织可分为装备需求活动总体组织,第一分层装备需求活动组织,第二分层装备需求活动组织……装备需求基本活动组织。

(二)装备需求活动组织的原则

1. 目标导向原则

目标导向原则是指任何装备需求活动组织都必须以实现预期目标为根本方向的原则。

2. 实施计划原则

实施计划原则是指任何装备需求活动组织都必须在一定条件下按装备需求活动计划方案实施,既遵循相应计划的指导,又接受相应计划的约束。

3. 分工协作原则

分工协作原则是指任何装备需求活动组织都必须根据装备需求活动任务、人员、设备、工具等特点对一阶装备需求活动系统和各子系统既进行科学分工,又使其互相密切协作,即分工与协作相结合。

4. 以人为本原则

以人为本原则是指任何装备需求活动组织都必须把一阶装备需求活动系统中的人员真正作为主人、主体和主角,充分调动和发挥他们的主观能动性、主动性、积极性和自觉性。

5. 激励奖惩原则

激励奖惩原则是指任何装备需求活动组织都必须对一阶装备需求活动系统中的人员按需进行恰当地激励,并根据在一阶装备需求活动中的贡献和过错,按功行奖,量过而罚。

6. 组织与自组织相结合原则

许国志等在《系统科学》一书中给出了自组织的定义:“自组织是客观世界存在的另外一类组织现象。在系统实现空间的、时间的或功能的结构过程中,如果没有外界的特定干扰,仅是依靠系统内部的相互作用来达到的,我们便说系统是自组织的。”

本书所说的自组织是指处于一阶装备需求活动系统(含各子系统)中的人员,在环境等情况发生新的变化,同时在没有系统外领导或管理人员指令的情况下,自觉主动调节改变所在系统或子系统的结构和运行功能,从而适应变化的新情况,以便完成相应计划并顺利实现预期目标的行为。

组织能使活动严格指向目标,行动轨迹沿着计划。但缺点是过于死板,不能灵活适应变化的环境、人员、条件等情况。而自组织恰恰能充分发挥各子系统中每个人的主观能动性，使其既能保证实现目标，又能按时完成计划，并能主动灵活适应各种变化的情况。所以，组织与自组织相结合恰好能优势互补，可产生一加一大于二的效果。

组织与自组织相结合原则是指在能实现预期目标和完成相应计划的前提下，将二阶装备需求管理者的组织与一阶装备需求活动系统中的人员的自组织相结合，从而产生优势互补效应的原则。

7. 求真务实原则

求真务实原则是任何装备需求活动组织都必须使所有相关管理人员和一阶装备需求活动系统中的人员做到求真务实，不得弄虚作假。

因为装备需求差之毫厘，结果损失会不止千亿。

8. 盘活优效原则

盘活优效原则是装备需求活动组织必须使所构建的一阶装备需求活动系统具有生机活力，人员的分工和资源的配置要人尽其才，物尽其用，使总体效益或效用达到最优化。

9. 因情制宜原则

因情制宜原则是指装备需求活动组织必须根据情况的变化，恰当改变或创新组织策略，从而保证实现预期目标并完成相应计划。

10. 军研联合原则

军研联合原则是指装备需求活动组织必须由军方或使用方与研制方联合进行。

（三）一阶装备需求活动系统的构建

1. 明确目标

明确一阶装备需求活动目标，定位一阶装备需求活动系统功能。

2. 分析计划

认真分析一阶装备需求活动计划方案，明确各项约束和要求。

3. 解析任务

详细解析各项任务，认真分析其特点，确定所需的人员（素质、能力、水平、特长和数量等）、设备、工具、物资、信息资料等资源和其他有关条件。

4. 透析因素

透析当前各种影响因素，包括有利因素和不利因素，要特别重视人员素质、能力、水平、特长和数量等情况的透析，确定哪些人适合哪些岗位和任务，找出当前的困难和短板，预测将来可能遇到的问题。

5. 安排人员

将每个人都安排在最恰当的岗位上，做到人尽其才。不仅要明确其职责、权利和任务要求，而且要明确每个人和其他人以及其他单位的协作关系。

6. 配置资源

根据资源现状，按任务需要优化配置各项资源，做到物尽其用。

7. 建立机制

建立建全人与人之间、各子系统与子系统之间、各子系统与系统之间相互联系、相互作用、相互协作、相互支持配合的制度和方法，形成一阶装备需求活动系统的机制。

（四）一阶装备需求活动系统的运行

1. 前馈激励

前馈激励是在一阶装备需求活动系统运行之前，对系统内的人员进行的激励。一般称为思想动员、誓师大会等。

2. 启动系统

启动系统就是使一阶装备需求活动系统进入执行任务的运行状态。

3. 监测反馈

在一阶装备需求活动系统运行期间，及时监测一阶装备需求活动系统运行情况，及时反馈信息。

4. 调控纠偏

一旦发现一阶装备需求活动系统运行出现偏差，立即进行调控纠偏。

5. 总结考评

当任务完成时，对执行任务的情况进行及时认真总结和公正公平的绩效考评。

6. 奖惩激励

在绩效考评的基础上，实施奖惩激励。

（五）一阶装备需求活动系统的改进

1. 问题监测

在一阶装备需求活动系统运行期间，不断监测该系统的运行情况，以便及时发现问题。

2. 问题诊断

一旦发现问题，立即对问题进行分析和诊断，找出问题的真正原因和症结。如果分析诊断的结果确是一阶装备需求活动系统的结构和功能存在缺陷，转下一步;如果是其他问题,采取其他问题的相应解决方法。

3. 研制改进方案

针对一阶装备需求活动系统的结构和功能存在缺陷,认真反复研制改进该系统的结构和功能的方案。直到满意,转下一步。

4. 论证评审改进方案

对研制好的改进方案进行论证和评审。如果该改进方案通过,转下步;如果该方案必须修改再审,提出恰当的意见后返回步骤3;如果该方案根本不可行,直接否决该方案,返回步骤3 重新研制改进方案。

5. 试运行改进方案

试运行改进方案,监测各项运行指标和数据。如果发现该系统结构功能问题,返回步骤2;如果运行达到预期效果,转下一步。

6. 正式改进系统

按研制评审并经过试运行的改进方案,正式改进系统的结构和功能。

三、装备需求活动指挥

(一)装备需求活动指挥的概念

1. 装备需求活动指挥的定义

装备需求活动指挥是装备需求活动指挥员为了实现预期目标和实施装备需求活动计划,在一阶装备需求活动系统构建以后,针对装备需求活动相关具体情况进行分析判断、制定策略并调度下属的二阶装备需求管理活动。

2. 装备需求活动指挥的特性

(1)目标导向性

目标导向性是指装备需求活动指挥总是以实现预期目标为导向的。

(2)实施计划性

实施计划性是指装备需求活动指挥必然是相应装备需求活动计划方案的实施活动。

(3)情况针对性

情况针对性是指装备需求活动指挥总是针对装备需求活动相关具体情况进行的。

(4)活动控制性

活动控制性是指装备需求活动指挥必然是在具体情况下对一阶装备需求活动系统的控制。

首先,要启动该系统运行,需要指挥员发令控制,正所谓有令则行。其次,在该系统运行期间,如果出现具体情况,可能导致活动偏离目标而不能完成原定计划，指挥员则对具体情况进行分析判断后，制定有效策略并发令调度下属，从而控制该系统纠偏，确保预期目标的实现和计划的完成；最后，停止该系统的运行，也需要指挥员发令控制，正所谓有禁则止。

(5)分析判断性

分析判断性是指装备需求活动指挥总是要对装备需求活动相关具体情况进行分析并及时做出相应判断。

指挥员正确的决心来源于正确的分析判断，而正确的分析判断则来源于准确无误的装备需求活动相关具体情况。

分析判断性是装备需求活动指挥的本质属性之一。

(6)筹谋决策性

筹谋决策性是指装备需求活动指挥总是要在分析判断的基础上，及时进行筹谋，制定策略。

筹谋决策是指挥员发令调度下属的基础和前提，不进行筹谋决策就发令调度的指挥是不存在的。不管策略好还是差，总是要有的。

筹谋决策性是装备需求活动指挥的本质属性之一。

(7)发令调度性

发令调度性是指装备需求活动指挥总是要在分析判断、制定策略的基础上发出指令，调度下属。

发令调度性表明了装备需求活动指挥的单向性，即只能上级指挥下级，不能下级指挥上级。发令调度性也是装备需求活动指挥的本质属性之一。

3. 装备需求活动指挥的类型

(1)按一阶装备需求活动类型划分

装备需求活动指挥可分为

①一阶装备需求开发活动指挥；

②一阶装备需求管理活动指挥。

一阶装备需求开发活动指挥又可细分为

a. 装备需求生成指挥；

b. 装备需求获取指挥；

c. 装备需求描述指挥；

d. 装备需求分析指挥；

e. 装备需求综合指挥；

f. 装备需求评价指挥；

g. 装备需求决策指挥。

一阶装备需求管理活动指挥也可细分为

a. 装备需求存储指挥；

b. 装备需求检索指挥；

c. 装备需求循环跟踪指挥；

d. 装备需求变更控制指挥。

(2)按指令传递的路径划分

按指令传递的路径划分，装备需求活动指挥可划分为

①装备需求活动逐级指挥；

②装备需求活动越级指挥。

(二)装备需求活动指挥的作用

1. 指引

装备需求活动指挥的指引作用是指装备需求活动指挥具有指引相应装备需求活动系统实现预期目标并完成预定计划方案的作用。

2. 控制

装备需求活动指挥的控制作用是指装备需求活动指挥具有控制相应装备需求活动系统运行的启动和停止作用和纠正偏差确保实现预期目标并完成预定计划方案的作用。

3. 应变

装备需求活动指挥的应变作用是指装备需求活动指挥具有调节相应装备需求活动系统结构和功能以适应环境等情况变化的作用。

4. 激励

装备需求活动指挥的激励作用是指装备需求活动指挥具有激励装备需求活动系统下属人员的作用。

(三)装备需求活动指挥的原则

1. 目标导向原则

目标导向原则是指装备需求活动指挥必须坚持以实现预期目标为导向。

2. 计划实施原则

计划实施原则是指装备需求活动指挥必须在一定环境和条件下坚持实施预定装备需求活动计划方案。

当然，环境和条件变化较大以致计划方案无法实施时，则需要适当改变计划方案，这是后面装备需求活动控制研究的内容。

3. 情况准确原则

情况准确原则是指装备需求活动指挥必须确保装备需求活动相关情况信息

准确无误。

因为装备需求活动相关情况信息是装备需求指挥的源头，它一出错，后面各环节必然出错，所以，装备需求活动指挥必须确保装备需求活动相关情况信息准确无误。

4. 分析判断正确原则

分析判断正确原则是指装备需求活动指挥必须确保对装备需求活动相关情况的分析判断是正确的。

因为分析判断一旦有误，后面制定策略和发令调度必然出错。所以，装备需求活动指挥必须确保对装备需求活动相关情况的分析判断正确无误。

5. 决策正确果断原则

决策正确果断原则是指装备需求活动指挥必须确保所制定的策略是正确的，并且决策一定要及时果断。

6. 指令精明原则

指令精明原则是指装备需求活动指挥的指令必须精确精简且明确，毫不含糊，没有歧义。

7. 艺术激励原则

艺术激励原则是指装备需求活动指挥必须讲究指挥艺术，激励下属，充分激发和调动下属的积极性、自觉性和主动性，使下属和团队的主观能动性得到充分发挥。

（四）装备需求活动指挥的流程

Step. 1 开始

Step. 2 启动运行

Step. 3 情况监测

对下属的装备需求活动相关情况信息进行监测，并判断所获情况信息是否准确无误，如果发现不准或有误，重新监测；如果准确无误，则转下一步。

Step. 4 分析判断

对准确无误的装备需求活动相关情况信息进行分析判断，并检查所进行的分析判断是否正确，若发现不正确，重新分析判断；如果正确无误，转下一步。

Step. 5 制定策略

在对装备需求活动相关情况信息分析判断正确的基础上，运筹谋划，制定策略，并检查所制定的策略是否正确，如果发现不正确，重新制定策略；如果策略正确无误，则转下一步。

Step. 6 发令调度

下达指令，调度下属。并实时监测调度后的情况，看问题是否解决，如果问题未解决,返回 Step. 3;如果问题解决,则转下一步。

Step. 7 检查任务是否完成

如果还未完成,则返回 Step. 3;如果任务完成,转下一步。

Step. 8 停止运行

Step. 9 结束

装备需求活动指挥流程图如图 12 -8 所示。

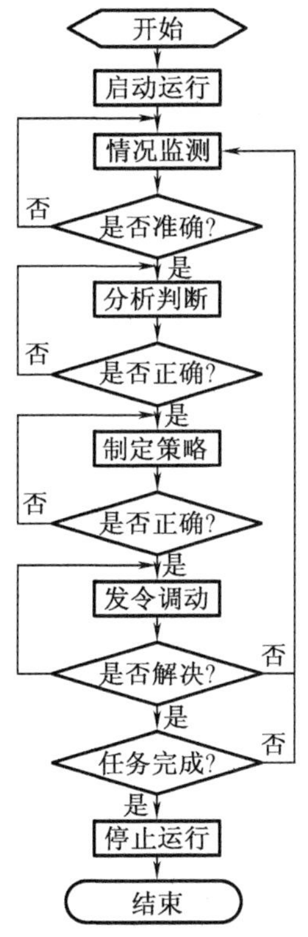

图 12 -8　装备需求活动指挥流程图

四、装备需求活动协调

(一)装备需求活动协调的概念

1. 装备需求活动协调的定义

装备需求活动协调是指在装备需求活动的协调者在装备需求活动过程中,为了使一阶装备需求活动系统融洽和谐、同心协力、配合密切、协同有序、比例科学优化、降耗增效和实现预期目标，在一定条件下调节一阶装备需求活动系统内部各种关系及该系统与环境关系的二阶装备需求管理活动。

一阶装备需求活动系统内部各种关系主要包括

(1)个人与个人的关系；

(2)个人与单位(组织)的关系；

(3)单位与单位的关系；

(4)个人行为(活动)与个人行为(活动)的关系；

(5)个人行为与单位行为的关系；

(6)单位行为与单位行为的关系；

(7)个人物质资源和信息资料与个人物质资源和信息资料的比例关系；

(8)个人物质资源和信息资料与单位物质资源和信息资料的比例关系；

(9)单位物质资源和信息资料与单位物质资源和信息资料的比例关系。

为叙述方便，将以上关系中从(1)到(3)的关系简称为系统内人际关系；将以上关系中从(4)到(6)的关系简称为系统内行为关系；将以上关系中从(7)到(9)的关系简称为系统内比例关系。

一阶装备需求活动系统与环境的关系主要包括

(1)个人与环境的关系；

(2)单位与环境的关系；

(3)个人行为与环境的关系；

(4)单位行为与环境的关系；

(5)个人物质资源及信息资源与环境相关资源的比例关系；

(6)单位物质资源及信息资源与环境相关资源的比例关系。

同样，为叙述方便，将上述一阶装备需求活动系统与环境关系中(1)和(2)简称为系统与环境的人际关系；将(3)和(4)简称为系统与环境的行为关系；将(5)和(6)简称为系统与环境的比例关系。

2. 装备需求活动协调的特性

(1)目的性

装备需求活动协调的目的是使一阶装备需求活动系统人际关系融洽和谐、同心协力；行为关系配合密切、协同有序；比例关系科学优化；从而降耗增效，实现预期目标。

降耗就是降低内耗和外耗。内耗是一阶装备需求活动系统内部的各种损耗。降低内耗要通过协调一阶装备需求活动系统内部和各种关系来实现。外耗是由环境造成的各种损耗。降低外耗要通过协调一阶装备需求活动系统与环境的关系来实现。

增效就是增大一阶装备需求活动的效率、效益和效用。

(2)条件性

条件性是指装备需求活动协调总是有条件的,不是无条件或万能的。

一般情况下,装备需求活动协调有效需具备如下四个条件:

①利益一致;

②目标一致;

③感情一致;

④情况可行。

(3)调节性

调节性是指装备需求活动协调的活动是调节。这是装备需求活动协调的本质属性。

(4)沟通性

沟通性是指装备需求活动协调总要进行心理沟通。

不进行心理沟通的装备需求活动协调是不存在的。即使只是协调比例关系,也要进行对人的心理进行沟通。

(5)关系性

关系性是指装备需求活动协调的对象是关系,即一阶装备需求活动系统内部的各种关系和该系统与环境的关系,也可表述为人际关系、行为关系和比例关系。

(6)效应性

效应性是指装备需求活动协调必然具有对应的效应。

一般说来,装备需求活动协调的效应有三种:

①正效应

正效应是装备需求活动协调使所协调的关系改善,降耗增效实现预期目标的效应。

②零效应

零效应是装备需求活动协调使所协调的关系既没有改善,也没有变差,消耗、效率、效益和效用既没有增大,也没有减小的效应。

③负效应

负效应是装备需求活动协调使所协调的关系变差,增耗减效实现预期目标,甚至没有实现预期目标的效应。

也许有人会问,既然装备需求活动协调的目的是“使一阶装备需求活动系统人际关系融洽和谐、同心协力,行为关系配合密切、协同有序,比例关系科学优化,从而降耗增效,实现预期目标。”怎么还会存在零效应和负效应呢?答案是这样的：目的确实如上所述，但装备需求活动协调不一定总是会达到目的。装备需求活动协调的效应不仅仅决定于协调的目的，还取决于当时的环境、条件和协调的方式方法和艺术等。就像两个人打架，您去劝架，目的是劝和，但因多种原因，您的目的没有达到，两人仍打得不可开交。当然，您确实做了协调的工作，只是没有见效而已。

3. 装备需求活动协调的类型

(1)按协调的主体划分

按协调的主体划分，装备需求活动协调可分为自协调、领导协调和非领导协调。

①自协调

自协调包括个人对自身的行为关系或比例关系的协调和单位或组织内部当事人对内部人际关系、行为关系或比例关系的协调。

②领导协调

领导协调是单位领导对下级单位或人员人际关系、行为关系或比例关系的协调。

③非领导协调

非领导协调是当事人或单位以外的非领导进行的协调。

(2)按协调的对象划分

按协调的对象划分，装备需求活动协调可分为人际关系协调、行为关系协调和比例关系协调。即

①人际关系协调；

②行为关系协调；

③比例关系协调。

(二)装备需求活动协调的原则

1. 目的导向原则

目的导向原则是指装备需求活动协调必须以实现装备需求活动协调目的为导向。使一阶装备需求活动系统：

(1)人际关系融洽和谐、同心协力；

(2)行为关系配合密切、协同有序；

(3)比例关系科学优化；

(4)降耗增效；

(5)实现预期目标。

2. 以人为本原则

以人为本原则是指装备需求活动协调必须以人的协调为根本或本源。

理由很明显，无论是人际关系的协调，还是行为关系的协调，或者是比例关系的协调，都必须是以人的协调为核心。

3. 心理沟通原则

心理沟通原则是指装备需求活动协调必须进行心理沟通。

注意这里讲的是“心理沟通”，就是协调要实现心灵的对接，不能将协调浮在面上，弄得面和心不和。

4. 平等互尊原则

平等互尊原则是指装备需求活动协调必须坚持协调者与各方被协调者人格平等，互相尊敬的原则。

5. 情理利法原则

情理利法原则是指装备需求活动协调必须动之以真情，晓之以真理，权之以利害，规之以法纪。

6. 方法灵活原则

方法灵活原则是指装备需求活动协调必须根据被协调者当时的心理特点、环境和症结等情况，灵活选择或创造恰当的协调方法。做到对症下药，因锁配钥。

7. 艺术感染原则

艺术感染原则是指装备需求活动协调必须讲究艺术，感染被协调者。

（三）装备需求活动协调的方法

1. 树旗设标法

树旗设标法即竖起融洽和谐、同心协力、配合密切、协同有序、降耗增效、实现目标、共创辉煌的大旗，设立应有的标准和标线，如同交通信号、标牌和标线一样。主张什么？反对什么？要一清二楚。

此法适用于团队总体关系协调，利于形成良好风气和团结氛围。

2. 励志成城法

励志成城法就是激励造势，使整个团队众志成城，万众一心。

此法适用于团队总体关系协调，特别适用于装备需求活动之前的动员，有利于形成良好风气和团结氛围。具体运用时，要注意激励的语言要恰当得体，如同向水投石，要投得一石激起千重浪；也像手拨心弦，拨得人心潮起伏坐不住。

3. 举纲张目法

举纲张目法是领导自身要正，然后调节好团队骨干关系，并通过骨干影响整个团队关系的协调方法。

此法适用于团队总体关系协调，有利于形成良好风气和团结氛围。具体运用时，要注意任人唯贤，不能任人唯亲。

4. 太极推理法

太极推理法就是针对被协调者的心理症结，引导其对自身认识误区或盲区进行对立统一分析，使其真正认识到自身关系缺陷的是非、利害、正邪、好坏、大小、多少、远近、轻重、缓急等，从而协调其人际关系、行为关系或比例关系的方法。

此法既适用于团队整体关系协调，也适用个别人际关系、行为关系和比例关系协调。

5. 远合近分法

远合近分法就是将过远的心理距离拉近(合)，而将过近的心理距离调远(分)。

众所周知，正常的人际关系一定要保持恰当的心理距离。过远或过近都不利于装备需求活动。

此法适用于个别人际关系的协调。

6. 因势利导法

因势利导法即顺着装备需求活动发展趋势和整个团队关系总体趋势对被协调者加以引导。

此法既适用于团队整体关系协调，也适用于个别人际关系、行为关系和比例关系协调。

7. 加热打铁法

加热打铁法是适当改变在一定条件下比较固执的被协调者的环境和条件，使其在新环境和条件下，易于接受别人的意见和建议，从而趁势协调其人际关系、行为关系和比例关系。

此法仅适用于个别人际关系、行为关系和比例关系的协调。

8. 以德报怨法

以德报怨法是协调者以真正的善意和善行回报被协调者对其已经有过伤害的言行(怨)，以宽容大度感动被协调者，从而改善其关系。

此法只适用于知道感恩的个别人的人际关系协调。

9. 避虚就实法

避虚就实法是引导被协调者避开那些虚空和无关紧要的争议、冲突或矛盾，将注意力集中到现实的根本利益和解决装备需求活动矛盾中来。

此法既适用于团队整体关系协调，也适用于个别人际关系、行为关系和比例关系协调。

10. 存异求同法

存异求同法是既要尊重和允许被协调者各自存有不同的个性、特点和特长等，又要激励其同心同德、目标一致的协调方法。

此法既适用于团队整体关系协调，也适用于个别人际关系、行为关系和比例关系协调。

11. 换位感思法

换位感思法就是创造一种意境，使被协调者之间或被协调者与协调者之间互相换位，进行感觉和思考，达到互相理解，从而协调关系的方法。

此法适用于个别人际关系、行为关系和比例关系协调。

12. 拨乱反正法

拨乱反正法也可叫正本清源法，它是指协调者要在诊断被协调者思想认识、道德品质或行为配合等关系缺陷（乱）之病的病因和症结的基础上，开出良方，校正其思想或行为的协调方法。

此法适用于个别人际关系、行为关系和比例关系协调。

13. 指桑说槐法

指桑说槐法也可叫旁敲侧击法。它是指协调者在不点破被协调者缺陷的条件下，有意借某人（今人或古人，也可是典故中人）或某事（真事、故事或典故）来启发诱导被协调者改善其关系的方法。

此法适用于个别特别爱面子且又特别通情达理的人际关系、行为关系和比例关系的协调。要注意不要把此法用成指桑骂槐法。

14. 借嘴劝人法

借嘴劝人法是协调者请与协调者和被协调者的关系都十分融洽和谐且又善于协调的中间人来协调被协调者的关系的方法。此法也可简称中介法。

此法适用于协调者不便或不能协调，且在有合适的中间人的情况下，对个别人际关系、行为关系和比例关系的协调。切不可把此法用成借刀杀人法。

15. 抽薪灭火法

抽薪灭火法是协调者为解决被协调者之间的矛盾（火），先解决导致这一矛盾产生和存在的前提矛盾（薪），从而实现先抽薪后灭火的协调方法。

此法适用于被协调者之间的矛盾其自身不能解决，而协调者能解决的个别人际关系、行为关系和比例关系的协调。

除了上述15种方法之外，还可研究创新得出其他一些行之有效的好方法。因篇幅有限，不赘述。

五、装备需求活动控制

（一）装备需求活动控制的概念

1. 装备需求活动控制的定义

装备需求活动控制是装备需求活动管理人员依据装备需求活动系统和环境

条件的客观情况及其变化，制定和修改相应的装备需求活动标准，检测衡量装备需求活动系统结构、行为或效果与该标准的偏差，适时纠正或减小该偏差的二阶装备需求管理活动。

2. 装备需求活动控制的特性

(1)客观基准性

客观基准性是指装备需求活动控制总是以装备需求活动系统和环境条件的客观情况为基准，制定相应装备需求活动标准，纠正装备需求活动系统结构或行为的偏差；如果客观情况发生的变化较小(未影响装备需求活动的标准)，只需要调整装备需求活动系统结构或行为就可以实现目标和计划，则不需要修改标准；如果客观情况发生的变化过大，只调整装备需求活动系统结构和行为根本不可能实现目标和计划，为了适应客观情况的变化，必须及时修改所制定的标准，必要时甚至完全推翻或放弃原标准，重新制定新标准。总之，客观情况是基准。

(2)标准定改性

这里所说的标准，实质上就是前面多次提到的各种装备需求活动的目标、计划和原则。

标准定改性是指正确的装备需求活动目标、计划和原则依据装备需求活动系统和环境条件的客观情况进行制定，当客观情况不变时，标准也是一定不变的；而当客观情况变化过大时，原来正确的装备需求活动目标、计划和原则也必须做相应修改。总之，适应客观情况及其变化的标准才是正确的。

标准定改性是装备需求活动控制的本质属性之一。

(3)检测衡量性

检测衡量性是指装备需求活动控制总是要检测衡量装备需求活动系统结构、行为或效果与正确标准的偏差。

检测衡量性也是装备需求活动控制的本质属性之一。

(4)纠正减偏性

纠正减偏性是指装备需求活动控制总要纠正或减小装备需求活动系统结构、行为或效果与正确标准的偏差。

纠正减偏性也是装备需求活动控制的本质属性之一。

3. 装备需求活动控制的类型

(1)按装备需求活动时段划分

按装备需求活动时段划分，装备需求活动控制可分为活动前控制、活动中控制和活动后控制。

①活动前控制

活动前控制是在装备需求活动实施以前，依据装备需求活动系统及环境条件的客观情况及其变化，制定修改标准，预测衡量装备需求活动系统结构、行为或效果与标准的偏差，适时纠正或减小该偏差的二阶装备需求管理活动。

活动前控制也可称为前馈控制或事前控制。

②活动中控制

活动中控制是在装备需求活动实施过程中依据装备需求活动系统及环境条件的客观情况及其变化，制定修改标准，检测衡量装备需求活动系统结构、行为或效果与标准的偏差，适时纠正或减小该偏差的二阶装备需求管理活动。

活动中控制也可称为事中控制或并行控制。

③活动后控制

活动后控制是在装备需求活动实施以后，依据装备需求活动系统及环境条件的客观情况及其变化，制定修改标准，检测衡量装备需求活动系统结构、行为或效果与标准的偏差，适时纠正或减小该偏差的二阶装备需求管理活动。

活动后控制也可称为事后控制。活动后控制往往伴有总结、表彰和奖惩等活动。

（2）按装备需求活动控制偏差源划分

按装备需求活动控制偏差源划分，装备需求活动控制可分为标准控制、结构控制、行为控制和效果控制。

①标准控制

标准控制是纠正或减小标准偏离客观情况及其变化的装备需求活动控制。具体表现为修改原则、计划或目标，也可能出现完全推翻而重新制定的情况。

②结构控制

结构控制是纠正或减小装备需求活动系统结构偏离正确标准偏差的装备需求活动控制。具体表现为适当调整人员、设备、工具、材料和信息资料等。

③行为控制

行为控制是纠正或减小装备需求活动系统行为偏离正确标准偏差的装备需求活动控制。具体表现为及时调整人员的错误行为。

④效果控制

效果控制是纠正或减小装备需求活动系统输出效果偏离正确标准偏差或进一步改善效果的装备需求活动控制。具体表现为分析诊断效果偏差原因和症结，并通过恰当调整引起偏差各症结因素来纠偏或改善效果。需要注意的是，效果不能直接调整。

（二）装备需求活动控制的作用

1. 应变自生

由装备需求活动控制的定义和装备需求活动控制的客观基准性可知，装备需求活动控制可修改或纠偏装备需求活动的目标、计划、原则、装备需求活动系统的结构、行为和效果，以适应客观情况的变化，从而提高装备需求活动系统的生存能力和自生长能力。

2. 达标改标

没有装备需求活动控制，要达到装备需求活动的标准是不可能的。这就像不进行导弹控制，要使导弹击中目标是不可能的一样。所以，装备需求活动控制是装备需求活动达标必不可少的二阶装备需求管理活动。

装备需求活动控制不仅能确保装备需求活动达标，而且还能依据客观情况的变化，修改标准，以适应情况的变化。

3. 纠偏增效

由装备需求活动控制的定义和装备需求活动控制的纠正减偏性可知，装备需求活动控制可以纠正或减小装备需求活动系统结构、行为或效果与标准的偏差，从而提高或改善装备需求活动的质量水平、效率、效益和效果。

4. 职能互补

装备需求活动控制与装备需求活动计划、装备需求活动组织、装备需求活动指挥和装备需求活动协调四项职能互补，确保整个二阶装备需求管理活动的高效运行。

（三）装备需求活动控制的原则

1. 适应客观原则

适应客观原则是指在装备需求活动系统和环境条件的客观情况及其变化不可改变的条件下，装备需求活动控制必须使装备需求活动标准（即装备需求活动目标、计划和原则）和装备需求活动系统的结构和行为适应装备需求活动系统和环境条件的客观情况及其变化。即标准必须依据客观情况制定，并在客观情况的变化过大时而修改；装备需求活动系统的结构和行为也应在客观情况变化时进行相应调整，适应客观情况的变化和标准的修改；此原则也可称为客观基准原则。

2. 向标改标原则

向标改标原则是指装备需求活动控制在装备需求活动系统和环境条件的客观情况一定时，必须以标准为控制轴心，使装备需求活动系统的结构、行为和效果朝向遵循原则并有利于实现目标和计划的方向变化。当装备需求活动系统和环境条件的客观情况变化过大时，原标准已经不适应变化了的客观情况时，必须依据客观情况的变化及时修改标准，以适应变化了的客观情况。

3. 检测衡量准确原则

检测准确原则是指装备需求活动控制必须做到检测衡量准确无误。否则，装备需求活动控制不但不会见效，而且会出现南辕北辙，适得其反的结果。

4. 诊断正确原则

诊断正确原则是指装备需求活动控制必须做到诊断正确到位，无偏差。尤其是在进行效果控制时，这一原则就更加重要。

5. 自上而下原则

自上而下原则是指装备需求活动控制必须坚持自上而下的原则，即控制的优先顺序是：目标→计划→原则→装备需求活动系统结构→装备需求活动系统行为。

理由很明显，顶层差之毫厘，底层就会谬以千里。如果上层有误，下面各层无论怎样控制，也是徒劳，会酿成很大的损失和危害。所以，装备需求活动控制必须坚持自上而下的原则

6. 适时原则

适时原则是指装备需求活动控制的时机必须适时。过早不可能，过晚则会错过有利时机，损失或危害已经形成。

7. 适度原则

适度原则是指装备需求活动控制的规模和强度必须适度。如果规模和强度过小，达不到控制目的；如果规模和强度过大，则会造成被控制人员的逆反心理，也达不到控制的目的。

8. 优化原则

优化原则是指当装备需求活动控制的每一项工作有两种以上选择时，必须选择使效果最优化的一项。

9. 高效原则

高效原则是指装备需求活动控制必须尽量提高装备需求活动控制的效率、效益和效果。

（四）装备需求活动控制的流程

1. 装备需求活动前控制流程

装备需求活动前控制流程图如图 12－9 所示。

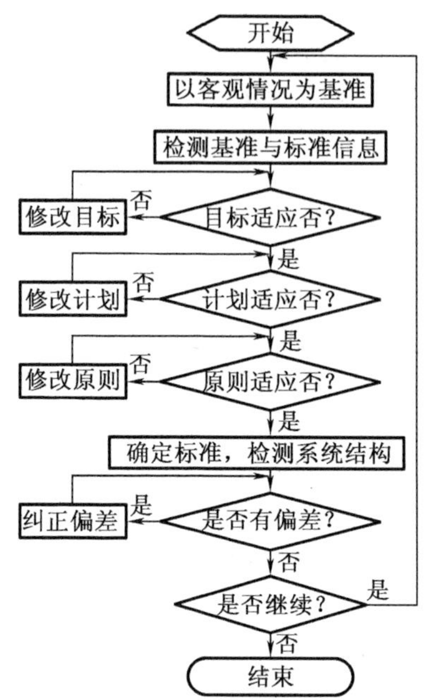

图 12－9　装备需求活动前控制流程图

(1)以客观情况为基准;

(2)检测衡量基准信息与标准信息;

(3)判断目标是否适应基准,是则转(5),否则转(4);

(4)修改目标,转(3);

(5)判断计划是否适应基准和目标,是则转(7),否则转(6);

(6)修改计划,转(5);

(7)判断原则是否适应基准、目标和计划,是转(9),否则转(8);

(8)修改原则,转(7);

(9)确定标准,检测系统结构;

(10)判断系统结构是否有偏差,是则转(11),否则转(12);

(11)纠正系统结构偏差,转(10);

(12)判断是否继续,是则返回(1),否则转(13);

(13)结束。

2. 装备需求活动中控制流程

装备需求活动中控制流程图如图 12－10 所示。

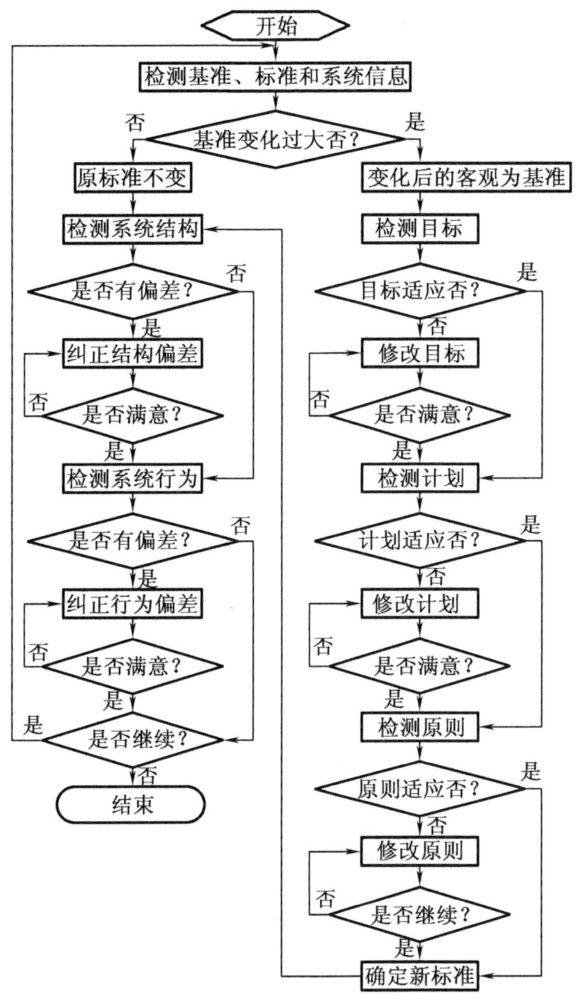

图 12－10　装备需求活动中控制流程图

(1)检测客观情况基准信息、标准信息和系统信息;

(2)衡量判断客观基准信息变化是否过大,是则转(3),否则转(17);

(3)以变化后的客观情况为基准;

(4)检测目标;

(5)衡量判断目标是否适应变化后的客观情况基准,是则转(8);否则转(6);

(6)修改目标;

(7)衡量判断对所修改的目标是否满意,否则转(6),是则转(8);

(8)检测计划;

(9)衡量判断计划是否适应变化后的客观情况基准和目标,是则转(12),否则转(10);

(10)修改计划;

(11)衡量判断对所修改的计划是否满意,否则转(10),是则转(12);

(12)检测原则;

(13)衡量判断原则是否适应变化后的客观情况基准、目标和计划,是则转(16),否则转(14);

(14)修改原则;

(15)衡量判断对所修改的原则是否满意,否则返回(14),是则转(16);

(16)确定修改后的目标、计划和原则为新标准,转(18);

(17)确定原标准不变;

(18)检测装备需求活动系统结构;

(19)衡量判断装备需求活动系统结构是否有偏差,是则转(20);否则转(22);

(20)纠正装备需求活动系统结构偏差;

(21)衡量判断对纠偏后的装备需求活动系统结构是否满意,否则转(20),是则转(22);

(22)检测装备需求活动系统行为;

(23)衡量判断装备需求活动系统行为是否有偏差,是则转(24),否则转(26);

(24)纠正装备需求活动系统行为偏差;

(25)衡量判断对纠偏后的装备需求活动系统行为是否满意,否则转(24),是则转(26);

(26)判断是否继续,是则返回(1),否则转(27);

(27)结束。

3. 装备需求活动后控制流程

装备需求活动后控制流程图如图 12－11 所示。

(1)检测客观情况基准信息、标准信息、系统信息和装备需求活动效果信息;

(2)客观情况为基准;

(3)检测目标;

(4)回顾衡量目标是否有偏差,是则转(5),否则转(7);

(5)修改目标;

(6)衡量判断对所修改的目标是否满意,否则转(5),是则转(7);

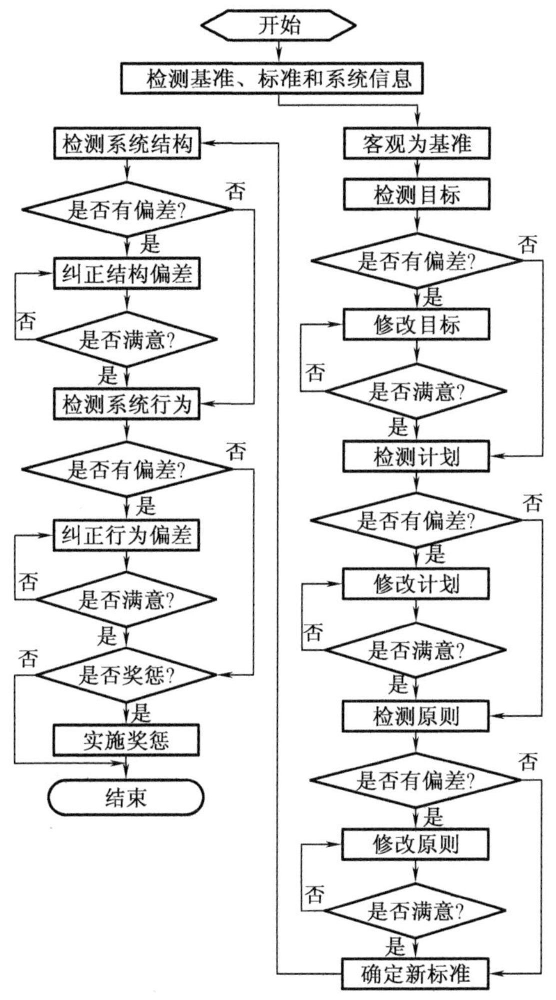

图 12-11　装备需求活动后控制流程图

(7)检测计划;

(8)衡量判断计划是否有偏差,是则转(9),否则转(11);

(9)修改计划;

(10)衡量判断对所修改的计划是否满意,否则返回(9);是则转(11);

(11)检测原则;

(12)衡量判断原则是否有偏差,是则转(13),否则转(15);

(13)修改原则;

(14)衡量判断对所修改的原则是否满意,否则返回(13);是则转(15);

(15)确定修改后的目标、计划和原则为新标准;

(16)检测装备需求活动系统结构;

(17)衡量判断装备需求活动系统结构是否有偏差,是则转(18);否则转(20);

(18)纠正装备需求活动系统结构偏差;

(19)衡量判断对纠偏后的装备需求活动系统结构是否满意,否则转(18),是则转(20);

(20)检测装备需求活动系统行为;

(21)衡量判断装备需求活动系统行为是否有偏差,是则转(22);否则转(24);

(22)纠正装备需求活动系统行为偏差;

(23)衡量判断对纠偏后的装备需求活动系统行为是否满意,否则转(22),是则转(24);

(24)判断是否实施奖惩,是则转(25),否则转(26);

(25)实施奖惩;

(26)结束。

本章研究了一阶装备需求管理和二阶装备需求管理。在一阶装备需求管理中,研究了装备需求存储、装备需求检索、装备需求循环跟踪和装备需求变更控制。在二阶装备需求管理中,研究了装备需求活动计划、装备需求活动组织、装备需求活动指挥、装备需求活动协调和装备需求活动控制。

参 考 文 献

[1] 厉以宁. 西方经济学[M]. 北京:高等教育出版社,2000.

[2] 吴易风,刘凤良,吴汉洪. 西方经济学[M]. 北京:中国人民大学出版社,1999.

[3] 谭崇台,伍海华. 现代西方经济学:[M]. 青岛:青岛出版社,1998.

[4] 霍尔,利伯曼. 微观经济学:原理与应用[M]. 赵伟,译. 大连:东北财经大学出版社,2004.

[5] 雷雨,李芝兰. 微观经济学[M]. 上海:立信会计出版社,2008.

[6] 杨芙清,梅宏. 面向复用的需求建模[M]. 北京:清华大学出版社,2008.

[7] 科维茨. 实用软件需求[M]. 胡辉良,张罡,译. 北京:机械工业出版社,2005.

[8] 戚索. 软件需求模式[M]. 曹新宇,译. 北京:机械工业出版社,2008.

[9] 罗伯逊. 掌握需求过程[M]. 2 版. 王海鹏,译. 北京:人民邮电出版社,2007.

[10] 金芝,刘璘,金英. 软件需求工程:原理和方法[M]. 北京:科学出版社,2008.

[11] 黄国兴,周勇. 软件需求工程[M]. 北京:清华大学出版社,2008.

[12] LEFFINGWELL D, WIDRIG D. 软件需求管理统一方法[M]. 蒋慧,林东,译. 北京:机械工业出版社,2002.

[13] SOMMERVILLE I,SAWYER P. 需求工程[M]. 赵文耘,叶恩,译. 北京:机械工业出版社,中信出版社,2003.

[14] KULAK D, GUINEY G. 需求工程[M]. 北京:机械工业出版社,2004.

[15] KISHORE S, NAIK R. 软件需求与估算[M]. 姜路,丁一夫,柳剑锋,译. 北京:机械工业出版社,2004.

[16] 威格斯. 软件需求[M]. 2 版. 刘伟琴,刘洪涛,译. 北京:清华大学出版社,2004.

[17] 麦沙塞克. 需求分析与系统设计[M]. 金芝,译. 北京:机械工业出版社,2003.

[18] 温德尔. 使用统一过程的软件需求[M]. 韩柯,等译. 北京:电子工业出版社,2003.

[19] YOUNG R R. 有效需求实践[M]. 韩柯,耿民,译. 北京:机械工业出版社,

中信出版社,2002.

[20] 金炳华. 马克思主义哲学大辞典[M]. 上海:上海辞书出版社,2001.

[21] 刘川禾. 自适应任职教学论[M]. 北京:军事科学出版社,2013.

[22] 康雁. 软件需求工程[M]. 北京:科学出版社,2012.

[23] 赵全仁,等. 武器装备论证导论[M]. 北京:兵器工业出版社,1998.

[24] 王书敏,贾现录. 武器装备作战需求论证中的几个基本问题[J]. 装备指挥技术学院学报,2004(3):1-4.

[25] 王书敏,贾现录. 武器装备作战需求论证中的系统理论与方法[J]. 军事运筹与系统工程,2004(2):18-21.

[26] 王书敏,贾现录. 陆军武器装备作战需求论证理论与方法初探[J]. 炮兵学院学报,2004,24(3):3-5.

[27] 贾现录,王敏书,赵新会. 装备作战需求综合集成论证方法初探[J]. 装备指挥技术学院学报,2005(2):43-47.

[28] 郭齐胜. 装备军事需求论证理论与方法[M]. 北京:电子工业出版社,2017.

[29] 徐学文,王寿云. 现代作战模拟[M]. 北京:科学出版社,2001.

[30] 装甲兵武器装备论证手册编委会. 装甲兵武器装备论证手册[M]. 北京:中国科学技术出版社,1992.

[31] 赵定海,郭齐胜,黄玺瑛. 装备需求论证模式研究[J]. 装备指挥技术学院学报,2009(2):32-35.

[32] 李巧丽,郭齐胜,杨秀月. 武器装备需求分析的新视角[J]. 装备指挥技术学院学报,2009(1):20-23.

[33] 郭齐胜,李永,仝炳香,等. 装备型号需求论证综合量化分析方法研究[J]. 装备指挥技术学院学报,2009(3):1-5.

[34] 李永,李亮,李巧丽,等. 装备型号需求论证辅助系统设计与应用[J]. 装备指挥技术学院学报,2010(3):26-30.

[35] 石福丽. 基于 QFD/SysML 的舰船装备需求分析方法研究[D]. 长沙:国防科学技术大学,2006.

[36] 王全刚,赵师,刘传和. 基于 QFD 的武器装备使用需求映射方法[J]. 装甲兵工程学院报,2010(1):19-24.

[37] SAWYER P. REVERE:Support for Requirements Synthesis from Documents[J]. Information Systems Frontiers,2002,4(3):45-58.

[38] LEONARD E I, HEINMEYER C L. Program Synthesis from Formal Requirements Specifications Using APTS[J]. Higher-Order and Symbolic Computation,2003,16

(1-2):63-92.

[39] GORSCHEK T, WOHLIN C. Requirements Abstraction Model[J]. Requirements Engineering,2006,11(1):79-101.

[40] 贺琳.美国国防部发布 RFID 需求方案说明书[J].中国防伪报道,2008(9):52.

[41] 丛华.陆军武器装备概论[M].北京:国防工业出版社,2019.

[42] 王凯,孙万国.武器装备军事需求论证[M].北京:国防工业出版社,2008.

[43] 左军.多目标决策分析[M].杭州:浙江大学出版社,1991.

[44] 徐玖平,李军.多目标决策的理论与方法[M].北京:清华大学出版社,2005.

[45] 杨剑波.多目标决策方法与应用[M].长沙:湖南出版社,1996.

[46] 杨自厚,许宝栋,董颖.多目标决策方法[M].沈阳:东北大学出版社,2006.

[47] 徐泽水.不确定多属性决策方法及应用[M].北京:清华大学出版社,2004.

[48] 刘绍英,张志海,周俊健.广义区间数的四则运算(续)[J].河北建筑科技学院学报,1997(3):58-62.

[49] 齐照辉,张为华,范玉珠.一种新型的多属性决策权重计算方法[J].运筹与管理,2006(3):36-40.

[50] 孙挺,耿国华,周明全.一种有效的特征权重计算方法[J].郑州大学学报:理学版,2008(4):48-51.

[51] 陈健,张锡恩,李忠民,等.导弹装备权重计算方法选取研究[J].火力与指挥控制,2005(S1):45-47.

[52] 陈学楚.装备系统工程[M].北京:国防工业出版社,1995.

[53] 哈根.神经网络设计[M].戴葵,等译.北京:机械工业出版社,2002.

[54] 赵英俊.导弹武器装备使用保障费用分析[J].飞航导弹,2001(3):35-37.

[55] 张亮,王端民,周友运.基于 BP 神经网络的装备使用维修费用预测[J].装备指挥技术学院学报,2005(4):46-48.

[56] 段经纬,孟科,张恒喜,等.灰色理论和线性回归组合方法在装备使用保障费用估算中的应用[J].装备指挥技术学院学报,2006(6):26-29.

[57] 王惠文.偏最小二乘回归方法及其应用[M].北京:国防工业出版社,1999.

[58] 宋春雳,冉伦,李金林.熵权双基点在武器装备研制风险评估中的应用[J].北京理工大学学报,2003(5):77-79.

[59] 潘星,符志民,常文兵.一种基于 PRA 的装备研制风险模糊评估方法[J].项目管理技术,2009(7):17-21.

[60] 刘胜,杨军,邢青松,等.基于粗糙集和三角模糊数的产品开发项目风险评估研究[J].机械,2011(4):6-12.

[61] 邱苑华.管理决策与应用熵学[M].北京:机械工业出版社,2002.

[62] 许国志.系统科学[M].上海:上海科技教育出版社,2000.

[63] 雍歌.基于复杂性的战略选择:高技术轨道演进机制研究[D].南京:东南大学,2003.

[64] 孟宪峰,张玉柱.基于效用分析的武器装备发展方案决策[J].火力与指挥控制,2007(2):62-65.

[65] 莱芬韦尔.软件需求管理:用例方法[M].2 版.蒋慧,译.北京:中国电力出版社,2004.

[66] KAINDI H. The missing link in requirements engineering[J]. ACM SIGSOFT Software. Engineering Notes,1993,18(2):30-39.

[67] 张闯,唐胜群,王策.利用语义模型的需求可跟踪性的实现[J].计算机工程, 2004(18):87-88.

[68] 法约尔.工业管理与一般管理[M].周安华,译.北京:中国社会科学出版社,1998.

[69] 林崇德,杨治良,黄希庭.心理学大辞典:上[M].上海:上海教育出版社,2003.

[70] 隆瑞.世界著名管理学家管理法则全书[M].北京:中国对外翻译出版公司,1999.

[71] 许国志.系统科学[M].上海:上海科技教育出版社,2000.

后　　记

开荒原，掘出几分沃土；育新树，长成一片绿荫。这是我当教师的座右铭。继发表一系列机构学论文和出版《自适应任职教学论》之后，经历了十余个春秋与冬夏，又开出一块新地——《装备需求论》，它如今也长成了一片绿荫，花甲之年的我，无憾了！

来人世一回，不想带走什么，只想留点儿什么，把我的生命融入其中，让它们成为一体，活在人间，为人类造福！《装备需求论》是我留在人世的又一点儿东西。愿它经得起实践的磨砺，岁月的冲刷，在时光的背景中，绽放光华！也许它无法与《相对论》相比，但它却融入了我十余年的心血还有学生们的青春年华！

停笔之际，感慨良多。因著者水平有限，书中难免存在错误和疏漏，敬请读者和同仁批评指正！

刘川禾

2020 年 5 月 1 日于蚌埠